KB204136

신약학 교수로서 "신약 배경사"라는 과목을 가르쳐오고 있다. 신약 배경 문헌에 속하는 구약과 구약 외경 및 구약 위경 그리고 사해 사본과 요세푸스의 작품들이 포함된 신약 동시대의 유대 문헌들을 신학적으로 분석하는 수업이다. 학기가 끝날 때쯤 이 과목을 통해 무엇을 배우기를 기대했었냐고 물으면, 문헌에 대한 신학적인 고찰보다는 유대 세계 혹은 로마 세계의 실생활을 알고 싶었다고 이야기하는 학생들이 많았다. 예를 들어 당시 도시와 시골 풍경은 어떠했으며, 사람들은 어떤 동전을 사용했고 어떤 문화 속에서 살았는지가 궁금했다는 것이다. 『로마 세계의 초기 기독교 이해』에는 신학생들이 신약 배경사 과목에서 실제로 배우고 싶어 하는 내용이 다 들어 있다. 저자는 화산 폭발로 순식간에 매몰되어 원래의 모습을 거의 그대로 간직하고 있는 폼페이라는 1세기 도시의 종교, 사회, 풍습을 렌즈로 삼아 신약성경과 당시 그 세계를 보고 있다. 이제 신약 배경사 과목을 공부하는 학생들은 배경 문헌뿐만 아니라 1세기 신약성경의 세계를 글과 그림으로 보여주는 이 책도 필독해야 할 것이다.

김동수 | 평택대학교 교수, 한국신약학회 회장 역임

성경 주해는 인문학 분야에서도 가장 어려운 작업에 속한다. 그동안 역사적, 문학적으로 많은 연구가 이루어졌지만 그 결과를 뒷받침할 만한 사회학적, 고고학적 재조명은 여전히 어렵게 느껴졌다. 롱네커는 고고학 속에 파묻힌 역사의 흔적들을 복원하는 선구자적인 노력을 기울인 끝에 폼페이의 유적에 잠들어 있는 초기 기독교의 문화적 기호들을 탐구했다. 이는 초기 기독교에 대한 역사적 해석 및 고고학적 의미가 어떻게 수수께끼처럼 흩어졌는지를 밝히는 데 매우 중요한 첫걸음이다. 저자는 폼페이와 헤르쿨라네움에서 수집된 증거들을 통해 고대 로마의 도시문화 속에서 초기 기독교가 암중모색의 험로를 어떻게 개척했는지를 명쾌하고 아름답게 풀어낸다. 롱네커의 연구는 고고학적 증거인 돌에 얽힌 수많은 이야기를 살아 있는 인간의 삶과 연결시켜 탁월하게 재생하였으며, 고고학적 접근이 역사 해석과 성경 주해에 얼마나 깊이 관여하고 있는지를 보여주는 데 놀라운 기여를 했다. 뿐만 아니라 이 책은 현대 그리스도인의 지식과 감성에도 균형적인 만족과 신선한 즐거움을 준다.

김성규 | 웨스트민스터신학대학원대학교 교수

롱네커는 폼페이와 헤르쿨라네움에서 발견된 고고학적 발견물을 통해 1세기에 형성된 로마 문화와 초기 기독교의 연관성을 밝힌다. 신전, 법정, 주택, 작업장, 무덤, 공중 목욕탕뿐만 아니라 그곳의 유물, 비문, 그라피티 등이 그 주요 발견물에 포함되는데, 저자는 이런 역사적 자료들을 통해 1세기 로마 시대에 살았던 사람들의 삶의 정황과 초기 교회의 역사를 담은 신약성경과의 연결점을 찾아내고자 한다. 이 책은 고고학적 발견물과 1세기 그리스도인의 삶을 연결 지어 살펴보고자 하는 목회자와 신학생 그리고 이 주제에 관심 있는 성도들이 꼭 읽어야 하는 필독서다.

신현태 | 장로회신학대학교 교수

신약성경에는 로마의 도시 생활과 풍습을 보여주는 많은 장면이 포함되어 있다. 그 속에 켜켜이 쌓인 정치, 경제, 문화의 이미지와 보통 사람들의 일상성을 그냥 지나쳐버린다면 바른 독서와 멀어질 수밖에 없다. 이 책의 저자는 폼페이와 헤르쿨라네움에서 발견된 고고학적 유산(그라피티, 비문, 조각상, 신전, 그림, 무덤 등)을 꼼꼼히 관찰하고 분석하여 신약성경 문서들과 원활한 대화가 가능한지를 검토한다. 이 책을 펴든 독자는 흥미로운 읽기에 빠져들어 새로운 관점에서 신약성경을 읽을 수 있는 최적의 코스에 안착했음을 직감하게 될 것이다. 이 책은 1세기의 호흡으로 신약성경을 읽게 하는 훌륭한 안내서이자 독자들의 역사적 시력을 되찾아줄 확대경과 같은 명작이다.

윤철원 | 서울신학대학교 신학전문대학원 교수

신약성경 본문들이 어떻게 고고학적 유적을 통해 해석되는지를 알고 싶은 사람에게, 이 책은 단연코 가장 먼저 추천할 만한 대표작이다. 폼페이와 헤르클라네움은 초기 기독교 운동의 확산세를 볼 수 있는 대표적인 로마 도시들로서 현재까지 발굴이 계속되고 있다. 이 지역에 관한 고고학적 발굴 결과는 당시 로마 도시인들의 성공과 명예, 가족 관계, 종교와 정치, 상업에 관한 많은 정보를 알려준다. 예를 들어 여기서 나온 고고학적 사료들은 당시 사람들의 죽은 사람과 산 사람들 사이의 영적 연결에 대한 확신 그리고 일상적 주술과 다양한 방식을 통한 저주 및 이에 대한 두려움과 신적 보호를 향한 갈망을 적나라하게 보여주는데, 이는 공관복음서의 축귀 사건을 이해하고 갈라디아서에 언급된 저주를 이해하는 데 큰 도움이 된다. 이 책은 다채로운 사진 자료를 통해 현장감 있는 고고학적 발견을 보여주며, 비전문가도 흥미롭게 읽을 수 있는 방식으로 집필되었다.

이민규 | 한국성서대학교 교수

신약학의 논증은 고고학적 증거에 의해 거부되거나 확인된다. 바울 서신과 초기 기독교의 기원에 대한 사회과학적 접근으로 유명한 학자인 브루스 롱네커 교수는 기원후 79년 베수비오 화산 폭발로 인해 파괴되었던 고대 도시인 폼페이와 헤르쿨라네움의 돌과 이야기를 렌즈로 삼아 초기 기독교 운동의 사회적 환경을 보여준다. 그는 묘비나 그라피티 또는 프레스코화를 사진에 담아 당시 일반 대중의 신앙, 사회적 지위, 가정의 가치 등을 설명함으로써 신약성경의 주제와 이슈를 새로운 통찰력으로 흥미롭게 개진한다. 쉽고 재미있게 읽히면서도 설득력 있는 내용과 사진으로 가득한 『로마 세계의 초기 기독교 이해』를 바울 연구, 초기 기독교의 기원 및 사회적 배경에 관심 있는 그리스도인과 목회자들 그리고 신학자들에게 추천한다.

이상일 | 총신대학교 교수

브루스 롱네커의 이 책은 참신하다. 고고학의 발굴 성과를 성경의 이야기와 연계지어 그 내부적 의미를 증폭시키려는 시도는 성서학계에 지속된 관행이었다. 그러나 이 책은 이런 시도를 베수비오 고고학이라 불릴 만한 방법으로 특정 지역의 출토 유물과 유적에 미시적인 초점을 맞추어 1세기 기독교의 지형을 종횡무진 가로지른다. 그 결과 시대와 문화의 현장에 신약성경의 배후 정황을 역사적으로 재구성하여 자리매김하는 해석학적 가교가 탄생했다. 이 책의 참신함은 이런 시도의 정밀함과 세밀함이 어우러진 풍성함의 가치에서 비롯된다. 저자는 특정 소주제를 쌍으로 엮어 베수비오 화산 폭발로 고스란히 동결된 폼페이와 헤르쿨라네움의 다종다기한 고고학적 발굴 유물이 어떻게 1세기 기독교의 지형과 사회문화사적 맥락에 접목될 수 있는지를 기묘한 방식으로 설득력 있게 논증한다. 저자는 학문적인 책이 아니라고 말하며 겸양을 보였지만, 이 책은 기존의 거대 서사와 맞물린 신약성경 학문의 허술한 틈새와 그 거품을 제어하며 성찰을 유도하는 소중한 학문적 밑천으로서 앞으로 그 유익한 쓸모가 두고두고 기억되고 새겨질 것이다. 앞으로 이 지역을 다시 방문할 때 이 책이 안내 지침서의 역할을 하리라는 기대가 생긴다. 신약성경 이면의 당대적 삶의 자리에 관심 있는 독자들의 일독을 권하며 적극 추천한다.

차정식 | 한일장신대학교 교수, 한국신약학회 회장 역임

갈릴리에서 투박한 방식으로 시작된 예수 운동은 팔레스타인, 튀르키예, 그리스를 넘어 1세기 문화의 심장부인 로마에도 부끄럼 없이 침투했다. 대면하지 못했던 로마 성도들에게 편지를 보내고 3년이 지난 60년경, 바울은 마침내 로마 땅을 밟을 수 있었다. 그로부터 19년이 지나 로마에서 남쪽으로 240킬로미터 떨어진 베수비오의 폼페이와 헤르쿨라네움 두 도시가 화산 폭발과 함께 사라졌다. 하지만 그 자리에서 발견된 고고학적 자료로 인해 당시 사람들의 삶과 문화가 나름 복원되었고, 그 결과 신약성경 여러 구절들도 새 옷을 입게 되었다. 역사적 자료와 그라피티를 근거로 펼쳐낸 브루스 롱네커의 문화적 해석과 합리적 상상력은 초기 예수 운동이 1세기 그리스-로마의 도시 문화 속에서 자신들의 복음 이야기를 어떻게 상황화하고 차별화할 수 있었는지를 흥미진진하게 보여준다. 부록에 소개된 "생각해볼 문제들"은 신약성경을 왜 1세기의 상징 세계 프레임 안에서 읽어야 하는지를 다시금 상기시켜 준다. 물음표로 시작된 독해가 느낌표로 끝날 수 있을 만큼 이 책에는 신약성경의 배경 지식을 두텁게 해주는 매력이 가득하다. 진지한 일독을 권하지 않을 수 없다.

허주 | 아신대학교 교수

브루스 롱네커는 (고고학적 증거를 통해 얻어진) 고대 로마의 도시 문화와 (신약성경 본문에 드러나는) 초기 예수 운동의 다양한 형태를 오가면서, 초기 그리스도인들이 형성한 사회적, 물질적, 도덕적 세계의 생생한 모습을 우리에게 소개한다.

폴라 프레드릭슨 | *When Christians Were Jews: The First Generation* 저자

롱네커는 여러 작업을 통해 로마 세계의 종교를 탐구하기 위한 핵심 증거가 되는 물질문화에 대한 시각을 제시하는 신중하고 설득력 있는 모델을 제공해왔다. 이 책도 예외가 아니다. 이 책은 폼페이와 헤르쿨라네움의 물질문화가 초기 예수 숭배에 어떤 역할을 했는지를 훌륭하게 전달한다. 저자는 풍부한 삽화를 통해 이 주제에 관심 있는 비전문적인 독자의 이해를 돕고자 했지만, 나는 여기서 내 연구와 교육의 틀을 구성할 새로운 통찰력과 관점을 발견했다.

스티븐 L. 턱 | 마이애미 대학교, *Pompeii: Daily Life in an Ancient Roman City* 저자

명료하고 아름답게 쓰인 이 작품은 폼페이와 헤르쿨라네움에서 발견된 풍부한 고고학적 유적과 초기 기독교의 문헌을 훌륭하게 연결시켰다. 롱네커는 독자들이 그런 연결 고

리를 파악하는 데 필요한 모든 것을 소개하기 위해 조심스럽게 접근하면서도 빠진 부분을 세심하게 기록한다. 로마 제국의 일상 생활을 소개한다는 점에서 큰 가치를 지닌 책이다.

루크 티모시 존슨 | 에모리 대학교 명예교수

롱네커는 돌과 이야기를 모두 진지하게 받아들임으로써 로마 세계에서 초기 기독교가 발전해온 형태를 밝히는 데 탁월한 기여를 했다. 이 책에서는 그 목표를 이루기 위해 폼페이와 헤르쿨라네움에서 발견된 고고학적 증거 및 엄선된 텍스트를 자세히 살펴본다. 이와 더불어 프레스코화, 기념비, 비문 및 정보가 가득 담긴 그라피티를 제시한다. 이 책은 학생의 관점과 질문을 기준으로 구성되었다. 고대 신에서부터 영적 정체성, 문해력, 주거와 공간 개념에 이르기까지 다양한 주제에 대한 해석을 매우 명료하게 다뤘다. 저자는 초기 기독교에 대한 지식과 현대 학문에 대한 폭넓은 이해력을 기반으로 자신의 연구를 설명한다. 또한 주제별 접근을 통해 초기 예수 숭배가 부상하는 과정에 대한 가르침과 이해의 방식을 제공한다. 나는 이런 책을 본 적이 없다. 학생들과 함께 이 책에 담긴 풍부한 내용을 논의하고 싶다.

마가렛 Y. 맥도널드 | 세인트 메리 대학교

롱네커는 폼페이에서 발굴된 증거를 사용하여 넓은 로마 제국의 맥락 안에서 초기 기독교가 발흥하던 시기의 모습을 매혹적으로 설명해낸다.

조안 베리 | 스완지 대학교, *The Complete Pompeii* 저자

기원후 79년에 폼페이가 파괴될 때 인접한 마을인 헤르쿨라네움과 오플론티스의 저택, 상점, 사원, 상업 단지가 동시에 화산재에 묻혔다. 그렇게 보존된 폼페이의 유적은 그 어떤 고대 유적보다도 상세한 증거를 제공한다. 롱네커는 폼페이에서 발견된 여러 증거를 전문적으로 다룸으로써 이곳의 사회적, 종교적, 경제적, 정치적 삶의 모습을 다시 그려낸다. 또한 당시 고대 사회에 잘 적응하면서도 사회적 관계, 신에 대한 관점, 정치나 상업에 대해서는 다른 관점을 제시한 초기 예수 추종자들의 활동과 믿음의 모습을 밝히는 데 고대 도시 생활에 대한 이해가 어떤 도움을 주는지를 보여준다. 초기 그리스도인들이 어떤 점에서 고대 사회와 조화를 이루면서도 분명한 차별점을 보였는지를 밝히는 이 책은 훌륭한 교육 자료로 손색이 없다.

존 S. 클로펜보그 | 토론토 대학교

In Stone and Story

Early Christianity in the Roman World

Bruce W. Longenecker

고고학이 말하는 초기 예수 숭배 이야기

IN STONE AND STORY

로마 세계의 초기 기독교 이해

Early Christianity in the Roman World

홍수연 옮김

브루스 W. 롱네커 지음

새물결플러스

목차

앞을 내다보면서: 서론 *12*

1부 접근 방법에 관한 규약 *15*

1장 돌과 이야기에 담긴 인간의 의미 *16*
2장 뜨거운 열정 *29*
3장 1세기 세계로 들어가기 *41*
　　　초기 기독교의 출현에 관한 사건, 인물,
　　　본문의 연대표 *61*
　　　베수비오를 배경으로 발생한 중요한 사
　　　건과 인물의 연대표 *62*

2부 대중의 신앙에 관한 규약 *65*

4장 신들과 신전들 *66*
5장 제사와 죄 *86*
6장 평화와 안전 *109*
7장 게니우스와 황제 *131*
8장 신비와 지식 *150*
9장 죽음과 삶 *173*

3부 사회적 지위에 관한 규약 *197*

10장 명성과 인격 *198*
11장 돈과 영향력 *214*
12장 읽고 쓰는 능력과 사회적 지위 *233*
13장 싸움과 법정 *252*
14장 사업과 성공 *277*

4부 가정의 유효성에 관한 규약 297

15장 가정과 노예 298
16장 가족과 유대 관계 322
17장 신앙과 실용주의 347
18장 영적 세력과 보호 372
19장 연회와 죽은 자 391

더 멀리 내다보면서: 결론 411

부록: 생각해볼 문제들 419
약어 목록 437
용어 해설 438
더 읽어볼 자료 443
감사와 일부 이미지 출처 475

앞을 내다보면서

서론

폼페이의 작은 집 벽에 남은 조그마한 그림은 1세기 후반에 베수비오 화산이 폭발하면서 땅에 묻힌 여러 보물 중 제법 유쾌한 감정을 불러일으키는 유물이다. (자료 서론. 1의) 이 그림은 작은 쿠피도 둘이 보석함에 담긴 반지와 거울을 호기심 가득한 모습으로 살펴보는 광경을 묘사하고 있다.

이 멋진 그림은 이 책에서 일어나는 일에 대한 비유다. 나는 이 두 쿠피도처럼 베수비오의 보물창고에서 선별된 고고학적 자원을 꺼내서 그것이 고대 로마 세계에 대해 무엇을 드러내는지를 살펴볼 것이다. 뿐만 아니라 그 유물들(그라피티, 비문, 조각상, 신전, 그림, 무덤 등)을 초기 기독교의 선별된 본문들과 연결지음으로써 당시 역사적인 정황 안에서 느리지만 꾸준히 확산된 예수 숭배에 관한 새로운 시각을 구성해볼 것이다. 초기 예수 운동에 대한 본문과 베수비오의 선별된 유물 사이의 연결점을 찾다 보면 예수 숭배가 어떻게 그 세계 안에서 거점을 확보했으며 때로 그 세계에 새로운 자원을 주입할 수 있었는지를 탐구할 기회를 얻게 된다.

이 과정에서 독자들은 예수의 초기 추종자들과 그들이 세상에 남긴 신학 도서관인 신약 성경에 대해 알게 되는 만큼 폼페이에 관해서도 배울 수 있을 것이다. 그것은 제법 가치 있는 일이다. 왜냐하면 고대 사회의 도심지가 어떻게 "돌아갔는지"를 파악하다 보면 이와 유사한

자료 서론. 1. 보석과 거울을 살펴보는 두 명의 쿠피도(폼페이 나폴리 대공의 집에서 출토됨, 6.15.8. 이렇게 고유 번호를 매기는 시스템[피오렐리가 매긴 번호]에 대한 설명은 3장의 "자주 사용된 표기법"을 참조하라)

형태의 1세기 지중해 세계의 도심지에서 출현한 기독교를 이해하는 데 도움을 얻을 수 있기 때문이다.

독자들이 나와 비슷한 생각을 갖고 있다면 그들 앞에 놓인 발견의 여정을 흥미로운 시각으로 살펴볼 수 있을 것이다. 사람들은 내가 초기 기독

자료 서론. 2. 나폴리만 위로 우뚝 솟은 베수비오산의 현재 모습("감사와 일부 이미지 출처"[이하 "이미지 출처"]를 참조하라)

교를 연구하는 사람인지 아니면 폼페이와 헤르쿨라네움이라는 베수비오 도시를 연구하는 사람인지를 묻는다. 실제로 이 두 가지는 상호 배타적이지 않은 데다가 내가 베수비오 도시를 연구하는 학자인 것도 사실이기 때문에, 나는 내가 더 넓은 식견을 갖고 초기 예수 숭배를 연구하는 학자라고 답한다. 나는 이 책을 읽는 사람들이 베수비오 도시를 조금씩 알아가는 과정에서 초기 예수 운동을 더 깊이 이해하게 되길 바란다.

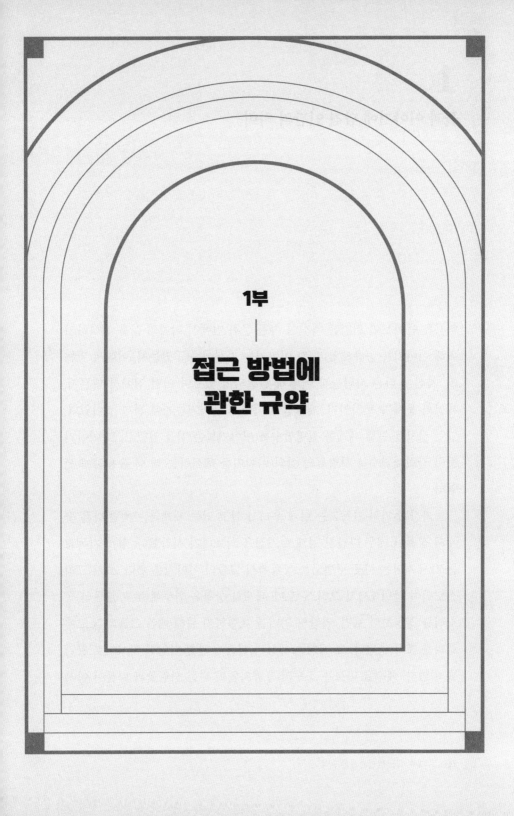

1부

—

접근 방법에
관한 규약

1

돌과 이야기에 담긴 인간의 의미

역사를 돌아보면 인간은 자신이 속한 문화 안에서 각자의 삶을 해석하기 위해 이야기를 공유해왔다. 그 이야기는 자신이 누구였는지, 어디서 왔는지, 자신이 다른 사람들과 어떻게 연결되어 있으며 어떤 점에서 다른지, 세상의 문제가 무엇인지, 세상일이 어떻게 돌아가는지에 관한 것이었다. 그런 서사를 통해 세계를 설명할수록 이야기들은 힘을 얻었고, 그 이야기들이 강력해질수록 사람들의 삶의 이야기를 해석하는 데 더 유용하게 쓰였다.

가장 초기의 기독교는 현재 우리가 살고 있는 세계와는 제법 다른 곳에서 심지어 매우 다양한 형태로 거점을 확보하기 시작했다. 당시 기독교는 21세기와는 사뭇 구별되는 상황에서 그들의 이야기를 했다. 초기 그리스도인이 살던 1세기 그리스-로마 세계의 상황을 염두에 두고 그들의 목소리를 경청하다 보면, 인간의 의미를 표현하기 위해 애쓴 그들의 노고에 경의를 표하게 된다. 그 세계는 세상과 신들에 관한 다양한 이야기로 활기를 띠었다. 예수를 따르는 소수의 추종자들이 다른 사람들과 더불어 이야기를 시작한 것은 이와 관련이 있다. 기독교의 이야기가 원래의 정황 안에서 지닌 의미와 더불어 1세기가 아닌 다른 배경에서도 의미를 얻게 되면 이야기가 발휘하는 힘이 커지게 된다.

1세기 세계에 몰입할 수 있는 다양한 방법이 있다. 로마 세계에 접근하기 위해서는 일반적으로 ① 고대 고전 문헌 연구와 ② 고대 세계의 고고학적 발견에 대한 연구가 필요하다. 이 책은 주로 두 번째 방법을 채택한다. 이 책은 폼페이의 자매 도시인 헤르쿨라네움(그리고 때로 인근 베수비오 인근의 저택에서 나온 유물)과 폼페이 유적지를 근거로 로마 시대의 물질문화를 탐구한다. 두 베수비오 도시의 물질적 증거를 해석하는 데 크게 도움이 된다고 여겨질 경우에는 로마 시대의 문학도 종종 언급할 것이다.

1세기에 형성된 로마 문화는 이 흥미진진한 두 베수비오 유적지를 통해 응축된 형태로 되살아난다. 베수비오 도시들만큼 방대한 역사적 자료를 제공하는 고대 유적지는 없다. 활기찬 도시 로마에서 남쪽으로 약 240 킬로미터 떨어진 곳에 위치한 두 도시는 기원후 79년 베수비오 화산이 폭발할 때 사라졌다. 두 도시는 두터운 화산 경석층(폼페이의 경우)과 화쇄류의 짙은 화산재(폼페이와 헤르쿨라네움 모두) 아래 묻혔다. 이 1세기 도시들은 고고학자들의 발굴을 통해 21세기 세계의 문 앞에 그 모습을 드러냄으로써 그리스-로마 세계 안에 위치한 두 작은 도시에서 이뤄진 삶의 모습을 뚜렷하게 보여준다.

이 책은 예수 숭배가 초기에 발판으로 삼은 그리스-로마의 정황을 들여다볼 수 있는 창의 역할을 수행할 것이다. 나는 로마 세계의 여러 측면과 초기 기독교 문헌과 현상에 대한 우리의 이해를 넓혀주는 베수비오의 선별된 유물에 주목함으로써 이 작업을 수행할 것이다. 폼페이와 헤르쿨라네움은 초기 예수 운동이 로마 세계의 도심지에서 처음으로 추진력을 얻고 있었던 바로 그 순간 활기가 넘치던 도심지였다. 베수비오 유적은 기원후 1세기 두 도심지와 다양한 농촌의 저택에서 나온 삶의 귀중한 보고(寶庫)다. 그 유적들은 우리가 원하는 만큼 고대 세계를 보여주면서도 쉽게 알려지지 않은 평범한 사람들의 일상생활의 모습을 드러냄으로써 그리스와 라틴 작가들이 남긴 위대한 문학 작품들을 보충해준다. 뿐만 아니라 베수비오 유물들은 그리스-로마 상황을 유기적이고 연관성 있게 보여준다. 1세기 도시 문화와 연결되는 내부의 힘의 원천이 다른 고대 유적지에서는 결코 찾아볼 수 없는 방식으로 베수비오의 땅 위에 전시되어 있다. 요컨대 베수비오 화산 폭발이 남긴 폼페이와 헤르쿨라네움의 유적만큼 1세기의 세계를 이해하는 데 도움을 주는 자료는 없다.

게다가 오늘날에는 인터넷에 공개된 자료를 이용하여 베수비오 도시들을 탐험할 흥미진진한 기회가 있다. 호기심을 가진 사람들은 그런 자료를 이용하여 베수비오의 고고학을 깊이 탐구함으로써 그 어느 때보다 쉽게 로마 세계를 연구할 수 있다. 이에 관해서는 3장에서 자세히 다룰

자료 1.1. 폼페이의 중요한 유적 뒤로 보이는 베수비오산의 현재 모습을 담은 두 장의 사진들

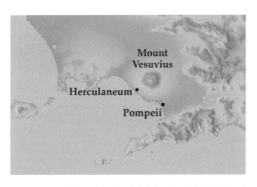

자료 1.2. 해안과 베수비오산 가까이에 있는 폼페이와 헤르쿨라네움의 위치를 나타내는 지도

것이다.

　더 깊이 들어가기에 앞서 내가 예전에 가르쳤던 한 학부생의 말을 소개함으로써 이 책의 저술 동기를 밝히고 싶다. 학부 과정의 한 수업이 끝날 무렵 나는 학생들에게 초기 기독교의 역사적 정황에서 본 초기 기독교 문헌에 관해 배우면서 느낀 점을 쓰도록 했다. 통찰력 있는 한 학부생은 이런 내용을 써서 제출했다. "나는 시대와 문화의 '해석적 가교'에 관해 생각하지 않고 이런 [신약성경의] 글들을 현대의 정황에 직접 적용하는 일이 마치 달에 저울을 가져가는 행위와 같다는 것을 깨닫기 시작했다. 중력이 다른 곳에서는 무게가 달라진다!"

　이런 관찰에 관해 많은 이야기를 할 수 있겠지만 이 책은 그러려고 쓰는 것이 아니다. 나는 대신 이 학생의 비유를 빌려 독자들이 역사적 정황 가운데서 초기 기독교 문헌을 살피는 동안 이 책이 로마 세계를 향한 "해석적 가교"의 역할을 하면 좋겠다는 나의 소망을 표현하고 싶다. 초기 기독교 담론을 역사적 배경에 두면 그 담론의 힘이 더 쉽게 드러날 것이다. 그리고

자료 1.3. 헤르쿨라네움 해안가에 있는 창고로 대피해 있다가 베수비오 화산이 폭발하면서 사망한 사람들의 유골들

이 작업을 진행하면서 로마 세계의 "핵심 정보 제공자"가 되어줄 폼페이와 헤르쿨라네움 사람들의 안내를 받을 것이다. 비록 그들 중 많은 사람들이 끔찍한 비극으로 인해 목숨을 잃었지만 말이다.

우리의 안내자들 엿보기

이 책에서 우리는 폼페이와 헤르쿨라네움의 주거지에 살던 사람들의 삶을 통해 로마 세계로 들어가는 영광을 얻게 될 것이다. 서로 이웃이었던 이 사람들은 우리가 사는 세상과 차이점만큼이나 유사한 점이 많은 한 세계로 우리를 인도하는 안내자의 역할을 할 것이다. 우리는 그들이 살던 세계의 많은 부분을 알아가는 과정에서 때로 머리를 긁적이며 다른 면들을 궁금해할 수도 있다. 이 외국 세계 안에는 큰 꿈을 꾸고 분명한 계획을 그리면서 미래에 대해 큰 희망을 품고 사는 사람과 힘든 상황 가운데서 낙심하며 살던 사람이 있었을 것이다. 인생의 복잡함을 깊이 숙고하고자 하는 사람이 있던 반면, 참석할 파티를 고대하는 사람도 있었다. 일부는 경쟁자들에 대한 증오심을 드러냈다. 그들 중 몇몇은 지독한 사랑에 빠졌다. 사

자료 1.4. 화산의 잔해 속에서 몸이 부패된 어린아이의 석고 모형(황금 팔찌의 집, 6.17.42)

랑이 없는 결혼에 갇힌 자도 있었고, 사랑이 그들을 대했던 방식에 씁쓸함을 느끼는 사람도 있었다. 베수비오 화산 주변에 거주하던 사람들이 살던 공간에 들어서면, 이런 다양한 삶의 모습을 보게 된다.

때로 우리는 도시의 벽에 남은 그라피티를 통해 그들의 평범한 삶을 엿보게 된다. 로마의 전기 작가 플루타르코스는 독자들에게 주위에 있는 그라피티를 보지 말라고 권면했다. 그 그라피티는 "우리가 상관할 필요가 없는 일을 탐구하는 행위"를 부추겼기 때문이다(*On Curiosity* 520E). 그러나 1세기 그라피티와 같은 "사물을 탐구하는 행위"는 정확하게 역사적인 탐구를 하는 "일"이다. 그 그라피티들은 평범한 사람들의 일상적 모습을 드러냄으로써 우리가 1세기 사람들의 생활에 한층 가까이 다가가게 해준다. 예를 들어 베수비오에 남아 있는 수천 개의 그라피티 중에는 다음 같은 글이 있다. "우리 가게에서 구리 냄비가 없어졌다. 그것을 나에게 반납하는 사람에게는 65개의 청동화[문자적으로는 *sestertii*]를 줄 것이다. 도둑을 잡는 데 도움이 되는 정보를 제공하면 20개를 더 줄 것이다"(*CIL* 4.64; "*CIL*" 목록에 대한 설명은 3장을 보라). 또한 다음 내용을 보면 알 수 있듯이 이 도시에는 정직하고 기꺼이 남을 돕는 사람들이 살고 있었다. "만약 11월 25일에 바구니를 실은 암말을 잃어버린 사람이 있다면, 사르노 다리 반대편에 있는 마미이의 사유지로 와서 퀸투스의 노예였다가 자유인이 된 퀸투스 데키우스 힐

자료 1.5. 침실 벽에 그려져 있는 두 아이(왼쪽은 소년, 오른쪽은 소녀, 오른쪽 초상화는 훼손됨)의 초상화(폼페이의 마르쿠스 루크레티우스 프론토의 집, 5.4.a)

라루스에게 문의하라"(*CIL* 4.38644).

키오스라는 사람에게 보내는 다음 그라피티의 메시지처럼 예의 바르지 못한 내용을 담은 그라피티도 많다. "네 치질이 악화되어서 이전보다 훨씬 더 고통을 받았으면 좋겠다!"(*CIL* 4.1820) 더 강렬한 내용을 전하는 그라피티도 있다. "네가 십자가에 못 박혔으면 좋겠다"(*CIL* 4.2082). "너를 저주한다"(*CIL* 4.1813). "사미우스가 코르넬리우스에게: 가서 네 목을 매라"(*CIL* 4.1864). 어떻게 보면 세상은 초기 기독교가 1세기 사회 안에서 발판을 마련하기 위해 고군분투하던 시절에 비해 크게 달라지지 않았다.

사랑에 관한 그라피티의 기록들은 매우 명쾌하다. 한 폼페이 주민은 "어떤 젊은이도 사랑에 빠지기 전까지는 완전할 수 없다"고 조언한다(*CIL* 4.1797). 어떤 주민이 사랑에 빠져든 것을 폭로하는 도시 주변의 그라피티도 있다. 한 남자는 자신의 애인을 "가장 달콤하고 사랑스러운" 소녀(*CIL* 4.8177)라고 표현했고, 다른 남자는 애인 노이테를 일컬어 "나의 빛"(*CIL* 4.1970)이라고 불렀다. 카이시우스라는 남자가 "성실하게 사랑한다"고 밝

자료 1.6. 폼페이의 벽에 긁어 기록한 라틴어 그라피티의 일부(*CIL* 4.2175)

힌 파트너의 이름은 첫 글자 M만 남아 있다(*CIL* 4.1812). 어떤 사람은 당시 널리 알려진 코스섬의 아이스쿨라피우스 신전에 있는 유명한 그림을 언급하면서 파트너의 아름다움을 칭송한다. "아펠레스가 그린 베누스를 보지 못한 사람은 내 애인을 보면 된다. 그녀는 그 베누스처럼 빛난다"(*CIL* 4.68422).

베수비오 도시 주민 중에는 낭만적인 사람들이 있었다. 폼페이의 한 주택 뒤편에 자리한 기둥 위에 주옥같은 말로 누군가에게 인사를 전한 사람도 있었다. "소녀여, 번창하옵시고 폼페이의 베누스께서 당신에게 호의를 베풀어 주시기를"(*CIL* 4.4007). 사랑하는 사람과 인생을 함께하기 위해서라면 자신의 목숨을 걸겠다는 그라피티를 남긴 사람도 있다. "사랑은 나에게 이런 글을 쓰게 하고 쿠피도는 내 손을 인도하는구나. 너 없는 신이 되느니 차라리 죽고 말겠다."(*CIL* 4.1928). 또한 리비아라는 여인은 알렉산더라는 남자에게 인사말을 보내면서 그의 삶이 흔들리는 지경에 이르면 자신이 "달려서 오겠다"(*CIL* 4.1593)고 덧붙였다.

사랑은 원래 많은 환경에서 깨지기 쉬운 것이지만 가정에 속박된 노예들에게는 더욱 그러했다. "사랑을 막는 일"을 논하는 두 그라피티는 바로 이 점을 포착한 것 같다. 폼페이의 개인 경매가이자 은행가인 한 사람의 주택 벽에 누군가 다음과 같이 기억하기 쉬운 글을 새겼다. "사랑하는 사람에게는 번영이, 사랑할 수 없는 사람에게는 죽음이 오고, 사랑을 금지하는 사람은 두 번 죽기를"(*CIL* 4.4091). 또 다른 그라피티를 보면 사랑을 금지하려는 시도가 보기 드문 일이 아니었다는 것을 알 수 있다. "사랑을 금지하는 자, 연인을 감시하는 자…결코 특별하지 않다"(*CIL* 4.4509). "사랑을 금지하는"이라는 문구는 ① 가정 내 노예들 사이의 사랑 또는 ② 가정 내 노예와 다른 가정에 속한 노예 사이의 연애를 막기 위한 모든 집주

인들의 행동을 의미한다. 그러나 여자 노예 메테(글을 읽고 쓸 수 있는 사람)와 크레스투스(지위가 불확실하지만 노예일 가능성이 매우 높은 자)의 경우와 같이, 노예들 사이에도 사랑이 있었다. "코미니아의 노예 아텔라의 메테는 크리스투스를 사랑한다. 폼페이의 베누스여, 호의적인 미소를 보여주시고 그들이 항상 조화롭게

자료 1.7. 쿠피도 에로스가 사랑의 화살을 엉뚱한 표적을 향해 쏜 것에 대해 질책하려는 베누스에게로 인도되는 신화를 그린 프레스코화. 그의 형제인 쿠피도 안테로스는 베누스 뒤에서 그의 형제가 혼나는 모습이 재미있다는 듯 바라본다(7.2.23, MANN 9257; MANN 번호 시스템에 대한 설명은 3장 "자주 사용된 표기법" 단락을 보라).

살도록 하소서"(*CIL* 4.2457). 어려운 상황일수록 사랑에 불이 붙는다. 한 폼페이 주민은 사랑의 힘이란 결코 억제될 수 없는 것이라고 주장하면서 시적인 풍자를 동원하여 요점을 말한다. "연인들을 만류하는 자는 바람에 족쇄를 채울 수 있고 봄의 영원한 흐름도 막을 수 있다"(*CIL* 4.1649).

그라피티는 서로 가까이 살고 있던 파트너들 간의 사랑을 증언한다. 한 주택의 외벽을 보면 세쿤두스라는 이름의 한 남자가 자신의 정부인 프리마를 향한 사랑을 말한다("세쿤두스는 어디서나 그의 프리마를 반가이 맞이한다. 나의 연인이여, 제발 나를 사랑해주오"; *CIL* 4.8364, 1.10.7 외부). 길 아래로 네 채의 집 건너에 사는 프리마는 그의 구애에 긍정적인 반응을 보인 것 같다

("프리마는 세쿤두스에게 매우 많은 안부의 말을 전합니다"; *CIL* 4.8270, 1.10.3 외부).

때로 그라피티는 멀리 떨어져 있는 파트너들 간의 사랑을 증언한다. 한 여인은 곧 항해에 나서는 애인(무역상이나 상선의 선원이었을 수 있음)에 대한 소원을 적었다. 아리오라는 이름의 여인은 서로 멀리 떨어져 있는 동안 애인이 많은 성적 유혹을 받게 될까 봐 두려워한다. "베누스는 거미줄을 엮는 신이다. 그녀는 내가 가장 사랑하는 사람이 가는 길에 유혹의 덫을 놓고 공격할 것이다. 그는 반드시 안전한 여행을 기원해야 하며, 그의 아리오 역시 같은 소원을 빈다"(*CIL* 4.1410, 자료 1.9에 이 글귀가 등장한다). 아리오의 영리함은 이 짧은 그라피티에서도 확연히 드러난다. 그녀의 글에서 거리라는 모티프는 문자적(그녀의 애인이 실제로 여행을 떠남)이자 은유적(베누스가 그의 여정 중에 엮어내는 성적 유혹의 거미줄을 보고 그녀를 향한 사랑을 망각하게 될지도 모름)으로 작용한다. 은유적인 차원에서 보면 "그는 반드시 안전한 여행을 기원해야 한다"는 구절은 육체적인 안전으로부터 감정적인 신뢰와 정절에 관한 것으로 옮겨가는데, 이 정서는 "그의 아리오 역시 같은 소원을 빈다"는 마지막 부분에 잘 드러난다.

또 다른 그라피티는 멀리 떨어져 있는 것에 대한 격한 감정과 관계의 재결합에 대한 열망을 표현한다. 폼페이의 벽에 새겨진 이 글귀는 폼페이에 사는 정인으로부터 먼 곳에 있는 사람의 감정을 표현하고 있다.

마차를 모는 마부여, 만일 당신이 사랑의 불꽃을 느낄 수 있다면 당신은 베누스의 쾌락을 만끽하기 위해 속도를 높일 것입니다. 나는 젊고 매력적인 나의 여인을 사랑합니다. 그러니 제발 말들을 출발시켜주십시오. 자, 타자! 마셨으니, 이제 가자. 고삐를 잡고 채찍질을 하라.…나를 폼페이로 데려가 주시오. 나의 달콤한 사랑이 살고 있는 그곳으로(*CIL* 4.5092).

물론 모든 사람이 사랑을 아름답게 노래한 것은 아니다. 어떤 로맨틱한 사람이 "사랑하는 사람들은 꿀벌처럼 달콤한 인생을 산다"고 남긴 그라피티 아래에 누군가 "그것이 사실이라면 좋을 텐데"라는 말을 덧붙였다(CIL 4.8408a, b). 또한 이 비문 곳곳에는 욕정과 사랑의 신 베누스를 향한 비통함이 나타나 있

자료 1.8. 사랑에 빠진 남녀의 비행을 그린 양식화된 프레스코화(6.9.6, MANN 9135)

다. "사랑하는 모든 인간들은 다 뒈져버려라! 나는 곤봉으로 베누스의 갈비뼈를 부러뜨리고 그녀의 허리를 불구로 만들어버리고 싶다. 그녀가 내 연약한 마음을 찢어버렸는데, 나는 왜 막대기로 그녀의 머리를 쪼개면 안 되는가?!"(CIL 4.1824)

우리를 1세기 세계로 안내해줄 사람들은 열정을 품고 다정하고 부드럽게 사랑을 나눴다. 그들은 이런저런 꿈과 희망을 갖고 있었다. 그들은 철학적으로 인생을 논했다. 그들 중에는 이런 의견을 제시하는 사람도 있었다. "삶에 대해 분별력을 가지려면 죽음에 관해 알아야 한다"(CIL 4.88322). 또 이런 예도 있다. "삶을 경멸하는 자는 쉽게 신을 경멸할 것이다"(CIL 4.5370). 어떤 사람은 진보의 아이러니를 포착했다. "돌처럼 단단한 것이 없고 액체처럼 부드러운 것이 없다. 그러나 단단한 돌은 부드러운 물에 의해 움푹 파인다"(CIL 4.1894).

다음 장에서 이 안내자들이 남긴 그라피티를 더 살펴볼 것이다. 우리는 그들이 살던 세계가 지닌 특별한 강점과 독특한 약점을 인식한 채 정중하고 존중하는 마음을 품고 그 안으로 들어가야 한다. 때로는 그들이 가졌던 지혜가 그 세계의 울타리를 넘어서기도 한다. 예를 들어 변하는 인생의 흐름에 대한 생각을 시적으로 표현한 다음 글을 보라(*CIL* 4.9123, 9.13.4에서 발견한 그라피티).

자료 1.9. 헤르쿨레스의 집(6.7.3)에서 나온 이 프레스코화(MANN 4694) 왼쪽에는 아리오의 명문이 보인다(*CIL* 4.1410).

그 어떤 것도 영원히 지속될 수 없다.
눈부신 태양이 바다로 돌아간다.
만월이었던 달이 초승달로 기운다.
가장 격렬한 폭풍은 종종
가장 가벼운 산들바람이 된다.

폼페이와 헤르쿨라네움이라는 베수비오의 도시에 드러난 초기 예수 숭배에 대한 역사적 정황을 탐구하기 전에, 우리의 여정을 최대한 효율적으로 진행하기 위해 미리 몇 가지를 설명할 필요가 있다. 2장에서는 로마 세계의 주요 특징 가운데 그 세계에 살았던 사람들의 "뜨거운 열정"에 주목할 예정인데, 그 장은 우리의 탐구 여정의 시작점에 위치함으로써 이어지는 연구의 많은 측면을 연결하는 접착제의 역할을 한다. 1세기 세계의 주요 특징을 파악한 다음에는 3장에서 1세기 세계에 접근하기 위해 필요한 몇 가지 "도구"를 제시하려고 한다. 그다음 장에서는 이런 예비 작업의 결과물을 손에 쥔 채로 기독교가 출현하기 시작한 그 세계의 느낌을 포착하려는 목적으로 베수비오 지역에 있는 한 마을의 삶을 탐구할 것이며, 그런 과정을 거쳐서 의미 있게 살기 위한 새로운 기회에 관해 논쟁의 여지가 있는 이야기들을 나눌 것이다.

자료 1.10. 멀리 있는 베수비오산을 전경으로 폼페이 발굴 현장을 묘사한 한 화가(Giuseppe Laezza, 1835-1905)의 그림(자유 이용 저작물, "이미지 출처" 참조)

2
뜨거운 열정

지위 획득은 고대 세계에서 가장 중요한 사회 현상이기 때문에 우리는 이것을 우선 살펴볼 필요가 있다. 지위의 획득과 축적은 로마 세계를 이해하는 데 매우 중요한 요소다. 키케로(유명한 철학자, 웅변가, 정치가, 기원전 106-43년)는 이렇게 말했다. "우리는 천성적으로 명예를 동경하고 갈망한다. 명예가 내뿜은 광채의 일부를 잠깐 보기만 해도 그것을 확보하기 위해 무엇이든 기꺼이 참고 견디며 고통당할 것이다"(*Tusculanae disputationes*, 2.24.58).

간단히 말해 최초로 예수를 추종하던 도시인들이 살던 세계에는 지위 추구를 탐닉하는 사람들이 가득했다. 약간의 과장을 보태서 말하면 어떤 고대의 돌이나 비문 또는 그림을 판독하더라도 지위 획득이라는 중심 메시지가 드러난다. 로마 시대의 사람들은 지위를 삶의 필수품으로 보았다. 지위가 쌓일수록 권력과 안전이 유지되는 반면, 반대로 지위가 낮을수록 통제할 수 없는 힘에 더 취약해질 수밖에 없었기 때문이다.

베수비오 도시 곳곳에서도 이런 지위의 차이가 드러나는 물증이 발견되었으며, 우리는 앞으로 이 책 전체를 통해 그 증표들을 보게 될 것이다. 현재로서는 한 가지 흥미로운 예로 충분하다. 베수비오 화산이 폭발하기 전 가이우스 율리우스 폴리비우스라는 폼페이의 유력 정치인 중 한 명이 그 지역의 고급 주택에 살고 있었다(9.13.1-3). 수행원들과 함께 집에서부터 마을의 가장 큰 광장까지 걸어가는 동안 그는 다가오는 선거에서 그에 대한 투표를 권유하며 정치적 지지를 드러내는 글귀를 보았을 것이다. 폴리비우스의 지지자 중에는 즈미리나라는 여성이 있었다. 그녀는 다른 여성들과 함께 일하고 있던 작은 술집의 외벽에 폴리비우스를 지지하는 글을 남겼다. (그 글의 목록 번호는 *CIL* 4.7864, 술집의 목록 번호는 9.11.2다. 3장에서 이런 번호에 대해 설명할 것이다.) 즈미리나는 여자 바텐더였던 것으로 추정되는데, 그녀의 지지문은 폴리비우스가 마을 사람들 사이에서 꽤 명성이 높았음을 증명한다. 왜냐하면 전체 이름이 아닌 세 글자의 이니셜로 그를 언급하기 때문이다. 하지만 신기하게도 즈미리나가 그 글을 벽에 남긴 후 누군가가 회반죽으로 그녀의 이름을 덮어 버렸다. (고고학자가 처음으로 이 현장을 발굴했을 때 회반죽의 희미한 흔적을 볼 수 있었다.) 그 자국은 폴리비우스에 대한 이 지지의 글에서 특정 지지자가 드러나지 않게 되었다는 뜻이다. 폴리비우스가 보기에 그녀는 그가 영향력을 미치는 영역 안에 포함될 자격이 없는 지위 낮은 여자 바텐더에 불과했다. 그래서 그 글에서 그녀의 이름이 드러나지 않도록 만들었던 것이다. (여자 바텐더를 묘사한 폼페이 프레스코화는 자료 15.8을 보라.)

이 예를 통해 우리는 지위 낮은 한 여성이 정치적으로 선호하는 인물을 드러내는 모습을 본다. 그녀는 그런 일을 실행함으로써 대중의 주목을 받을 만한 가치가 있는 의견을 지닌 사람으로서 자기 지위를 높이려고 했다. 그러나 그녀가 지지했던 바로 그 남자가 그녀의 대중적 찬사를 자신의 지위를 격상시키는 수단으로 받아들이면서도 대중적 담론에서 그녀의 이름을 삭제해버리자 그녀의 노력은 좌절된다. 이 하나의 그라피티에 지위 획득의 모든 측면이 여실히 드러난다.

자료 2.1. 즈미리나가 언급된 두 번째 정치적 지지의 글. 아셀리나("Asellinas")가 작성했다. 맨 윗줄에는 아직도 그녀가 선호하는 후보자 이름의 일부(예를 들어 "Lollium"의 "Loll")가 기록되어 있으며, 세 번째와 네 번째 줄에는 "Asellinas rogant [복수형] nec sine Zmyrina"라고 쓰여 있다(본문에 번역되어 있음. *CIL* 4.7863, 9.11.2, 원위치에 있음).

그러나 즈미리나는 다른 이야기에서 또 등장한다. 같은 술집에서 일했던 아셀리나는 그 사건 이후 열린 선거에서 다른 정치 후보(이번에는 가이우스 롤리움 푸스쿰)에 대한 지지를 표하기로 결정했다. 그 선거를 위한 지지의 글에는 다음 문구가 적혀 있었다. "즈미리나는 다시 돌아왔다. 당신은 착한 여자를 의기소침하게 만들 수 없다"(문자적으로 "아셀리나는 당신에게 가이우스 롤리움 푸스쿰을 뽑으라고 말한다, 즈미리나와 함께"). 즈미리나가 이전에 남긴 글 근처에 적힌 이 지지의 글(자료 2.1을 보라)은 이 여성 바텐더의 중요성을 다시 각인시키는 효과를 드러냈다. 일찍이 정치적 의견을 드러내는 그녀의 목소리를 제거하려던 폴리비우스의 시도가 무색하게 말이다.

사람들은 자기 자신을 위해 더 많은 지위를 움켜쥐고자 할 수 있는 모든 일을 했다. 일부 사람들은 그럴 가능성조차 거의 또는 아예 없었다. 어떤 사람들은 어떤 지위를 가지고 있든지 간에 그것을 이용하여 사람들 사이에서 자신의 현재 위치를 격상시키기 위한 다양한 전략을 갖고 있었다.

그런 전략을 통해 이득을 본 것은 시민 엘리트였다. 그들은 사회 구조에 대한 상당한 통제력을 보유하고 있었음에도 불구하고 거기에 안주하지 않고 자신의 공적 지위를 향상시키거나 견고하게 만들기 위해 수많은 방법을 사용했다. 예를 들어 폼페이 원형경기장의 검투사 대회나 연극 공연이 열리면 눈에 띄는 중요한 자리가 엘리트들을 위해 미리 마련되어 있었다. 그들은 (오늘날의 "본부석" 또는 "특별 좌석"에 해당하는) 원형경기장의 별도 구역에 앉아 중앙에서 벌어지는 일을 가장 가까운 곳에서 볼 수 있었다. 다른 사람들은 그 뒤로 이어진 자리에 앉아야 했다. 그렇게 지위에 따라 착석하다 보면 결국 맨 위쪽 좌석은 가장 낮은 지위에 있는 사람들의 몫이 되었다(자료 2.2를 보라).

　　또한 일반 시민들은 거대한 외부 계단을 통해 원형경기장 내 좌석으로 이동한 반면, 엘리트들은 사회적 지위가 열등한 보통 사람들과 어울릴

자료 2.2. 여러 층으로 나뉘어 있는 폼페이 원형경기장의 좌석. 엘리트들은 가장 가까운 곳에서 경기를 볼 수 있도록 마련된 특별 구역에 앉았던 반면, 지위가 낮은 사람들은 그들 뒤에 배치된 높은 자리에 앉았다.

자료 2.3. 왼쪽은 일반인이 이용한 외부 계단, 오른쪽은 경기장 앞쪽의 특별 좌석에 이르는 엘리트 전용 내부 통로

필요가 없도록 설계된 별도의 출입구가 있는 내부 터널을 통해 특별 좌석으로 입장했다(자료 2.3을 보라).

신분에는 여러 종류가 있다. 어떤 의미에서 특정 지위는 서로 반대되는 두 가지로 구성되어 있다. 예를 들어 노예 혹은 자유인이 그렇다. 사람들은 둘 중 하나일 수는 있어도 동시에 두 신분에 속하지는 않았다. 이 두 종류의 정체성 사이의 대비는 헤르쿨라네움의 급수탑 근처에 있는 공공 비문에 뚜렷이 나타나 있다. 두 명의 지방 행정관이 세운 이 비문에는 급수탑 아래에 쓰레기를 방치하는 행위를 금지한다는 공적인 법령이 적혀 있었고, 이에 따르지 않을 경우 어떤 처벌이 따르는지를 항목별로 밝혔다. 또한 그 사람이 자유인인지 혹은 노예인지를 언급하면서 다음과 같은 내용을 전한다. "자유 시민들에게 20데나리우스의 벌금형을 선언한다. 그리고 노예들은 채찍질을 통해 처벌할 것이다."(*CIL* 4.10489, 자료 2.4에 보이는 대로 이와 유사한 법령이 *CIL* 4.10488에 적혀 있다.) 이처럼 대조를 이루는 처벌(금전적으로 대가를 치르는 벌금 대 육체적으로 대가를 치르는 채찍질)을 통해 확인할 수 있듯이 형벌 집행에서도 자유인과 노예 사이의 차별이 드러난다. 아마도 많은 노예들이 경제적 재원(財源)을 갖고 있지 못한 현실에서 경제적인 방식보다 육체적인 처벌

이 적합하다는 점을 고려하여 이런 차별화가 적용된 것으로 보인다.

다른 종류의 지위는 이런 대비 없이 다양한 스펙트럼을 따라 형성되었다. 가문의 유산, 직업, 나이 같은 요소는 일반적으로 명예의 영역에 널리 존재하는 것이었다. 그런데 사실 대부분의 지위 내에서도 차이가 있었다. 예를 들어 노예의 업무와 직책에 따라 다양한 스펙트럼이 존재했기 때문에 노예의 신분에도 차이가 있었다. 그리고 "자유인"의 지위를 갖고 있던 사람들 안에도 지위의 스펙트럼이 있었는데, 애초에 자유인으로 태어난 사람이 노예였다가 자유인이 된 사람들보다 신분상 우위에 있었기 때문이다.

"시민"이라는 범주 안에도 다양성이 있었다. 사도행전은 두 가지 에피소드를 통해 시민권자와 비시민권자의 대비를 비롯해 한 시민권 안의 다양한 지위를 보여줌으로써 이 사실을 명확히 드러낸다. 사도 바울이 도시의 행정관들과 나누는 대화에는 시민과 비시민 사이의 대비가 나타난다.

바울이 이르되 "로마 사람인 우리를 죄도 정하지 아니하고 공중 앞에서 때리고 옥에 가두었다가 이제는 가만히 내보내고자 하느냐? 아니라. 그들이 친히 와서 우리를 데리고 나가야 하리라" 한대, 부하들이 이 말을 상관들에게 보고하니 "그들이 로마 사람이라" 하는 말을 듣고 두려워하여 와서 권하여 데리고 나가 그 성에서 떠나기를 청하니(행 16:37-39).

이 이야기를 보면 당시 시민권이 비시민권 신분과 구분 혹은 대조되는 것으로서 일종의 지위를 향상시키는 상품의 역할을 했음을 알 수 있다. 만약 이 이야기 속의 행정관들이 시민이 아니라고 생각되는 사람을 때려도 된다고 생각했다면, 그들은 결코 고의로 그런 처벌이 시민에게 내려지게끔 방치하지 않았을 것이다.

사도행전의 다른 에피소드에는 지위의 스펙트럼에 따라 달라지는 두 시민권이 언급된다.

천부장이 와서 바울에게 말하되 "네가 로마 시민이냐? 내게 말하라." 이르되 "그러하다." 천부장이 대답하되 "나는 돈을 많이 들여 이 시민권을 얻었노라." 바울이 이르되 "니는 나면서부터라" 하니(행 22:27-28).

이 이야기는 시민권자의 지위 안에도 차이가 있었음을 보여준다. 시민권은 지위를 향상시켜주는 수단이었지만 심지어 그런 유형의 신분 안에서도 지위의 등급이 있었다.

도전과 경쟁이라는 사회적 뉘앙스가 이 둘의 만남을 생동감 있게 만들어주기 때문에, 이 이야기를 듣는 1세기 독자들은 이 지점에서 호기심을 갖게 된다. 두 남자는 그저 아무런 생각 없이 정보를 교환하고 있는 것이 아니다. 로마의 천부장은 시민권을 언급하면서 바울을 제압하려고 한다. 1세기 독자들은 "나는 돈을 많이 들여 이 시민권을 얻었노라"는 그의 진술 속에서 우월감을 과시하려는 의도를 파악했을 것이다. 이 천부장은 분명히 바울이 시민권을 값싸게 취득했을 것이라고 여겼다. 재원(財源)이

급히 필요해서 적은 돈을 받고 노예를 풀어주기로 동의한 가난한 주인에게 싼값을 지불하고 얻은 시민권이라고 추측했을지도 모른다. 그는 바울이 자신보다 열등한 지위일 것이라고 단정지은 다음 사실상 바울을 모욕하면서 자기 지위를 자랑스럽게 알리고 있다. 그러나 바울의 간단한 대답으로 이 다툼은 끝난다. "나는 나면서부터라." 바울은 전략적 수단을 통해 시민권을 취득하지 않았다. 그는 로마인의 집안에서 태어남으로써 그것을 물려받았다. 따라서 바울의 시민권은 천부장이 가진 것과는 차원이 달랐다. 바울을 동정하는 독자들은 절제되면서도 가슴 아픈 그의 대응이 펼쳐지는 가운데 이런 신분 경쟁을 시작한 로마 천부장이 그들의 영웅인 바울에게 지는 모습을 보면서 만족스럽게 웃을 수 있는 기회를 얻는다.

심지어 한 신분 범주 안에도 차별이 존재했음을 보여주는 훌륭한 사례가 있다. 한때 헤르쿨라네움에 거주했던 한 남자에 대한 몇 가지 세부 사항들을 살펴보자. 그는 한때 노예였다. 그가 자유를 얻자 주인은 그의 이름인 엔니쿠스(Ennychus)에다가 자기 이름 앞 글자인 루키우스 베니디우스(Lucius Venidius)를 합쳐서 루키우스 베니디우스 엔니쿠스(Lucius Venidius Ennychus)라는 새 이름을 지어주었다. 노예들은 보통 하나의 이름을 갖고 있었던 반면("행복한"이란 뜻의 "펠릭스"[Felix] 또는 "운이 좋은"이란 뜻의 "파우스투스"[Faustus] 같은 역설적인 노예 이름이 많았다), 자유인은 가이우스 율리우스 카이사르(Gaius Julius Caesar)처럼 적어도 세 개의 이름을 소유하고 있었다. 어쨌든 엔니쿠스는 자유를 얻자마자 로마 시민권에 걸맞은 완전한 로마인의 이름을 얻게 되었다. (로마 시민인 주인에 의해 해방된 노예들은 노예 생활을 하면서 현저히 반항하지 않는 한, 보통 자유로워지는 과정에서 로마 시민권을 얻었기 때문이다.)

그러나 앞서 살펴보았듯이 로마 시민권에는 여러 가지 종류가 있었고, 바로 이 부분에서 엔니쿠스의 이야기가 흥미로워진다. 엔니쿠스의 문제는 그가 서른 번째 생일 이전에 노예에서 해방되었다는 것이다. 이는 그의 시민권이 동료들에 의해 이류 시민권, 즉 유사 시민권과 비슷한 것으로 취급되었음을 의미한다. 그는 자유를 얻자마자 "유니우스 해방 노예"(Junian Latin)의 지위를 갖게 되었다. 그가 취득한 이 시민권은 완전한 시민권에 비해 열등한 것이었는데, 그 이유는 그가 30세 이전에 자유를 얻었기 때문이다. 과거에 노예였던 사람들이 너무 쉽게 로마 시민이 되어 시민권을 소유한 것을 자랑하는 광경이 자주 보이자, 일부 영향력을 가진 사람들은 이에 경각심을 느꼈고 그 결과 이런 유형의 시민권이 생겼다. 이런 우려를 근거로 지위를 더욱 계층화시키기 위해 유니우스 해방 노예라는 범주가 도입되었고, 이는 궁극적으로 완전한 로마 시민권의 획득을 막기 위한 장치로 사용되었다. 엔니쿠스가 오명을 벗어버리고 완전한 로마 시민이 되기 위해 앞으로 전진하지 않는 한 혹은 전진할 수 있을 때까지

자료 2.5. 투표할 자격이 있는 지역 남성 시민들의 명단이 새겨진 대리석이 헤르쿨라네움 바실리카에 걸려 있었다. 이 깨진 조각은 단지 그 긴 목록의 일부분일 뿐인데, 이것은 특정한 형태의 시민 지위에 대한 매우 공적인 기록이었다.

그의 신분 상승과 출세의 길은 유니우스 해방 노예의 수준에서 막혀 있었던 것이다.

헤르쿨라네움에 있는 검정 거실의 집(House of the Black Salon)에서 나온 문서들은 엔니쿠스의 이야기를 밝히는 데 도움이 된다. 그 집에서 발견된 39개의 목판 중 3개에는 엔니쿠스의 다양한 사업 거래 내역과 생애의 중요한 순간이 기록되어 있다.

- 첫 번째 문서에는 60년 7월 24일이라는 날짜가 적혀 있다. 거기에는 엔니쿠스와 그의 아내 리비아 악테 사이에서 여자 아기인 베니디아가 태어났다고 기록되어 있다.
- 두 번째 문서에는 그로부터 1년 1일 후인 61년 7월 25일이라는 날짜가 적혀 있다. 헤르쿨라네움의 행정관들이 아기 베니디아가 첫 돌을 넘기고 살아남았다는 사실을 증명했다.
- 세 번째 문서에는 62년 3월 22일이라는 날짜가 적혀 있다. 그 문건은 루키우스 베니디우스 엔니쿠스와 리비아 악테의 지위에 관해 헤르쿨라네움의 행정관들이 접촉한 로마 관리 한 명이 내린 결정을 기록한 것이다. 그 로마 관리는 다음의 세 가지가 사실임을 확인했다. ① 베니디우스 엔니쿠스와 리비아 악테는 합법적으로 결혼했다. ② (첫 번째 문서와 두 번째 문서가 증명하는 대로) 둘 사이에 태어난 딸은 한 살이 넘을 때까지 살아남았다. ③ 그 결과 베니디우스 엔니쿠스는 이제 더 이상 유니우스 해방 노예가 아닌 완전한 로마 시민이 되었다.

이 시점부터 엔니쿠스의 사회적 지위 상승을 가로막고 있던 상당한 장애

자료 2.6. 베니디우스 엔니쿠스, 리비아 악테, 베니디아가 거주했던 검정 거실의 집 안뜰의 일부

물이 제거되었고, 그는 로마 사회의 다음 단계로 올라가는 데 필요한 많은 도전에 자유롭게 나설 수 있게 되었다. 우리는 엔니쿠스의 이야기를 통해 로마 세계의 지위와 지위 조작에 관한 많은 복잡한 특성들 가운데 한 가지 사례에 대한 독특한 통찰력을 얻을 수 있다.

우리는 지금까지 로마 시대에 살던 사람들 사이에 지위 획득을 위한 노력이 만연해 있었음을 살펴보았다. 초기 예수 운동이 침투하기 시작했던 세상이라는 기계를 움직이게 한 것은 다름 아닌 "뜨거운 열정"(fire in the bones)이었다. 초기 예수 추종자들이 선포한 메시지는 매우 실용적이고 도전적인 측면에서 로마 세계의 문화를 거슬렀다. 초기 기독교의 본문은 종종 "좋은 소식"(또는 "복음")과 로마 문화 사이의 관계가 조율되는 순간을 묘사한다. 앞으로 우리가 보게 될 것처럼 초기의 예수 추종자들은 모든 상황마다 일괄적인 사례를 적용하지 않았다. 초기의 예수 운동이 직면했던 특정한 이슈들을 숙고해보면 사도들은 때때로 거의 이의 제기 없이 만장일치에 가까운 목소리로 말했다. 어떤 특정한 신학적 인식은 모두가 공유하는 공동 담론을 위한 근간이 되었다. (예를 들어 그리스-로마의 신들에 관한 초기 기독교 담론이 그렇다. 이에 관해서는 2부에 나오는 장들을 보라.) 그러나 다른 절박한 이슈에 관해서는 신학적 내용의 혼합물이 서로 다른 방식으로 결합되어 생각이 서로 달라지기도 했다. (특히 4부의 특정 장들에서 이에 관한 내용을 보게 될 것이다.) 이 점은 초기 기독교 문헌을 매우 매력적으로 만드는 요소 중 하나다. "모든 것에 맞는" 틀이 모든 상황에 들어맞는 경우는 거의 없었다. 대신 초기 예수 추종자들이 침투하고 도전하며 심지어 발전시키기 시작했던 로마 문화 안에서 예수 숭배의 영향을 조율하려는 다양한 목소리가 있었다.

3

1세기 세계로 들어가기

30년대에 예수 그리스도의 첫 추종자들이 유대와 갈릴리에 출현한 이래 그 수가 놀랄 정도로 늘어났다. (예수 사후 10년 정도가 지난) 40년경에는 대략 1,000명이나 되는 사람들이 스스로 예수를 따르는 사람이라고 칭했을 것이며, 100년경에는 그 수가 1만 명, 200년경에는 20만 명, 300년경에는 아마도 약 500만 명에 이를 정도로 증가했을 것이다. 물론 이런 추산은 정보에 근거한 추론을 바탕으로 한 것이다. 기독교가 로마 세계에서 인기를 얻고 있는 동안 이집트 신 이시스와 오시리스 및 로마 황제에 대한 숭배도 한껏 관심을 받고 있었다. 특히 1세기 후반부터 시작해 2-4세기 사이에는 페르시아의 신인 미트라스에 대한 숭배도 주목을 받았다. 이처럼 종교적 열정에 불이 붙으면서 함께 등장한 현상이 바로 예수 그리스도 숭배였는데, 이를 보면 이 시기에 다양한 종교적 신념과 행위가 여러 가지 방식으로 표현되었음을 알 수 있다.

자신을 예수의 추종자라고 여긴 이들은 지중해 유역 주변에 산재한 도심지 안에 뿌리를 내렸다. 그들 가운데 일부는 농촌에도 거주했을 것이다. 그럼에도 불구하고 기록에는 예수 운동 가장 초기에 농촌에서 일어난 예수 숭배의 모습이 거의 발견되지 않는다. 우리가 농촌의 정황에서 그리스도인들의 중요한 일면을 포착할 수 있는 시기는 2세기와 3세기뿐이다. 1세기에 예수를 추종하는 사람들에 대한 우리의 증거는 (도심 자체가 농촌과 밀접하게 연결되어 있었기 때문에) 거의 독점적으로 도심지를 중심으로 드러난다. 시골에도 예수를 따르는 사람들이 거주했겠지만, 우리가 가진 자료들은 로마 세계의 활기찬 도시 정황 안에서 뿌리내린 예수 숭배의 정황을 주로 다룬다.

예수를 숭배하는 작은 무리들이 로마(100만 명으로 추정), 알렉산드리아(60만 명), 시리아 안디옥(50만 명), 에베소(40만 명), 고린도(25만 명), 서머나(20만 명), 데살로니가(20만 명) 등과 같은 도심지에 갑자기 나타나기 시작했다. 이 도심지들은 분명 대도시였다. 폼페이(자매 도시 헤르쿨라네움과 함께)라는 도시는 대도시도 작은 마을도 아닌 상대적으로 작은 도시였다. 폼페이에는 10,000-12,000명(아마도 예수의 몇몇 추종자들이 살고 있는 빌립보 정도의 크기였을 것)이 살았고 헤르쿨라네움에는 이보다 훨씬 적은 4,000-5,000명 정도가 거주했다. 로마 세계의 각 도심지는 인구 규모 외에도 다양한 면에서 서로 달랐다. 예를 들어,

- 여러 도심지에서 다양한 조합과 헌신의 형태로 신들을 숭배했다.
- 이 도심지들의 인구 구성은 서로 달랐다.
- 지역 역사에 대한 내러티브가 독특했다.
- "도시 간" 정치적 협력 및 화합을 위한 동맹이 각 도심지에 따라 독특하게 나타났다.
- 각 지역의 특성에 따라 상업 활동의 형태가 다양한 모습으로 나타

났다.

이 외에도 도시 분석을 통해 발견된 차이점은 많다. 제국의 질서가 평화 공존의 조약 안에서 보호막의 역할을 해냄으로써 다양한 형태의 지역 정체성이 꽃피울 수 있을 것이라는 확신은 로마 시대의 활기찬 분위기를 이끌어냈다. 이런 신념이 지닌 장단점은 논란이 될 수도 있지만 로마 세계의 고고학과 문학 기록 및 단순한 상식을 통해 우리가 사실로 알고 있는 것, 즉 지역마다 다른 특성을 가졌다는 점과 전반적으로 일치한다.

그러나 지중해 유역에 산재한 도심지가 지닌 다양성에도 불구하고, 일부 특징은 로마 도시에서의 삶을 나타내는 일반적인 특징이 되었다. 그 것은 각 도심지의 독특함을 초월하는 특징이었다. 로마인들은 지중해 유역 주변의 도심지들이 로마 제국의 질서 체계를 강화시키는 일부 특징을 공유했다는 사실에 자부심을 가졌던 것으로 보인다. 개인은 한 도시에서 다른 도시로 여행할 수 있었고, 몇 개의 숙소만 있으면 새로운 환경에서 자연스럽고 친숙하게 일할 수도 있었다. 따라서 베수비오 도시들은 다른 도심지들과 완전히 다른 특성을 갖고 있

자료 3.1. 폼페이 원형경기장으로 통하는 고대의 출입 터널(이 광경은 우리가 베수비오 도시의 고고학적 유적에 접근하는 모습과 유사하다)

으면서도(심지어 그 도시들도 일부 중요한 측면에서 서로 달랐다), 동시에 1세기 당시 널리 퍼져 있던 로마인의 삶의 많은 특징을 공유하기도 했다. 이어지는 장들은 여러 곳에서 행해진 유사한 일들을 다룬다. 로마 세계의 도심지들은 각자 구별되는 특징을 갖고 있으면서도 많은 면에서 비슷했다.

이 책은 폼페이와 (그곳보다는 덜하지만) 헤르쿨라네움의 중요한 유적을 통해 독자들이 1세기 세계에 접근할 수 있는 방식을 취하기 때문에, 이 과정을 수월하게 진행하기 위해 각 도시와 관련된 몇 가지 이슈를 언급할 필요가 있다. 그런 작업과 더불어 이 책에 관한 몇 가지 준비 사항도 이 장에서 살펴볼 것이다. 이런 문제들을 언급한 다음 이어질 여러 장을 할애하여 실행할 역사적 조사를 기반으로 1세기 세계를 향해 나아갈 수 있을 것이다.

이 책의 정체성

가장 먼저 정립해야 할 것은 이 책의 정체성이다. 이 책은 베수비오 도시의 중요한 유적이나 로마 세계의 초기 기독교를 다루는 입문서가 아니다. 또한 베수비오의 성읍을 속속들이 조사하지도 않고, 지중해 유역 전체에 예수 숭배가 확산된 역사를 정리하여 제시하지도 않는다. 대신 베수비오 도시들과 신약성경 본문에서 명확히 드러나는 주제 및 이슈가 교차하는 일부 접점들을 선택적으로 탐구한다. 또한 일련의 "스냅사진" 혹은 상세한 관찰을 담은 클로즈업 사진을 통해 전형적인 베수비오 유물들(비문, 그라피티, 프레스코화 등)을 부각시킴으로써 1세기 정황에서 그 유물들이 지닌 의미를 살피고 특정 신약성경 본문과 그 유물 사이의 대화를 주선한다. 이는 초기 기독교 문헌에 대한 우리의 이해에 깊이와 초점을 더하기 위한 시도다.

따라서 선별되어 이 책에 제시된 이슈들은 양쪽 연구 영역에서 확고한 기반을 갖췄다. 이 책은 공통적으로 겹치는 부분이 없는 영역에 대해서는 재조명하지 않는다. 예를 들어 신약성경에는 초기 기독교에 대한 통찰력을 제공할 수 있는 과부들이 등장하지만 폼페이의 주요 유적들을 통해서는 그들에 관한 확실한 자료를 충분히 얻을 수 없기 때문에, 이 책은 초기 그리스도인들이 과부를 돌보는 문제와 관련해 고민했던 점들을 거의 소개하지 않는다.

그렇기 때문에 이처럼 여러 학문이 만나는 접점에 속하는 문제보다는 베수비오 도시와 초기 기독교 양쪽의 연구에 더 많이 치중하게 될 수밖에 없었다. 그럼에도 불구하고 베수비오의 물질문화와 신약성경 본문이 공유하는 이슈에 주목하다 보면 로마 세계로의 예수 숭배 유입과 관련된 많은 문제의 핵심에 이르게 된다. 비록 접점 너머에도 항상 배울 것이 많지만 말이다. 독자들은 베수비오의 자료와 신약성경이 만나 풍부하게 빚어내는 상관관계를 탐구하는 작업에 초대된 것이다.

이 책은 베수비오 도시들과 초기 예수 숭배에 대한 최신의 연구 결과를 많이 포함하고 있지만 학문적인 책은 아니다. 이 책은 학자들을 위해 자극적이고 새로운 주장을 제안하기보다는 (학자들을 포함해) 이런 내용에 관심을 갖고 배우려는 사람들에게 도움이 될 만한 창의적 자원을 모으려는 의도로 만들어졌다. 나는 다른 책들을 집필하면서 베수비오 자료와 초기 기독교 문학에 대한 새로운 해석을 제안하는 학문적인 주장을 펼쳤지만, 이 책은 그런 목표를 갖고 쓴 것이 아니다. 오히려 이 책을 통해서는 학계의 두 영역을 접목함으로써 두 분야가 소통하고 생산적으로 의존할 수 있는 길을 모색하고자 한다. 교육 현장에서 경험한 바에 따르면 이런 접점에서 무언가를 탐구해보는 일은 어느 단계에서든 열심히 배우려는 사람들에게 매우 유익한 영향을 주기 때문이다.

각 장에 관한 설명

앞으로 베수비오 도시들과 신약성경 본문이 빚어내는 접점을 조사하는 과정에서 단 하나의 틀을 사용하지는 않을 것이다. 예를 들어 베수비오의 유물(realia)에 대한 독립적인 단락이 나온 다음에 초기 예수 숭배에 대한 독립적인 단락이 등장하지 않는다. 그 반대의 경우도 마찬가지다. 베수비오 도시들과 신약성경은 주어진 어떤 이슈에 대해 서로 다른 형태의 혼합된 자료를 제공하기 때문에 각 장은 독자적인 내부 구조를 갖게 될 것이다. 나는 주어진 이슈에 대한 관련 자료를 잘 소화하기 위한 목적이 있었기 때문에 획일적인 구조와 틀을 사용하지 않았다.

각 장의 제목을 보면 이 책의 개별 단락이 독립적인 이슈에 초점을 맞추고 있다는 점이 드러날 것이다. 그것은 전반적으로 사실이지만 실제로 어떤 이슈는 다른 이슈들과 여러 방식으로 합쳐진다. 고대 사회에 존재했던 삶의 여러 측면은 특정한 독립적인 영역으로 분리되기보다는 유기적인 방식으로 상호 연관되어 있었다. 검투사 대회를 예로 들어보자. 이것은 운동 경기이므로 스포츠의 관점에서 분석할 수 있을 것이다. 그러나 그 대회는 고대 세계 안에서의 죽음, 노예 제도, 권력, 지위, 연극, (마지막이지만 앞서 언급한 것들 못지않게 중요한) 로마 제국 질서의 우월성 등과 같은 문화적 측면과 관련되어 있다. 따라서 여러 측면을 각 장에 분류해서 나누게 되면 다소 인위적인 부분이 생길 수 있다. 그러나 이것은 불가피한 인위성이다. 한 끼 식사를 한입에 다 먹을 순 없다. 이와 마찬가지로 그리스도인들과 그리스-로마 세계 간의 교류에 관한 이슈 역시 한꺼번에 다 다룰 수는 없다. 따라서 독자들은 어느 한 장에서 논의된 문제가 다른 장에서 언급된 문제와 중복된다는 점을 종종 발견하게 될 텐데, 이는 단순히 로마 문화의 현실이 반영된 결과다.

또한 신약성경의 약 3분의 1을 차지하는 바울 서신이 자주 등장할 것이다. 물론 신약성경의 모든 책이 이어질 장에서 언급될 것이며, 특히 복음서, 요한계시록, 베드로전서, 야고보서, 사도행전 등이 밀도 있게 다뤄질 예정이다. (심지어 흔히 간과되는 유다서와 베드로후서도 언급된다.) 다만 바울 서신이 로마의 도시 사회에 살면서 예수를 따르는 사람들에게 더 명확하고 광범위하며 현실적인 관련성을 제공하기 때문에 상대적으로 더 주목을 받는 것이다. 예를 들어 베드로전서는 1세기 도시 주민을 대상으로 하고 있지만, 그 책의 분량은 단지 다섯 장에 불과하다. 네 권의 정경 복음서는 도시 사회의 예수 추종자들을 대상으로 그들과 현실적인 관련성이 있

자료 3.2. 1764년에 폼페이의 이시스 신전이 발굴되는 장면을 묘사한 18세기 그림(윌리엄 해밀턴 [1757-1804] 작, 현재는 자유 이용 저작물이며 "이미지 출처" 참조)

는 내용을 기록하고 있지만, 로마 세계의 도시 사회에 대해 일관된 관점을 제공하지는 않는다. 이런 이유로 주제의 본질상 바울 서신에 조금 더 치중할 수밖에 없었다.

신약성경 본문을 더 깊이 탐구하고 싶다면, "부록: 생각해볼 문제들"을 참조하면 된다. 4장부터 19장까지 한 장당 세 개의 질문이 나열되어 있다. 이 문제들을 통해 어느 정도 관련이 있는 다른 본문과 이슈를 숙고하다 보면 해당 장의 내용을 더 깊이 이해할 수 있다.

자주 사용된 표기법

우리는 베수비오 도시의 비문과 그라피티를 광범위하게 사용할 것이다. 이 비문과 그라피티는 고고학자들이 수집한 결과물들로서, 특히 "라틴 금석문 전집"(*Corpus Inscriptionum Latinarum*)이라는 책에 수록되어 있다. 이 방대한 프로젝트의 제4권에는 (가끔씩 제10권에도) 폼페이와 헤르쿨라네움에서 발견된 대다수의 그라피티, 비문 및 그 밖의 현상 총 11,000건 이상이 수록되어 있다. 비문이 언급된 옆에 "*CIL* 4.5112"와 같은 참고 표시가 보이면, 이 비문이 라틴 금석문 전집(*Corpus Inscriptionum Latinarum*) 제4권에 실렸다는 표시로 이해하면 된다. (앞에서 이 표기가 사용된 예를 보았을 것이다.)

나폴리 국립 고고학 박물관의 큐레이터들은 그곳에 소장된 베수비오 유물 대부분에 유물 목록 번호를 부여했다. 가능한 한 그런 목록 번호는 이어지는 토론에 포함하였다. 그 번호에는 나폴리 국립 고고학 박물관(Museo Archeologico Nazionale di Napoli)의 이탈리아어 이름 약자인 "MANN"이 참조 표시로 붙어 있다. 예를 들어 18장에 언급된 MANN 9987은 나폴리 국립 고고학 박물관에 소장된 유물이며 목록 번호 9987로 확인할 수 있다는 뜻이다. 이 정보를 이용하여 웹사이트를 검색할 수 있는데, 이 책에 나오는 일부 유물은 현재 온라인에서 찾아볼 수 없다. 예를 들어 (발굴 현장을 묘사한 자료 3.2에 등장하는) 이시스 신전에서 발견된 프레스코화(자료 3.3)가 여기에 해당된다.

자주는 아니지만 다른 약어들도 등장한다. 이 책의 뒤에 있는 "약어 목록"에 각 약어의 의미가 수록되어 있다. 전문 용어의 의미를 명확히 확인하고 싶을 때는 "용어 해설"을 찾아보면 된다. (예를 들어 트리클리니움 [triclinium]이나 콜루멜라[columella] 같은 단어들은 본문 안에서 정의되는 경우가 많다.)

베수비오 지역의 특정 장소를 자주 논의하게 될 텐데 이와 관련하여 몇 가지 요점을 정리해보면 다음과 같다.

1. 19세기 중반 저명한 고고학자 주세페 피오렐리가 참조에 편이하도록 폼페이를 9개 지역으로 나눈 이래 이 분류가 계속 사용되었다. (이 9개 지역을 그린 지도는 자료 3.4를 참조하라.) 피오렐리는 9개 지역 안에 자리한 길거리 블록(인술라이[insulae], 문자적으로 "섬들"이라는 뜻이며 단수는 인술라[insula])에 구체적인 번호를 부여했다. 그 길거리 블록 안의 주택과 사업장으로 들어가는 진입로도 모두 숫자로 표기된다. 예를 들면 고고학자들이 "파우누스의 집"이라고 부르는 큰 집이 폼페이의 6구역 12번 블록에 있고 그 블록 안에서 집 정문이 2번 진입로에 있다는 말은, 파우누스의 집으로 들어가는 정문이 폼페이 6.12.2에 위치해 있다는 뜻이다. 드문 경우지만 특정 장소를 표기하기 위해 글자를 포함시킬 수도 있다. 예를 들면 5.4.a, 즉 5구역, 블록 번호 4, 진입로 "a"와 같이 표기된다.

2. 위치 표기의 세 번째 숫자는 여러 개의 입구가 있다는 뜻이다. 이는 거주지에 둘 이상의 진입로가 있는 경우를 반영한 결과다. (예를 들어 황금 쿠피도의 집 위치는 6.16.7/38로 표기된다.)

자료 3.3. 이시스 신전에서 거행되고 있는 예배 의식을 묘사한 베수비오의 프레스코화(MANN 8919)

3. 일반적으로 (다른 여러 규모의 주택과는 달리) 베수비오 저택은 위치 표기를 하지 않고 (신비의 저택 또는 파피리의 저택처럼) 단순히 그 명칭으로 언급된다.

4. 무덤은 그 무덤들 너머에 있는 도시의 문을 기준으로 표기된다. 따라서 마미아의 무덤(자료 7.6)은 서쪽 거리(W)에 있는 폼페이 헤르쿨라네움 문(HG) 너머에 있는 네 번째 무덤이므로 HGW04(HG, W, 04)로 표기된다.

5. 헤르쿨라네움의 장소는 폼페이처럼 세 자리가 아닌 두 자리 숫자로 표기한다. (예를 들어 5.6은 헤르쿨라네움의 와인 가게 중 하나를 표기한 것이다.)

6. 폼페이에 있는 인술라 전체는 때로 인술라 자체의 위치를 사용하여 언급될 것이다. (인술라 2.4에 있는 율리아 펠릭스의 컨트리클럽이 이 예에 속한다.)

사진 속의 폼페이

베수비오 주민들은 아름다움
을 사랑했다. 주택, 상점, 작업
장의 벽에서 예술적인 장면과
화려한 장식을 묘사하는 그림
을 흔히 볼 수 있었다. 이런 유
물은 일반적인 "그림"으로 여

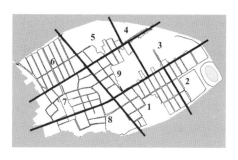

자료 3.4. 폼페이는 9개 지역(지역 1, 3, 4, 5, 9 안의 비
어 있는 부분은 아직 발굴되지 않은 구역)으로 나뉜다.

겨질 수 있지만 엄밀히 말하면 프레스코화라고 부르며 이 책 전반에 걸쳐
계속 언급될 것이다. 프레스코는 벽 위에 바른 회반죽이 아직 마르지 않고
젖어 있는 동안 그 위에 물감을 스며들게 하는 기법이다. 그런 방식을 사
용하면 물감이 회반죽 표면에 얹혀 있는 것이 아니라 회반죽 자체의 형태
로 벽과 하나가 된다. 프레스코화의 이런 기술적인 특성으로 인해 수많은
베수비오 예술 작품들이 상대적으로 오랜 수명을 유지할 수 있었다.

　놀랍게도 이제는 누구나 인터넷을 통해 이런 프레스코 작품과 베수
비오의 주요 건축물(주택, 작업장, 신전, 무덤, 공중 목욕탕 등)을 살펴볼 수 있
다. 물론 현장을 직접 방문하는 것이 가장 좋지만, 인터넷을 통해 이런 유
적을 감상하는 것도 제법 괜찮은 선택지가 된다. 따라서 이 책에서 어떤
장소가 언급될 때마다 독자는 "사진 속의 폼페이"(Pompeii in Pictures)라는
온라인 사이트를 방문해 그곳을 직접 찾아보고 위치를 확인할 수 있다.

　예를 들어 당신이 6.12.2에 있는 "파우누스의 집"과 내부에 대해 더
자세히 알고 싶어졌다고 가정해보자. 우선 "사진 속의 폼페이"라는 웹사
이트로 이동하여 폼페이를 클릭하고 섹션 6을 선택한 다음 인술라 12번,
진입로 2번을 누르면 이 멋진 집 안에 있는 모든 장소로 당신을 안내하는

사진들이 게시된 페이지가 열린다. 마찬가지로 이시스 신전을 더 탐구하고 싶다면 웹사이트로 가서 폼페이 지도가 나올 때까지 아래로 화면을 스크롤하고 "폼페이의 신전들", "이시스의 신전"을 차례로 클릭해서 신전의 사진을 볼 수 있다. 어쩌면 폼페이의 한 주택 입구에 쇠사슬로 묶인 개의 뒤틀린 사체(자료 3.5를 보라)에서 뿜어져 나오는 고통에 흥미를 느낄지도 모른다. 그렇다면 6.14.20에 있는 베소니우스 프리무스의 집을 보여주는 웹페이지를 방문하여 그 웅장한 저택을 탐구해보자. 그 첫 번째 페이지에는 집 내부 중앙에 전시되어 있던 베소니우스 프리무스의 흉상 사진이 게재되어 있어서 이 개의 주인이 어떻게 생겼는지도 알 수 있다.

독자들은 이런 편리한 방법을 이용하여 폼페이 자료를 조사해봄으로써 더 폭넓은 경험을 얻을 수 있다. 구체적으로 주택의 벽에 어떤 프레스코화가 전시되었는지, 그 집에 어떤 내부 신전이나 제단이 있었는지, 외벽에는 어떤 그라피티가 그려져 있거나 새겨져 있는지를 살펴볼 수 있다. 이런 활동을 통해 우리가 관찰하고 있는 사람들이 경험했던 삶을 한눈에 볼 수 있다. 웹사이트 "사진 속의 폼페이"는 이런 방식으로 독자들의 독서 경험에 귀중하고 가치 있는 보충제 역할을 할 수 있다.

동일한 사이트를 사용하여 이 책에 실리지 않은 유

자료 3.5. 화산 폭발로 인해 몸을 뒤틀면서 죽은 개의 사체가 부패되면서 생긴 화산암 내부의 공간을 채워서 만든 19세기의 석고상(6.14.20)

물들의 생생한 모습을 확인할 수 있다. 예를 들어 당신은 10장에서 *CIL* 4.9885라고 표기된 선거 운동 프레스코화에 관한 내용을 읽게 될 것이다. 비록 이 책에 그 유물의 사진이 실려 있지는 않지만, "사진 속의 폼페이" 검색 창에 "9885"를 입력하면 해당 선거 공문의 모습을 볼 수 있다. 하지만 모든 프레스코화, 선거 공문, 그라피티를 찾아볼 수는 없다. 왜냐하면 "사진 속의 폼페이"에 모든 베수비오의 유물(*realia*) 사진이 보관된 것은 아니기 때문이다. (또한 다수는 더 이상 볼 수 없다.) 그럼에도 불구하고 이런 종류의 검색은 시도해볼 만한 가치가 있으며, 운이 좋으면 사진을 직접 찾아볼 수도 있다. 보통 비문 역시 본래 언어(보통 라틴어)로 인용된다. (참고로 "사진 속의 폼페이"를 검색 도구로 사용하는 경우에는 볼륨 번호 뒤에 있는 *CIL* 번호를 검색하라. 즉 "4.9885"가 아닌 "9885"를 검색하면 된다. 이 웹사이트는 로마 숫자로

자료 3.6. 베수비오산을 배경으로 남쪽에서 북쪽(북서쪽)을 바라보고 있는 폼페이의 대형 광장(19세기에 촬영된 사진, 현재는 자유 이용 저작물이며 "이미지 출처" 참조)

CIL 볼륨을 인용하는 표준 형식을 사용하므로 "IV 9885"를 검색할 수도 있다.)

동일한 방식으로 유용하게 사용할 수 있는 "사진 속의 헤르쿨라네움"(Herculaneum in Pictures)이라는 사이트도 있다. 위키미디어 공용(Wikimedia Commons)의 "나폴리 고고학 박물관 카탈로그"(Catalogue of the Museo Archologico di Napoli)를 통해 나폴리 고고학 박물관에 소장된 많은 유물을 온라인으로 접할 수 있다.

용어

이 책에서 우리는 "기원후"(the Common Era)를 시간의 기준점으로 삼을 것이다. 전통적으로 "BC"(before Christ)와 "AD"(Anno Domini 또는 "주의 해"[in the year of the Lord])라는 약어가 이런 목적으로 사용되어 왔다. 그래서 예를 들어 "아우구스투스 황제는 BC 63년에 태어나 AD 14년에 죽었다"라는 문장을 "CE"를 사용하여 다시 쓰면 "아우구스투스 황제는 BCE 63년('기원전 63년')에 태어나 CE 14년('기원후 14년')에 사망했다"가 된다. 시간 표기가 필요하지 않은 경우가 있는데 그때는 "CE"라는 표기가 암시되었다고 생각하면 된다.

또 다른 용어상의 규정은 로마 세계의 신과 여신들을 지칭하는 단어와 관련이 있다. 이 "신들"(gods)은 "deities"라고 칭할 것이며 유대-기독교 신학의 "하나님"(God)을 언급할 때도 ("초기 예수 추종자들이 선포한 신"이라는 문구처럼) 동일한 단어를 사용할 것이다. 전통적인 알파벳 대문자 G를 사용하여 신학적 헌신을 반영한 유대-기독교 신학의 "하나님"(God)은 기원후 1세기 사람들이 대부분 갖고 있던 개념적 틀에 맞지 않는데, 이 용어는 유대-기독교 신학의 "하나님"(God)과 로마 "신들"(gods) 사이에 내재된 구분을 피한다. (또한 1세기 기독교 문헌의 저자들은 당시 관습대로 모든 글자를 대문자로 썼기 때문에 언제 대문자를 쓰고 언제 쓰지 않았는지 알 수 없다.) 물론 초기 기독교 신학 담론은 예수 추종자들의 신에 대한 숭배를 배타적인 것으로 만드는 데 큰 공헌을 했다. 이는 어떤 의미에서는 신적 실체에 관한 담론에서 G를 대문자로 쓰는 형태로 나타났다. (물론 여기서도 그리스-로마 철학 담론 안에 발견되는 몇 가지 선례가 있었지만 말이다.) "하나님"(God)과 "신들"(gods)을 구별한 것은 최초의 예수 추종자들이 신학적 담론에서 남긴 가장 창의적이고 흥미로운 작업의 결과물이었다. 4세기 초 콘스탄티누스 황제의 주도로 기독교 제국이 세워지면서 그들의 노고는 결국 보상받았을지도 모른다. 그러나 1세기에 (유대-기독교 신의 궁극적인 승리에 대한 신학적 신념을 제외하고) 기독교 운동이 성공할 가능성은 희박해 보였다. 역사적으로 본다면 기독교의 목소리는 다른 많은 목소리들이 결국 그랬던 것처럼 쉽게 사라졌을 수도 있다. 이 책에서 "하나님"이라는 용어를 피하는 것은 우리가 1세기 정황을 정확하게 재현하는 데 어느 정도 도움이 될 것이며, 초기 예수 추종자들의 기여에 대한 필연적 정당성을 미리 결정하지 않고 그들의 목소리를 원래의 맥락에서 들을 수 있도록 해줄 것이다. 이 책에는 대문자 G로 시작하는 "하나님"이라는 단어가 종종 등장하는데 그것은 오직 그리스어 신약성경의 영어 번역에만 나타남으로써 그 책을 쓴 1세기 저자들의 (관습 아닌) 신념을 드러내는 역할을 한다.

"유대인"(the Jews)과 관련된 용어는 더 설명할 필요가 있다. 왜냐하면 이 책에서는 "유대 지방 사람들"(the Judeans, 역자주: 유대 지방 사람, 즉 지역적 의미를 강조한 표현)이라는 용어가 유대인을 대체해서 고정적으로 사용될 것이기 때문이다. 고대 세계에서 흔히 우리가 "종교"라고 부르는 것은 더 큰 민족적 배경 안에 포함되어 있었다. 많은 신들이 특정한 민족적 정체성과 연관되어 있었다. 이런 기준에서 보면 그리스어인 "유다이오스"(*Ioudaios*, 일반적으로 "유대인[Jew]"으로 번역되며 복수형은 "유다이오이"[*Ioudaioi*]다)는 유대 지방과 거기서 유래한 공동의 기원을 갖고 있는 민족에게서 추적 가능한(또는 추적 가능하다고 주장한) 정체성의 형태를 언급한다. "유다이오이"(*Ioudaioi*) 신의 신전은 유대 지방(특히 예루살렘 성전)에 근거지를 두고 있었으며, 바로 그곳에 그 신의 임재가 가장 밀도 있게 집중되어 있었다. (구체적으로 신전의 가장 안쪽에 있는 "지성소"에 집중되어 있었다. 물론 이런 신념에 예외가 있을 때도 있었다.) "유다이오스"(*Ioudaios*)라고 주장되는 "종교적" 관습은 보다 광범위한 민족적 관계성의 틀 안에서 파생되었는데, 그 민족 집단에 속한 사람들 사이의 관계성 및 그 민족 집단과 연관된

신과 집단 사이의 관계성 둘 다를 가리킨다. 예를 들어 어떤 사람이 "유다이오스"가 되기로 결정했다면 단순히 그/그녀가 새로운 형태의 "종교"를 채택하는 것이 아니라 특정 민족 집단에 자신을 포함시키는 것으로 보았을 것이다. 이는 그 민족 집단 고유의 문화 유산, 유대 지방이라는 고향 땅, 유대 지역에 주요 거주지를 둔 독특한 형태의 민족적 신을 숭배하는 행위를 모두 포함한다. 이런 이유로 로마 세

자료 3.7. 베수비오 유적 발굴은 오늘날까지 계속되고 있다. 사진은 폼페이 지하에 있는 한 저택(Oplontis Villa B)이 발굴되고 있는 현장이다.

계의 사람들이 지닌 인식에 따라 상황을 이해하기 위해서라면 "유다이오스"라는 용어를 "유대인"보다 지역적 의미를 강조한 "유대 지방 사람"으로 번역하는 편이 때로 더 도움이 될 것이다. 물론 "유대 지방 사람"이라는 말은 유대 지방에 살았던 "유대 지방 사람들"과 그 지리적 영역을 넘어 지중해 유역 전체에 살았던 "유대 지방 사람들"을 쉽게 구분할 수 없다는 약점이 있다. 하지만 고대 세계의 많은 "유다이오이"에게는 그것이 중요한 핵심이었다.

"이교도"(pagan)라는 단어는 앞으로 나오는 장들의 어떤 지점에서 사용될 것이다. 그러나 이 단어는 두 가지 이유에서 완전히 "목적에 부합되지" 않는다. 첫째, 그것은 우리로 하여금 매우 다양한 종교의식을 위한 여러 체계를 탐구하고 기대감을 조성하기보다는 로마 배경에 대한 일종의 천편일률적인 단조로움과 동일성을 드러낸다. 둘째, 이 용어는 경멸적이고 비하하는 의미를 함축하고 있는데, 특히 유일신 관점에서 판단할 때 더욱 그렇다. 그럼에도 불구하고 누구도 "이교도"를 대체할 더 좋은 용어를 찾지 못했다. 이 책에서는 나는 되도록 "이교도"라는 단어를 피하려고 노력했지만 더 나은 단어가 부족했기 때문에 때로 그 단어에 의지할 필요가 있음을 알게 되었다.

바울 서신과 관련해서는 다양한 바울 문헌의 저자를 언급하기 위해 다른 용어를 사용할 것이다. 그 이유는 일부 바울 서신의 저자가 명확하지 않기 때문이다. 잔존하여 신약성경의 일부가 된 다음 일곱 개의 서신을 바울이 썼다는 데는 이견이 없다. (신약성경의 순서에 따라) 로마서, 고린도전후서, 갈라디아서, 빌립보서, 데살로니가전서, 빌레몬서가 여기에 포함된다. 반면 다른 바울 문헌의 저자는 이만큼 확실하지 않다. 문헌 중 일부는 바울의 제자들이 그의 사후 발생했던 상황을 다루기 위해 그가 살아 있다"면 이렇게 말했을 것이라고 상상하는 방식으로 기록되었을 가능성이 있다. 이는 어렵고 골치 아픈 문제지만 여기서 이런 복잡한 문제에 얽매일 필요는 없다. 내 생각에 디모데전서와 디도서는 바울의 한 제자가 당시의 절박한 필요를 해결하기 위해 바울 신학을 확장시킬 필요가 있다고 생각한 시점인 1세기 말 마지막 20년에 기록되었다고 봐도 무방하다. 디모데후서도 이 점에서 비슷하다고 볼 수 있다. 물론 바울 서신 중 하나에서 유래한 것일 수도 있지만 말이다. 에베소서의 기록 시기는 아마도 70-80년대일 것이고, 아마도 골로새서(그 자체가 에베소서의 모형과 같다) 역시 비슷한 시점에 쓰였다고 보는 편이 적합하다. 나는 바울이 데살로니가후서를 집필했을 가능성이 크다고 생각한다. 다음 세 가지 사항을 제외하고는 대부분

자료 3.8. 에우마키아 건물 서쪽(자료의 왼쪽, 폼페이 광장을 마주 보고 있다)은 62년 대지진 때 무너졌고, 지진 후 원래 벽돌이 아닌 붉은 벽돌을 사용하여 재건되었다(회반죽을 벽에 덮어 이런 차이가 보이지 않게 했을 것이다).

이런 문제에 별로 영향을 받
지 않는다.

자료 3.9. 폼페이 광장의 도로를 포장하기 위해 사용된 대형 대리석 판에는 1943년 연합군 공습으로 인해 폭탄 이 터지면서 손상을 입은 흔적이 남아 있다.

- 제15장에서는 노예에 관한 초기 기독교 담 론을 논의한다. 그리 고 거기서 골로새서 의 늦은 저작 연대설 이 대두된다.
- 제16장에서는 가족 관계에 관한 초기 기 독교 담론을 논의한다. 그리고 거기서 에베소서의 늦은 저작 연대 설이 대두된다.
- 제17장에서는 여성에 관한 초기 기독교 담론을 논의한다. 그리고 거기서 디모데전서와 디도서의 늦은 저작 연대설이 대두된다.

이 세 경우 외에는 이 문헌들에 대한 추정 연대가 이 책의 논의에 큰 영향 을 주지 않는다. 그러나 나는 "바울"(반론의 여지가 없는 서신들을 논의할 때 사 용되는 이름)과 "~의 저자"("디모데전서의 저자"와 같이 논쟁의 여지가 있는 서신 들을 논의할 때 사용되는 문구) 사이에 용어상 구분이 있다는 점을 설명하기 위해 이 문제를 언급해둔다.

기타 사항들

다른 몇 가지 사항들을 신속히 정리해보면 다음과 같다.

- 현재 자유 이용 저작물(public domain)인 책에서 가져온 일부 흑백 사진들도 포함되어 있지만, 베수비오 유물 사진은 주로 내 것이다. 해당 사료의 저작자 표시는 이 책의 뒷면에 있는 감사와 일부 이미지 출처 목록에 나온다. 베수비오 도시들에 소속된 감독관의 지시에 따라 이 사진들의 복제는 허용되지 않는다.
- 집 이름이나 장소가 언급될 때 특별히 헤르쿨라네움에서 나온 것으로 기록되지 않는 한 폼페이에 있는 것이다.

탐험을 시작하기 전에 마지막으로 한마디만 하겠다. 앞으로 신약성경의 특징과 관련된 로마 도시 생활의 특정 부분을 다룰 때 우리는 계속 집요하게 파고드는 다른 하나의 질문을 명심하는 것이 좋다. 왜 누군가는 로마 세계에서 발생한 예수 숭배의 한 형태에 마음이 끌리게 되었을까? 이 내용을 충분히 생각하기 위해서는 훨씬 더 많은 자료를 모아야 하므로 여기서 이 질문을 심도 있게 다룰 수 없다. 그러나 이것은 궁극적으로 앞으로 이 책에서 논의되는 많은 문제 중 부각되는 질문이 됨으로써 매 순간 더 깊은 생각과 고민으로 우리를 밀어넣을 것이다.

초기 기독교의 출현에 관한 사건, 인물, 본문의 연대표

여기 제시된 날짜는 다양한 데이터 중 가장 타당하다고 간주되는 해석에 기초한 추정일 뿐임을 주지해달라.

30	예수의 죽음
32	바울이 "우리 주 예수 그리스도"라고 부르게 될 사람을 만남
50	바울이 현존하는 그의 가장 오래된 편지로 알려진 데살로니가전서를 집필함
	데살로니가전서를 쓰고 얼마 지나지 않아 데살로니가후서(바울 사후 한 제자가 기록했다는 추정도 있다)를 기록함
50/51	바울이 갈라디아서를 집필함
54/55	바울이 고린도전서를 집필함
55/56	바울이 고린도후서를 집필함
57	바울이 로마서를 집필함
60-62	바울이 빌립보서와 빌레몬서를 집필함(둘 다, 특히 빌레몬서는 50년대 중반에 기록되었을 가능성이 있다)
70-75	마가복음이 예수 집단들 사이에서 회람되기 시작함
	히브리서가 예수 집단들 사이에서 회람되기 시작함
80년대	골로새서는 바울의 한 제자가 80년대에 쓴 것으로 추정됨
	에베소서는 바울의 한 제자가 80년대에 쓴 것으로 추정됨
	마태복음이 예수 집단들 사이에서 회람되기 시작함
80-90년대	누가복음이 예수 집단들 사이에서 회람되기 시작함
	야고보서는 80-90년대에 기록된 것으로 추정됨
	목회 서신(디모데전후서, 디도서)은 바울의 한 제자가 기록함(디모데후서 혹은 그 일부를 바울이 썼을 가능성이 있음)
	베드로전서는 80-90년대에 쓴 것으로 추정됨
90년대	요한복음이 예수 집단들 사이에서 최종본의 형태로 회람되기 시작함
	요한서신(요한일, 이, 삼서)은 요한복음이 회람된 직후(혹은 그 직전

에) 기록됨

예언자 요한은 요한계시록(요한의 묵시록)을 씀

누가복음의 저자는 90년대 혹은 그 직후에 사도행전을 기록함

110-130   유다서와 베드로후서는 이 기간 중 어느 시점에 쓰인 것으로 추정됨

베수비오를 배경으로 발생한 중요한 사건과 인물의 연대표

기원전 509   로마 공화국 건국

기원전 91-89   동맹시 전쟁(이탈리아의 많은 도시들이 로마와 더 긴밀한 연대를 맺
                 는 특권을 얻기 위해 동맹을 맺고 연합한 전쟁. 이 전쟁에서 이탈리
                 아 동맹이 로마에 패배함으로써 역설적으로 그 지배에 굴복하게 되
                 었고, 그 결과 로마와 더 긴밀한 연대를 맺게 됨)

기원전 80   로마 식민지로 폼페이가 건설됨

기원전 27-기원후 14 아우구스투스(이전의 옥타비우스, 기원전 63-기원후 14)가 로마 제
                 국의 황제로 통치함

14-37   티베리우스(기원전 42-기원후 37)가 로마 제국의 황제로 통치함

37-41   칼리굴라(12-41)가 로마 제국의 황제로 통치함

41-54   클라우디우스(기원전 10-기원후 54)가 로마 제국의 황제로 통치함

54-68   네로(37-68)가 로마 제국의 황제로 통치함

59   폼페이의 원형경기장에서 폭동이 발생함

62/63   대지진으로 베수비오 도시 내의 많은 구조물들이 파괴됨(정확한 해
                 는 알 수 없지만, 62년이 더 정확하다고 판단하여 이 책에서는 62년
                 을 사용할 예정임. 자료 3.8 참조)

69-79   베스파시아누스(기원후 9-79년 6월 23일)가 로마 제국의 황제로
                 통치함

79-81   티투스(기원후 39-81)가 로마 제국의 황제로 통치함(79년 6월 23
                 일 베수비오 화산 폭발 직전까지)

79   베수비오 화산이 폭발함(전통적으로 8월 24-25일에 폭발한 것으로

알려져 있지만, 여러 증거에 의하면 그보다 늦은 10월 24일일 가능
성이 높음)

1700년대	헤르쿨라네움과 폼페이 발굴이 산발적으로 시작되었으며 18세기 말에 본격적으로 진행됨
1943	무솔리니 지지자들이 폐허 속에 숨어 있다고 의심한 연합군이 폭격기를 보내 150개 이상의 폭탄을 폼페이에 투하함

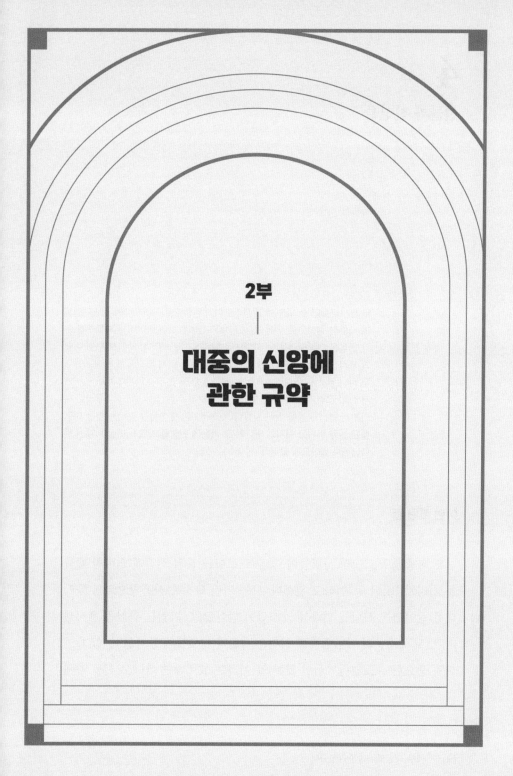

2부

|

대중의 신앙에
관한 규약

4

신들과 신전들

> 무리가 바울이 한 일을 보고 루가오니아 방언으로 소리 질러 이르되 "신들이 사람의 형상으로 우리 가운데 내려오셨다" 하여 바나바는 제우스라 하고 바울은 그중에 말하는 자이므로 헤르메스라 하더라. 시외 제우스 신당의 제사장이 소와 화환들을 가지고 대문 앞에 와서 무리와 함께 제사하고자 하니 두 사도 바나바와 바울이 듣고 옷을 찢고 무리 가운데 뛰어 들어가서 소리 질러 이르되 "여러분이여, 어찌하여 이런 일을 하느냐? 우리도 여러분과 같은 성정을 가진 사람이라. 여러분에게 복음을 전하는 것은 **이런 헛된 일을 버리고 천지와 바다와 그 가운데 만물을 지으시고 살아 계신 하나님께로 돌아오게 함이라**"(행 14:11-15).

이런 헛된 일

사도 바울은 루스드라 사람들이 그리스-로마 신들의 신전에게 바친 제사를 가리켜 "헛된 일"이라고 말했다. 그는 이런 묘사를 사용함으로써 동시대를 살아가는 사람들 가운데 소수만이 받아들일 수 있는 관점을 제시했다. 당시 대부분의 사람들에게 신전은 사회가 순조롭게 돌아갈 수 있게 만드는 중요한 요소였다. "이런 헛된 일"이라는 표현에는 아마도 신들 자체에 대한 언급도 포함되었을 것이며, 그렇다면 바울은 소수의 사람들에게서나 반향을 일으킬 수 있는 견해를 밝혔던 것이다.

신전이나 신들을 "헛된 것"으로 낙인찍는 일(그리고 "천지와 바다와 그 가운데 만물을 지으시고 살아 계신 하나님"의 이름으로 그렇게 말할 수 있는 것)은 오늘날 현대 사회의 구조에 동력을 공급하는 모든 전력망을 차단하라는 요구와 동등하다. 따라서 바울이 이런 발언을 한 후 극도의 위험에 처하게 된 것은 놀랄 일이 아니다. 이 이야기의 화자는 사람들이 "돌로 바울을 쳐서 죽은 줄로 알고 시외로 끌어 내[쳤다]"고 말한다(행 14:19).

폼페이와 그 너머에 있던 신전과 신들

이 이야기 속의 제우스(혹은 유피테르) 신전과 마찬가지로 로마 도심지의 성벽 너머에는 많은 신전이 있었다. 하지만 대부분의 신전들은 성벽 안 도심의 심장부에 있었다. 폼페이도 이 점에서는 별반 다르지 않았다. 도시 성벽 너머에 있는 중요한 한 신전을 제외하고(8장의 바쿠스 신전에 대한 논의를 보라), 최소 여덟 개의 신전이 중앙 광장 주변과 그 근처에 산재해 있었다(자료 4.1을

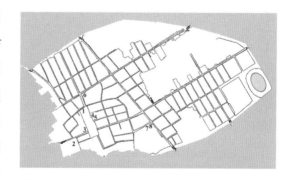

자료 4.1. 폼페이가 존재하던 마지막 해의 주요 그리스-로마 신전 배치도: 1=카피톨리누스의 삼인방(유피테르, 유노, 미네르바); 2=베누스; 3=아폴로; 4=황제 숭배; 5=베스파시아누스 황제(황제 숭배); 6=아우구스 시대의 포르투나(황제 숭배); 7=이시스; 8=아이스쿨라피우스(혹은 유피테르 메일리키오스) 신전 1, 3, 4, 5가 둘러싸고 있는 직사각형 공간이 광장이다.

보라). (광장 너머 여기저기에 있는 특이한 로마식 목욕탕 및 도시 동쪽에 있는 큰 공원인 그랜드 팔레스트라와 원형경기장을 포함한 두 개의 큰 건물들을 제외하고) 도시의 남서쪽을 향한 광장(자료 3.6을 보라)은 폼페이의 주요 생활 중심지였다. 이 중앙 광장에는 폼페이의 공공 건물들이 들어서 있었는데, 사람들이 사방으로 다닐 수 있는 커다란 직사각형 모양의 개방된 공간 주위에 띠 형태로 배치되어 있었다. 광장은 도시의 가장 오래된 지역의 중앙에 있었고 그 주위에 도시와 관련된 많은 것들이 생겨난 것으로 보인다.

폼페이의 신전은 특정 신들을 숭배하는 장소였다. 중앙 광장에서 가장 눈에 띄는 것은 유피테르, 유노, 미네르바를 숭배하는 신전이었다(자료 4.1의 신전 1). 이 세 신은 로마의 카피톨리누스 언덕에서 함께 숭배받았기 때문에 "카피톨리누스 삼인방"이라고 불렸다. 이와 더불어 폼페이 중앙 광장에서는 아폴로(신전 3)를 숭배하는 신전, 황실을 숭배하는 신전(신전 4), 특히 베스파시아누스 황제를 숭배하는 신전(신전 5)이 눈에 띄었다.

이집트 신 이시스를 모시는 신전(신전 7)은 상대적으로 눈에 띄지 않았다. 이 작은 신전은 이 유명한 여신을 숭배하는 사람들의 종교적인 비밀을 강조하는 것처럼 한적한 곳에 자리하고 있었다. 폼페이를 비롯한 로마 세계 곳곳에서 이시스는 매우 중요한 신이었다. 초기 예수 운동이 지중해 유역의 도심지 일대에서 비교적 미미한 집단으로 작은 거점을 확보하고 있을 때 이시스 숭배자는 급격히 늘고 있었다. (9장에서는 베수비오 도시에서 이루어진 이시스 숭배의 중요성을 고찰해볼 것이다.)

성읍 남서쪽 산봉우리에는 폼페이의 주요 후원자 겸 보호자로 여겨진 여신 베누스를 위한 신전이 있었다(신전 2). 그녀의 신전은 물가에서 가장 가까운 곳에 있어서 바닷길을 오가는 사람들의 눈에 띄었다. 자신의 박복한 애정운을 한탄하면서 베누스의 갈비뼈를 부러뜨리겠다고 위협한 그 폼페이 주민을 제외한(1장 참조) 대부분의 사람들은 베누스 신에게 극도로 헌신했고 여러 방식으로 그녀를 숭배했다. 베누스가 "구세주"라고 알리는 그라피티도 있었고(*CIL* 4.9867, 6장 참조), 한 상점의 외벽에 그려진 프레스코화(9.7.6-7)를 보면 왕을 상징하는 규(圭)를 손에 쥐고 코끼리 네 마리가 끄는 수레에 탄 베누스의 모습이 묘사되어 있다. 마을 전체에 남아 있는 프레스코화와 그라피티는 폼페이 주민들에게 베누스가 얼마나 중요한 존재였는지를 보여준다.

신전과 그 너머에서 신들을 숭배하는 것은 로마 세계의 크고 작은 마을과 도시에 거주하던 시민들의 삶의 중요한 부분이었다. 사람들은 자신이 소중히 여기는 모든 것들의 안녕과 복지를 위해 신들이 필수적으로 있

자료 4.2. 폼페이의 유피테르 신전(7.8)은 나중에 로마의 카피톨리누스 삼인방(유피테르, 유노, 미네르바)의 신전이 되었다.

어야 한다고 생각했다. 수많은 신들이 각기 주된 기능을 갖고 있었으며 그와 결부된 부차적인 기능을 동시에 수행하기도 했다. 신의 세계에서는 올림포스산 꼭대기에 살았다고 알려진 12명의 신들이 중심을 차지하고 있었고 이들로부터 방대한 그리스 신화가 전개된다. 여기에 등장하는 전통적인 올림포스 신의 개념을 물려받은 로마인들은 신의 이름을 바꿨다. 제우스는 유피테르, 포세이돈은 넵투누스, 아테나는 미네르바, 아르테미스는 디아나, 아프로디테는 베누스, 헤르메스는 메르쿠리우스, 아레스는 마르스, 디오니소스는 바쿠스 등으로 불렸다. (아폴로만 원래 이름을 유지했다.) 그러나 신의 수는 12명을 넘어섰다. 로마 세계에 존재했던 신의 수는 상상력의 한계만큼이나 많았다.

그런데 신화에 등장하는 신은 본질적으로 선하고 자비로우며 정의롭게만 묘사되지 않았다. 박식하고 강력하며 자애로운 모습이 드러난 것도 아니었다. (물론 "가장 탁월하고 위대한 유피테르, 전능한 주시여!"라고 베수비오의 그라피티 CIL 4.6864에 나타난 것처럼 그런 특성이 강조될 때도 있다.) 또한 대부분은 인간의 복지를 감독하는 일에도 관심이 없었다. (상대적으로 인간에 대해 더 호의적인 태도를 보인다고 여겨지는 신도 있었다.) 그렇다면 왜 신들에 대한 숭배가 로마 문화에 깊이 뿌리 내리고 있었는가? 신을 숭배하는 행위는 그렇게 하지 않으면 신의 분노를 사게 될 것이라는 두려움과 더불어 신의 호의를 얻음으로써 한 개인의 장래가 더 나아질 수 있다는 희망에서 비롯된다(특히 5장을 보라).

물론 신에 대한 다양한 견해가 있었다. 철학자와 시인들은 고대 그리스-로마 신화가 드러내는 신에 관한 여러 측면이 과연 유효한지에 대해 의문을 제기했다. 그러나 그런 신화들은 신들의 성격에 관해 논할 수 있는 중요한 배경이 된다. 베수비오 도시에서 발견된 (주택이나 작업장 또는 공공 장소의) 수많은 예술 작품들은 그런 신화의 내러티브에 나타난 순간을 묘사한다. 이처럼 신들의 영역이라는 주제는 그곳 주민들의 마음과 대화를 사로잡고 있었다.

베수비오 주민들의 삶을 보면 1세기 각 가정에서 다른 신을 배제하지 않고도 특정 신을 선호했음을 알게 된다. 베누스는 폼페이에서 가장 사랑받는 신이었다. 우리가 앞서 살펴본 것처럼 사람들은 베누스를 향해 성적 매력, 사랑, 행복을 얻고 항해와 관련된 사업이 번창하기를 기원했다. 거리에 줄지어 서 있는 상점에는 상업의 신인 메르쿠리우스를 묘사

자료 4.3. 둥근 천장 아래 공간에 베누스의 조각상이 모셔져 있는 한 신전 앞에 있는 두 여인을 묘사한 프레스코화. 그중 한 여인은 꽃을 제물로 가져왔다(6.17.41, MANN 8594).

한 프레스코화가 장식되어 있었다. 로마인들이 최고로 여기는 유피테르는 가정의 보호를 상징하는 신이었기 때문에 주로 주택 안에 그려져 있었으며, 디오니소스 혹은 바쿠스는 풍요로운 즐거움을 고취시키는 신으로서 많은 가정의 숭배를 받았다(8장 참조).

신을 숭배하는 사람들은 종교적으로 배타적일 필요가 없다고 생각했다. 신마다 나름의 강점이 있었기 때문에 신에 대한 헌신은 항상 "상호보완적"인 형태로 나타났다. 예를 들어 폼페이에서는 도시의 신성한 수호자인 베누스와 동시에 유피테르, 메르쿠리우스, 아폴로, 유노, 미네르바를 숭

배하는 일이 모순으로 받아들여지지 않았다. 고대에 신을 숭배하는 행위는 오늘날 보험에 가입하는 것과 비슷했다. 많은 신을 숭배할수록 안전해질 가능성이 커졌다. 또 다른 예로 우리가 주식을 매입할 때를 생각해보면 된다. (일반적으로) 포트폴리오가 다양할수록 금융 자산의 위험이 줄어든다. 이런 이유로 인해 신에 대한 숭배는 인간의 필요만큼이나 광범위하게 이뤄졌다. 특히 인생의 복잡성 때문에 발생하는 작은 구멍과 구석진 부분을 다 메우고 덮을 수 있을 만큼 숭배가 광범위해질 필요가 있었다. 심지어 헤아릴 수 없이 많은 신들이 그 자체로 분리된 독립체가 아니라 그 모든 신들 배후에 존재하며 모든 만물에 스며들어 있는 단 하나의 신성한 독립체의 다양한 표현이라는 주장까지 나왔다. 이는 주로 철학자들 사이의 담론에 국한된 내용이었지만 실제로 "퍼져 있었던" 생각임은 확실하다.

베누스와 케레스는 당시 여성 사제를 허용했던 두 여신이었는데, 사람들은 폼페이의 어느 여성이 베누스와 케레스 모두를 섬기는 사제임을

자랑스럽게 여기는 모습을 이상하게 생각하지 않았다(*EE* 8.855의 "마르쿠스의 딸, 알레이아"의 경우를 보라. 베누스의 여성 사제 에우마키아, 마미아, 홀코니아, 이스티시디아 루필라를 비롯해 케레스 여신을 섬기는 여성 사제 알레이아 데키밀라, 클로디아, 라시아, 아쿠비아 쿠아르타 외에도 잔존하는 베수비오 유물에 그 이름이 언급되지 않은 사람이 많다).

전통적인 그리스-로마 신들 외

자료 4.4. 폼페이의 카피톨리누스 신전에서 나온 로마 최고의 신 유피테르(머리만 남아 있다) 조각상(7.8.1)

에도 황제를 숭배하려는 움직임이 1세기 도심지에서 시작되고 있었다. 아우구스투스(기원전 27년-기원후 14년 통치)와 클라우디우스(41-54년), 네로 (54-68년), 베스파시아누스(69-79년), 티투스(79-81년), 도미티아누스(81-96년)와 같은 황제들은 각 시대의 어느 시점마다 경배를 받았다. 당시 예수 운동의 출현은 놀라운 일이었지만 실제로 훨씬 더 널리 확산된 것은 황제 숭배였다. 이는 더 정확히 말하면 황제의 신성한 영혼을 숭배하는 것이다. (베스파시아누스 황제는 임종 때 "오 이런, 내가 신이 되고 있는 것 같구나"라는 익살스러운 말을 내뱉은 것으로 알려졌

다; Suetonius, *Life of Vespasian* 23.) 각 도심지는 황제 숭배의 질과 정도에서 다른 도심지를 능가해야 한다는 경쟁 의식을 느꼈다. 친 로마 정서를 드러내는 사람들에게 엄청난 경제적, 정치적 이익이 주어졌기 때문이다. 로마 제국 질서에 편승한 사람들은 보상을 받았다. 로마 제국의 이념을 전파하는 행위는 로마의 정치적 이익이라는 시스템에 기름을 부었다. 황제는 자신의 신성을 사람들에게 광고할 필요가 없었다. 지중해 유역의 크고 작은 도시들에 거주하는 시민 엘리트들이 이와 관련된 대부분의

자료 4.5. 세계의 중심(따라서 우주적 통제의 장소가 된 곳)을 표시하는 (그물에 가려진) 돌 옆에 서 있는 아폴로를 그린 프레스코화(6.17.10, MANN 9541)

힘든 일을 도맡았다. 이런저런 방식으로 황제 숭배를 하면 로마의 신에 의해 정립되고 정당화되어온 중요한 제도에 합당한 의무를 수행하는 것으로 여겨졌다. 고대 유물과 문헌을 살펴보면 삶의 분리된 영역으로 나누는 현대의 구분이 로마 세계 안에서 권력의 중심적 연결고리를 특징짓는 통치와 (황제를 포함한) 신들 사이에 존재했던 복잡한 연관성을 제대로 다루지 못한다는 것을 알 수 있다. (6장과 7장에서 이에 대해 더 많은 것을 알아볼 예정이다.)

예외가 된 민족

한 민족 집단은 그들의 대다수 동시대인들과는 다소 다른 협상책을 내놓았다. 그들은 바로 유대인(Jews)이다. 사실 유대 지방 사람들(Judeans)이 더 나은 표현인데, 그들의 민족적 정체성이 유대 땅과 그 땅에 신전을 두고 있는 신에 대한 숭배와 관련이 있었기 때문이다. 이웃 주민들이 황제 숭배를 강요할 때마다 유대 지방 사람들은 각 지역의 황제 신전에서 제물을 바치지 않고도 사회의 책임 있는 일원으로 인식될 수 있었다. 그 이유는 유대교 제사장들이 로마 황제를 위해 (유대 지방 사람이 지닌 정체성의 핵심인) 예루살렘 성전에서 매일 제사를 드렸기 때문이다. 하지만 황제를 숭배했던 것은 아니다. 어쨌든 이런 제사로 인해 유대 지방 사람들은 노골적으로 황제 숭배를 하지 않고도 로마 당국에 대한 충성심을 인정받았다.

유대 지방 사람들은 여러 민족 중 거의 유일하게 단 하나의 신이자 언약의 신인 야훼(YHWH)에 대해 배타적 헌신을 하는 것으로 알려져 있었기 때문에, 이런 상황은 다신교를 믿는 동시대인들과 유대 지방 사람들 사이의 잠재적인 갈등의 핵심을 해결하는 데 도움이 되었다. 배타성을 띤 헌

자료 4.6. 두 여자가 친권을 주장하는 아이의 운명에 대해 지혜로운 판결을 내리는 솔로몬(오른쪽 재판석에 있는 인물 중 가운데)의 모습을 묘사한 프레스코화. 한 여자가 (재판석 앞에서 무릎을 꿇고) 애원하는 동안 철학자인 플라톤과 소크라테스(맨 왼쪽)는 재판 장면을 감탄하며 바라보고 있다. 시간을 초월하여 그리스 최고의 지혜자와 유대 역사를 결합하려는 시도가 엿보이는 작품이다(8.5.24, MANN 113197).

신은 수 세기 동안 유대 지방 사람의 정체성을 나타내는 특징이 되었다. 그들은 예루살렘 성전에서 매일 황제에게 제사를 봉헌한 덕분에 로마의 발전을 저해하는 사람들이라는 오명을 피한 채로 오랜 세월 지속된 언약 신에 대한 신앙적 배타성을 유지할 수 있었다.

일반적으로 유대 지방 사람들이 지닌 신앙적 배타성은 고대 다신교적 세계에서 극한 호기심을 불러일으켰다. 단 하나의 신에 헌신하는 행동 (단 하나의 신이라는 바구니에 모든 계란을 담는 것)은 개인의 생존 전략을 터무니없이 빈약한 선택의 범위로 제한하는 것처럼 보였다. 비록 유대 지방 사람들에 대한 태도는 (그들의 윤리적 지혜에 대한) 감탄과 (안식일 준수와 할례에 대한) 혐오가 공존했지만, 로마 세계에 살던 많은 사람들은 단 하나의 신에게 헌신하는 유대인들이 말도 안 되는 위험을 감수하고 있다고 생각했을 것이다.

1세기에는 유대 지방 사람의 배타주의와 로마인의 다신론이 (어느 한쪽의 큰 도움이 없이도) 비교적 평화롭게 공존하면서 미묘한 균형을 이루었다. 그러나 때로는 일이 잘 풀리지 않았다. 40년대 초 칼리굴라(가이우스 율리우스 카이사르 아우구스투스 게르마니쿠스[Gaius Julius Caesar Augustus Germanicus]의 약칭 별명)로 알려진 로마 황제가 예루살렘 성전 안에 자신의 동상을 세우려고 하자 갈등이 발생했다. 유대 지방 사람들이 섬기는 최고의 신을 위한 신성한 공간에 신이 되고 싶은 사람의 동상을 나란히 세우려는 시도가 발생하자 유대 지방 사람들의 신앙적 배타성이 직접적으로 도전받게 되었다. 그 결과 수천 명에 달하는 유대인들이 나서서 그들이 섬기는 신에 대한 모독을 용인하느니 차라리 도살되는 편이 낫겠다고 말하며 이 행동에 항의했다. 결국 유대 지방 사람들의 배타적인 헌신을 약화시키려던 칼리굴라의 시도는 실패하고 말았다.

60년대 후반에 이런 균형이 깨지는 일이 또 발생했다. 이런저런 이유로 로마에 대한 반란에 휘말린 유대인들은 로마 제국의 질서에 종속되는 멍에를 없애고 그들이 섬기는 신에 의한 유일한 통치를 확립하고자 했다. 66-70년에 일어난 반란 기간(73년 또는 74년까지 소탕 작전이 계속되었다)에

자료 4.7. 왼쪽: 태양 혹은 빛으로 된 (왕)관을 쓰고 있는 (젊은 시절의) 아폴로 신을 표현한 프레스코화 (7.2.16, MANN 9449); 오른쪽: 천국의 왕좌에 앉아 있는 아폴로를 그린 프레스코화(6.7.23, 원위치에 있음)

로마는 가차 없이 유대인을 학살했다. 70년에 신전이 파괴되면서 예루살렘은 유대 지방 사람들의 신앙 실천 중심지로서의 역할을 상실하게 된다. 132-135년에 유대 지방 사람들이 로마에 대항해 일으킨 두 번째 반란이 실패하면서 상황은 한층 더 심각해졌다. 예루살렘이 심하게 파괴되면서 복구에 대한 희망 역시 완전히 무너져버렸기 때문이다. 두 차례의 반란이 실패하는 것을 목격한 사람들은 70년 동안 로마의 신들이 유대의 신에 대해 두 번이나 승리를 거두었다고 생각했을지도 모른다.

체제에 대한 도전

덜 극적이지만 적지 않은 논란을 불러일으킨 로마 신들에 대한 반란은 1세기 중반 초기 예수 운동의 몇몇 지도자들이 보여준 태도에서 명확히 드러나는데, 이 운동은 유대 지방 사람들의 신앙적 배타성을 기반으로 하고 있었다. 그 "사도적" 인물들은 분명히 그리스-로마 신들을 숭배하는 데 비판적이었고, 초기 예수 추종자들은 흔히 이런 사도적 관점을 채택했다. 바울에 따르면 데살로니가의 주민들은 예수 추종자들이 "어떻게 우상을 버리고 하나님께로 돌아와서 살아 계시고 참되신 하나님을 섬기는지"(살전 1:9)를 이미 알았다고 한다. 이는 다음 두 가지 이유로 놀랄만한 주장이다.

1. 바울은 예수 그리스도의 말씀을 전하기 위해 데살로니가에 도착한 지 1년도 채 지나지 않아 그들에게 편지를 쓰고 있었다. (그는 아마도 49년 말에 그곳에 도착했고 50년 초에 고린도에서 편지를 썼을 것이다.)
2. 우상에게서 등을 돌린다는 것은 (이미 우리가 이미 살펴보았고 앞으로도 계속 알아볼 내용을 통해 분명히 드러난 이유로 인해) 1세기 세계에서 매

우 대담하고 어쩌면 말도 안 되는 행동으로 보였을 것이다.

데살로니가 사람들에게 편지를 쓴 지 몇 년이 지나고, 바울은 고린도에 있는 예수 추종자들에게 보낸 편지에서 "우상을 버리고 하나님께 돌아가라"고 권고했다. 그는 54년경에 다음과 같이 썼다.

> 우리가 우상은 세상에 아무것도 아니며 또한 하나님은 한 분밖에 없는 줄 아노라. 비록 하늘에나 땅에나 신이라 불리는 자가 있어 많은 신과 많은 주가 있으나, 그러나 우리에게는 한 하나님 곧 아버지가 계시니 만물이 그에게서 났고 우리도 그를 위하여 있고 또한 한 주 예수 그리스도께서 계시니 만물이 그로 말미암고 우리도 그로 말미암아 있느니라(고전 8:4-6).

바울은 "하늘에나 땅에나" 영적 존재들이 있다는 사실을 부인하지 않았다. 그는 예수 추종자들의 삶에 영향을 미치는 영적 존재가 누구인지를 중요하게 여겼다. 바울은 우상숭배를 파괴적인 영적 세력에 노예화된 하나의 유형으로 보았으며(갈 4:8-9), 그로 인해 사람이 비극적인 도덕적 결과를 초래하는 행위를 선택하게 된다고 생각했다(롬 1:18-32). 결과적으로 다른 사람들은 숭배 대상에 신들을 더 **추가했던** 반면, 바울과 다른 이들은 다른 신들을 **버리자고** 주장했다.

이런 이유로 초기 예수 추종자들은 "무신론자"로 알려지게 되었다. 이는 그들이 최고의 신을 믿지 못해서가 아니라 그리스-로마 세계에서 인정받는 신들에 대한 숭배를 거부했기 때문이다. 이로 인해 예수 숭배자들은 다양한 형태의 박해를 받게 되었다. 당시 사람들은 신들이 인간의 숭배 대상이 될 때 사회가 순조롭게 돌아간다고 생각했기 때문에, 결과적으로 보통 사람들이 행하는 경건한 숭배를 "거부"하는 일부 예수 추종자들의 행태는 안정되고 안전한 사회 구조를 약화시키는 행동으로 여겨졌다.

그들의 눈에 예수 숭배자들은 발전을 방해하고 사회를 향한 신들의 분노를 불러일으키는 위험한 사람들로 보였다. 시 당국은 신들이 감독하는 사회 구조를 보존하고 지역 주민을 보호하기 위해 그런 경솔하고 무모한 "무신론"을 시민의 영역에서 제거하는 임무를 맡고 있었다. 바울이 자주 직면했다고 하는 공격적인 저항이 바로 이것이었을 가능성이 높다. "[나는] 세 번 태장으로 맞고 한 번 돌로 맞았다." 이런 "도시 안에 있었던 위험들"과 여러 유형의 "박해"는 소위 초기 기독교 메시지의 무신론에 대항하는 지역 주민들의 주도로 이루어졌다(고후 11:25-26; 12:10). 바울이 고린도후서 4:4에서 말한 것처럼 심지어 초인간적인 세력들도 "복음" 설교자들을 상대로 한 이런 일치단결한 노력에 참여했다고 볼 수 있다. "그중에 이 세상의 신(사탄)이 믿지 아니하는 자들의 마음을 혼미하게 하여 그리스도의 영광의 복음의 광채가 비치지 못하게 함이니 그리스도는 하나님의 형상이니라."

신약성경에는 예수를 추종하는 자들에 대한 비난과 학대 및 박해 정황이 뚜렷이 드러난다. 다음 세 가지 시나리오는

자료 4.8. 베누스가 규와 배의 키를 들고 있는 모습을 묘사한 폼페이 저택 외벽의 프레스코화는 그녀의 통치력과 지도력을 보여준다. 그녀는 아들 에로스와 날아다니는 두 에로테스(사랑의 쿠피도들)와 함께 있다(9.7.1, 원위치에 있음).

다양한 가능성을 예시하는데, 이와 다른 배척 경험도 틀림없이 이 가능성 사이에 존재할 것이다.

1. 베드로전서의 저자는 예수 추종자들이 당시 비기독교인들에게 학대를 당하고 비방을 받았다고 언급하면서(3:16-17) 그것을 "너희를 연단하려고 오는 불 시험"이라고 묘사한다(4:12; 이 장의 "생각해 볼 문제들"에서 베드로전서의 추가적인 본문들을 살펴보라). 이 사회적 경멸은 겉으로 예수 숭배자들을 회피하는 형태로 나타났다.

2. 히브리서의 저자는 "소유를 빼앗기는" 것을 경험한 예수 추종자들을 알고 있었다(10:34). 이런 행동은 대개 정치적으로 위험한 인물이라고 간주되는 사람들을 대상으로 (또는 적어도 정치적 상황을 지지하지 않는 사람들을 상대로) 교묘히 계획되었으며, 이로 인해 일부 예수 추종자들이 고통을 받은 것으로 보인다.

3. 요한계시록의 저자는 순교의 고난을 당한 한 사람을 알고 있었다. "내 충성된 증인 안디바가 너희 가운데 곧 사탄이 사는 곳(황제 숭배가 활발한 곳)에서 죽임을 당할 때도 나를 믿는 믿음을 저버리지 아니하였도다"(2:13).

공개적 선언

예수를 따르는 사람들이 1세기 도심지 주요 광장에 일반인들을 위해 마련된 연단에 서서 군중들을 향해 우상숭배를 비난했기 때문에 박해를 받게 되었다고 생각할 필요는 없다. 물론 그런 종류의 공개적인 선언은 (이 장의 도입부에 나온 행 14장의 이야기를 비롯한) 초기 예수 추종자들에 관한 일부 이야기에 암시되어 있다. 그러나 더 평범한 형태의 담론이 일반적이었다. 이런 일들은 초기 예수 추종자들이 새벽부터 해가 질 때까지 일했던 작업장에서 발생했던 것으로 보인다. 바울은 새롭게 예수를 따르게 된 데살로니가의 예수 숭배자들에게 편지를 썼는데 그들은 육체노동자였으며(살전 4:11), 그런 정황을 알고 있던 그는 작업장에서 수고하고 애쓰던 일을 회상했다. "형제들아, 우리의 수고와 애쓴 것을 너희가 기억하리니 너희 아무에게도 폐를 끼치지 아니하려고 밤낮으로 일하면서 너희에게 하나님의 복음을 전하였노라"(2:9; 살후 3:8도 보라).

이 구절은 (임차한) 어떤 장인의 작업장에서 오랜 시간 노동하면서 메시지를 전하던 바울의 모습을 상상하는 데 도움을 준다. 이는 초기 예수 추종자들이 흔히 겪었을 법한 상황이다. 그들은 작업장에서 낮 동안 노동을 하면서 시간을 보내는 데 도움이 될 만한 것은 무엇이든 논했다. 최근의 정치 문제, 스포츠 경기, 성관계, 동네 소문들이 이런 대화의 주제가 되었을 것이다. 또한 그들은 신들과 신화를 주제로 이야기를 나눴을 것이다. (가죽 세공업자였던) 바울과 같은 사람들은 로마 세계에 반드시 전해야 한다고 믿었던 "좋은 소식"과 연관된 신들에 관해 "밤낮으로" 대화를 나눌 수 있는 모든 기회를 잡으려고 했다. 바울이 임차한 작업장의 벽에는 아마도 신들의 모습이나 재앙으로부터 사람들을 보호하는 이교도의 부적을 그린 프레스코화가 있었을 것이다. 바울은 그 그림을 역겨워하면서 페인트로 칠하고 덮어버린 대신 지역 사람들과 상호 작용하기 위한 대화의 출발점으로 활용했을 것이다.

성전 이미지의 변화

초기 예수 숭배자들이 그리스-로마의 신들과 신전에 대해 논쟁할 경우에는 일반적으로 그들의 담론에서 신전의 개념을 완전히 제거하지는 않았다. 대신 그들은 신전을 재해석하면서 신의 존재를 재정의했다. 예수의 육체를 하나의 [혹은 더 나은 표현으로 말하자면, 그] 신전으로 규정하는 요한복음에 그 예가 명확히 나온다. "예수

자료 4.9. 위층 침실로 통하는 계단이 있는 헤르쿨라네움의 작은 작업실. 바울은 로마 세계의 도시를 향해 메시지를 전하면서 이런 곳에서 일을 했을 것이다.

께서 대답하여 이르시되 '너희가 이 성전을 헐라' '내가 사흘 동안에 일으키리라'"(2:19, 21). 화자는 예수가 "성전된 자기 육체"를 가리켜 말씀하고 계신 것을 청중들에게 알려준다. 여기서 신의 존재는 예수의 인격에 집중된다. 그런 점에서 예수가 요한복음(2:13-22)에서 보여준 드라마틱한 "성전 정화" 사건은 단순한 "정화"라기보다는 유대교 신전의 "교체"에 더 가깝다 (막 11:15-18; 마 21:12-13; 눅 19:45-46의 "성전 정화" 사건에 대한 설명을 보라).

다른 곳에서는 신적 존재가 예수 자신보다는 예수 추종자들의 공동체와 관련된 성전 모티프와 연결된다. 예를 들어 바울은 고린도에 있는 예수 추종자들에게 글을 쓸 때 예수 집단이 성전을 이루고 있다고 묘사한다. 고린도전서 3:16-17을 보면 바울의 말에서 2인칭 대명사가 등장할 때마다 그리스어 복수형("너희")으로 기록되었다. "너희는 너희가 하나님의 성

전인 것과 하나님의 성령이 너희 안에 계시는 것을 알지 못하느냐?…하나님의 성전은 거룩하니 너희도 그러하니라"(6:19도 보라). 그리고 예수 숭배자들은 하나님의 성전으로서 그들 가운데 존재하는 하나님의 임재를 즐거워했다. 바울은 히브리 성경의 본문을 인용하면서 같은 구절에 다음 내용을 덧붙였다. "나는 너희 중에 행하여 너희의 하나님이 되고 너희는 내 백성이 될 것이니라"(레: 26:12에서 인용; 렘 32:38; 겔 37:27). 에베소서 저자역시 이와 비슷하게 예수를 따르는 사람들의 공동체 안에 신적 존재가 거한다고 확신했다. 그는 예수를 따르는 사람들을 "하나님이 거하실 처소"로 지어져 가는 "주 안에서의 성전"으로 묘사했다(엡 2:21-22). 분명히 예수를 따르는 사람들이 갖고 있던 신전은 벽돌과 돌 및 모르타르와 회반죽으로 만들어지지 않았다. 기독교의 신전들은 평범한 예수 숭배자들의 피와 살로 구성되었다.

하지만 거기에는 그보다 더 많은 의미가 포함되어 있었다. 대부분의신전은 성소 안에 모시는 신들의 이미지를 보유하고 있었다. 일반적으로사람들은 "거룩한 신전"이라면 그 안에 섬기는 신의 모습이 자랑스럽게전시되어 있을 것이라고 생각했다. (물론 이에 대한 중요한 예외가 있는데, 이스라엘의 신을 위한 예루살렘 신전 내부에는 신의 모습을 형상화한 조각상이 없었다.)철학자 에픽테토스(50-135년)에 따르면 신의 형상이 존재하는 곳에 머물기 위해서는 한 개인의 높은 도덕성이 필요하다(Discourses 2.8.12-14). "신의형상 앞에 있을 때 지금 하고 있는 어떤 일 곧 불순한 생각과 추잡한 행동을 감히 할 수 없다."

이는 예수를 따르는 무리라면 "살아 계신 하나님의 성전" 안에서 그들의 살아 있는 신의 모습을 보여줘야 한다는 바울의 확신과 일치한다. 그러나 그 형상은 대리석으로 조각된 형태로 모두가 볼 수 있는 단상에 놓여

자료 4.10. 승리의 화환으로 장식된 왕관을 쓴 유피테르 신이 통치의 홀을 들고 (로마군의 상징인) 독수리와 함께 천구를 발 가까이에 두고 있는 모습을 묘사한 프레스코화 (6.9.6, MANN 9551)

있지 않았다. 대신 "그와 같은 형상으로 변화하여 영광에서 영광에 이르[게 된]" 예수의 숭배자들 안에서 발견될 수 있었다(고후 3:18). 그들이 공유한 그 "형상"은 예수 추종자들의 삶에서 인식되는 그들의 신 예수 그리스도의 형상이었다. 바울은 비기독교인들이 예수 추종자들의 삶에서 일어난 변화를 보았을 때 추종자들이 섬기는 그 신의 형상을 정말로 목격하게 된다고 생각했던 것 같다. 이는 곧 추종자들이 믿는 신이 그들 안에 임재한 결과 그들의 일상생활 속에서 생생하게 살아 있는 것처럼 보이는 효과였다. 이 이미지는 예수 그리스도의 **육체적 속성**을 드러내는 것이 아니었다. 오히려 (성전의 이미지처럼) 예수 집단 안에서 나타난 예수 그리스도의 **인격**을 보여주는 역할을 했다.

바울은 이 중요한 개념을 전달하기 위해 많은 비유를 사용했다. 예를 들어 그는 갈라디아의 예수 추종자들에게 편지를 보내면서 그들 속에 "예수 그리스도의 형상이 이루어졌"(갈 4:19)으며 그들이 "그리스도로 옷 입었다"고 말했다(3:27). 바로 예수 그리스도가 바울 자신 안에서 개인적으로 살아나셨다고 말했던 것처럼 말이다(2:20). 오가는 사람들은 신전 안에서 신들의 형상을 보았다. 이와 마찬가지로 바울은 "살아계신 하나님의 성전" 안에서 예수가 "아버지"라고 불렀던 이가 예수 추종자들로 하여금 "그 아들의 형상을 본받게 하기 위하여" 일하고 계신다고 생각했다(롬 8:29). 로마 세계에 존재하던 대부분의 신전들처럼 모든 기독교 "신전"은 살아 있는 신의 형상을 보여주어야 했다. 하지만 그 형상들은 다른 신전의 형상처럼 움직이지 않는 대리석의 형태로 제시되지 않고 그 신을 따르는 추종자들의 변화된 삶 속에서 구현되었다. 그래서 그 형상들은 그들의 공동체 안에서 신의 힘을 공급받는 "새로운 피조물"의 축소판이라고 여겨졌다(고후 5:17; 갈 6:15).

신전에 대한 이런 비유는 신약성경의 마지막 책인 요한계시록 안에 풍부하게 표현되어 있다. 그 책은 종말론적인 하나님의 도성에 대한 환상을 제시하면서 절정을 이룬다(계 21-22; 히 13:14과도 비교하라. "우리가 여기에는 영구한 도성이 없으므로 장차 올 것을 찾나니"). 요한계시록의 저자는 "성안에서 내가 성전을 보지 못하였으니 이는 주 하나님 곧 전능하신 이와 및 어린 양이 그 성전이심이라"고 말한다(계 21:22). 로마 세계에서 신전이 없는 도시는 없었다. 이는 이해하기 매우 어려운 이례적인 형태였다. 물론 최고의 신 바로 옆에 존재하는 최고의 도시라면 그럴 수 있었다. 예언자 요한(John the Seer)은 그런 도시만이 "거룩한 성, 새 예루살렘"이라는 칭호를 얻을 수 있다고 생각했다(21:2). 초기 예수 추종자들이 선포한 신은 그 도시 안에 "그들의 하나님으로 그들과 함께 계시고 그들은 하나님의 백성이 되고 하나님은 친히 그들과 함께 계실 것이다"(21:3). 보좌에 앉으신 그들의 주께서 그들을 향해 "보라, 내가 만물을 새롭게 하노라"고 자신 있게 선포하는 광경은 매우 자연스러운 모습이었다(21:5).

5

제사와 죄

의로우신 예수 그리스도는 **우리 죄를 위한 화목제물**이니 우리만 위할 뿐
아니요, 온 세상의 죄를 위하심이라(요일 2:2).

신들과의 평화

우리는 지금까지 로마 세계에서 대체로 신이 모든 것과 사람의 안녕을 위
해 필수적인 존재로 여겨졌음을 살펴보았다. 그러나 그 세상에서는 (위에
인용된 성경 구절처럼) 요한1서의 저자가 "죄"라고 부를 만한 것이나 "온 세
상의 죄"가 중요하게 여겨지지 않았다. 오히려 정말로 중요했던 것은 개
인, 이웃, 시민, 지방, 국가, 국제적인 형태로 얻을 수 있는 모든 수준과 단
계의 성공이었다.

　신에 대한 숭배는 이런 모든 종류의 성공을 거두기 위한 공식의 일부
였다. 따라서 어떤 수준에서든 불행이 닥치면 신을 잘못 숭배해서 생긴 일
이라고 보았다. 만약 신들이 불쾌감을 느낀다면 사람들이 그들을 올바로
공경하지 못했기 때문이었다. 물론 그 자체는 도덕적 실패라는 측면에서

이해될 수도 있다. 어떤 의미에서는 신에게 합당한 공경을 표하지 못하는 것이 그 신의 기대에 어긋나는 행위로 여겨지기도 했다. 아우구스투스 황제는 로마 세계를 부흥시키기 위한 계획을 세우면서 신들에 대한 올바른 경건함을 회복하는 일을 중요한 비전으로 삼았다. 그는 로마의 전통적인 신들이 자신의 감독 아래에 있는 로마 제국을 축복함으로써 지속적으로 성공과 발전이 이루어질 수 있다고 보았고, 그 과정에서 신에게 합당한 경건을 표함으로써 제국 내의 "죄"에 대한 압박을 해소할 수 있다고 여겼다.

적어도 오늘날 서구 세계의 많은 부분에 영향을 끼친 유대-기독교 세계관과 연관지어 생각해볼 때 신과 개인 윤리 사이의 연관성은 우리가 예상하는 것만큼 강하지 않았다. 신들을 공경하고 제물을 바치면 자신의 도덕적 실패를 바로 잡을 수 있다고(또는 과거의 실패를 보상받거나 미래의 실패를 예방할 수 있다고) 생각한 사람들은 많지 않았다. 신을 공경하는 것은 실용적으로 개인의 사사로운 이익을 추구하는 행위였다. 사람들은 더 나은 앞날을 보장받기 위해 신들을 공경했다. 키케로에 따르면 "유피테르는 사람들을 정의롭고 냉철하고 현명하게 만들기 때문이 아니라 사람들을 안전하고 확실하며 부유하고 풍요롭게 만들기 때문에 가장 탁월하고 위대한 신으로 불린다"(On the Nature of the Gods 3.87). 이 진술은 키케로가 "어떤 사람이 자기가 선한 사람이기 때문에 신들에게 감사를 표한 적이 있는가?" 라는 질문에 이어서 말한 것이다. 이에 대한 키케로의 대답은 부정적이다. 신들은 간절히 원하는 자가 소망하는 것을 줄 수 있는 능력이 있기 때문에 숭배를 받는다. 이런 사고방식으로 볼 때 개인 또는 이웃, 도심지 혹은 지방, 국가, 세계에 찾아온 "부(富)와 풍요"는 신의 뜻에 의한 것이었다. 결과적으로 신의 은총을 받은 사람들은 그들의 안전을 보장하고 확실성을 강화해준 신들에게 감사해야 했다.

자료 5.1. 베수비오산을 배경으로 제단을 맨 앞에 배치한 아폴로 신전(7.7.32)의 모습. 이 사진의 가장자리 너머 오른쪽에 아폴로 동상이 있다.

"*do ut des*", 즉 "당신이 [나에게] 줄 수 있도록 내가 [당신에게] 준다"라는 라틴어 문구는 이런 사고방식을 정확히 표현하고 있다. 로마의 희극 작가 플라우투스(기원전 255년-185년)는 등장인물 중 한 사람의 대사를 통해 그 말을 이렇게 설명한다. "신들은 그들이 좋아하는 사람의 손에 돈을 쥐어준단 말이야. 그래서 이제 나는 그들에게 제물을 바치려는 것일세. 자신을 돌보는 것이 내 목적이네"(*Curculio*, 530-32행). 물론 플라우투스가 유머러스한 효과를 내기 위해 과장되고 우둔한 모습으로 등장인물을 표현했겠지만, 그렇다고 해도 그런 과장이 청중들에게 사실처럼 들릴 정도로 수사학적인 효과가 있었다. 플라우투스의 다른 희곡에 나오는 한 등장인물은 다음과 같은 말로 신앙의 유익을 표현한다. "아폴로여, 당신의 자비로 우리 가정에 은총, 건강, 양식(良識)을 허락하시고, 당신의 자비로

내 아들을 살려주시길 빕니다"(*The Merchant*, 678-79행). 2세기에 살았던 사모사타의 수사학자 루키아노스에 따르면 신들이 사람들에게 "축복을 판다"(*On Sacrifices*, 2행)는 것이 일반적 기대라고 한다. 로마 세계에서 신앙심은 한 개인의 생존, 이익, 출세의 기회를 향상시키는 수단이었다.

이 모든 것의 밑바탕에는 "신들과의 평화"(*pax deorum*)라는 개념이 깔려 있었다. 신들과 평화를 누리는 것은 "신들의 분노"(*ira deorum*)를 만나는 것보다 훨씬 더 좋은 시나리오였다. 올바른 신앙을 도외시하는 행위는 신과 인간 사회를 잇는 관계적 구조에 균열을 야기함으로써 신들의 불쾌감을 자극했다. 신들의 위대한 공적에 대해 침묵하는 것 자체가 벌을 받을 만한 일이었다. 이런 근본적인 "죄"는 결과적으로 더 큰 성공을 위한 기회를 방해할 것이다. 그것이 개인적 수준의 성공이든 집단적 수준의 성공이

자료 5.2. 신의 조각상 앞에서 제물로 도살되는 돼지의 모습을 묘사한 양식화된 프레스코화(출처: 신비의 저택, 원위치에 있음; 그 신은 때로 프리아푸스라고 불렸지만, 신비의 신 바쿠스일 가능성이 있다; 자료 8.8의 조각상을 함께 보라)

든 말이다. 올바른 신앙의 결여는 인간과 신 사이의 평화를 약화시켰다. 신앙심이 부족하다고 생각되는 사람들에게 표출된 신들의 분노는 그들이 타인과 맺고 있는 관계에도 끔찍한 영향을 미칠 것이다. 사도행전의 저자는 헤롯 안디바가 "영광을 하나님께로 돌리지 아니하므로" 죽었다고 설명하면서 이런 점을 포착한다(행 12:23, "그가 벌레에게 먹혀 죽으니라"는 상세한 묘사를 첨가하여 헤롯이 죽은 이유를 설명한다).

도덕성과 신들

그렇다면 사람들은 신들이 만족할 만한 삶을 사는 법을 어떻게 알 수 있었을까? 키케로에 따르면 철학자들은 도덕적인 삶을 사는 방법에 관한 담론을 장려하는 데 가장 중요한 위치를 점하고 있었다(*On Divilation* 2.10-11). 이는 신과 개인의 도덕에 관한 대화에 종종 기여했던 그리스-로마의 철학자나 수사학자의 논문에서 흔히 발견되는 주제다. 많은 철학자들은 도덕성이 잘 사는 삶의 중요한 요소라고 주장했다. 예를 들어 1세기 말의 수사학자 퀸틸리아누스(35-100)는 가족 내에서 아이들의 도덕적 인격을 형성할 필요가 있으며, 이는 사회 내에서 그들이 장차 어른으로서의 효율성을 강화해나가는 데 도움이 될 것이라고 말했다. 사람들은 타인에 대해 올바르게 행동해야 했다. 그러나 퀸틸리아누스는 종종 일이 기대했던 것과는 다르게 전개되는 바람에 아이들이 어른들의 좋지 못한 행동을 모방하게 된다고 지적했다(*Institutio oratoria* 1.2.8).

그들을 가르친 사람은 우리였고, 그들은 모든 것을 다 우리에게서 들었다. 그들은 우리의 정부들과 소아성애자들을 본다. 저녁 파티마다 음란한 노래로 가득하다. 말하기조차 부끄러운 일들을 본다. 먼저 습관이 생기고 그다음에 인성이 생긴다. 불쌍한 아이들은 이런 행동들이 잘못되었다는 사실을 알기 전에 이런 것들을 배운다.…그들은 학교에서 이런 악행들을 배우는 것이 아니라, 반대로 그 악행들을 학교로 수입한다.

(이번 장의 서두에서 언급했던) 요한1서의 저자는 이런 "잘못"과 "악행"을 "죄"라고 불렀을 것이다. 그 그리스도인 저자는 신과의 건강한 관계를 위반하는 맥락에서 "죄"에 대한 논의를 펼친 것이지만, 퀸틸리아누스 같은 철학자와 수사학자들이 반드시 그런 담론 방식을 따른 것은 아니었다. 그들에게 도덕적 미덕을 향상시키고 악행을 줄이는 일은 실용적인 측면의 우선순위에 속했으며, 우리가 "종교적" 책임이라고 부를 수 있는 것에서 나온 게 아니라 좋은 삶을 사는 것에 대한 사려 깊고 분별 있는 성찰의 영향을 받은 현명한 결정에서 유래된 것이었다.

1세기의 스토아 철학자 무소니우스 루푸스(20-100년경)는 이 문제를 다음과 같이 진술했다. "누군가가 좋은 사람이라면 그는 철학자가 아니겠는가? 그는 그럴 것이다." 왜냐하면 "철학은 인격의 고귀함을 추구"하기 때문이다(Lecture 8). 무소니우스 루푸스가 보기에 정의의 추구는 철학적 성찰에서 비롯되었다. 여기에는 신을 섬기는 것이 "인격의 고귀함"을 향상시키는 원동력이 된다거나 신을 숭배하는 행위를 통해 누군가의 인격이 더 정의에 부합하게 변화한다는 내용이 전혀 담겨 있지 않다. 무소니우스 루푸스가 그 뒤에 나오는 문맥에서 설명하는 것처럼, 철학은 사람의 도덕적 인격을 향상시키지만 사실 이것은 제우스(혹은 유피테르)의 뜻이다.

그의 명령과 법은 인간에게 정의로우며 올바르고 친절하며 자제심이 있고 관대하며 고통과 쾌락을 초월하고 모든 질투와 배신을 없애라고 한다. 간단히 말해 제우스의 법은 인간에게 선하라고 명령하고, 선하다는 것은 철학자가 되는 것과 같다.…당신이 만일 철학을 추구한다면 제우스를 따르게 될 것이다(Lecture 16).

자료 5.3. 신들의 호의를 얻어 해전의 승리를 보장받고자 제물로 바쳐지는 이피게니아를 그린 프레스코화. 이피게니아가 아버지인 아가멤논에게 호소하자, 그는 상황을 애석해하면서도 백성이 얻을 더 큰 이익을 위해 그녀의 죽음을 방관한다. 오른쪽 위를 보면 아르테미스 여신이 있는데(그 여신은 조각상의 모습으로도 서 있다), 아르테미스는 기적적으로 그녀 앞에 나타난 사슴 제물을 취함으로써 이피게니아의 생명을 구한다(6.8.3, MANN 9112).

이 인용문이 보여주듯이, 신과 윤리적 생활 사이의 연관성은 어떤 철학을 지지하느냐에 따라 다양했다. 로마 세계의 철학 및 수사학적 전통에서는 (적어도 유대-기독교의 윤리적 담론과 비교할 때) 그런 연결고리가 견고하지 않았을지도 모르지만, 그럼에도 불구하고 연관성이 생겨났다. 따라서 때로 개인의 내면의 순결함이 신에게 바치는 제의적 행위와 제물의 유효성에 영향을 미칠 수 있다는 생각이 든다. 또 다른 스토아 철학자는 이렇게 주장한다. "신들을 이기려고 하는가? 그렇다면 좋은 사람이 되라"(*Letters from a Stoic* 95.50). 이 말을 남긴 철학자는 바로 네로 황제의 고문이었던 세네카 (기원전 4년-기원후 65년경)다.

이처럼 한 사람의 도덕적 인격과 사회적 성공이 그리스-로마 신전의 제단에서 조우했을 수도 있다. 한 인간이 내면의 선함을 증명할수록 더 많은 성공을 거뒀을 수도 있다. 많은 경우 그 연관성이 희박했을 수도 있지만 그럼에도 불구하고 그 연관성을 만드는 것은 가능했다. 일반적으로 개인의 내면적 변화에 필요한 충분한 원동력은 신이 주는 것이 아니라 사려 깊은 "철학적" 성찰(또는 일반적인 상식)로부터 얻은 한 개인의 의지에서 생겨난다고 여겨졌다. 하지만 예외도 있었다. 예를 들어 세네카는 (그의 스토아 철학에 근거하여) "신은 당신 가까이에 계신다. [그리고] 당신과 함께 계신다"고 말하면서 "누구도 신의 도움 없이는 선할 수 없다"고 주장했다 (*Letters from a Stoic* 41.1-2).

신들에게 제사를 드리다

신들과의 평화를 위해서는 제사를 드려야 했는데, 이는 고대 세계의 모든 도심지에 있는 신전에서 행하는 가장 중요한 일이었다. 일반적으로 제사를 드리려면 제단 위에서 동물을 도살해야 한다. 동물은 크면 클수록 좋았다. 사도 바울은 "성전에서 일을 하는 이들은 성전에서 나는 것을 먹으며 제단에서 섬기는 이들은 제단 제물을 나누어 가진다"(고전 9:13)고 언급함으로써 그 세계의 단면을 우리에게 제시한다. 곡식, 포도주, 기름 같은 제물들이 제단 위에서 신들에게 바쳐졌다. 이런 제사와 제물은 신들의 지속적인 호의를 사고 극심한 진노를 피하기 위해 바쳐지는 선물이었다.

자료 5.4는 폼페이의 베스파시아누스 신전에서 신에게 제물을 바치는 광경을 대리석에 묘사한 것이다. 이 장면을 해석하는 여러 다른 방법들이 있지만 여기서 한 가지 해석을 제시할 것이며, 추가로 괄호 안에 소개된 내용은 가능성이 있는 또 다른 해석들이다.

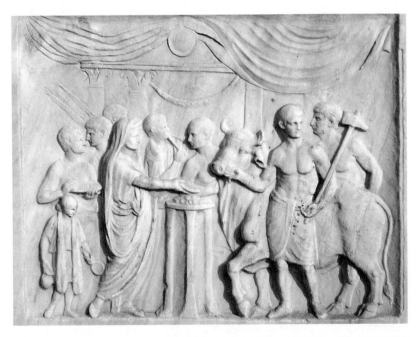

자료 5.4. 폼페이의 베스파시아누스 신전에 전시된 대리석 조각품으로서, 한 신전 노예가 제물로 바쳐질 황소를 사제에게 인도하고 있는 광경을 묘사하고 있다(7.9.2, 자료 7.8도 보라)

오른쪽에는 신전의 노예가 망치(다른 해석에서는 도끼라고 한다)를 들고 도살할 황소를 끌고가고 있다. 긴 토가를 머리에 두른 제사장은 제단 왼쪽에 선 채로 오른팔을 뻗어 제물 그릇을 들고 있다. 피리 부는 사람이 제단 뒤쪽의 제사장 옆에 (오른쪽 방향을 향해) 서 있다. 그는 음악으로 그 순간의 신성함을 극대화하고 있다. 왼쪽 끝에는 한 어린 소년이 제사장 뒤에서 제사에 쓸 신전의 그릇을 들고 다른 수행원들과 함께 서 있다. 피리 부는 사람의 오른쪽에는 제사장을 직시하고 있는 한 사람이 서 있는데, 그는 신에게 제물을 바치고 있는 간구자로 보인다. 제사장의 제물 그릇에는 신성한 곡물 가루와 소금의 혼합물이 놓여 있는데, 제사장은 이것을 곧 황소의 뿔 사이에 쏟음으로써 그 제물이 신께서 받으실 수 있는 제물임을 표시할 것이다. (그것을 신에게 제물로 바치는 술 또는 액체로 보는 해석도 있다.) 황소의 머리 장식과 장식용 가운이 곧 벗겨질 것이다. 그런 다음 기도를 올리고 제물 공양이 본격적으로 시작될 것이다. 황소는 무거운 망치에 머리를 맞고 기절해서 무릎을 꿇게 될 것이디. 황소의 머리가 한 수행원에 의해 높이 들어 올려지면 황소의 목이 따진다. (또 다른 해석으로는 단순히 그 동물이 도끼로 도살된다.) 곧이어 사제들은 사체를 토막 내고 내부 장기들이 완벽한지 확인할 것이다. 제단 불 위에 놓인 고기가 타기 시작하면 신은 그것을 먹을 것이다. 고기의 남은 부분은 시장에서 팔리거나 사제들에게 분배되거나 신전과 관련된 식사에 쓰일 것이다.

이와 같이 신에게 제물을 바치는 제사를 올렸던 폼페이의 주요 신전 중 하나는 아이스쿨라피우스를 섬기는 신전(흔히 유피테르 메일리키오스 신전 또는 "꿀처럼 달콤한 유피테르" 신전이라고 불림)이었다. 이곳에서는 건강을 기원하면서 아이스쿨라피우스에게 제사를 드렸다. 잘 알려진 그리스 신화에 따르면 아이스쿨라피우스(혹은 아스클레피오스, 그리스인들은 이렇게 불렀다)의 아버지인 아폴로는 한 인간 여성을 임신시켜 반신적 존재인 아이스쿨라피우스를 낳게 했다. 그러나 아이스쿨라피우스는 여러 신들에 의해 완전한 신성을 부여받음으로써 자신을 공경하는 사람들을 치유하는 능력을 소유한 동정심 많은 신이 되었다. 고대인들은 아이스쿨라피우스가 꿈을 통해 그들을 치료했다고 믿었다. 일부는 잠자는 중에 아이스쿨라피우스를 만났다고 주장하기도 했다. 그를 모시는 제사장들은 환자의 몸에 물약과 약을 바른 다음 신전의 개를 이용하여 몸의 아픈 부분을 핥게 함으로써 고름을 제거했다. 한편 아이스쿨라피우스에게 치유를 요청한 사람들은 백후추와 양파를 먹으면서 액체 섭취를 줄인 것이 치료에 도움이 되었다고 생각했다. 이런 치료법들은 친절한 연민으로 사람들을 치유해달라는 청원을 받았던 아이스쿨라피우스에 대한 제사의 보완책으로 사용되었다.

에피쿠로스주의라는 대안

자료 5.5. 아이스쿨라피우스 신전(때로 유피테르 메일리키오스 신전으로 알려졌다. 8.7.25)

많은 고대인들이 신에게 드리는 제사에 관심을 가졌지만, 그렇다고 모두가 신들의 환심을 사는 수단으로서 제사의 효용을 인정한 것은 아니었다. 오히려 그리스 철학자 에피쿠로스(기원전 341-270년)의 관점을 바탕으로 에피쿠로스주의라는 세계관을 채택한 사람이 다수였다. 에피쿠로스파에 속한 사람들은 무신론자는 아니었지만 신들이 인간 사회나 창조 질서의 운영에 아무런 관심이 없다고 믿었다. 상위 질서의 최고 존재들이 이 세상의 운영에 관여하거나 관심을 갖고 있다고 믿기에는 세상에 전쟁, 기근, 질병, 죽음 같은 결함이 너무 많았다. 에피쿠로스파의 사고에 따르면 신들은 인간의 세계와 완전히 분리된 영역에서 완전한 행복을 느끼며 사는, 인간 관계와 행복의 모델이었다. 에피쿠로스파는 신들을 공경하는 것이 옳은 일이라고 생각했지만, 그것은 단지 신들이 존경할 가치가 있는 더 높은 질서에 속한 존재였기 때문이었다. 따라서 그들이 이런 상위 존재에게 제사를 드리는 것은 그렇게 하는 것이 올바른 예의이기 때문이었지, 제사를 소홀히 하면 신들이 보복할지도 모른다는 두려움 때문이 아니었다. 에피쿠로스파는 신들에게 간청하는 데 전혀 관심이 없었다. 오히려 그건 쓸데없고 효과적이지도 않은 일이라고 여겼다. 왜냐하면 신들은 인간에게 은혜를 베풀지 않고 진노하지도 않는 존재이므로 "신들과의 평화"를 지키려는 간설한 추구는 헛된 일이었다. 신들의 뜻은 인간의 현재, 과거, 미래의 삶과 아무런 관계가 없다. 죽음 너머의 삶도 없다. 후대의 시인도 이와 거의 비슷한 말을 했다. "우리 아래의 지옥은 없고, 우리 위의 하늘만 있다"(존 레논, "Imagine"). 또는 루크레티우스(기원전 1세기 에피쿠로스파의 시인으로서 완전한 이름은 티투스 루크레티우스 카루스다)의 말을 빌리면 신들은 우리의 일과 관련이 없고 그것에서 멀리 떨어져 있다. 또한 "모든 슬픔과 위험에서 벗어나 있으며" "그들 자신의 힘이 강하기" 때문에 "우리에게서 어떤 것도 필요로 하지 않는다." 따라서 선물로 그들의 환심을 살 수 없고 분노로 그들에게 영향을 줄 수도 없다(Lucretius, *On the Nature of Things* 6.14-16). 즉 제사는 신들의 환심을 사거나 분노를 피하는 것과는 아무런 관계가 없는 행

자료 5.6. 깊은 사색에 빠진 철학자들을 묘사한 모자이크(출처: 폼페이 베수비오 문의 북쪽에 있는 시미누스 스테파누스 저택, MANN 124545). 맨 왼쪽에 있는 철학자는 손에 두루마리를 들고 있지 않으나, 다른 대부분의 철학자들은 두루마리를 골똘히 들여다보고 있다(이 작가는 유머러스한 효과를 내기 위해 의도적으로 두루마리를 누락시켰을지도 모른다)

위다.

루크레티우스는 "모든 가정의 깊은 곳에는 아픈 상처와 마음의 고통, 모든 불행, 쉬지 않고 스스로를 괴롭히는 아픔이 있으며, 격한 탄식을 낳고 있는 슬픔이 있다"고 언급했다. 에피쿠로스파의 대안은 다음 세 가지 신념에 근거하여 방해받지 않는 삶을 영위하는 것이었다.

1. (균형 잡힌 덕망 있는 삶을 영위하는 것으로 적절히 해석된) 쾌락을 추구하

는 것은 좋은 일이다.

2. 고통, 스트레스, 공포를 피하는 것은 좋은 일이다.

3. 이 짧은 생명은 죽음으로 끝나며 더 이상 계속되지 않는다.

에피쿠로스주의는 베수비오 도시에 분명히 존재한 사상이었다. 예를 들어 헤르쿨라네움 외곽에서 발굴 당시 1800여 개의 두루마리로 된 책을 포함한 상당한 장서를 소장하고 있는 웅장한 저택이 발견되었는데, 비록 이 두루마리들이 해독하기 매우 어렵고 더 많은 기록이 발굴될 여지가 있지만 그중 다수는 당시 인기 있는 에피쿠로스주의 철학자인 필로데무스가 쓴 책의 사본으로 추정된다. (에피쿠로스가 쓴 *On Nature*의 적어도 세 권의 사본 [제2, 11, 25권]과 함께 루크레티우스의 에피쿠로스주의 시 *On the Nature of Things*["사물의 본성에 관하여"]의 사본도 거기서 발견되었다.) 또한 폼페이에서는 포티투스라는 사람이 소년들에게 철학을 전문적으로 가르친 것으로 보이는 학교(9.8.2)를 운영했는데, 그 학교 내에서 선택된 철학이 에피쿠로스주의였던 것으로 보인다. (우리는 학생들이 수업 내용을 충분히 학습하지 못해서 체벌을 받았다는 사실과 함께 일부 소년들의 이름까지 알 수 있다; *CIL* 4.5207-11과 4.9089-94.) 그리고 폼페이 벽의 그라피티에 나타난 많은 문학 인용구 중 에피쿠로스주의자인 루크레티우스의 글이 네 번째로 많이 인용되었다. (루크레티우스는 총 일곱 군데서 인용되었는데, 참고로 사랑에 대해 성찰한 오비디우스는 여덟 군데, 프로페르티우스의 사랑 시는 아홉 군데서 인용되었다. 루크레티우스의 인용 빈도는 바로 그들 다음으로 많았지만, 매우 인기 있는 서사시인 베르길리우스의 『아이네이스』[*Aeneid*]가 서른여섯 군데에 인용된 것에 비하면 훨씬 적었다.) 이를 통해 확인할 수 있듯이 에피쿠로스주의는 베수비오 도시 내부에서 확고한 기반을 가지고 있었다.

대조적 관점들

초기 기독교와 에피쿠로스주의는 둘 다 죽음의 두려움을 경감시키고자 했으나, 실제로 지향하는 인생관에는 거의 공통점이 없었다. "하나님이 우리와 함께 계시다"(마 1:23)는 말씀을 인정하는 행위는 에피쿠로스주의가 지향하는 성향과 어긋난다. 신이 그의 추종자들에게 "내 이름으로 둘 혹은 셋이 모이는 곳에는 내가 그들과 함께 있다"(마 18:20, 저자의 번역) 또는 "내가 너희와 항상 함께 있으리라"(마 28:20)고 전하는 것은 에피쿠로스주의가 지닌 색채와 충돌을 일으킨다. 에피쿠로스주의자들은 신들이 그런 일을 한다고 생각하지 않는다. 또한 그들이 생각하는 신들은 요한복음의 도입부에서 하나님의 말씀에 관해 언급하는 일을 하지 않는다. "말씀이 육신이 되어 우리 가운데 거하셨다"(요 1:14). 1세기의 에피쿠로스주의자는 인간의 모습으로 나타난 "하나님을 본 사람이 없다"는 점에 동의했을지 모르지만, 같은 에피쿠로스주의자는 그 주장이 바로 다음에 나오는 "아버지 품속에 있는 독생하신 하나님이 나타내셨느니라"라는 확언으로 인해 헛된 방향으로 흘러갔다고 생각했을 것이다. 기독교의 사도들은 하늘에 계신 신이 창조 영역 바깥에서 안으로 찾아왔다고 주장하기보다는 오히려 그들의 신이 창조된 질서 전체에 내재해 있다고 선언했다. 또한 요한복음 1장의 말씀에 의하면 "만물이 그로 말미암아 지은 바 되었으니 지은 것이 하나도 그가 없이는 된 것이 없다"(1:3; 다른 많은 본문 중 골 1:15-20도 보라).

초기의 한 기독교 사도는 에피쿠로스주의(를 패러디한 형태)를 열렬히 지지했지만, 그것은 단지 의도적으로 그의 주장을 약화시키기 위해 그렇게 한 것이다. 사도 바울은 예수 그리스도의 부활에 관한 복음이 사실이 아니라면 모든 사람은 "내일 죽을 터이니 먹고 마시자"라는 단순한 슬로 건에 의해 살아가는 에피쿠로스주의의 일탈적인 형식을 채택해야 말한다 고 주장한다(고전 15:32, 아마도 대중화된 에피쿠로스주의를 희화화한 글이겠지만 이는 사 22:13의 그리스어 버전에서 차용한 내용이다). 바울은 예수 그리스도의 부활을 굳게 믿었기 때문에 다른 생활 방식을 주장했다. "우리는 내일 죽으니 부활의 소망 속에서 오늘 하나님을 섬기며 모든 일을 행하자." 우리 는 이것을 "또 내가 내 영혼에게 이르되 '영혼아, 여러 해 쓸 물건을 많이 쌓아 두었으니 평안히 쉬고 먹고 마시고 즐거워하자'"라고 예수가 묘사한 부자의 태도와 대비시킬 수 있다(눅 12:19).

바울에 따르면 십자가에 못 박힌 메시아의 부활은 하 나님이 역사 안으로 들어오신 중대한 사건, 즉 (에피쿠로스주 의의 신념과는 대조적으로) 이 세 상에 적극저으로 관여하는 신의 능력을 통해 그 역사 안 에 휘말린 모든 사람의 인생 을 변화시킨 사건이었다. 예 수 숭배자들의 삶은 (바울이 부 정적으로 풍자한) 에피쿠로스 주의와는 전혀 다르게 보여 야 했다. 그래서 바울은 그들 에게 이렇게 권면했다. "낮에 와 같이 단정히 행하고 방탕하

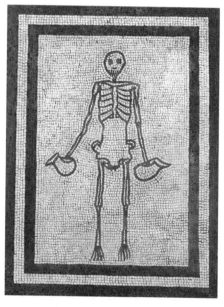

자료 5.7. 우리는 모두 죽은 인간들이며 우리의 유일한 목표는 쾌락을 추구하는 것(해골이 들고 있는 포도주 항 아리)이어야 한다는 에피쿠로스주의 철학을 묘사한 폼페 이의 바닥 모자이크(6.17.19-26, MANN 9978)

거나 술 취하지 말며 음란하거나 호색하지 말며 다투거나 시기하지 말고 오직 주 예수 그리스도로 옷 입고 정욕을 위하여 육신의 일을 도모하지 말라"(롬 13:13-14). 바울은 예수를 따르는 자들의 삶은 거룩함이 머무는 가운데 이 세상에서 주님의 능력을 위한 발판이 되는 곳이어야 한다고 생각했다.

제사 이미지의 변경

삶의 모든 측면에서 신에게 드리는 제사가 깊이 뿌리내린 세상에 살던 초기의 예수 추종자들은 자신의 삶을 신에게 드리는 제사라고 생각하도록 권면받았다. 예를 들어 바울은 다음과 같이 썼다. "그러므로 형제들아, 내가 하나님의 모든 자비하심으로 너희를 권하노니 너희 몸을 하나님이 기뻐하시는 거룩한 산 제물로 드리라. 이는 너희가 드릴 영적 예배니라"(롬 12:1). 이처럼 예수 숭배자들의 평범한 삶은 제사에 바치는 제물로 여겨졌다. 우리는 4장에서 바울이 예수를 따르는 사람들을 "살아 계신 하나님의 성전"(고후 6:16)이라고 규정했음을 살펴보았다. 그는 성전 이미지를 탐구하면서 사람들의 삶을 성전 안의 "거룩하고 받으실 만한" 제사로 묘사했다. 그는 또한 "이방 민족들이 하나님께서 받으시기에 합당한 제물이 되게 하려고" 심지어 자기 자신을 "이방 민족을 위해 하나님의 복음의 제사장 직분을 감당하는 예수 그리스도의 종"으로 묘사했다(롬 15:16).

바울은 예수 그리스도를 "희생되신" "우리의 유월절 양"(고전 5:7)이라고 밝힘으로써 제사 비유에 깊이를 더했다. 유월절 양의 이미지는 이스라엘 백성들이 이집트의 노예 생활에서 해방된 것을 기록한 히브리 성경 기사에서 유래한다. 열 가지 재앙 가운데 마지막 재앙은 이집트의 장자들에게 닥친 죽음이었는데, 히브리 사람들은 집의 출입구 위에 흠 없는 양의 피를 바름으로써 이 재앙으로부터 보호받았다(특히 출 12장을 보라). 각 가정에서 바친 어린 양은 "주께 드리는 유월절 제물"로서 이스라엘의 신이 "이집트에 있는 이스라엘 자손의 집은 그냥 지나가셔서 [그들의] 집들을 구해주셨다"(12:27)는 의미를 갖는다.

불안, 스트레스, 공포로 가득한 로마 세계에서 예수 그리스도를 "우리의 유월절 양"으로 묘사한 초상화는 그 그림의 중요성을 이해하는 사람들로 하여금 보호받는다는 의식을 느끼게 했을 것이다. 그러나 바울이 그 이미지를 고린도전서 5장의 맥락에서 사용할 때는 한 남자가 "심지어 이방인 중에서도 발견할 수 없는 음행"(특히 한 남자가 자신의 아버지의 아내를 데리고 사는 일, 5:1)을 저지른 것을 지지한 고린도 공동체에 충격을 주어 윤리적 안일함에서 깨어나게 하려는 의도를 갖고 있었다. 이는 아마도 아들이 어머니와 성관계를 맺는 근친상간 사례는 아닐 것이다. 여기서 말하는 "아버지의 아내"는 아들의 어머니가 죽은 (또는 이혼한) 이후 새로 맞은 배우자였을 것이다. 일반적으로 이런 일이 진행되고 있을 때는 아버지가 이미 죽었을 것으로 생각하지만, 그렇지 않았을 수도 있다. 바울은 아들의 이런 행동이 "이방인들" 사이에서도 부끄러운 일이라고 언급했다. 그리고 아들이 죽은 아버지의 후처와 성관계를 갖는 일이 로마 세계에서 큰 문제가 되었을 것이라고 생각할 이유는 거의 없다. 따라서 아버지가 아직 살아 있었기 때문에 아들의 행동이 가정의 도덕 체계를 뒤흔드는 혐오스러운 죄악으로 보였을 가능성이 대두된다. 어쨌든 바울은 그의 죄가 예수를 따르는 사람들의 공동체를 오염시키고 있었기 때문에 그들 가운데서 그 남자를 제거하기 위해 강력한 수사로 매우 효과적인 제사의 비유를 사용했다(5:1-13). 유월절에 희생된 흠 없는 어린 양의 백성들은 죄악의 흠에 복

자료 5.8. 신께 제물을 드리는 도중에 펠리아스 왕(가운데)이 훗날 그를 타도할 이아손(오른쪽 아래)을 발견한 장면을 묘사한 프레스코화(9.5.18, MANN 111436)

잡하게 연루되면 안 되었다. 그런 흠은 그들의 강력한 신이 제공하는 보호와 안전을 위태롭게 할 뿐이었다.

다른 신약성경 저자들도 제사 용어를 사용해서 예수 그리스도를 묘사했다. 에베소서 저자는 그리스도를 "하나님께 드린 향기로운 제물과 희생제물"(5:2)이라고 말했다. 베드로전서 저자는 예수를 "흠 없고 점 없는 어린 양"이라고 표현했다(1:19). 요한계시록 저자는 예수를 "일찍이 죽임을 당한 것 같은" 승리한 어린 양에 비유했다(5:2). 그러나 제사 이미지를 가장 온전히 발전시킨 사람은 히브리서 저자다. 바울이 예수 숭배자들을 성전과 신에 대한 제물로 묘사할 때 비유를 섞어서 사용했던 것처럼, 히브리서의 저자 역시 예수를 대제사장이나 제물로 묘사할 때 비유들을 혼합했다. 히브리서 본문에는 이런 이미지(및 다른 이미지를 포함한) 조합이 가득하다. 예를 들어 제사장 이미지와 관련해서 저자는 예수 그리스도가 "하늘로 승천하신 큰 대제사장"이라고 말하면서 그를 "백성의 죄를 속량"하시는 "하나님 일에 자비하고 신실한 대제사장"으로 묘사했다(2:17; 4:14). 또한 그는 예수 그리스도를 제물로 간주하는 다른 이미지와 그 제사장 이미지를 결합시켰다(10:10, 12, 14).

이 뜻을 따라 예수 그리스도의 몸을 단번에 드리심으로 말미암아 우리가 거룩함을 얻었노라.…오직 그리스도는 죄를 위하여 한 영원한 제사를 드리시고 하나님 우편에 앉으사…그가 거룩하게 된 자들을 한 번의 제사로 영원히 온전하게 하셨느니라.

히브리서 저자에게는 아직 드려야 할 제사가 더 많이 남아 있는데, 이는 예루살렘 성전이나 더 나아가 이교도의 제단에서 드려야 할 것이 아니다. 그는 대신 "예수로 말미암아 항상 찬송의 제사를 하나님께 드리자. 이는 그 이름을 증언하는 입술의 열매니라"라고 말한다(13:15; 예수의 추종자들이 "예수 그리스도로 말미암아 하나님이 기쁘게 받으실 신령한 제사를 드릴 거룩한 제사장이 될" 것이라고 말하는 벧전 2:5도 보라. 그리고 예수를 따르는 자들이 "뜨겁게 서로 [지속적으로] 사랑"하는 것은 "허다한 죄를 덮는다"고 말한 벧전 4:8을 보라). 다시 한번 여기서 드러난 제사의 초점은 예루살렘 성전이나 지중해 세계에 퍼져 있던 수많은 신전과 거리가 멀다. 히브리서 저자에게 있어 합당한 제사는 예수 그리스도와 장차 올 도성에서 완전히 다른 차원의 성소를 가진 그의 추종자들만이 보유한 독점물이었다(히 13:10; 14).

우리는 지금까지 사도들이 예수 그리스도 및 그의 추종자들과 관련하여 제사의 비유를 어떻게 연구해나갔는지 살펴보았다. 아마도 이 제사 비유에 대한 주목할 만한 연구를 하게 된 동기는 일부 예수 숭배자들이 다른 신들에게 드리는 숭배를 피하면서 그들의 신앙을 배타적인 용어로 표현했다는 사실을 통해 부분적으로 설명된다. 피 제사에 의존하지 않은 예수 숭배는 이상하고 유별나며 특이하고 비정상적이라는 점에서 이례적으로 받아들여졌다. 기독교 담론에서 제사 비유를 고안해낸 것은 배타적인 예수 추종자들이 처했던 새로운 상황에 대응한 자연스러운 변화와 움직임이었다. 특정한 형태의 제사를 드릴 수 없게 된 초기 예수 추종자들은 종종 그들의 신과 삶에 창의적으로 적용된 비유를 통해 제사 이미지의 담론을 새롭게 만들어냈다.

제사 행위 재고하기

초기 예수 추종자들은 제사 이미지를 변경시키는 것을 넘어 일상적인 현실과 관련된 제사 행위의 실용성을 재고할 필요가 있었다. 예를 들어 1세기 말에 두아디라의 몇몇 예수 추종자들은 이교도의 신전에서 우상에게 제물로 바쳐진 고기를 먹었다(계 2:20). 이것은 당시 허용되는 관행이었을까? 제물로 바친 고기를 먹는 것은 고대 세계에서 드문 일이 아니었다. 신전에서 나온 고기의 일부는 지역 육류 시장에서 팔리거나 신전과 관련된 연회에 사용됨으로써 식생활의 일부가 되었다(자료 5.9를 보라). 예수를 따르는 사람들이 "유월절 어린 양"에 대한 신실함을 굽히지 않고 그 고기를 먹을 수 있었을까?

고린도전서 8-10장을 보면 알 수 있듯이 그 문제는 고린도의 일부 예수 추종자들 사이에서도 발생했다. (비록 약간 다른 측면이긴 하지만 이 사안의 복잡성은 17장에서도 고려해야 한다.) 바울은 고린도전서 8-10장에서 모든 음식이 그가 섬기는 신의 훌륭한 창조의 일부고 우상들은 존재하지 않기 때문에, 신전에서 제물로 바쳐졌다고 해서 더럽혀진 음식은 아니라는 견해를 밝혔다(8:4-8). 그는 결과적으로 "땅과 거기 충만한 것이 주의 것"이라는 점을 근거로 "고기 시장에서 파는 것은 어떤 고기든 양심을 생각하여 묻지 않고 먹을 수 있다"고 단언했다(10:25-26; 8:8도 보라). 그러나 바울은 이 주장이 그의 생각을 공유하지 않는 일부 사람들에게 어려움을 줄 수

자료 5.9. 신전 제사에서 나온 고기의 상당 부분이 대중에게 판매되었던 폼페이의 마켈룸(판매자와 구매자를 위해 태양과 비를 차단해주는 차양을 고정시켰을 것으로 추정되는 12개의 지지대가 원형으로 배열되어 있음을 주목하라)

있다는 점을 알고 있었다. 따라서 이 문제에 대한 그의 관점으로 인해 괴로워질 사람들을 고려하여 다른 사람들의 믿음에 불필요하게 문제가 생기지 않도록, 그는 예수의 추종자들이라면 제물로 드려졌던 고기를 피해야 할 수도 있다고 주장했다(8:9-13).

로마 세계 도심지의 모든 신전에서는 제사를 드리는 행위가 이뤄지고 있었다. 그런 장면은 초기 예수 추종자들이 신학적 담론을 명확히 표현할 수 있는 비유적 자원을 제공함과 동시에 삶의 실제적인 측면에서 문제를 불러일으켰다. 이런 로마 사회의 핵심적 행위는 신을 섬기는 일에 푹 빠져 있는 세계에서 예수 그리스도를 따르는 것이 어떤 것인지를 이해하려고 애쓰는 과정에서 초기 예수 추종자들로 하여금 어느 한 방향을 고수하도록 만들었다. 신을 섬기는 일은 일부 사람들, 특히 신들을 인간 문제에 관여하지 않는 무관심한 존재로 간주한 에피쿠로스주의자들에게는 공허한 행위로 받아들여졌을 것이다. 많은 예수 추종자들은 전통적인 신들을 더 이상 섬길 필요가 없음을 알았다. 왜냐하면 이제 그리스도 예수 안에서 드러나신 유일한 참된 신이 로마 세계의 제사 제도를 완전히 새로운 시각으로 비추고 있었기 때문이었다. 1세기의 많은 사람이 품고 있던 확신은 예수 숭배가 로마 사회 조직에 암과 같은 영향을 미칠지도 모른다는 인식으로 전환되었다. 그러나 신(神)의 영역을 새롭게 정립하는 것 또한 초기 예수 운동이 세상을 신선한 방법으로 개념화하고 새로운 형태의 관계로 들어가게 하는 모험 정신으로 무장시키는 데 기여했다.

6

평화와 안전

그날 저물 때에 제자들에게 이르시되 "우리가 저편으로 건너가자" 하시니 그들이 무리를 떠나 예수를 배에 계신 그대로 모시고 가매…큰 광풍이 일어나며 물결이 배에 부딪쳐 들어와 배에 가득하게 되었더라.…예수께서 깨어 바람을 꾸짖으시며 바다더러 이르시되 "**잠잠하라. 고요하라**" 하시니 바람이 그치고 아주 잔잔하여지더라. 이에 제자들에게 이르시되 "어찌하여 이렇게 무서워하느냐? 너희가 어찌 믿음이 없느냐?" 하시니 그들이 심히 두려워하여 서로 말하되 "그가 누구이기에 바람과 바다도 순종하는가?" 하였더라(막 4:35-41).

혼돈에서 평화로

혼돈, 그 뒤를 잇는 혼돈의 진압과 평화의 도래라는 패턴은 예수가 폭풍우를 잔잔케 하는 이야기에 내재되어 있으며, 이는 로마 제국의 이야기의 일반적인 패턴이다. 그 이야기의 대중적인 버전에서는 (기원전 27년) 아우구스투스 황제가 취임하고 그의 후계자들이 로마 제국을 통치하기 전까지 사회적 혼란이 끊이질 않았다. 로마 제국의 정치 선전에 따르면 혼란 이후의 이 축복받은 시대는 "로마의 평화"(*Pax Romana*, 더 자세하게 말하면 로마가 가져오고 감독한 평화)라고 불렸다. 이것은 국가를 일치단결시킨 평화로서, 이 시대에는 효율적인 사회 구조의 관리를 통해 온 세상에 풍요가 전해졌다. 그것은 또한 제국의 주민들 사이에 올바른 관계가 정립되었던 정의의 시대였다. 로마의 공화정 시대(대략 기원전 509-27년)에 로마 제국의 질서를 위한 토대가 놓였고, 제국의 질서가 확립됨으로써 축복이 마침내 명백히 모습을 드러낼 수 있게 되었다. 아마 역사가 절정의 순간으로 달려간 적이 있다면, 그 순간은 로마 제국의 질서가 세워진 시기였을 것이다.

대중적인 정서와 정치 선전에 따르면 로마의 신들이 로마의 통치가 시행되는 이 과정을 감독했다고 한다. 폼페이에서 베누스는 이런 신들 중 하나에 속했다. 사랑, 출산, 많은 결실을 상징하는 이 신은 로마의 통치와 밀접하게 연관되어 있었다. 기원전 80년 폼페이가 로마의 식민지로 세워졌을 때 베누스(일부 그라피티에서는 "폼페이의 베누스"라고 불렸다; CIL 4.26, 4.538, 4.2457, 4.4007)는 로마 프로젝트 안에서 도시의 지역들을 감독하는 신으로 선정되었다. 베누스는 로마의 영웅적인 조상인 아이네이아스의 신성한 어머니였기 때문에 "로마 민족의 어머니"(Lucretius, *On the Nature of Things* 1.1, 비록 그가 그 주장을 상당히 중대하게 재정의하려고 노력했지만 말이다)로 묘사될 수 있었다. 따라서 로마 황제 네로와 그의 아내 포파이아가 폼페이에서 "가장 거룩한 베누스에게" 선물을 보낸 것은 놀라운 일이 아니다 (*AE*[1985], 283-84). 이는 로마인들이 자신들의 기원을 추적할 수 있게 해준 신성한 어머니에게 드리는 선물이었고, 그 선물은 의심의 여지 없이 베수비오 도시 내에서 네로 황제의 통치의 정당성을 강화하는 데 도움이 되었다.

로마 프로젝트의 성공 여부가 능력 있는 베누스의 손에 달려 있다는 확신은 폼페이의 주택에서 나온 프레스코화에 미묘한 역할을 했던 것 같다(1.13.9). 그 그림에는 배 뒤에 앉은 베누스가 승선한 사람들이 안전하게 바다를 건널 수 있도록 능숙하게 그 배를 인도하는 모습이 담겨 있다(자료 6.1을 보라; 막 4:35-41 [위에 인용]; 마 8:23-27; 14:22-23; 눅 8:22-25에서 배 안에 있는 예수를 묘사한 내러티브와 비교해보라). 프레스코화에는 베누스를 "구세주"라고 선언한 그리스어 글귀가 함께 적혀 있다(*CIL* 4.9867, 여기서 베누스는 그녀의 그리스 이름인 아프로디테로 언급되어 있다).

자료 6.1. 이 빛바랜 프레스코화는 폭풍우가 몰아치는 바다를 헤치고 한 척의 배를 안전하게 인도하는 베누스 신을 묘사하고 있다(폭풍우 가운데서 휘날리고 있는 휘어진 돛을 주목하라; 1.13.9, MANN 20697).

이는 베누스 같은 신들이 혼란을 없애고 질서를 확립하려는 로마 프로젝트와 연계됨으로써 로마의 이 도시에서는 만사가 형통하다는 인상을 준다. 철학자 루크레티우스는 베누스를 찬양하면서 그녀의 통치와 관련하여 바다를 잔잔케 하는 평화에 대해 이와 비슷한 말을 남겼다. "당신으로 인해 바다의 수평선은 미소를 짓고, 모든 것이 평화로운 지금, 하늘은 흘러나오는 빛으로 맑게 빛난다"(*On the Nature of Things* 1.1, 비록 루크레티우스가 베누스에 대해 완전히 새롭게 재정립된 이해를 가지고 있었지만 말이다).

베수비오의 도시들(및 그 너머의 지역)에서 로마 프로젝트에 보내는 지지

로마 프로젝트에 대한 찬양은 베수비오 도시 전역에서 발견된다. 폼페이의 저명한 여성인 에우마키아와 그녀의 아들이 건축 자금을 대서 만든 폼페이의 주요 광장 안에 있는 거대한 건물은 이에 대한 확실한 예시다. (그녀의 남편은 2-3년에 이 도시에 거주했던 중요한 시민 지도자 두 사람 중 한 명이었

자료 6.2. 폼페이 광장 안에 세운 웅장한 건물 뒤편에 자리한 에우마키아의 조각상(7.9.1)

다.) 그녀가 건축 자금을 댄, (7.9.1에 있는) 그 거대한 건물은 로마 "건국의 아버지들"(로물루스와 아이네이아스)과 여신 콩코르디아 아우구스타에게 바치는 조각상과 비문 등을 통해 (콩코르디아 신을 아우구스투스 황실과 연관시키면서) 황제에 관한 내러티브를 선전했다. 로마 신과 황실의 연관성을 분명히 드러내는 콩코르디아 아우구스타 여신의 조각상은 아우구스투스 황제의 아내이자 황실의 후계자인 티베리우스의 어머니 리비아를 닮은 모습으로 만들어졌다.

(맨 벽 말고는 거의 남아 있지 않기 때문에 사진을 찍을 가치조차 없는) 이 건물은 아마도 많은 용도로 사용되었을 것이다. 하지만 지금으로서는 그 목적이 무엇이었는지 확신할 수 없다. 건물 안에서 무슨 일이 벌어졌든지 간에 에우마키아가 건물

외부에 알린 메시지는 분명했다. 건물 뒤쪽의 작은 출입구와 앞쪽의 큰 출입구는 모두 "아우구스투스의 화합과 경건"이라는 글귀로 장식되어 있다(자료 6.3을 보라). "경건"이라는 단어는 (신이나 동시대를 사는 인간을 가리지 않고) 모든 가치 있는 존재에게 적절한 존경을 표하는 의미를 담고 있었다. "화합"이라는 단어는 실제 서로 자주 경쟁하는 여러 다른 도심지들과 조화로운 관계를 수립하는 일과 관련이 있다. 도심지들 간의 화합은 로마 제국의 확장을 위한 열쇠였다. 한 로마의 수사학자는 이렇게 주장했다. "만약 우리가 이 나라에서 화합을 유지한다면, 우리는 태양이 뜨고 지는 것을 통해 제국의 광활함을 측정할 수 있을 것이다"(*Rhetorica ad Herennium* 4.33.44; 저자의 이름은 알려지지 않았다). 따라서 우리는 건물 출입구 두 곳에 있는 에우마키아의 글귀가 로마 제국의 의제를 홍보하기 위한 목적을 기반으로 신들 및 다른 도심지들과 유익한 관계를 수립해야 한다는 메시지를 널리 전하고 있음을 알 수 있다.

로마 제국의 통치가 풍성한 평화, 유익한 회협, 항구석인 안전의 시대를 열었다는 주장은 헤르쿨라네움의 해안가에 있는 건축물의 재건을 통해 널리 알려지게 되었다. 그 특이한 해안가 도시는 아우구스투스 시대에 평화와 번영이라는 로마 제국의 이념과 완전히 일치하는 방식으로 광범위하게 개

자료 6.3. 에우마키아가 세운 건물(7.9.1) 정면의 비문은 "아우구스투스의 화합과 경건"([Conc]ordiae Augusta[e Pietati])을 선전하고 있다

조되었다. 원래 그 도시의 해안가에는 군 수비대가 주둔하고 있었다. (해적들이 바다와 해안선 양쪽의 약점을 찾아 바다를 배회하던) 아우구스투스 이전 시대에는 이렇게 힘과 도시의 견고함을 널리 알리는 것이 헤르쿨라네움 해변 도시에 이득이 되었지만, 그 선전이 얘기하듯이 로마 제국의 질서가 부상하면서 사람들의 시야에서 그 어려운 시절이 희미해졌다. 따라서 아우구스투스가 통치하던 시기에 헤르쿨라네움의 해안가는 황제의 든든한 후원자이자 친구로서 영향력을 가진 지역 주민 노니우스 발부스의 지휘 아래 완전히 바뀌게 되었다(자료 6.4를 보라). 그 변화에 힘입어 해변 앞쪽에 호화로운 부잣집들이 세워짐에 따라 군사 도시의 면모를 갖고 있던 헤르쿨라네움은 부유한 휴양도시로 바뀌었다. 불안과 혼돈의 시대가 가고 평화와 번영의 시대가 열렸다는 주장이 널리 전파되는 가운데, 그 도시의 해변은 이 주장을 증명하는 예가 되었다. 헤르쿨라네움은 더 이상 전략적 방어 기지가 아니었으며, 당시 아우구스투스가 주창하던 이념에 맞춘 웅장한 주택들, 사치품, 대규모 사업으로 대표되는 곳이 되었다(자료 6.5를 보라).

헤르쿨라네움의 노니우스 발부스와 폼페이의 에우

자료 6.4. 평화와 안전이라는 로마 제국의 이념에 따라 도시를 새롭게 개조한 것을 기념하여 헤르쿨라네움 해안에 세워진 노니우스 발부스의 조각상

자료 6.5. 노니우스 발부스는 바다를 통해 도시를 지나가는 사람들에게 평화와 번영을 알리고자 했다. 이 사진은 그가 이런 목적으로 진행한 대대적인 보수공사 후 새롭게 바뀐 헤르쿨라네움 해안 일부의 모습을 보여준다.

마키아가 죽은 지 몇십 년이 지난 뒤 공식적인 제국의 이념과 정반대되는 사건이 일어났다. 59년에 폼페이의 원형경기장에서 열린 스포츠 행사에서 한 무리의 지역 폭력배들과 폼페이 인근 도시인 누케리아 주민들 사이에 작은 충돌이 시작되었다. 상황은 순식간에 걷잡을 수 없을 정도로 번져 폭력이 발생하고 일부 사람들이 목숨을 잃는 등 행사 전체가 대소동으로 변했다(자료 6.6을 보라). 폼페이 주민보다 누케리아 주민이 더 많이 다치고 사망했지만 폼페이 주민들은 나름대로 패배의 결과를 감당해야 했다. 이 사건이 로마 원로원의 주목을 받게 되는 바람에 폼페이에서 향후 10년간 이런 종류의 행사를 개최할 수 없다는 판결이 내려졌기 때문이다(타키투스가 보고한 바와 같이 말이다, *Annals* 14.17).

자료 6.6. 폼페이 원형경기장에서 발생한 폭동을 묘사한 그림으로서 59명의 가담자들이 서로를 구타하고 있다(1.3.23[이곳은 검투사를 수용했을 가능성이 있는 주택이다], MANN 112222).

원로원은 다른 도시에 대한 억제책이 될 만한 본보기를 보일 필요가 있었기 때문에 폼페이에 이렇듯 가혹한 처벌을 내렸다. 간단히 말해 폭동은 로마 제국의 통치가 시작된 이래 계속 유지되었던 평화와 화합에 관한 공식적인 정치 선전에 반하는 정신을 내포했기 때문에 위험한 것으로 취급되었다.

티베리우스 황제에게 힘을 실어 주고자 제국의 신화를 널리 전한 로마 역사학자 마르쿠스 벨레이우스 파테르쿨루스(기원전 19년-기원후 31년)가 한 말을 보면 원로원이 내린 명령에 내재된 핵심 정신을 포착할 수 있다. 벨레이우스 파테르쿨루스는 전 세계의 도심지들이 아우구스투스와 티베리우스 황제의 제국 통치를 통해 올바르게 세워졌다고 기록했다. 여기에 이 아첨꾼의 열광적인 환호와 갈채가 담긴 발췌문이 있다(*Compendium of Roman History* 2.126.1-4).

광장에서 신용이 회복되었고, 광장에서 분쟁이 사라졌다.…원로원에서는 불
협화음[이 없어졌다]. 오랫동안 망각 속에 묻혀 있던 정의, 공평, 근면성이
이 나라에 회복되었다. 치안 판사들은 그들의 권위를, 원로원은 위엄을, 법정
은 품위를 되찾았다. 극장에서 벌어진 폭동은 진압되었다. 모든 시민들은 옳
은 일을 하고 싶은 소망에 감동을 받았거나, 필요에 의해 그렇게 하도록 강요
받았다.

매우 감동적인 글이 아닌가? 그는 계속해서 로마 제국의 질서에 좀 더 많
은 찬사를 보낸다.

이제 정의는 존중받고 악은 처벌받는다. 겸손한 사람은 위대한 사람을 존중
하지만 그를 두려워하지 않으며, 위대한 사람은 비천한 자보다 우위에 서 있
지만 그를 경멸하지 않는다. 지금보다 곡식의 가격이 더 합리적이었던 때가
있었으며, 평화의 축복이 지금보다 더 컸던 적이 있었는가? 동쪽과 서쪽 지
역, 북쪽과 남쪽 경계로 확산된 아우구스투스의 평화(*pax Augusta*)는 세계의
구석구석을 약탈의 공포로부터 안전하게 보호하고 있다.

이 말에 감동하지 않을 사람이 있겠는가? 이런 "축복"의 긍정적인 현상에
동참하고 싶지 않은 사람이 어디 있겠는가? 그의 말은 끝나지 않았다.

아시아의 도시들은 회복되었다. 지방은 치안 판사들의 압제에서 해방되었
다. 명예는 가치 있는 자를 기다린다. 사악한 자들에게 처벌은 느리지만 확실
하다. 이제 공정한 시합은 영향력보다 중요하고, 공적이 야망보다 가치가 있
으며, 가장 훌륭한 황제들은 올바른 일을 행함으로써 백성 역시 그런 일을 하

도록 가르친다. 그는 우리 가운데서 가장 권위 있는 사람이지만, 그가 세운 본보기는 더 위대하다.

사람들은 로마 제국의 질서를 위시한 새 시대가 열리는 것에 관한 대중적인 담론을 지지하면서 로마와 로마의 통치에 공개적으로 동조하려고 했다. 로마의 통치에 대해 충성의 맹세를 하는 것은 드문 일이 아니었다. 로마 황실에 대한 열정의 극단적인 형태를 보여주는 예가 있다. 기원전 3년에 로마 파플라고니아 속주의 시민과 기업 지도자들은 다음과 같은 열정적인 충성 맹세를 서약했다(*OGIS* 532).

> 나는 제우스, 지구, 태양, 모든 신들 [그리고] 여신들, 그리고 아우구스투스 자신의 이름으로 맹세하건대 나는 카이사르 아우구스투스와 그의 자녀들과 후손들에게 말, 행동, 사상으로 내 평생 충성을 다할 것이며, 누구든지 그들 [즉 황실 가족]이 친구로 생각하는 사람은 나의 친구로 생각하고, 그들이 적으로 판단하는 사람은 나의 적으로 간주한다.

그들은 "죽느냐 사느냐가 걸린" 상황에서도 매우 진지하게 충성 맹세를 했다.

> 맹세하건대 나는 그들의 이익을 위해 육체도 영혼도 자식도 아끼지 않을 것이다. 그들과 관계되는 모든 것들을 위해서라면 나는 그 어떤 위험도 감수할 것이다. 그리고 만약 누군가 그들에게 적대적인 말이나 계획이나 행동을 하는 것을 보거나 듣게 되면 나는 즉시 보고할 것이며, 이런 것들을 말하거나 계획하거나 행하는 사람의 적이 될 것이다. 그리고 그들 자신[즉 황실]이 적

으로 판단하는 사람은 누구든지 내가 추격할 것이며, 바다와 육지에서 칼과 무기로 그들을 지킬 것이다.

만약 이 맹세를 한 사람들이 "칼과 무기로" 황제의 적을 죽이지 못한다면, 그들은 이 맹세의 마지막 부분에 기록된 것처럼 자신의 온 가족을 대신 죽일 것이다.

> 그러나 내가 이 맹세에 반하는 어떤 일을 하거나 내가 맹세한 내용을 한 글자도 틀리지 않고 정확히 따르지 않으면, 나와 내 몸과 영혼과 생명, 내 자식들 모든 가족, 나에게 속한 모든 소유와 내 마지막 연결고리와 내 자손 모두가 완전한 파멸을 맞게 하시며, 땅과 바다도 내 가족과 자손의 시신을 받아주지 않고 그들을 위해 열매를 맺지 못하게 하소서.

우리는 이 맹세에 표현된 헌신이 실제로 실행된 것인지 아니면 단순히 극단적이고 수사학적인 과장이었는지 알 수 없다. 어느 쪽이든 이 맹세는 초기 예수 추종자들이 반복적으로 직면했던 정서를 보여준다. 로마 프로젝트에 대해 어떤 식으로든 주저하는 모습을 보이는 사람은 제거되어야 할 문제의 일부분으로 인식되었다. 이런 정서에 저항하는 집단이 있긴 했지만(일부 폼페이의 예는 그 빈약한 데이터베이스의 일부에 해당한다), 대부분의 경우 그다지 목소리를 내지 못했던 것 같다.

"우리 성을 요란하게 한다"

로마 제국의 통치 아래에 있는 사회의 위엄을 보여주는 이런 신화적 배경에서 등장한 예수 숭배는 로마 세계의 구조에 위험한 영향을 미치는 요소로 여겨졌다. 요한복음은 이런 분위기를 감지하고 있다. 요한복음에 나오는 한 사건을 보면 저명한 유대 지도자들은 많은 사람들이 예수가 갖고 있는 놀라운 능력(특히 죽은 나사로를 다시 살린 것)으로 인해 예수에 관심을 보이게 되었다는 사실에 주목한다. 그들은 이런 일이 미칠 영향을 예상하면서 정치적 위험을 인식하고 "만일 그를 이대로 두면 모든 사람이 그를 믿을 것이요. 그리고 로마인들이 와서 우리 땅과 민족을 빼앗아 가리라"(요 11:48)고 말한다. 이 이야기는 예수 그리스도의 능력이 어쩌면 전통적인 형태의 권력을 위협하는 방향으로 작용할 가능성이 있다는 인식을 포착하고 있다.

이와 마찬가지로 사도행전에서도 기독교의 출현이 정치적 음모의 영역에 속한 것으로 간주된다. "내가 불을 땅에 던지러 왔노니…내가 세상에 화평을 주려고 온 줄로 아느냐?"(눅 12:49, 51) (16장에서 더 자세히 논의된 마 10:34-36도 보라.) 고대 독자들은 로마 세계의 도심지에서 기독교 지도자들에 대한 이야기가 나오면 의도적으로 더 귀를 기울였을 것이다. 예를 들어 빌립보 지역의 주민들은 그 기독교 지도자들에 대해 "[그들의] 성을 심히 요란하게" 한다고 고발했으며, 무리들은 "그들을 공격하는 데" 가세했고 그 도시의 치안 판사들은 그들의 "옷을 벗기고 매로 치라"고 명령했다(행 16:20, 22). 기독교 지도자들이 정말로 사회를 혼란스럽게 하고 있었던 것일까? 아니면 "로마 시민이 받아들이거나 행할 수 없는 비합법적[이었던] 관습을 옹호"함으로써(16:21) 로마의 도심부에 혼란을 불러일으키고 있었던 것일까?

바울이 어떻게 데살로니가에 "복음"의 메시지를 전했는지를 보여주는 사도행전의 내러티브에서도 거의 같은 점이 명확히 드러난다. 그 도시의 어떤 사람들은 바울의 메시지를 듣고 "폭도를 일으켜 도시를 소란스럽게 했다"고 평했다(행 17:5). 그들은 시 당국에 "세상을 뒤집어 놓는 이 사람들이 여기에도 왔고…그들은 모두 황제의 명령을 거슬러 행동하며 예수라는 또 다른 왕이 있다고 말한다"고 알렸다(17:6-7; 자신을 가리켜서 왕이라고 주장하는 사람은 "누구든 황제를 반역하는 자"이기 때문에 예수가 십자가에 못박힐 만하다고 말하는 요 19:12과 비교하라). 이 이야기를 듣고 있는 고대인은 "사람들과 시 공무원들이 이 말을 들었을 때 동요했다"(17:8)는 사실을 알고도 놀라지 않는다. 예수 추종자들이 사회를 분열시키고 있었던 것일까? 이런 불신과 반목의 시나리오는 같은 데살로니가의 예수 추종자들에게 바울이 했던 말과 밀접한 연관이 있다(살전 2:2). "우리가 먼저 빌립보에서 고난과 능욕을 당하였으나 우리 하나님을 힘입어 많은 싸움 중에 하나님의 복음을 너희에게 전하였노라."

사도행전 저자는 이런 사건들을 그의 내러티브에 이용함으로써 실제로 초기 예수 운동이 본질적으로 혼란스러운 것이 아니었으며 로마 사회내에서 꼭 문제를 일으켰다고 말할 수 없다는 점을 증명했다. 바울을 향한 "천하를 다 소요하게 하는 자"라는 비난에도 불구하고(24:5), 사도행전의 저자는 바울이 "나는 가이사에게 아무 잘못도 하지 않았다"(25:8)라는 간단한 말로 자신을 방어하도록 했다. 물론 이 저자는 사람들이 때로 들어야할 진리를 좋아하지 않는다고 확신했기 때문에 그로서는 기독교가 올바른 방식으로 "천하를 어지럽게" 하는 것이 어느 정도 의미가 있었다. 그러나 그의 내러티브가 시사하는 바에 따르면 신적 존재를 제거하고자 품위

없는 행동을 한 것이 아닌 이상 빌립보와 데살로니가에서 발생한 소요는 예수 숭배의 출현에 따른 **불가피한** 결과가 아니었다. 에베소의 한 도시에 재직하는 치안 판사가 화가 난 군중들을 진정시키면서 이 견해를 정확하게 표현했다. "오늘 아무 까닭도 없는 이 일에 우리[에베소 사람들]가 소요 사건으로 책망받을 위험이 있고 우리는 이 불법 집회에 관하여 보고할 자료가 없다 하고"(19:40). 사도행전의 저자에게 "복음"이 야기한 엄청난 도전은 불법적 충동이나 사회 내부의 무질서와 혼란을 조장하는 것이 아니었다.

로마 제국 프로젝트에 대한 의문을 제기한 베수비오 도시들

로마 제국의 질서가 지닌 신화적 위대함에 대한 선전은 지상에서 사는 사람들이 느끼는 현실과는 매우 다른 경우가 많았다. 로마 제국의 질서를 지지하는 사람들이 만들어 내고자 했던 환상만큼 실제 상황이 좋지 않았다는 것은 두말할 나위도 없다. 우리는 때때로 폼페이에서 이 사실을 어렴풋이 알아차릴 수 있다. 예를 들어 폼페이의 원형경기장에서 일어난 폭동에 대한 한 가지 중요한 해석을 보면 이 폭동이 로마 시대 이전의 도시를 미화하고 지역 고유의 정체성이 로마인으로서의 정체성보다 더 소중하다고 판단한 폼페이 거주자 집단에 의해 시작되었음을 알 수 있다. 확실한 해결까지는 아니어도 그것을 통해 (여기서는 충분히 논의할 수 없지만) 퍼즐의 가장 중요한 부분 중 몇 가지를 이해하게 된다.

이런 관점에서 고려할 수 있는 폼페이 유물은 9.13.5에 위치한 주택 외벽에서 나온 그라피티다. 그 그라피티를 이해하기 위해 우리는 그것이 1세기에 가장 인기 있는 서사시였던 『아이네이스』(Aeneid)에 어떤 영향을 미치는지 살펴볼 필요가 있다. 그 서사시를 지은 베르길리우스는 로마 건국이 어떻게 신들의 바람을 충족시켰는지를 보여주는 내러티브를 만들었다. 그 서사시의 첫 구절은 다음과 같다. "나는 무기와 한 남자에 대해 노래한다"(*arma virumque cano*). 무기와 한 남자는 다음의 두 가지를 뜻한다.

1. 그리스-로마 세계의 주도적 역할을 하는 세계 강국으로서 로마가 지배력을 행사할 수 있는 위치에 서게 만든 군사력("무기")과
2. 자신의 이야기를 통해 로마 통치의 신적 적법성을 보여주는 이 서사시의 주인공 아이네이아스(그 "남자")

로마 제국의 건국에 대한 이 서사시적 내러티브에서 아이네이아스는 위대한 트로이 민족이 트로이에서 패배한 다음 이탈리아에 정착하고, 거기서 마침내 로마 통치를 통해 세계를 지배하게 될 것이라고 확신한다. (아우구스투스 황제가 베르길리우스에게 집필을 권유한) 이 유명한 서사시는 아우구스투스 황제의 유산을 (베누스 신을 어머니로 둔) 위대한 영웅 아이네이아스와 연결함으로써 황제가 로마 신들의 승인을 얻도록 한다. 고고학자들은 폼페이의 그라피티에서 이 서사시에 대한 약 30개의 인용구를 발견했다. 그중 12개는 서사시의 첫 문장을 언급하면서 서사시 전체의 사상을 요약하는 역할을 한다.

아이네이스의 첫 행을 언급한 것 중 하나는 세탁소의 외벽에서 발견된 그라피티다(9.13.5). 올빼미가 세탁소 노동자들의 마스코트였다는 것을 알면 우리는 그 그라피티가 베르길리우스가 쓴 『아이네이스』의 첫 행을 패러디했음을 이해할 수 있다. "나는 무기와 한 남자가 아닌, 세탁하는 노동자들과 부엉이를 노래한다"(*fullones ululamque cano, non arma virumque*; *CIL*

4.9131). 이 그라피티에서 로마의 위대한 영웅 아이네이아스는 세탁소 노동자로, 로마의 통치와 지배를 위해 길을 예비한 군대의 "무기"는 부엉이로 대체된다.

『아이네이스』의 첫 행을 인용한 대부분의 그라피티는 서사시에 나타난 친로마 정서를 지지하는 글일 가능성이 높다. 그러나 이 작은 그라피티는 전혀 다른 정서를 표현하고 있다. 세탁소 그라피티에서 정치적으로 모욕적인 부분은 바로 ("무기와 한 남자가 **아닌**"이라는 구절에서 발견되는) "아닌"이라는 작은 단어다. 이 그라피티를 쓴 사람이 정치적으로 악의 없는 진술을 하려고 했다면 단순히 "세탁소 노동자들과 부엉이를 노래한다"고 했을 것이다. 그렇지 않으면 "아닌" 대신에 "그리고"를 썼을 수도 있다. 아니면

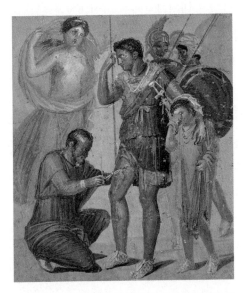

무기, 한 남자, 세탁하는 자들, 부엉이가 포함된 목록을 만들 수도 있었다. 그런 선택지들은 친로마적인 이야기를 부정하는 것과 관련성이 없었을 것이다. 그러나 그는 그중 어떤 것도 고르지 않았다. 이 그라피티는 세탁장에서 일하는 일용직 노동자들의 현실적이고 비천한 이야기에 특별한 초점을 맞추기 위해 로마 제국의 질서의 정통성을 확장시키지 않는다. 이 그라피티의 저자는 의도적으로

자료 6.7. 부상당한 영웅 아이네이아스가 의사 라픽스의 치료를 받고 있는 프레스코화. 아이네이아스는 아들 아스카니우스에게 기대고 있으며, 그의 신성한 어머니 베누스는 측은한 마음을 갖고 그를 지켜본다(7.1.47, MANN 9009).

로마의 통치가 떨치는 위대함에 관해 노래한 것이 아니다. 오히려 로마의 권력과 권위에 대한 거시적 내러티브를 제쳐둔 채, 세탁소 노동자들의 미시적 내러티브를 유일한 이야기로 삼아 이 글을 쓴다. 이 사람은 로마 제국을 선전하는 위대한 내러티브 안에 자신의 정체성을 두지 않으려는 사람이었다. 대신 그는 그 지역의 세탁업자들과 그들의 마스코트인 부엉이에 대한 단순한 내러티브 안에서 자신의 인생 이야기를 들려주고자 했다. 그런 선호가 단 하나의 음성으로 제한될 때는 거의 무해하지만, 보다 광범위하게 복제된다면 전복적인 행위가 될 수 있다. 체제의 지지자들은 로마의 정통성에 대한 무심하고 예의 없는 태도를 반기지 않았다. 흥미롭게도 이 그라피티가 새겨진 위치(아이네이아스의 프레스코화 바로 아래에 있는 공공건물 벽)는 정치적으로 불편한 의미를 더한다. (아이네이아스의 이야기에 대한 전복적 예는 11장을 보라.)

정치와 관련된 또 다른 관심은 폼페이 외벽(6.8.5 부근)에서도 발견된다.『아이네이스』의 첫 행을 기반으로 한 다른 그리피티처럼, 이 그라피티 역시 기원전 70년경 키케로가 남긴 작품 중 하나에 나타난 유명한 극적인 장면을 기초로 삼았을 가능성이 있다("베레스 반박문"[In Verrem] 2.5.162). 키케로의 작품에서 로마 시민은 난폭하고 부당한 고문을 당하는데, 그는 고통을 받으면서도 아파서 소리치지 않는다. 대신 자신의 고통이 끝나기를 희망하며 다음 한 구절만 되풀이한다. "나는 로마 시민이다." 그러나 그의 선언은 박해를 막는 데 아무런 도움이 되지 못했으며 결국 정의가 실패하고 그는 로마 십자가에서 죽는다.

폼페이 성벽 외부(CIL 4.1261)에 그려진 생생한 그라피티는 궁극적으로 로마 통치의 정당성을 약화시키려는 충격적인 성적 비유에서 새로운 역할을 맡기 전까지, (시민권, 침묵, 외침 등과 같은) 이 이야기의 다양한 요소를 왜곡하고 있을지도 모른다. 이 그라피티는 성적으로 노골적인 언어를 사용하여 로마의 통치를 성적 약탈에 비유하고 로마 시민을 정복자에게 예속된 역할로 표현한다. 집단적 여성으로 묘사되는 이 억압받는 시민들은 겁탈당할 때 "경의를 표하는 신음"을 외치는 것 외에는 침묵을 지킨다. 이 내러티브에서 로마는 사람들의 쾌락을 빼앗고, 박해받는 시민들은 로마가 듣기 원하는 신음을 들려줄 뿐이다. (시민들이 로마 제국이 지향하는 정책의 자발적인 참여자라고 가정하면) 이 그라피티는 이론적으로 로마를 지지하는 성명으로 해석될 수도 있지만, 이렇게 이해될 가능성은 낮다. 키케로의 원작에는 불법을 자행하는 것에 대한 비난이 포함되어 있었기 때문에, 이 그라피티의 저자는 아마도 시민들의 "경의를 표하는 신음"에도 불구하고 그들이 로마 제국 프로젝트에 자발적으로 참여하지 않았을 가능성이 높다고 생각했을 것이다. 오히려 시민들은 유린당하고 복종을 강요당했다. 이 해석에서는 로마의 통치가 비극적이고 잔혹한 강간으로 비유되고 있다. 폭력적이고 위압적인 권력에 저항하는 것이 부질없는 상황에 처한 사람들은 살아남기 위해 서로 간의 진정한 동의가 없음에도 불구하고 압제자가 듣고 싶은 말을 하면서 그에게 굴복해야 할 필요가 있음을 느낀다. 역사를 보면 이런 일이 드물지 않다.

만약 이 그라피티가 이런 체념적인 적대감을 암시한다면 그것은 체제 전복적인 측면의 창의적인 표현으로 보아야 한다. 앞서 지적한 바와 같이 그라피티 자체가 로마의 통치에 대한 항의를 알리는 신호가 될 수 있더라도 동시에 로마의 통치에 대한 지지로 들릴 수도 있기 때문이다. 그라피티에 담긴 이런 이중적인 관점은 놀라운 것이 아니다. 제국으로 인해 억압받는다고 생각하는 사람들은 때때로 불만을 분명하게 표현하지 않는 편을 선택한다. 대신 저자세를 유지하고 외견상 노골적인 표현이 결여된 암

호화된 담론을 통해 그들의 정서를 표현하고자 한다. 이 그라피티가 그런 종류의 사례에 속할까? 그라피티의 작가는 시민들이 로마 제국의 침투를 즐기고 있다는 점을 표현하려고 했을 뿐이라고 주장할 수 있었다. 키케로의 명장면과 자신의 작품을 연결시킨 것은 로마에 대한 순수한 정치적 지지 표현에 기인한 것이라고 주장할 수도 있었다. (하지만) 키케로의 이야기를 암시할 때 보이는 은밀한 시선이 이 그라피티를 다른 방향으로 해석하게 만든다. 여기서 키케로와의 연관성은 자기 보호의 도구로 작용한다. 그 연관성은 체제 전복적인 태도가 조성되는 효과를 발휘한다. 체제 전복적인 태도가 생존이나 진보를 위한 전략을 위태롭게 하는 바로 그 순간 동일한 연관성이 시야에서 사라질 수 있는 것처럼 말이다.

불편한 이웃

때로는 기독교 담론 역시 반드시 정치적으로 거슬리지 않는 노선을 따른 것은 아니었다. 예를 들어 바울은 (57년경) 로마에서 예수를 따르는 사람

자료 6.8. (로마의 독수리, 천구, 유피테르의 번개, 권장에 의해 상징화되는) 로마의 우주적 주권을 묘사한 프레스코화(에페부스의 집에서, 1.7.11, 원위치에 있음)

자료 6.9. (고대 로마의 마르스가 지닌 전쟁 무기로 상징되는) 로마의 힘을 묘사한 프레스코화(에페부스의 집에서, 1.7.11, 원위치에 있음)

들에게 편지를 보내면서 로마 제국의 내러티브를 우회적으로 언급하는 방식으로 평화와 번영을 말했다. 바울은 창조세계가 로마 제국의 통치를 통한 풍요로부터 이익을 얻는 대신 피조물이 "썩어짐의 종노릇"하고 "허무한데 굴복"하며 심지어 "지금까지 고통으로 탄식하고 있다"고 언급했다. 바울은 피조물이 (어떤 의미에서는) 그가 선포한 신의 계획을 통해 최종적으로 얻게 될 평화와 번영을 "간절히 갈망하면서 기다린다"고 주장했다(롬 8:19-23). 노니우스 발부스는 신이 정해놓은 아우구스투스의 계획을 통해 로마 제국의 평화와 번영이 이미 헤르쿨라네움 안에 자리를 잡았음을 선전하고 싶었지만, 바울은 "오직 한 분 예수 그리스도"를 통해 신의 풍요가 피조물 전체에 넘쳐난다고 주장했다(롬 5:17). 이 두 가지 형태의 담론은 그들의 수사가 전개되어 나가는 방향에서 극적으로 갈린다.

자신의 담론이 로마 제국의 수사학이 지향하는 방향과 어긋나는 것처럼 보일 수 있음을 인식했던 바울은 나중에 보낸 편지에서 더 많은 충고를 덧붙였다. 바울은 로마서 13장에서 예수 숭배자들에게 "권세에 복종하"고 "모든 자에게 줄 것을 주되 조세를 받을 자에게 조세를 바치고 관세를 받을 자에게 관세를 바치고 두려워할 자를 두려워하며 존경할 자를 존경하라"고 촉구한다(13:1, 7). 그는 로마의 정치 이념 및 신화가 지향하는 방향을 거스르는 것이 반드시 체제에 대항하여 들고 일어나는 일이 아니라는 점을 알리고 싶었다. 동시에 신자들이 체제에 복종해야 하지만 집권 당국은 로마 제국의 서사시에 나타난 것처럼 로마의 신이 아닌 더 높은 권력에 의해서 권한을 부여받았으며 이는 "하나님으로부터가 아니고서는 권세가 없기 때문"(13:1)이라는 점도 알려지기를 원했다. 로마 당국자들은 정의의 도구로서 그 기능을 수행할 때(오직 그때만) 로마 신들의 감독 아래서 역사의 핵심을 맡은 사람이 아닌 바울이 선포한 신의 "일꾼"으로 간주될 것이다(13:4, 6).

여기에는 로마의 내러티브를 미묘하게 대체하는 행위가 드러나 있다. 폼페이의 한 그라피티 작가는 세탁소 노동자들의 단순한 미시적 내러티브를 지지하기 위해 로마의 거시적 내러티브에 대한 그의 책임을 저버린 것 같다. 로마에 있는 예수의 추종자들에게 보낸 편지에서 바울은 궁극적으로 로마 제국을 합법화하는 거시적 내러티브를 대체하기 위해 그의 신에 대한 거시적 내러티브를 허용했다. 그렇게 함으로써 바울은 그의 가장 보수적인 담론에서도 어느 정도 로마 제국 질서의 핵심에 어긋나는 담론을 펼쳤다.

두 번째 사례는 바울이 데살로니가에서 예수 추종자들에게 보낸 첫 번째 편지에 등장하는데, 그것은 아마도 현존하는 그의 가장 초기의 편지일 것이다. 바울은 그 도시의 예수 추종자들이 (앞서 인용한 행 17장의 이야기에서 묘사된 것과 다르지 않은 형태의) 박해를 받고 있다는 사실을 알고 있었다(살전 1:6; 3:3-4; 살후 1:4을 보라). 이렇게 박해를 받는 상황에서 바울은 "평화와 안전이 있다"(살전 5:3)는 모토에 충성하는 사람들에 대해 반대 의견을 피력한다. 바울이 볼 때 그 사람들은 잘못된 마스터 내러티브를 믿었는데, 그 이유는 구원의 진짜 내러티브는 **팍스 로마나**(*Pax Romana*)가 아니라 "우리를 위하여 죽으셔서 우리로 하여금…자기와 함께 살게 하신 우리 주 예수 그리스도"에 중심을 두기 때문이다(5:9-10). 그는 바로 바울이 "그의 나라와 영광에 너희를 부르신다"고 선포한 신이다(2:12). 다른 대안이 없을 때 상대적으로 보수적인 로마 시민 바울도 로마 제국의 질서라는 이념을 제자리에 둘 수밖에 없었다. 그 이념을 궁극적인 거시 내러티브로 채택하는 것은 바울이 선포한 복음과는 대조적으로 이 세상의 "어두움"을 선전하는 것이다(5:4-8). 바울이 예수를 따르는 자들을 향해 "우리의 시민권은 하늘에 있는지라. **거기로부터** 구원하는 자 곧 주 예수 그리스도를 기다리노니"(빌 3:20)라고 주장하는 것의 중요성을 인식하고 있었던 것은 자연스러운 일이다.

우리는 지금까지 초기 예수 운동과 로마 제국주의 이념을 다양한 각도에서 살펴보았다. 추가적인 조사를 통해 더 많은 자료를 얻어낼 수 있겠지만, 그 결과가 크게 달라지지는 않는다. 우리는 초기 예수 숭배와 로마 제국의 질서의 이념들이 때로는 서로에게 상냥하게 때로는 그다지 달갑지 않은 모습으로 으르렁거리는 불편한 이웃이었다는 점을 계속해서 발견하게 될 것이다. "그다지 달콤하지 않은" 관계에 대한 한 사례는 요한의 묵시인 요한계시록에 등장한다. 그러나 그 문헌을 제대로 검토하기 위해서는 이 책의 다음 장에서 살펴볼 다른 문제들을 탐구할 필요가 있다.

7

게니우스와 황제

주 예수 그리스도의 은혜가 **너희 모두 가운데 있는 영**과 함께 있을지어다
(빌 4:23).

영적 정체성

위의 성경 구절은 보통 "주 예수 그리스도의 은혜가 너희 심령에 있을지
어다"라고 번역되며, "너희 심령"이라는 표현은 때로 "여러분 각자의 영"
이라는 뜻으로 이해되기도 한다. 하지만 바울은 빌립보의 예수 추종자들
에게 보내는 이 마지막 말에서 뭔가 다른 것을 의미했을지도 모른다. 그는
"너희"라는 복수형의 단어와 "영"이라는 단수형의 단어를 사용함으로써
예수 추종자들의 모임에서 생겨나 그들 사이에서 공동으로 공유되는 "영"
또는 정신을 언급하고 있는 것으로 보인다. 따라서 이 구절은 여기서 "너
희 모두 가운데 있는 영"으로 번역되었다. 우리는 이 "영"을 하나의 실체
인 그 공동체의 "의인화된 속성(personified character)" 또는 "영적 정체성"이
라고 부를 수 있다. 비록 우리가 21세기에는 이런 용어로 생각하지 않지

만, 고대 세계에서는 실체들이 진정한 내면의 본질과 정체성을 투영하는 영적 표현을 갖고 있다고 여겼다. 이것들은 라틴어로 그 실체의 **게니우스** (*genius*, 남성) 또는 **유노**(*juno*, 여성)라고 불렸다.

사물에 대한 이런 견해는 베수비오 도시 전체와 삶의 많은 영역에서 발견된다. 우리가 앞으로 보게 될 것처럼 그런 견해는 비문과 법률 문서에 영향을 미치고 신전 건축에 동기를 부여했으며, 종교적인 성지나 주택가 진입로의 모자이크에 생생하게 표현되었다. 이와 같은 고대의 관점은 로마 제국주의 세계 안에서 행해진 황제 숭배의 관습에도 영향을 미쳤다.

유노(Juno)와 게니우스(Genius)

폼페이 문 너머에 있는 한 무덤 안에서 사물에 대한 이런 관점이 입증된다. 많은 무덤이 지면 위로 나와 있지만 고인의 유해가 안치된 땅속으로 꽂힌 관을 추가함으로써 유익을 얻었다. 사람들은 특정 시기에 죽은 가족 구성원의 영혼에 영양을 공급하기 위한 목적으로 그 관을 통해 음식을 보냈다. 예를 들어 한 무덤에는 "멜리사이아 아미케의 유노"의 유익을 위해 영양분을 무덤에 공급할 수 있는 관이 설치되었고(*CIL* 10.1009, 무덤 HGW04e/f), 다른 무덤에는 "율리아 아우구스타의 [노예], 티케의 **유노**"의 유익을 위해 관이 만들어졌다(*CIL* 10.1023, 무덤 HGW16).

이것은 폼페이 무덤에서 흔히 볼 수 있는 장면이었다. 물론 이 관들을 통해 공급된 어떤 영양소도 죽은 육체에 유익을 줄 수 없었다. (그 시체들은 화장되었을 가능성이 매우 높기 때문이다). 대신 그 영양소들은 사람의 비육체적인 영에 유익을 주었다. 여성 **유노**나 남성 **게니우스**는 몸 안에 육체적인 존재와 관계없이 머무는 한 사람의 생식 능력과 영적 생명력이었다. 그런 점에서 한 개인의 근본적인 정체성은 단순한 물질적 성질 이상을 포괄함으로써 그/그녀의 육체적 성질을 합한 것보다 더 컸다. 영적인 **유노**나 **게니우스**는 육체와 관련이 있지만 육체와는 별개의 것이다. 어떤 사람이 죽은 후에 그 사람의 **유노**나 **게니우스**에 영양을 공급하는 행위는 단순히 망자를 향한 친척이나 친구들의 애정 어린 표현이 아니었을지도 모른다. 사람들은 영적 실체가 강력하다고 믿었기 때문에, 그런 행위는 아마도 가정을 위한 보험의 한 형태로서 **유노**나 **게니우스**가 사망하기 전 애착을 가졌던 가정을 호의적으로 바라볼 수 있게끔 유도하는 것이었다.

　　(남성 중심 사회에서 놀랄 만한 일은 아니지만) 우리는 베수비오 잔해에서 여성 **유노**보다 남성 **게니우스**를 더 자주 보게 된다. 두 명의 자유인이 가정 내의 신당 안에 다음과 같은 말이 새겨진 대리석 현판을 세운 주거지(9.1.20)도 있다. "우리 마르쿠스의 **게니우스**와 와 **라레스**(*lares*)에게"(*CIL* 10.861). 이 **라레스**는 특정 주택의 영적 수호자다. 따라서 이 신당은 그 가정을 보호한다고 여겨지는 두 종류의 영적 힘, 즉 그곳 수호신 **라레스**와 집주인의 생명력(그의 **게니우스**)에 대한 숭배를 특징으로 한다. 또 다른 폼페이 주택에서 나온 인물의 흉상은 "우리 루키우스의 **게니우스**에게" 바친 것으로서, 루키우스의 외모에 남아 있

자료 7.1. 루키우스의 게니우스에게 바친 그의 흉상(출처: 5.1.26에 위치한 유쿤두스 가[家])

자료 7.2. 집주인의 게니우스(중앙)와 강의 신 사르누스가 감독하는 가운데 해당 집주인이 상거래를 진행하는 모습(아래)이 표현된 신당(1.14.6에 위치함)

던 흠집을 그대로 묘사하고 있다 (*CIL* 10.860; 자료 7.1을 보라).

집 내부에 있는 신당들은 집주인의 **게니우스**를 시각적으로 묘사하곤 했다. 물론 주인의 모습과 비슷했을지는 몰라도 반드시 그 집 주인의 초상화는 아니었다. 신당은 영적 세계로 통하는 장소로서 그 안에 주로 영적 인물들을 묘사한 그림이 있었다. 예를 들면 1.14.6에 위치한 폼페이 주택의 신당(자료 7.2를 보라) 중앙에 위치한 좁은 공간에는 풍요의 뿔을 들고 있는 집주인의 **게니우스**가 전시되어 있다. 제단의 아래쪽에는 (항만 활동을 감독하는) 강의 신 사르누스와 농산물의 무게를 재는 남자, 항구를 오가는 남자, 항구를 오가며 물건을 운송하는 남자, 배에 농작물을 싣는 남자 등의 모습이 그려져 있다. 아마도 집주인은 해운 사업을 영위했던 것으로 추정되며, 이 가정의 신당에서 제물을 계속 바치는 한 그의 **게니우스**는 사르누스와 함께 사업의 성공을 보살펴줄 것으로 여겨졌다.

다른 주택에서는 전형적인 프레스코화로 장식된 신당이 발견된다(자료 7.3을 보라). 이 프레스코화에는 가정 제사에 관련된 육체적, 영적 실재를

자료 7.3. 제사와 관련된 물질적 실재와 정신적 실재를 묘사한 신당의 프레스코화(7.6.38, MANN 8905)

묘사하는 몇 가지 구성 요소가 포함되어 있다. 제단은 그림의 상단 중앙에 위치한다. 제단 오른쪽에는 집주인의 **게니우스**가 풍요의 뿔을 들고 제사를 감독하고 있다. 프레스코화 바깥쪽에 배치된 대형 인물들은 이 가정의 거주지를 보호하는 영적 세력인 **라레스**다. 축소된 형태로 그려진 세 인물은 시련에 빠진 인간 참여자들로서, 돼지 한 마리를 제물로 바치려고 하는 사람(왼쪽에서 두 번째), 사제를 돕는 사람(오른쪽에서 두 번째), 피리를 부는 사람(제단 왼쪽, 그림의 미적 균형을 맞추기 위해 다른 인간 인물들보다 큰 키로 묘사됨)으로 구성되어 있다. 프레스코화 하단부에는 그곳을 지키는 영들(**라레스**)이 두 마리 뱀의 모습으로 표현되어 있다. 이 영들은 육체를 지니지 않은 존재임에도 불구하고 물리적인 희생제물이 제공하는 영양분을 섭취한다.

그 외의 영적 세력들

인간과 장소의 정체성에 영적 요소가 포함된 것처럼 동물이나 그리스-로마 세계의 많은 사상에도 영적 요소가 녹아들어 있었다. 이는 폼페이의 주택으로 들어가는 입구에 있는 개의 모자이크(예, 1.7.1; 5.1.26; 6.8.5; 자료 7.4를 보라)를 보면 알 수 있다. 한 모자이크에는 심지어 라틴어로 쓰인 "개를 조심하라"는 경고가 포함되어 있다. 이 모자이크들은 집 안에서 일하고 있는 경비견의 모습을 묘사하려고 한 것이 아니라 이 주택이 강하고 충성스러우며 악의적인 침입자를 사납게 공격할 수 있는 개의 영으로부터 보호를 받고 있다는 점을 시사한다. 주택가 출입구에 위치한 이 모자이크들은 그 건물을 지키라는 집주인의 명령을 받은 개의 혼(*anima*) 또는 생명력을 널리 알림으로써 그곳을 해치려는 자에게 불길한 위협을 가했다. 멧돼지나 부상을 입은 곰을 입구 통로에 그려놓은 주택(7.2.26; 7.2.45)들도 이와 비슷한 의미다. 그 동물들은 그곳에 물리적으로 존재하지 않아도 그것들의 사나운 영적 요소들은 주택의 보안 시스템에 필수적인 요소가 되어 소임을 다했다.

　고대 사람들은 장소에도 고유한 영적인 면이 있다고 여겼다. 그래서 주택가, 이웃, 도심지, 지방, 국가 등 사회 안에 존재하는 이런 장소에 물리적 특색과 요소를 초월하는 고유한 분위기, 정신, 특징이 내재되어 있다고 믿었다. 한 가정은 근처의 다른 가정과, 한 이웃은 근처의 다른 이웃과, 한 지역은 근처의 다른 지역과 구별되는 느낌을 갖고 있었다. 1세기에 살던 사람들은 이런 차이점을 충분히 설명하기 위해 각 장소에 생명을 불어넣는 힘을 언급할 필요가 있다고 생각했다. 그런 영적 측면은 그 장소가 지닌 물질적 측면과 함께 작용했다. 만약 그 장소에 깃든 영혼이 그곳을 돌보지

자료 7.4. 개의 영이 주택을 보호하고 있다는 것을 알리는 바닥 모자이크(왼쪽: 6.14.20, 원위치에 있음; 오른쪽: 1.7.1, 원위치에 있음)

않는다면 거기에 거주하는 사람들은 물질적인 면에서 고통을 받을 것이다. 그곳의 영혼이 건강하다면 물질적으로도 좋은 일이 찾아올 것이다.

이런 "공간이 지닌 영성"은 베수비오 도시의 물질적 잔해를 통해 거듭 증명되고 있는데, (자료 7.3에서 살펴본 것과 같이) 뱀은 상서로운 영을 나타낸다. 뱀은 또한 제물을 통해 동네의 영을 달래는 신전의 프레스코화에도 자주 등장한다(자료 7.5를 보라). 예를 들어 폼페이의 한 비문에는 동네에 거주하는 이웃 단체 회장들이 **라레스**에게 바친 선물이 언급되어 있다 (*CIL* 10.927).

주택가와 인근 이웃 지역 너머에 있는 폼페이의 신전 중 하나는 어떤 장소의 물질적 측면과 정신적 측면 사이의

자료 7.5. 동네를 보호하는 영을 상징하는 두 마리의 뱀이 (제단의 양쪽에) 묘사된 헤르쿨라네움의 동네 신당(훼손된 상태가 분명히 나타나 있다)

이런 연관성을 다른 차원으로 발전시켰다. 그것은 1세기 초 폼페이의 한 유력 여성이 비용을 지원해서 세운 신전이었다. 마미아(Mamia)라는 이름의 이 여성은 사후 "시 의회의 법령에 의거하여" 웅장한 무덤이 건설됨으로써 그 공적을 칭송받았다(*CIL* 10.998; 자료 7.6을 보라). 생전에 "공식 여사제"였던 마미아는 "자비를 들여서" "자신의 소유지였던 땅"에 "식민지의 **게니우스**"에게 바치는 신전 건축에 필요한 모든 비용을 다 지불했다(*CIL* 10.816). (고고학자들은 원래 이 비문을 "아우구스투스의 **게니우스**"에게 헌정된 것으로 생각했지만, 최근 이 문구를 "식민지의 **게니우스**"라고 읽는 것이 바람직할 수도 있다는 주장이 제기되고 있다. 이 신전의 위치는 확실하지 않다.) 폼페이 주민들은 이 신전으로 인해 지역이 더 번영하리라는 희망을 가졌으며, 이 신전이 지역

자료 7.6. 마미아를 "기념하는 좌석"(HGW04)으로서 식민지의 게니우스를 위한 그녀의 기부에 보답하고자 시의회가 비용을 후원했다. 사진 가운데에 있는 세 개의 기둥은 그녀의 기념물이 아닌 그 뒤에 있는 무덤의 일부다.

의 영적 정체성을 드러내줄 것이라고 생각했다. 이와 유사하게 식민지의 **게니우스**에게 헌정된 신전들이 푸테올리(*CIL* 10.1562-68, 10.1574, 10.1591)와 놀라(*CIL* 10.1236) 인근의 도심지에서 발견되었다.

기독교 문헌에 나타난 영적 정체성

우리는 이런 것들을 통해 물질적 실재들이 사람들을 대표하고 보호하는 영적 측면을 갖고 있다고 여긴 고대인들의 사고방식을 파악할 수 있다. 이런 점을 염두에 둔다면 바울이 빌립보서 4:23에서 "여러분 가운데 있는 영"에 대해 언급한 것은 1세기 정황을 매우 소상히 이해한 결과임을 알 수 있다. 빌립보에 있는 예수 추종자들이 예배를 드리기 위해 만났을 때 그들은 독립된 개인으로서 임시로 모인 것이 아니라 단일 개체인 "그리스도의 몸"이 된 것이었다. 그래서 바울은 그들에게 "하나의 영으로 굳건히 서라"고 권면할 수 있었다(1:27). 심지어 로마의 원로원이나 로마 시민들조차도 **게니우스**를 갖고 있다고 여겨졌다. 이 둘은 모두 단 하나의 **게니우스**를 가진 많은 개인으로 구성된 단일 개체였다. 이와 동일한 방식으로 빌립보 신자들 역시 예배를 드리러 모임으로써 한 공동의 영을 공유하게 되었다고 생각했을 것이다. 바울은 하나님의 은혜가 이 공동체가 공동으로 지닌 정신에 스며들어서 모임을 보호하고 공동생활을 풍요롭게 해주기를 간구했다.

바울의 다른 편지에서도 이런 점이 명백하게 드러난다. 빌레몬서에는 "너"라는 단어가 종종 복수형으로 등장하는데, 이는 편지의 맨 마지막에 나타난 축복에도 해당된다(몬 25). 이 문장은 이 장의 첫머리에 인용된 빌립보서 4:23과 일치한다. "주 예수 그리스도의 은혜가 너희 영과 함께 있을지어다." 다시 한번 "너희"라는 단어는 복수형이지만 "영"이라는 단어는 그들 (또는 어떤 의미에서는 그들 공동의 **게니우스** "너희 가운데 있는 영") 사이에 발달한 단 하나의 영을 가리킨다(갈 6:18을 보라). 이런 공동의 영은 에베소서 저자가 "너희 마음의 영을 새롭게 하여"라는 구절에서 언급한 영과 동일한 것으로 보인다(4:23).

바울이 쓴 다른 편지에도 그 공동의 **게니우스**를 언급하는 부분이 발견된다. 그는 고린도전서에서 "사람의 일을 사람의 속에 있는 영 외에 누가 알리요?"라고 물었다(2:11). 또한 고린도에 있는 예수 집단의 신자들에게 "내가 실로 몸으로는 [너희로부터] 떠나 있으나 영으로는 함께 있다"고 말했다(5:3). 그러면서 미혼 여성은 가정 문제로 인해 마음이 산란해지지 않는 유익을 얻기 때문에, "몸과 영을 거룩하게 할 수 있다"(7:34)는 점에 주목했다. 그는 나중에 "방언으로 말하는" 현상을 인간의 마음이 포함되지 않는 "[인간의] 영"이 드리는 기도 언어의 한 형태라고 묘사했다(특히 8장을 보라). 바울은 동일한 편지의 말미에서 예수 그리스도를 "생명을 주는 영"(15:45)이 되었다고 선포하고 스데반 및 그의 가정과 교제를 나눈 것을 통해 그의 영이 생기를 되찾았다고 말했다(16:17-18). 그 결과 로마서에서도 복음을 전함으로써 그의 신을 그의 "영으로" 섬겼다고 주장했다(1:9). 바울이 염두에 둔 독자 중에는 이 표현을 자신의 구체적인 노력에 생기를 불어넣었던 그의 **게니우스**를 언급한 것으로 이해한 사람이 있었을 것이다. 만약 그렇다면 그들은 바울이 "항상 [그의] 기도 속에서" 그들을 기억하고 있다고 말하는 동일한 문장 안에서도 그 점을 발견하는 데 흥미를 느꼈을지도 모른다. 왜냐하면 그 기도들은 (성령의 능력에 힘입어) 효과적인 사역을 발전시켜 나가는 신실한 **게니우스**에 의해 힘을 받았을 것이기 때문이다(18장을 보라).

사물에 대한 이런 견해는 초기 기독교 담론의 다른 측면을 설명하는 데도 도움이 된다. 예를 들어 요한계시록의 저자는 자신이 물질세계 너머에 있는 초월적인 세계의 실재를 보는 선견자라고 말한다. 그의 권위는 그가 "주의 날에 성령에 감동되"었을 때 주님의 음성이 "나팔 소리"처럼 들렸다는 데서 유래한다(1:10). 그는 바로 그때 "네가 보는 것을 두루마리에 써서 에베소, 서머나, 버가모, 두아디라, 사데, 빌라델비아, 라오디게아 등 일곱 교회에 보내라"는 명령을 받는다(1:11). 요한계시록 2-3장은 그 교회들에 관해 이야기하면서 예수를 따르는 여러 공동체의 영적 건강을 비판하는 주님의 말씀을 전한다. 그러나 "에베소에 있는 교회의 천사에게"(2:1), "서머나에 있는 교회의 천사에게"(2:8) 등과 같은 표현(2:12, 18, 3:1, 7, 14를 보라)을 통해 알 수 있듯이 각 편지의 수신자는 교회가 아니라 여러 교회의 "천사"다. 각 사례에 ("성령 안에 있었던 한 사람"을 통해) 묘사된 비판을 보면 교회의 물리적 모임에 내적 실재가 투영된 영적 상태가 드러난다. 천사들은 개별 교회들의 영적 체현으로서 서로 다른 천사들의 모습으로 하늘 스크린에 투영되어 나타나는 이 교회들을 상징한다.

이는 또한 마가복음의 특이한 사건을 이해하는 데도 도움이 된다(마 14:1-11도 보라). (로마 황실과 연관이 있는 집안에서 태어나 친 로마적인 성향을 갖고 있던 갈릴리의 통치자) 헤롯 안디바는 예수가 엄청난 인기를 얻고 있다는 소식을 듣고 다음과 같은 말로 그 인기를 해석했다. "내가 목 벤 요한 그가 살아났다"(막 6:16). 헤롯은 이런 사건이 발생했을 당시 20대 후반으로서 세례 요한과 시기적으로 얼마간 겹친 삶을 살았던 예수라는 인물 안에서 몇 달 전에 살해당한 세례 요한이 육체적으로 부활했다고 상상했을지도 모른다. 헤롯이 제정신이 아닌 상태라면 가능한 일이다. 그러나 헤롯은 바보가 아니었다. 세례 요한이 살아났다고 의심한 헤롯은 요한의 영이 예수 안에 거하면서 예수의 사역에 힘을 실어 주고 있다고 생각했던 것이다. 마가복음에 따르면 실제로 어떤 사람들은 세례 요한이 살아났다고 하면 서 "그러므로 이런 [기적적인] 능력이 그 속에서 일어났느니라"고 말했다 (6:14). 어떤 사람들은 이스라엘의 옛 선지자 중 한 사람의 영이 예수에게 능력을 베풀고 있다고 생각했다(6:15; 8:27-28도 보라).

헤롯의 생각을 보면 요한의 영이 예수의 사역에 능력을 베풀어주고 있다는 불길한 조짐이 드러난다. 헤롯은 "요한을 의롭고 거룩한 사람으로 알고 두려워했다"고 말한다(막 6:20). 의인을 죽인다(6:17-29를 보라)고 해 서 반드시 죽은 사람의 영향력이 사라지는 것이 아닌 까닭은, 의인의 영혼 이 되돌아올 수 있기 때문이다. 이런 이유로 인해 헤롯의 말은 하찮은 생 각으로 무시되지 않고 오히려 이야기를 듣는 고대 독자들에게 불길한 조 짐을 전달했을 것이다. 헤 롯은 분노에 차서 살아 돌 아다니는 요한의 영이 그 가 살아 있을 때보다 더 두 려워해야 할 존재가 된 것 을 인식하고, 예수 역시 헤 롯의 정치적 야망에 위협 이 된다는 신호를 보내고 있었다. 1세기 도심지에 거주하던 사람들은 육체적 인 존재를 초월하는 **게니 우스**나 **유노**가 있는 세계 에 깊이 빠져 있었기 때문

자료 7.7. 폼페이에서 북쪽으로 몇 킬로미터 떨어진 보스코레 알레에 위치한 파니우스 시니스토르 저택에서 발견된 날개 달 린 게니우스

에 이 이야기에 내포된 정치적 음모를 쉽게 이해했을 가능성이 높다.

황제와 그의 게니우스

여기서 우리는 가장 중요한 인물인 로마 황제에 대해 알아봐야 한다. 어떤 면에서는 황제도 일반 사람과 다르지 않았다. 태어나서 죽을 때까지 그들은 사랑했고, 욕망에 사로잡혔으며, 증오하고, 조종했으며, 음모를 꾸미고, 먹고 마시며 놀고, 고통 받았으며, 승리하고, 패배했으며, 노력했다. 이는 인간 생활의 평범한 특징이다. 그리고 다른 모든 인간들과 마찬가지로 각 황제에게도 **게니우스**가 있었다. (폼페이 사람들은 때로 "아우구스투스 황제와 그의 자녀들의 **게니우스**를 걸고" 법적 증언의 진실성을 확인하는 선서를 했다; VAR. 16-17, 23-24를 보라.) 그런데 기원전 1세기 후반부터 황제의 **게니우스**를 숭배할 가치가 있다는 생각이 유행하기 시작했다. 이는 예를 들면 아우구스투스나 네로나 도미티아누스와 같은 인간에 대한 숭배가 아니라, 로마 신들의 뜻을 전하는 역할을 했던 황제 안에 가득했던 강한 생명력을 숭배하는 것이었다. 만약 어떤 집주인의 **게니우스**에게 제물을 바침으로써 가정을 보호하고 이익을 보장받을 수 있었다면, 황제의 **게니우스** 역시 그런 대상이 되어 신들의 뜻에 따라 제국을 보호하고 이익을 보장할 수 있었을 것이다. (사실 일부 가정 신당의 **게니우스**는 집주인의 **게니우스** 대신 황제의 **게니우스**를 묘사하고 있을 가능성이 있다.) 그러나 우리는 로마 제국 내에 거주하던 모든 사람들이 황제 숭배를 행하면서 황제가 아닌 살아 있는 황제의 **게니우스**를 숭배하는 것으로 이해했다고 확신할 수는 없으며, 어떤 증거를 보면 때로 그 구분이 명확하지 않음을 알 수 있다. (물론 황제가 죽었을 때는 그 구분이 더 이상 적용되지 않는다.)

그 차이를 제대로 이해한 건지는 알 수 없지만, 어쨌든 폼페이 사람들은 황제 숭배의 강력한 지지자였다. 도시가 존재하던 마지막 20년 동안 사람들이 남긴 흔적을 통해 삶의 우선순위를 살펴보면 이를 명백히 알 수 있다. 62년(어쩌면 63년, 구체적인 연도에 관한 고대 자료의 증언이 서로 다르다)에 심한 지진으로 폼페이 신전들이 황폐화된 이래 79년에 화산이 폭발할 때까지도 전통적인 그리스-로마 신을 모시던 대부분의 신전들(아폴로, 베누스, 유피테르, 유노, 메르쿠리우스 신전)은 완전히 복구되기는커녕 (베누스 신전처럼) 그 기능을 제대로 수행하지 못하거나 낮은 수준의 기능만 유지하고 있었다. 이와 대조적으로 황제나 신비의 신들(이에 대해서는 8장과 9장을 보라)을 모시는 신전은 완전히 복원되어 제 기능을 발휘하고 있었다. (아마도 폼페이가 존재했던 마지막 몇 개월을 포함한) 70년대 어느 시점에 폼페이 주민과 로마 시민들은 폼페이 광장 지역의 눈에 띄는 장소에 베스파시아누스 황제의 신전을 세우기 위한 돈을 기부했다(자료 7.8과 5.4를 보라. 자료 5.4의 중앙에 위치한 황소는 황제의 **게니우스**에게 바치는 제물이었을 가능성이 높다).

예수를 따르는 사람들과 황제

폼페이 사람들은 황제의 **게니우스**를 숭배하는 데 열과 성을 다함으로써 제국의 건강에 기여하고 있다고 생각했다. 예수의 열성 신자들 중 일부는 황제를 숭배하지 않고 "존경"할 수 있는 방법을 찾으려고 했다(예를 들어 벧전 2:17; 롬 13:1-7; 딤전 2:1-2; 딛 3:1을 보라). 어떤 이들은 "가이사의 것은 가이사에게, 하나님의 것은 하나님께 바치라"고 하신 예수의 (다소 모호한) 말씀에서 이런 접근 방법에 대한 타당성을 인식했을 것이다(막 12:17; 마 22:21; 눅 20:25도 보라).

한 그리스도인의 목소리는 황제 숭배뿐만 아니라 그것이 깊이 뿌리를 내린 체제 전체를 비난하는 데 앞장섰다. 이 사람이 보기에 황제 숭배는 온 세계에 병을 퍼뜨리는 큰 암 덩어리의 일부에 불과했다. 요한계시록의 저자인 요한은 세상을 이런 관점으로 바라보며 예언적인 목소리를 전했다. 아마도 (도미티아누스 황제의 재임 기간인) 90년대에 (최종적으로 수집되었거나) 기록된 그 종말론적인 책은 사회에 깊게 뿌리 내린 악이 척결되고 (특히 계 21-22장에 묘사된 것처럼) 신의 주권이 모든 현실에 충만해지게 될 "새 하늘과 새 땅"이 도래함으로써 그 신이 이 세상의 주권자임이 증명될 미래의 승리를 보여주기 위한 목적으로 작성되었다. 그 과정에서 요한은 정치적 비판에 깊이 뿌리를 내린 이야기에 독자를 몰입시킨다.

요한의 시선은 "일곱 산"에 집중된 세력에 고정되어 있는데(계 17:9), 고대 세계에서는 로마가 일곱 산에 건설되었다는 것이 상식으로 받아들여졌다. 로마의 중심부에는 어떤 권력이 집중되어 있었을까? 로마 제국의 이데올로기가 인류를 향한 신들의 뜻을 구현한 것이 바로 로마라고 선전했다면, 요한은 로마를 가리켜 "마귀라고도 하고 사탄이라고도 하며 온 천하를 꾀는"(12:9) 용으로부터 그 권력을 받은 존재로 묘사함으로써 그 정체를 드러낸다. 로마 제국을 움직이는 강력한 세력은 신의 뜻과 조화를 이루는 황제의 자비로운 **게니우스**가 아니다. 제국의 계획을 대담하게 발전시킬 수 있는 영적 세력은 바로 기만적인 사기꾼 사탄으로서, 그는 전 세계를 신의 뜻에서 멀어지게 만든다(이와 비슷한 비판은 살후 2:1-12를 보라).

로마 체제 안에 사탄의 세력이 뿌리를 내리고 있다는 것은 특히 요한계시록 12-13장에 잘 묘사되어 있다. 요한계시록 12장에는 예수 그리스도와 그의 조상 및 추종자들을 멸망시키려는 신화적 용이 독자들에게 처음으로 소개된다. 이런 목적을 성공적으로 이루지 못한 용은 짐승에게 그의 권력을 넘기면서 "자기의 능력과 보좌와 큰 권세"를 함께 준다(13:2). 이 모든 것들을 통해 저자는 로마 제국의 계획을 악마적으로 묘사하면서 그 짐승을 제국과 관련된 모든 것에 권력을 더하는 존재로 그리고 있다. 요한계시록에 나타난 1세기의 상징적 표현을 해석하는 것은 쉽지 않은 일이지만, 종말론적인 구도로 구성한 담론에도 불구하고 그 책에는 로마 제국 질서의 여러 양상에 대한 요한의 통렬한 비판이 드러난다. 로마 제국과 관련된 세 가지 두드러진 측면은 다음과 같다.

1. 로마의 군사력은 용이 짐승에게 준 "권세"로 상징되며, 백성들은 놀라서 "누가 능히 이 짐승과 더불어 싸우리요?"라고 말한다(13:4).
2. 로마 황제(또는 그의 **게니우스**)에 대한 숭배는 용이 짐승에게 준 "보좌"로 상징되며, "이 땅에 사는 모든 사람들"은 용의 모든 권력 체계에서 나온 짐승을 숭배한다(13:8; 이것은 13:12과 14:11에 더 자세히 설명되어 있다)
3. 모든 나라들에 대한 로마 제국의 통치는 용이 짐승에게 준 "각 족

속과 백성과 방언과 나라를 다스리는 권세"로 상징된다(13:7).

14장에서 살펴볼 예정이지만, 저자는 로마 세계의 경제 체계에 대해서도 통렬히 비판한다.

이 정치적 비판은 흥미롭게도 "그 짐승의 이름이나, 그 이름을 나타내는 숫자"에 대해 매우 흥미로운 언급을 하고 있다(13:17). 요한계시록의 독자들은 이런 권면을 받는다. "지혜가 여기 있으니 총명한 자는 그 짐승의 수를 세어 보라. 그것은 사람의 수니…"(13:18). 그리고 그의 수는 666으로 알려져 있다.

폼페이의 일부 그라피티는 "짐승의 숫자를 계산"하는 것과 관련된 배경을 이해하는 데 도움을 준다. 어떤 폼페이 사람은 벽에다가 "나는 545라는 숫자를 가진 그녀를 사랑한다"는 문장을 남겼다(*CIL* 4.4861). 또 다른 사람은 그의 "여인"을 언급하면서 "그녀의 명예로운 이름의 숫자는 1035"라고 명시했다(*CIL* 4.4839, 그라피티가 읽기 어렵기 때문에 그 숫자는 45가 될 수도 있다). 고대 세계에서 특히 고대 그리스어와 히브리어 글자에는 상응하는 숫자가 있었기 때문에, 사람들은 이

자료 7.9. 젊고 신성한 유피테르를 연상시키는 의복을 입은 아우구스투스 황제를 묘사한 헤르쿨라네움의 한 조각상

름의 문자가 지닌 숫자적인 가치에 기초하여 다른 사람들을 언급하곤 했다. 666이라는 숫자는 네로 황제를 은밀하게 지칭할 때 쓰였다. "네론 케사르"라는 그리스식 표기를 히브리어로 음역한 다음 각 히브리 문자에 상응하는 수를 대입하면 666이라는 숫자가 나타난다. 대부분의 해석자들이 동의하는 것처럼 숫자 666은 로마 통치의 "짐승 같은" 특징을 극적으로 구현하면서 생전에 사람들로부터 숭배받기를 기뻐한 네로를 가리킨다. (666 대신 616으로 숫자를 기재한 사본 전승이 있는데, 신기하게도 그 숫자 역시 네로의 여러 이름 중 하나와 일치한다.)

요한과 같은 시대에 살던 한 사람 역시 숫자와 관련된 이런 내용을 기초로 네로에 대한 부정적인 비판을 개진했다. 네로는 59년에 교묘한 술책을 이용하여 자신의 어머니인 아그리피나를 죽인다. 로마의 역사가 수에토니우스(*Nero* 39.2)에 따르면 아그리피나가 죽은 지 얼마 되지 않아 누군가가 벽에 "그가 그의 어머니를 죽였다"라는 그리스어 문구를 남겼고 그 옆에는 그리스어로 된 "네로"라는 이름이 있었다. 흥미롭게도 그 문장의 글자에 상응하는 수를 더하면 1005가 되는데, 이는 (그리스어 글자에 사용되는 방식에 따라 계산하면) 네로의 이름값과 정확히 같은 숫자가 된다. 이 사람은 황제의 이름이 이 문장과 나란히 놓일 때 숫자적 등가성을 지닌 적절한 균형이 이루어지도록 함으로써 황제의 살인을 드러내려고 한 것이다.

로마 제국의 질서를 지지하는 사람들은 그것이 신들에 의해 인증되고 권한을 부여받은 결과라고 말했다. (앞서 6장에서 본 것처럼) 그 신들은 혼돈을 억제하고 선과 풍요를 모두에게 가져다주며 스스로 그 질서에 복종하는 나라에 평화와 안전을 허락하는 선한 세력이었다. 그러나 요한계시록의 이야기는 로마 제국의 질서가 완전히 다른 영적 질서에 의해 움직이고 있으며, (하나님의 정의로운 주권적 능력 앞에 결코 설 수 없는 짐승 같고 혼란스러운) 사탄의 세력으로부터 권력을 받은 것임을 밝히고자 한다. 이 세계는 궁극적으로 바울이 로마서 맨 마지막 부분에서 이야기한 것과 크게 다르지 않다. "평강의 하나님께서 속히 사탄을 너희 발 아래에서 상하게 하시리라"(롬 16:20). 그러나 바울의 말은 황제의 **게니우스**가 제국 사람들의 기도와 제사를 로마의 신들에게 전달하고 그 대가로 신들이 내리는 축복을 제국 사람들에게 전하는 통로가 된다는 로마 제국의 핵심 이념과 정면으로 배치된다. 요한의 주장에 따르면 그런 내러티브는 "과장되고 신성 모독을 말"(13:5)함으로써 "땅에 거하는 자들을 미혹하는"(13:14) 것이다.

8
신비와 지식

> 형제들아, 내가 너희에게 나아가 하나님의 증거를 전할 때에 말과 지혜의
> 아름다운 것으로 아니하였나니…**오직 은밀한 가운데 있는 하나님의 지혜**
> 를 말하는 것으로서 곧 **감추어졌던 것**인데 하나님이 우리의 영광을 위하여
> 만세 전에 미리 정하신 것이라.…사람이 마땅히 우리를 그리스도의 일꾼이
> 요 **하나님의 비밀을 맡은 자**로 여길지어다(고전 2;1, 7; 4:1).

신들의 신비

(바울이 고전 2:1에서 말했던 것처럼) 아주 오랫동안 숨겨져 있던 하나님의 뜻
의 비밀을 안다고 주장하는 것은 놀라운 일이었다. 이와 유사한 주장이 바
울의 다른 편지에도 나타나 있으며(롬 16:25-27), 특히 에베소서와 골로새
서에서 중요한 역할을 한다(엡 1:9; 3:5, 9, 18-19; 골 1:26; 2:2; 4:3을 보라). 이
런 주장은 제자들에게 "하나님 나라의 비밀(신비)을 아는 것이 너희에게
허락되었다"고 하신 예수의 말씀과 부합한다(눅 8:10; 마 13:11; 막 4:11도 보
라). 시몬 베드로가 예수를 향해 "그리스도시요 살아 계신 하나님의 아들"
이라고 고백했을 때 예수께서는 "이를 네게 알게 한 이는 혈육이 아니요

하늘에 계신 내 아버지"라고 말씀하셨다(마 16:16-17). 예수는 아버지께 기도하면서 "성령으로 기뻐하셨다"고 하는데, 그러면서 그의 아버지가 하나님 나라의 비밀을 "지혜롭고 슬기 있는 자들에게는 숨기시고 어린 아이들에게는 나타내심을 감사"했으며 이렇게 된 것이 아버지의 "은혜로우신 뜻"이라고 말한다(눅 10:21).

만물을 창조한 신의 감추어진 신비를 알고 있다는 주장은 이례적이지만 그리스-로마 세계에서 전례 없는 일은 아니었다. 기독교가 발판을 마련함과 동시에 신들의 신비에 대해 통찰력을 약속한 다른 형태의 숭배도 삽시간에 퍼져나갔다. 이런 "신비 종교"는 정확히 말하자면 신자들의 삶을 향상시키기 위해 불가사의한 신비에 대한 지식을 주는 특정 신들을 숭배하는 형태의 신앙이라고 할 수 있다.

신비의 신들

학자들은 때로 두 가지 형태의 숭배를 뚜렷하게 구분한다.

1. 전통적인 그리스-로마 신들(유피테르, 유노, 메르쿠리우스, 베누스, 아폴로 등)을 숭배
2. 신비의 신들을 숭배(데메테르/케레스, 디오니소스/바쿠스, 키벨레, 이시스, 사바지우스, 미트라 등과 같은 신과 관련된 입교 의식)

물론 이 두 가지 형태의 숭배에는 상당히 공통되는 부분이 있다. 둘 사이에 차이가 있다면 주로 종류보다는 정도의 문제였다. 신비의 신들을 숭배하는 것은 어떤 면에서 이미 전통적인 신들에게 바쳐진 숭배의 여러 측면

을 심화시킨 형태에 불과했다. 심지어 "전통적인" 신들과 "신비의" 신들을 구별하는 도식조차도 어떤 점에서는 잘 작동되지 않는다. 예를 들어 ① 신비의 신 데메테르와 디오니소스는 전통적인 그리스 신화의 올림포스 신 가운데 포함되어 있었고, ② (아폴로와 아르테미스 같은) 다른 올림포스 신들은 신탁을 통해 비밀, 지혜, 통찰력을 계시하곤 했다. 게다가 전통적인 형태의 숭배를 하던 사람들은 상황을 개선시킴으로써 일상을 발전시키려는 목적을 갖고 있었는데, 신비의 신을 비밀스럽게 숭배하려는 사람들 역시 같은 동기를 가지고 있었다. 전통적인 형태의 숭배에서 드러난 "네가 [나에게] 줄 수 있도록 내가 [너에게] 준다"(*do ut des*, 5장 참조)는 이런 현상은 비밀 숭배와도 관련된다. 사람들은 신비의 신들이 그들에게 허락하고 부여한 특별 지식을 접함으로써 삶이 나아지기를 기대했다.

그러나 이런 주의 사항에도 불구하고 신비의 신들 주변에 생겨난 여러 형태의 숭배는 다른 신들에 대한 숭배와 미묘하게 달랐기 때문에 섬세하게 구분해야 할 필요가 있었다. 그런 구분을 할 수 있는 근거는 신비의 신들과 사람들 사이의 깊은 친밀감이었다. 하나 이상의 신비의 신을 숭배해본 사람들은 그 신들이 자신들의 행복과 안녕에 개인적인 관심을 갖기를 기대했던 것 같다. 사람들은 신비의 신들을 숭배함으로써 전통적인 형태의 숭배에서 충족하지 못한 개인적인 의미를 추구하려고 했다. (6장에서 언급했듯이) 신들은 사회 구조를 지지하는 존재로 여겨졌지만, 신자들에게 관계적인 친밀감을 제공하는 측면에서는 명성을 얻지 못했다. 신비의 신들은 그런 점에서 다소 달랐다. 그들은 신자들에게 (세상에 대한 이해, 정체성 확립, 존재 가치 향상과 같은) 유익한 자원을 제공함으로써 신자들의 삶에 밀접하게 연관된 존재라는 생각을 심어주었다. 실제로 디오니소스/바쿠스는 그보다 "더 가까이 있는 신은 없다"(Ovid, *Metamorphoses* 3.658-59)고 알려지기도 했다. 물론 사람들은 신비의 신을 하나둘씩 더 모시게 되었다고 해서 다른 신들을 숭배하는 행위를 포기하지 않았다. 신비 종교를 따르는 사람들은 그것이 전통적인 숭배 행위보다 사물의 핵심에 더 깊이 다가간다는 점을 발견했던 것 같다.

신성한 존재에 대한 이런 친밀감은 신비의 신들을 숭배하는 사람들로 하여금 강력한 종교적 체험에 대한 기대를 불러일으켰다. 그런 체험을 하게 되면 이 세상의 제약을 초월하여 근본적인 창조 세력과 접촉하거나 신들과 개인적으로 만나는 경험을 할 수도 있다. 1인칭으로 기록된 2세기의 한 이야기는 그런 종류의 체험이 어떠했는지를 다음과 같이 표현하고 있다(Apuleius, *The Golden Ass* 11.23, 저자의 번역).

> 나는 바로 그 죽음의 경계에 오게 되었고 프로세르피나의 영역[지하 세계] 입구에 발을 내디뎠다. 나는 세상의 근본적인 요소들을 여행하고 다시 돌아왔다. 깊은 밤, 나는 눈부신 하얀 빛 속에서 빛나는 태양을 바라보았다. 나는 아래에 있는 신들과 위에 있는 신들을 대면했고, 그 누구의 중재도 없이 느끼는 직접적인 친밀감을 느끼는 가운데 그들을 숭배했다.

신비의 신들을 숭배하는 사람들은 흔히 점진적인 입교의 단계를 거친 다음, 같은 생각을 가진 숭배자 집단 내에서 일련의 서열들을 통해 (지식과 명성의 사다리를 오르면서 그 안에서 위상을 강화시키는 방식으로) "더 위로 그리고 더 안으로" 나아가는 과정을 거쳤다.

어떤 사람들은 그런 점진적인 입교 과정에서 성격이 바뀌기도 했다. 기원전 1세기의 로마 철학자 키케로는 이런 견해를 분명히 드러냈다. 그의 작품 『법률론』(*On the Laws*)(2.14.36)에 등장하는 한 인물은 신비의 신을 숭배하는 데서 오는 이점과 그에 대한 애착을 분명하게 표현한다.

그 신비의 신들보다 더 나은 것은 없다. 그들을 통해 우리는 거칠고 야만적인
삶의 방식에서 인간의 상태로 변모했고 문명화되었다. 그것을 입교라고 부
르는 것과 마찬가지로 우리는 실제로 그들에게서 삶의 기본 원칙을 배웠고,
기쁨을 갖고 사는 것뿐만 아니라 더 나은 희망을 갖고 죽는 것에 대한 이유
를 이해했다.

어떤 경우에는 신비 종교를 따르면서 야만인 같은 모습을 버리고 삶의 기
본을 배운 문명인으로 변화되기도 했다.

(기원전 60-30년 사이에 저술 활동을 펼친) 역사가 디오도로스 시켈리오
테스는 신비 종교에 속하는 한 특정 분파, 즉 신비와 입교 의식으로 로마
시대에 제법 많은 사람들을 끌어모았던 사모트라케의 위대한 신들을 모
신 사람들이 숭배 과정에서 보인 윤리적 변화에 대해 이와 유사한 말을 남
겼다(*Library of History*, Book 5, 49.1-6).

입교 의식의 자세한 내용은 누설되지 말아야 할 사항 안에 포함되어 있었기
때문에 입교한 자들에게만 전달된다. 하지만 이 신들이 사람들에게 어떻게
나타나며 위태로운 상황 속에서 자신들을 부르는 이 입교자들에게 어떤 예
상치 못한 도움을 가져다주는지에 대한 소문은 멀리 퍼져나갔다. 또한 신비
종교에 참여한 남성들이 모든 면에서 이전보다 경건하고 정의로운 삶을 살
았다는 주장이 있다.

신비의 신에 대한 (확실히 전부는 아닌) 일부 형태의 숭배는 결과적으로 한

사람의 도덕적 품성을 발전시
킬 수 있다고 여겨졌다.

현생에서 인격을 발전시
킴으로써 현생 너머에 있는 "더
나은 희망"을 가질 자격을 얻을
수 있다고 생각한 사람들도 있
었다. 철학자이자 전기 작가인
플루타르코스(46-120년)는 "어
떤 종류의 입교와 정결이 그들
을 도울 것이라고 여기는" 사람
이 많은데, 이는 그들이 "정결
하게 되어" 내세에 "밝음, 순수
한 공기, 빛이 가득한 곳에서 계
속 뛰놀고 춤출 것"을 믿기 때
문이라고 언급하면서 이런 연
관성을 만들어냈다(*Non posse*

자료 8.1. 신비의 신 바쿠스(디오니소스)를 그린 프레스
코화로서, 쾌락을 가져오는 자(포도주와 축제의 신)에
적합한 (포도로 장식된) 의복을 착용하고 있다. 그가 베
수비오산 옆에 서 있는 동안 (그 장소의 자애로운 정신
인) 뱀은 신당에 바친 제물을 즐기고 있다. 여기서 바쿠
스는 베수비오에 풍요로운 수확과 기쁨을 내려준 은인
으로 묘사되어 있다(9.8.3/6, MAN 112286).

suaviter vivi secundum 1105b). 키케로의 작품에 등장하는 인물이 "더 나은 희
망을 가지고 죽는" 신비 숭배자들을 말할 때 의미했던 바가 이것인가? 우
리는 9장에서 이에 관한 내용을 더 살펴볼 것이다. 지금은 "정결한"(도덕적
인 인격을 지닌) 사람으로 "변화되고" 있다는 것이, 보통 신에 대한 전통적인
형태의 숭배가 아닌 무엇이 유익한 인간 생활을 만드는가에 대한 철학적
통찰력에 의해 상세히 논의된 분야였음을 인식하는 것으로 충분하다. 분
명히 뭔가 의미 있고("인생의 근간이 되는") 흥미진진한 일("최고로 좋은 일")이
신비의 신들을 숭배하는 영역에서 일어나고 있었다.

이런 "신비 종교"들은 다른 사람들이 이르지 못한 인간의 영역에 도달하려는 경향이 있었다. 예를 들어 플루타르코스는 딸이 죽었을 때 신비의 신이 전해준 "신비 공식"을 통해 슬픔을 극복할 수 있었다고 말했다. 그는 이런 신비 공식이 "참여자들이 서로 공유할 수 있는" 위로의 "지식"을 제공한다는 사실을 발견했다(*Consolatio ad uxorem* 611D). 그 공식에 따르면 영혼은 "불멸의 존재"로서 "이 세상의 열정과 운명에 얽혀" "포로가 된 새"에 견줄 수 있다. 플루타르코스는 영혼이 다른 세계에 대한 기억 속에서 생기를 잃어버리고 이 [세상]에 끈질기게 집착하는 것이 인생이 맞닥뜨린 최악의 조건이라고 생각했다(*Consolatio ad uxorem* 611E). 그는 분명히 신비 종교 체험을 통해 영혼이 사후에도 영원히 살아 존재한다는 사실을 깨닫고 영적 실재의 질서 안에서 자신의 상황을 어떻게 이해해야 하는지에 대한 고상한 지식을 얻었다. 이를 통해 우리는 신비 종교의 특정한 측면이 어떤 매력을 지니고 있었으며 어떻게 다른 형태의 숭배를 뛰어넘는 중요한 실존적 기능을 수행하게 되었는지 알 수 있다. 로마 시대에 널리 알려진 철학자였던 플루타르코스 자신이 철학적 관념 그 자체가 아닌 신비 종교의 한 형태가 지닌 실존적 힘을 증언하고 있다는 사실을 고려하면, 이런 점을 간과하기 어렵다. 더 나아가 신비 종교가 영혼에 관해 무언가 중요한 것을 보여준다는 플루타르코스의 주장은 (뒤에 언급되는 "신비의 저택"을 통해 알 수 있듯이) 폼페이 도시 안에서 출현한 일부 신비 종교와도 잘 부합한다.

폼페이의 신비의 신들

문학 작품에서 언급된 내용이 항상 고고학적인 기록과 일치하지는 않는다. 때로 둘은 서로 다른 종류의 자료를 제공하며, 공통되는 부분이 반드시 존재하지 않을 수도 있다. 그러나 이 경우에는 일부 폼페이 유물들과 방금 언급한 키케로, 디오도로스 시켈리오테스, 플루타르코스의 일부 담화의 내용이 상당히 일치한다. 7장에서 언급했듯이 62년의 지진과 79년의 화산 폭발 사이에 전통적인 신들을 위한 대부분의 신전들은 "목적에 부합하지 않는" 상태로 남아 있었지만, 신비의 신들을 섬기고 황제 숭배를 실행하던 신전들은 온전히 제 기능을 수행했다. (실제로 폼페이의 시민 지도자들은 전통적인 신전을 복구하는 일보다 중앙 목욕탕 건설, 상수도 수리, 마켈룸과 에우마키아 빌딩 재건축과 같은 계획들을 우선시했던 것으로 보인다.) 따라서 이런 폼페이의 자료들을 보면 신비 종교가 대중들의 많은 관심을 받고 있었으며 전통적인 형태로 신들을 숭배하는 것보다 개인적인 이익을 만족시키는 데 더 크게 기여했음을 확인할 수 있다.

베수비오 도시에서는 신비의 신들에 대한 다양한 숭배 중 특히 다음 두 가지가 인기를 끌었다.

1. 포도주와 "좋은 인생"의 신인 디오니소스(로마인들에게는 바쿠스로 알려짐) 숭배
2. 현재의 삶을 풍요롭게 하고 숭배자들을 죽음 너머의 삶으로 보내는 이집트의 여신인 이시스 숭배

폼페이인들은 이 두 신비의 신들이 제공하는 것이 서로 중복된다고 보았

다. 이는 이시스 사원의 가장 큰 제의실에서 석회암으로 된 바쿠스의 흉상이 발견되었다는 사실을 통해 설명된다. 또한 그 신전의 제의실 뒤편 틈새에는 바쿠스의 완전한 조각상이 서 있었다(자료 8.2를 보라).

우리는 신비의 신 바쿠스와 이시스에 관해 자세히 살펴볼 필요가 있다. 왜냐하면 이 두 신은 모두 초기 예수 운동의 매력을 이해하는 데 도움을 주기 때문이다. 각 형태의 신비 종교를 올바로 평가하기 위해, 이 장에서는 바쿠스 숭배를 숙고하고 다음 장에서는

자료 8.2. 이시스 신전 안에 있던 젊은 바쿠스의 동상(8.7.28)

이시스 숭배를 논할 것이다. (폼페이의 몇몇 거주지[2.1.12, 1.13.9]에 근거지를 두고 사바지우스를 숭배하는 무리가 있었지만, 사바지우스 숭배는 다른 두 신비 종교가 베수비오 도시에 미친 것만큼의 영향력을 행사하지는 못했던 것으로 보인다. 물론 사바지우스 숭배가 원래 디오니소스/바쿠스 숭배와 중복되는 부분을 갖고 있었을 수도 있다.)

폼페이의 바쿠스(디오니소스) 숭배

1943년에 연합군은 이탈리아의 독재자 무솔리니를 추종하던 사람들을 몰아내려는 목적으로 150개 이상의 폭탄을 폼페이에 투하했다. 그런데 그 공격에서 폭탄 하나가 폼페이에서 남쪽으로 약 1.6킬로미터 떨어진 지점을 타격했고, 그로 인해 베수비오 화산이 폭발하기 이전까지 사르노강을 내려다보고 있던 바쿠스 신전이 세상에 다시 모습을 드러냈다. 폼페이에 만연했던 이 신에 대한 숭배는 그 작은 신전을 중심으로 이뤄지고 있었다.

디오니소스 혹은 바쿠스 숭배의 매력을 이해하는 데 첨단 과학 분야의 박사 학위가 필요하진 않다. (특히) 포도 수확과 포도주의 신인 바쿠스는 수익성이 좋은 수확을 보장함으로써 결과적으로 지역 내의 이윤 창출을 돕는 신으로서 폼페이 주민들의 숭배를 받았다. 따라서 폼페이에서 도시 고유의 수호신인 베누스보다 바쿠스에 대한 묘사가 더 많았다는 사실은 그리 이상한 일이 아니었다. 폼페이의 수많은 집에는 바쿠스의 모습이 그려져 있으며, 집 내부의 신당에도 바쿠스의 작은 상징물이 흔히 배

자료 8.3. 위험해 보이는 균열 근처를 서성이는 미친 호랑이-사자 위에 앉아 자신의 토사물을 담은 대야를 품에 안고 있는 어린 바쿠스를 묘사한 모자이크(6.12.2, MANN 9991)

치되어 있었다. 멋진 파티를 열고자
하는 베수비오 주민들이 적지 않았
고, 그런 파티를 개최하기 위해서는
어떤 식으로든 바쿠스를 숭배할 필
요가 있었다. 비교적 피상적인 형
태의 바쿠스 숭배일지라도 단순히
축제나 사교 행사를 주최한 가구의
명성을 높이는 수단으로 제법 매력
적이었을 것이다.

그러나 때로 바쿠스 숭배의 중
심에는 신의 신비와 조우하는 단계
가 있었다. 다시 말하지만 작은 무
리를 위한 이런 형태의 숭배가 지
닌 매력을 이해하는 것은 어렵지
않다. 바쿠스 신의 신비를 즐기기
위해 만난 사람들은 주로 술에 취

자료 8.4. 바쿠스의 지지자인 실레누스가 동물
사체로 만든 포도주 가죽 부대(부대가 새는 것을
막기 위해 다리를 묶었지만, 열린 목에서는 포도
주가 자유롭게 흘러나오고 있다) 위에 앉아 있는
모습을 묘사한 청동 조각상(출처: 헤르쿨라네움
의 파피리 저택)

하는 것과 관련된 방식으로 종교 예식을 거행하면서 영적 깨달음으로 해
석되는 황홀경에 빠진 광란을 강조했을 것이다. 때로는 "성적 방탕"과 밀
접히 연관된 의식이 진행되기도 했다. (적어도 성적 방탕이라는 용어에 담긴 유
대-기독교적 의미에서 볼 때, 이런 경우에는 많은 "도덕적 변화"가 수반되지 않았을 것
이다.) 바쿠스 숭배자들은 포도주의 도움을 받아 신과의 신비로운 연합에
들어간다고 생각했으며, 이는 아마도 일반적인 예의범절의 경계 너머에
서 짐승 같은 욕망에 이끌린 자기 해방의 행위를 실행함으로써 이루어졌
을 것이다. 사람들은 바쿠스가 의식이 진행되는 동안 숭배자들의 광기를

유발한다고 생각했는데, 포도주는 보통 마음속 제약으로부터 그들을 해방시키고 영혼을 자유롭게 함으로써 신과 만나는 데 도움을 주었다. 바쿠스 숭배자들은 이런 행위를 통해 점진적으로 바쿠스가 내리는 신비의 계시 속으로 들어가 그를 통해 흘러들어온 원초적이고 근본적인 힘을 이용할 수 있는 권한을 받았다.

베수비오 자료는 이 두 가지 (상호 연관된) 형태의 바쿠스 숭배가 존재했다는 사실을 증명해준다. 바쿠스 숭배는 파티를 난잡하게 만들거나 바쿠스 또는 그의 힘과의 신비스러운 연합을 조장한다고 여겨졌다. 이 고고학적 증거는 로마의 역사가인 리비우스(기원전 59년-17년)가 제시한 생각과 비슷하다. 한편으로 그는 "바쿠스 의식과 상업에 대한 선전이 공개적으로 이루어지는" 바쿠스 숭배를 알고 있었다(*History of Rome* 39.8). 폼페이인들은 흔히 바쿠스를 풍성한 추수와 흥겨운 파티를 베풀어주는 존재로 묘사했는데, 리비우스는 그런 형태의 바쿠스 숭배에 반대하지 않았다. 반면 "사제" 또는 "음주와 연회의 기쁨"과 관련된 "밤에 행해지는 신비 의식"에서 신성한 지식을 계시하는 사람으로서의 바쿠스에 초점을 맞춘 형태의 숭배도 있었다. 리비우스는 "포도주가 그들의 감정을 자극함에 따라 남녀노소를 막론하고 모든 세대가 서로 어울려 도덕적 판단력을 상실한 밤에 온갖 타락과 부패가 행해지기 시작했다"고 기록하면서, 포도주에 의한 광란의 구체적인 예를 다음과 같이 제시했다(39.13).

남녀가 서로 뒤섞여 문란하고 난잡한 의식을 진행하던 때, 어둠이 주는 자유와 방종이 추가되면서부터 온갖 종류의 범죄와 부도덕함이 실행되었다. 남녀보다 남자들 사이에서 행해지는 음란이 더 많았다. 폭력에 굴복하지 않거나 범죄 행위를 거부하는 자는 모두 희생제물로 학살되었다. 이들은 금지된 것이 아무것도 없다는 이런 사고방식을 종교적 성취의 정점으로 받아들이고 있었다.

물론 바쿠스를 숭배하는 신비 종교가 전부 이렇지는 않았지만, 깊은 신비를 계시하는 사람 주변에서 일어나는 신비 의식은 주로 리비우스의 묘사와 유사한 언어로 표현된다.

폼페이의 신비의 저택

"신비의 저택"으로 불리는 폼페이 외곽의 한 건물에서는 다른 고대 세계에서 행해진 것과는 전혀 다른 바쿠스 숭배의 모습을 엿볼 수 있다. 저택 깊숙한 곳의 한 구역에서는 큰 방의 벽이 프레스코를 위한 캔버스로 사용되었다. 이런 프레스코화에는 화면 중앙의 바쿠스와 더불어 주로 술에 취한 상태로 등장하는 그의 가정 교사 실레누스와 (대부분 여성인) 몇몇 사람들이 묘사되어 있다. 프레스코화의 다양한 구성 요소들은 보통 바쿠스 의식에서 행해지는 단계로 해석된다. 학자들은 여성의 몇 가지 장식품을 통해 신부라는 주제를 발견했다. 이 프레스코화는 합법적으로 결혼 준비를 마친 신부로서의 정체성을 증명하는 입교 의식을 포착한 것일까? 그렇다면 바쿠스 의식은 한 여성이 기혼 여자 가장으로서의 역할을 감당하기 위한 어떤 준비를 의미하는가? 또는 그녀가 바쿠스의 영적인 신부로 받아들여졌다는 뜻일까? 아니면 또 다른 일이 일어나고 있는 것일까? 우리는 그 의미를 짐작만 할 뿐 확실히 알 수는 없다. 그럼에도 불구하고 여기서 프레스코에 대한 일부 해석에 관해 설명할 필요가 있다.

이 방에 있는 프레스코화의 한 부분에는 일하느라 바쁜 다양한 사람

자료 8.5. 바쿠스 의식에 나타난 다른 요소들을 묘사한 프레스코화의 일부(출처: 신비의 저택, 원위치에 있음)

들이 묘사되어 있다(자료 8.5를 보라). 한 어린 소년이 두루마리를 읽고 있는데, 뒤에서 그를 감독하는 한 여인(여자 제사장) 역시 손에 두루마리를 들고 있다. 이는 아마도 의식에서 지켜야 할 예전적인 요소를 암시하는 것 같다. 화면 가운데에 있는 한 여자는 음식을 담은 것으로 추정되는 쟁반을 들고 있으며, 이는 제의에 사용되는 음식을 암시한다. 프레스코화 오른쪽에 있는 한 여자는 왼손으로 베일 또는 수건을 들고 있으며 다른 여자가 그녀의 오른손 위로 액체를 붓고 있는데, 이는 어떤 종류의 정결 의식을 묘사하는 것으로 생각된다.

프레스코화의 또 다른 부분(자료 8.6을 보라)을 보면 벌거벗은 여성이 두 손에 심벌즈를 쥐고 원을 그리며 춤을 추고 있다. 아마도 그녀는 반복적으로 회전하는 동작을 하면서 점차 영적 광란 상태에 빠져들었을 것이다. 한편 그녀의 왼쪽에는 또 다른 여성의 무릎에 엎어진 채로 노출된 등에 채

자료 8.6. 바쿠스의 황홀경에 빠져 있는 두 여성 중 한 명은 벌거벗은 채로 원을 그리며 춤을 추고 있고 다른 한 명은 인근 벽에 묘사된 영적 존재에게 채찍을 맞기 위해 몸을 구부리고 있다(신비의 저택에서, 원 위치에 있음).

찍이 날아오기를 기다리는 여성이 있다. 모퉁이를 공유하는 옆의 벽에 등 장하는 한 인물이 그 여성의 등을 향해 (전면 벽의 오른쪽에서 오른쪽 벽 자체 로) 채찍을 휘두르고 있다. 날개를 달고 채찍질을 하는 인물은 영적인 존재 로서 만약 이 채찍질이 의식의 어느 시점에 실제로 행해진 것이라면, 그 일 을 수행한 인간은 영적 세력의 대리인에 불과한 존재일지도 모른다. 이는 육체적인 고통을 가함으로써 영혼을 정화하거나 육체로부터 영적 해방을 얻을 수 있도록 영혼을 준비시키는 일과 관련이 있는 것으로 보인다.

　(현재는 심각하게 훼손된) 프레스코화 중앙을 보면 술에 취해 인사불성 인 상태로 축하 행사를 감독하는 바쿠스가 그의 아내인 아리아드네(혹은 베누스 신)에게 비스듬히 기대고 있다(자료 8.7을 보라). 바쿠스 왼쪽에 있는 한 젊은이는 (실레누스가 들고 있는) 빈 잔을 들여다보고 몹시 놀란다. 바쿠 스의 오른쪽에 자리한 한 여성은 지금까지 베일에 가려져 보이지 않았던

자료 8.7. 바쿠스의 프레스코화 가운데 가장 중요한 작품으로, 술에 취한 바쿠스(그의 아내 아리아드네에게 기대고 있다)와 그의 양쪽에서 신비가 계시되고 있는 모습을 특징으로 한다(출처: 신비의 저택, 원위치에 있음)

것을 이제 막 보려고 한다. 이에 관한 가장 합당한 추측에 따르면 이 남자와 여자는 계시된 신비 의식에 참여했기 때문에 바쿠스의 신비를 보게 된

것이다. 바쿠스의 예술 작품은 흔히 남근의 덮개를 벗기는 여성의 모습을 묘사한다(자료 8.8을 보라). 육체의 해방을 원하는 여성들은 (회전하는 동작이나 채찍질과 같이 일반적으로 육체에서 영혼을 해방시키려는 사람들이 사용하는 기술들을 통해) 바쿠스를 만나고 그의 신비를 계시받음으로써 어떤 이득을 얻고자 했다.

자료 8.8. 유색 대리석에 묘사된 작품으로서, 영적 황홀경에 빠진 한 여인이 바쿠스 의식에서 남근의 덮개를 벗기고 있다(MANN 9979; 이 대리석이 발견된 장소가 7.4.31/51 인지 7.2.38인지에 대해 전문가의 의견이 분분하다).

초기 기독교와 신비 신앙의 절충

이 간단한 개요를 살펴봄으로써 우리는 예수 숭배에 대한 이야기를 들은 몇몇 사람들이 어떻게 그것이 일부 형태의 바쿠스 숭배와 비슷하다고 여겼는지를 알 수 있다. 우리는 앞서 바울이 하나님의 비밀 계시를 강조한 것에 주목했다. 그가 보기에 예수 추종자들의 공동체는 "모든 것 곧 하나님의 깊은 것까지도 찾아내는 성령"(고전 2:10)을 지지하고 있다. 나중에 고린도 교인들이 놀라운 영적인 체험을 한 지도자를 원하는 모습을 보고, 바울은 14년 전 셋째 하늘로 자신이 끌려갔던 일을 자랑하지 않을 수 없었다. "몸 안에 있었는지 몸 밖에 있었는지 나는 모르거니와 하나님은 아시느니라"(고후 12:2-3). (그의 표현에 따르면) 그는 "낙원"에서 "말로 표현할 수도 없고 사람이 가히 이르지 못할 말"을 들었다(12:4). 바울의 이런 진술은 당시 많은 사람들의 관심을 사로잡은 신들 중 하나에 의해 주어진 깊은 경험의 표현으로 쉽게 해석될 수 있었다. (물론 이와 관련하여 이 경험은 실재의 더 높은 곳으로 올라가는 묵시론적 상승을 보여주는 유대 묵시록에 관한 묘사와 중복되는 점이 있다.)

또한 바울이 고린도 교인들에게 방언을 말하는 영적 재능을 관리하는 방법에 대해 한 말을 주목하라. 이는 공동 모임에서 어떤 사람이 영적 황홀경으로 말미암아 횡설수설한 사례였다. 일부 고린도의 예수 신자들은 "성령의 은사를 갈구했다"(고전 14:12). 바울은 그들이 "방언으로 말하는 것"을 너무 강조하지 않기를 원했으나, 그럼에도 불구하고 "방언으로 말하는 자는⋯영으로 비밀을 말하는 것"(14:2)이라고 하면서 이는 아마도 "천사의 말"(13:1)일 수도 있다고 인식했다. 그러나 그는 고린도인들이 방언을 신비로운 광란의 유체 이탈처럼 사람을 신비한 흥분 상태로 몰아넣는 영적 체험으로 여기지 않도록 설득하려고 애썼다. 바울은 이런 영적 언어일수록 일상의 언어로 판독되어야 하며 집단 전체에 이익이 되는 알려진 말들로 분명히 표현되어야 한다고 보았다. 그리고 이런 것들이 그 집단이 숭배하는 신과 관련하여 공동생활을 설명하는 데 도움을 주는 예언의 말이 되었다(고전 14).

바울은 단순히 예수 숭배자들이 평범한 언어를 사용하기를 기대한 것이 아니다. 그는 사람들이 이성을 잘 사용하기를 원했다. 바쿠스 의식을 경험하는 입교자들은 황홀경의 경계를 탐험하면서 영혼의 해방을 갈구했다. 그 과정에서 원시적인 에너지가 압도적으로 팽창되면서 자신을 잃어버린 숭배자들에게 바쿠스가 포도주에 의해 유발된 일시적인 광기를 불어넣는다고 생각했다. 바울은 헌신적인 예수 집단 안에서 광기가 출현하지 않기를 원했다. 그는 도를 넘는 영적 언어가 통제 불가능한 상태에 이르게 되면 예수 집단이 혼란스럽고 제멋대로인 집단으로 보일까 봐 걱정했다. 그런 상황이 되면 사람들은 "너희가 미쳤다"고 말했을 것이다(고전 14:23). 이는 아마도 바쿠스 의식에서 유발된 광기에 대한 미묘한 언급일 것이다. 바울은 성령의 깊은 속성을 분별하기 위해 이성을 냉철하게 사용해야 한다고 믿었다. 그가 보기에 방언은 지성을 사용하지 않은 채로 드리는 기도의 언어다. "내가 만일 방언으로 기도하면 나의 영[또는 **게니우스?**]이 기도하거니와 나의 마음은 열매를 맺지 못하리라"(14:14). 바울은 "이성"이 "영"을 위해 우회되는 것을 바라지 않았다. 그는 이렇게 말한다.

그러면 어떻게 할까? 내가 영으로 기도하고 또 마음으로 기도하며 내가 영으로 찬송하고 또 마음으로 찬송하리라.…그러나 교회에서 네가 남을 가르치기 위하여 깨달은 마음으로 다섯 마디 말을 하는 것이 일만 마디 방언으로 말하는 것보다 나으니라(14:15, 19).

여기서 고린도전서 11장에 나타난 여성에 대한 바울의 논의를 살펴볼 필요가 있다. 고린도의 여성 그리스도인들은 성별을 초월하여 그리스도 안에서 참된 영적 양성성(androgyny)을 발견하는 것에 관심을 갖고 있었는데, 이런 현상으로 인해 여성이 머리에 쓸 것을 갖춰야 한다는 바울의 담론이 나오게 된 것 같다. 어쩌면 그들은 "사람이 죽은 자 가운데서 살아날 때에는 장가도 아니 가고 시집도 아니 가고 하늘에 있는 천사들과 같으니라"(막 12:25)는 예수의 말씀을 들었을지도 모른다. 천사들은 남성인가, 여성인가, 아니면 양성을 모두 지녔는가? 플루타르코스에 따르면 그는 신비 종교 체험을 통해 우리의 정체성이 육체(남성과 여자)를 능가한다는 것을 배웠다고 한다. 고린도 여성들은 예수를 숭배하는 고린도 공동체 내의 사람들에게 계시된 새로운 신비 안에서 (남자들이 지배하는 세상 가운데서 받는 압제로부터의) 구원을 찾고 있었을까? 이런 사상들이 고려되는 상황에서, 바울은 고린도의 여성 그리스도인들의 정체성 수립에 필수적인 요소로서의 여성성 재도입을 간절히 원했다(고전 11:2-16).

약간 주제에서 벗어난 (그렇지만 관련이 전혀 없지는 않은) 여담이지만, 1세기 사회 구조가 얼마나 가부장적이었는지를 기억해볼 필요가 있다. 이에 대한 한 예로서 기원전 7백 년 전 그리스의 시인 헤시오도스는 "신들의 계보"(Theogony)라는 시에 그리스 신들의 기원에 대한 이야기를 모아놓았다. 그는 그 유명하고 방대한 시 안에 여성/여성들의 창조에 관한 신화를 포함시켰다. 이 이야기에 등장하는 제우스 신은 프로메테우스가 올림포스산에서 불을 훔쳐내어 인간 남자들(당시에는 여자가 없었다)에게 준 것을 알고 대노했다. 인간 남자를 향한 프로메테우스의 자비로운 행동에 화가 난 제우스는 "불을 받은 대가로 남자들에게 악한 것을 만들"었는데, 그 "악한 것"이 바로 여자였다. 비록 "보기에 멋지다"고 해도 여성은 "아름다운 악"이자 불이 가져온 "축복의 대가"였다. 이 한 명의 악한 여자로부터 다른 모든 여자가 나오는데, "죽을 수밖에 없는 남자들 가운데 사는, 그들의 큰 문제거리인 이 치명적인 인종"은 가난을 상쇄하기 위해 아무것도 하지 않고 오직 남자들이 축적한 부를 빨아먹을 뿐이다. 이런 식으로, "높은 곳에서 천둥을 내리는 제우스는 죽을 수밖에 없는 남자에게 악한 존재가 되는, 악행의 본성을 지닌 여성을 만들었다"(Hesiod, *Theogony*, 561-612).

분명 이 신화는 여성에 대한 모든 담론의 어조와 일치하지는 않았다. 게다가 어떤 여성들은 우리가 (6장과 7장에서) 이미 살펴보았고 앞으로도 더 들여다볼 것처럼, 폼페이 사회의 소중한 구성원으로서의 명성을 쌓기 위한 방법을 찾았다. 그럼에도 불구하고 이 신화는 여성성에 관한 문화적 담론에 포함되었으며 그 사회의 가부장적 구조를 지지하는 데 도움을 주었다. 신화는 지상에 거주하는 사람들의 실제 경험에 관한 내용을 우리에게 전해줄 수는 없지만, 그런 신화적 내러티브가 사회 안에 조성되는 데 영향을 줄 수도 있다는 개념적 전제를 일깨워준다. 그렇다면 여성들이 때로 그들의 성별이 내면의 영적 정체성을 분명히 하는 데 장애가 될 수 있는지, 심지어 자신의 내적 자아가 성별로부터 자유로울 수 있는 것인지를 궁금해했다는 것은 놀라운 일일까?

아마도 이것은 우리가 고린도의 예수 집단 안에서 엿볼 수 있었던 모습일 것이다. 일부 여성들은 헤시오도스에 의해 사회에 깊이 뿌리 내린 신화를 비난하기보다는, 여성으로서의 정체성을 포기함으로써 그런 신화의 억압적인 힘에서 해방되고자 노력했을지도 모른다. 우리가 고린도전서 11장에 기술된 머리 됨에 대한 바울의 구체적인 주장을 어떻게 생각하든지 간에, 초기 기독교의 예배 관습 가운데서 "여성으로서의 여성"의 공헌을 회복하려는 그의 시도는 여성들이 예배라는 상황에서 주어진 성별 역할을 벗어나려고 발버둥 치게 만들기보다는 오히려 그리스도 안에서 자신의 정체성을 대안적으로 이해할 수 있는 방법을 제공했다.

육체성에 대항하여 영적 정체성을 탐구하는 것과 같은 관심으로 인해 몇몇 고린도의 예수 숭배자들이 금욕주의의 장점을 고려하게 되었을지도 모른다(고전 7장에 나타난 바울의 언급을 보라). 아마도 영적인 사람들은 성관계를 피하려 했을 수도 있고(7:1), 예수를 따르는 사람들은 결혼하지 말아야 했을 수도 있으며(7:8-9), 기혼자들은 배우자와 이혼했어야 할 수도 있다. 이런 생각들은 영을 풍요롭게 하기 위해 육체를 초월해야 한다고 여긴 몇몇 고린도의 예수 추종자들이 지녔던 기대의 일부였을까?

이미 살펴본 것처럼 바울은 공동체 안에서 이뤄지는 예수 숭배가 인간의 정신을 우회하는 것이라고 생각하지 않았다. 그는 실제로 정신을 훈련해야 할 필요가 있다고 강조했다. "오직 마음을 새롭게 함으로 변화를 받아"(롬 12:2). "모든 생각을 사로잡아 그리스도에게 복종하게 하니"(고후 10:5). 그러기 위해서는 창조된 질서 안에서 모든 좋은 것을 인정하고 감사해야 한다. "무엇에든지 참되며 무엇에든지 경건하며 무엇에든지 옳으며 무엇에든지 정결하며 무엇에든지 사랑 받을 만하며 무엇에든지 칭찬 받을 만하며 무슨 덕이 있든지 무슨 기림이 있든지 이것들을 생각하라"(빌 4:8). 바울이 섬기는 신의 신비는 추종자들을 포도주가 주는 광기를 통해 평범한 삶에서 해방시키려는 어떤 비물질적 영역으로 끌어들이지 않았다. 대신 바울은 창조 질서의 모든 선한 것들이 마음을 새롭게 하고 변화를 받은 사람들에게 새 힘을 불어넣는 활력소가 된다고 생각했다. 디모데전서의 저자는 이와 같은 사고의 흐름을 따랐다. 그는 (딤전 3:9절에 나타나

자료 8.9. 도심의 거리를 가로지르며 행진하는 추종자들로 구성된 수행원들의 호위를 받고 있는 바쿠스(포도주 잔을 들고 있다)를 묘사한 프레스코화. 추종자인 한 여인이 벌거벗은 채로 빙빙 돌면서 바쿠스 신이 자신에게 허락한 영적 해방의 유익을 알리고 있다(5.4.a, 원위치에 있음).

있으며 3:16에서 더욱 자세히 분석된) "믿음의 비밀"을 언급함으로써 하나님의 신비가 창조의 선함이라는 개념에서 분리되지 않도록 했다. "하나님께서 지으신 모든 것이 선하매 감사함으로 받으면 버릴 것이 없나니"(4:4). 유대-기독교의 신은 모든 창조세계의 창조주였기 때문에, 그 선한 창조세계 안에서 참됨과 선함을 발견할 수 있는 곳마다 참되고 선한 것들이 그리스도 안에 있는 모든 신비를 알리는 창조의 주권자인 신에 의해 생겨나고 유지되었다.

자료 8.10. (바쿠스의 동료인) 실레누스가 술에 취한 바쿠스를 부축하고 있는 모습을 묘사한 프레스코화(출처: 신비의 저택에서, 원위치에 있음)

바울이 보기에 이 과정에서 필수적인 또 다른 측면이 하나 있었다. "내가 예언하는 능력이 있어 모든 비밀과 모든 지식을 알고 또 산을 옮길 만한 모든 믿음이 있을지라도 사랑이 없으면 내가 아무 것도 아니요"(고전 13:2). 여기서 바울이 강조했던 것은 단순히 정신이 아니라, 자신을 내어주는 사랑에 대한 포괄적인 내러티브 안에 내재된 정신이었다. 바울은 최고의 능력을 지닌 신이 자신을 내어준 것을 통해 최고의 신비가 드러났다고 생각했다. 예수 숭배자들은 그 신비에 몰두하면서 예수 그리스도 안에서 "마음이 새롭게 되는" 변화를 경험했다. 자신을 내어준 신이 베푸는 변화시키는 능력에 관한 이 내러티브가 바로 바울이 그의 복음에서 "하나님의 비밀"이라고 표현한 것이다(2:1).

9

죽음과 삶

무릇 그리스도 예수와 합하여 세례를 받은 우리는 그의 죽으심과 합하여 세례를 받은 줄을 알지 못하느냐? 그러므로 우리가 그의 죽으심과 합하여 세례를 받음으로 그와 함께 장사되었나니 이는 아버지의 영광으로 말미암아 그리스도를 죽은 자 가운데서 살리심과 같이 **우리로 또한 새 생명 가운데서 행하게 하려 함이라.** 만일 우리가 그의 죽으심과 같은 모양으로 연합한 자가 되었으면 또한 그의 부활과 같은 모양으로 연합한 자도 되리라 … **만일 우리가 그리스도와 함께 죽었으면 또한 그와 함께 살 줄을 믿노니**(롬 6:3-5, 8).

이시스와 오시리스 이야기

신비의 신들을 둘러싼 신화는 1세기부터 많은 사람들의 관심을 끌었다. 그중 하나인 이시스와 오시리스 이야기는 이집트에서 가장 오래 지속되면서 영향력을 미친 신화였다. 1세기 무렵 이 이집트 신들의 신화는 베수비오 마을들과 지중해 유역에 거주하던 사람들의 열정적인 상상력을 사로잡았다. 고대 신비 종교는 (지지자들에 의해 종종 비밀에 부쳐졌던 "신비"라는 본질 때문에) 흔히 우리의 시야에서 벗어나 있지만, 우리는 이집트의 신인 이시스와 오시리스 숭배에 대해 상당히 많은 내용을 알고 있다. 중요한 로마의 두 작가가 쓴 작품에 이시스 숭배가 등장하기 때문이다. ① 1세기 말에 여러 작품을 남긴 로마의 수필가 플루타르코스(기원후 46-120년)는 특히 "이시스와 오시리스"라는 제목의 철학 논문(모랄리아[*Moralia*] 제5권)에서, ② 2세기 말의 로마 수사학자 아풀레이우스(기원후 125-180년)는 "황금 당나귀"(*The Golden Ass*) 또는 "변형담"(*Metamorphoses*)이라는 소설에서 관련 내용을 다뤘다. 뿐만 아니라 그리스-로마 세계 도처에서 창작된 문학과 초상화에서 이시스 신화를 폭넓게 언급하고 있다.

우리는 이런 자료들을 통해 이시스 이야기의 여러 버전이 고대 세계에 널리 퍼져 있었다는 사실을 확인할 수 있다. 그러나 가장 일반적으로 알려진 이야기의 기본적인 형태는 다음과 같다. 이집트의 합법적인 왕이었던 오시리스가 그의 형 세트에 의해 죽은 후, 세트는 오시리스의 왕위를 빼앗고 그의 시신을 버린다. (시신을 관에 넣어 나일강에 던져버렸거나, 절단한 각 부위를 이집트의 여러 지역으로 보냈다는 이야기가 있다.) 그러나 오시리스의 아내인 이시스는 큰 고통을 안고 슬퍼하면서도 온갖 장소를 다 뒤져 남

자료 9.1. 오시리스를 (어떤 형태의) 생명체로 회복시키기 전에 나일강에서 그의 시신이 들어 있는 나무 관을 잡고 있는 이시스의 모습(출처: 이시스 신전, 8.7.28, MANN 8929)

편의 몸(또는 몸의 부위)을 모은 뒤에 그것(혹은 그 부위들)을 소생시켜 남편의 몸이 다시 살아나게 했다. (이는 오늘날 말하는 "좀비"[undead]처럼 어떤 유사 생명[pseudolife]에 더 가까운 상태다.) 그런 다음 이시스는 오시리스에 의해 임신하고, 오시리스는 지하 세계의 신이 되었다. 그들의 자손인 호루스는 황제의 왕좌를 되찾아 합법적인 통치권을 회복함으로써 그 땅의 부조리를 척결한다.

자료 9.2. 오시리스가 코브라 두 마리 사이의 왕좌에 앉아 있고, 그 옆에는 플라타너스와 뱀 한 마리가 있다. 원래의 프레스코화에서는 이시스가 오시리스 왼쪽에 배치된 더 높은 왕좌에 앉아 있었다(출처: 이시스 신전, 8.7.28, MANN 8927).

이 이야기는 이집트 신화에 뿌리를 두고 있는데, 이야기의 가장 기본적인 형태의 기원은 적어도 기원전 2천 년으로 거슬러 올라간다. 이 이야기는 매력적일 수밖에 없다. 왜냐하면 선과 악의 싸움이라는 넓은 맥락 안에 고통, 승리, 더 나은 삶이라는 주제를 포함하고 있기 때문이다. 베수비오 마을에서는 이시스와 오시리스 모두 중요한 신으로 여겨졌지만, 도심지 거주자들이 선택한 신은 이시스였다. 이는 놀라운 일이 아니다. (신화 내용을 보면 알 수 있듯이 이시스 자신이 매우 고통을 받았기 때문에) 숭배자들은 그녀가 고통으로부터의 해방을 베푸는 신이라고 믿었다. 그렇기 때문에 이시스를 따르는 사람들은 그녀가 치유를 통해 육체의 질병을 없애는 데 도움을 준다고 생각했다. 그러나 이시스는 단순히 숭배자들의 현재 삶의 상태를 개선시켜주는 데서 더 나아가 어떤 형태로든 죽음 너머에 있는 삶을

자료 9.3. 자료 9.3. 종교 의식용 타악기를 각각 흔들고 있는 이시스와 오시리스를 그린 훼손된 프레스코화(6.16.7, 원위치에 있음).

제시해주었다. (이시스 숭배의 이런 측면은 1세기에 비교적 새로운 것으로 받아들여졌지만, 그럼에도 불구하고 이미 그 시기에 발판을 굳히고 있었던 것으로 보인다.) 로마 세계의 여러 지역에서 작은 예수 집단들이 출현하던 무렵, 현재와 그 너머에 있는 어두운 영역의 삶에서 얻을 수 있는 잠재적인 이익에 관심을 둔 사람들은 이시스 신화에 점점 더 몰두하기 시작했다.

폼페이와 그 지역 너머에서 이뤄진 이시스 숭배

기원전 1세기 로마의 정치 지도자들은 이시스 숭배 현상이 전통적인 형태의 숭배에 불안정한 요소들을 도입시키지 않을까 하는 우려를 품은 채 이시스 숭배를 미심쩍은 눈으로 바라보았다. 그러나 의심은 포용으로 바뀌어 갔다. (예를 들어 기원후 70년대 초에 제작된 이집트 동전의 양면에는 베스파시아누스 황제와 이시스 신이 각각 새겨져 있다.) 그리고 다양한 증거 자료를 통해 폼페이 내에서 이시스 숭배가 인기를 얻었다는 사실을 확인할 수 있다.

1. 62년에 발생한 지진의 여파로 인해 일부 민가에서는 이시스를 숭배하는 그림으로 집의 벽을 장식했다. 이 특징이 가장 두드러지게

나타난 곳은 바로 황금 쿠피도의 집(6.16.7/38)이다. 이 주택의 안뜰을 둘러싼 주랑 현관인 페리스틸리움의 중심부에 이시스의 프레스코 신당이 있다(자료 9.3을 보라).

2. 우리는 정치적 광고를 통해 폼페이의 이시스 추종자들이 공동의 정체성을 가지고 있었으며, 이들이 특정 정치인에 대한 투표를 호소하고 있었음을 알 수 있다(*CIL* 4.787, 4.1011).

3. 앞서 언급했듯이 62년의 지진과 79년의 화산 폭발 사이에 이루어진 보수와 복구 작업으로 인해 전통적인 신전들은 많은 관심을 받지 못했다. 이와 대조적으로 이시스 신전은 화산 폭발 10년 전쯤에 시 당국의 지원을 받아 재건됨으로써 완전한 기능을 수행할 수 있었다. (또한 화산 폭발 당시 바쿠스/디오니소스 신전이 완전한 기능을 수행하고 있었다는 점에 주목하라.)

이 지표들은 이시스 숭배가 폼페이의 정치 문화권에 깊숙이 침투해 있었음을 증명한다.

폼페이의 이시스 신전에 대해서는 다음 네 가지 점을 주목할 만하다.

자료 9.4. 이시스 신전의 모습(8.7.28). 왼쪽: 신에게 제물을 바치는 제단으로서, 그 뒤에는 종교의식에 사용되는 물을 저장하는 시설이 있다. 오른쪽: 좌측에 제단이 있는 신전의 본관이다.

1. 대부분의 신전 구역이 사람들의 물리적, 시각적 접근을 쉽게 허용하는 반면, 이시스 신전은 주변의 높은 벽과 단 하나의 출입구로 된 구조였다. 이 두 가지 건축학적 특징을 보면 신비 종교 의식과 관련된 사생활 보호가 필요했음을 알 수 있다.

2. 신전 제단 옆에는 성스러운 나일강에서 끌어낸 (것으로 알려진) 지하 저수지를 갖춘 주택이 있었다. 이는 중요한 특징이다. 왜냐하면 (매년 봄 나일강이 홍수 가운데서 다시 살아나듯이) 물은 생명의 근원/원천을 상징했으며, 이런 물을 이용한 제의는 이시스 의식의 일부였기 때문이다.

3. 신전 구역 뒤편에는 연회와 입교 의식에 사용되는 큰 홀이 있었다.

4. 신전에는 작은 규모의 방이 갖춰진 건물과 부엌이 있어서 (아마도 당번일 때) 이시스의 사제들이 거주할 수 있었다.

자료 9.5. 오시리스의 석관 앞에서 제사를 드리는 이시스를 묘사한 프레스코화(출처: 이시스 신전, 8.7.28, MANN 8570)

다른 지역에서 거행된 이시스 의식을 통해 추론해보면, 폼페이의 이시스 신전에서는 매일 두 번씩 제사를 드렸을 가능성이 높다. 숭배자들은 일출 직전 시작되는 아침 제사에 맞춰 신전에 모였다. 타악기 연주가 분위기를 고조시킴에 따라 이시스 숭배자들은 신의 형상을 보았을 것이고, 해가 뜨면 태양이 다시 부활한 것에 대해 감사 기도를 드렸을 것이다. 오후에는 물을 기념하는 제사를 거행했다. 11월 중순에는 이시스의 능력에 의해 오시리스의 절단된 시신이 부활한 것을 기념하는 특별 의식이 열렸다. 이는 이 집단에 새로운 회원들을 입교시키기 위한 중요한 행사였을 것이다.

설령 이시스가 어떤 형태의 사후 생활을 가능케 하는 존재라고 해도, 그런 걸 믿지 않는 사람들도 있었다. 로마 근처의 무덤에서 발견된 한 그라피티는 사후 세계에 대한 일반적인 믿음이 없는 사람의 생각을 잘 보여준다. "나는 존재하지 않았다. 나는 존재했다. 나는 존재하지 않는다. 나는 상관하지 않는다"(*CIL* 5.2283, 마지막 구절은 "나는 더 이상 걱정할 것이 없다"로 번역될 수도 있다). 이런 정서는 폼페이 1800주년 기념관의 내부에 있는 그라피티에도 잘 드러나 있다(9.8.3). "일단 죽으면 당신은 아무것도 아니다"(*CIL* 4.5279).

그러나 로마 시대의 많은 사람들은 비록 그 개념이 제대로 정의되지는 않았어도 (적어도 어떤 유형의) 사후 세계를 믿었다. 폼페이의 한 비문에 새겨진 글을 보면 폼페이의 유명인으로 떠오른 한 사람(푸블리우스 베소니우스 필레로스라는 이름의 한 남자, 13장에서 더 논의된다)이 "지하 세계의 신들"을 향해 옛 친구(마르쿠스 오르펠리우스 파우스투스)를 비난하면서 그들에게 "우리의 거래에 대해 거짓말을 한 사람을 받아들이지 말라"고 촉구했다(*AE* [1964], 160). 베소니우스 필레로스는 사후에 "지하 세계의 존재"로서 사는 삶을 믿었고, 그 세계의 신들이 그런 축복을 받기에 적법하지 않은 후보자를 걸러내게 하려고 무덤의 비문을 이용했다. 이 정서는 1장에서 언급한 "사랑을 금지하는 사람은 두 번 죽기를"(*CIL* 4.4091)이라는 말과 크게 다르지 않다. 이 말은 사랑을 금지하는 자는 물질세계와 그 너머

자료 9.6. 이시스 신(특히 이시스 포르투나)이 (왼손에) 풍요의 뿔과 (오른손에) 딸랑거리는 타악기를 들고, (상황/환경을 인도해나가는 그녀의 능력을 암시하는) 배의 방향타와 함께 별이 그려진 천구에 발을 대고 있는 모습을 묘사한 프레스코화 (9.3.15, MANN 8836)

에 있는 영적 세계에서 모두 죽어야 한다는 뜻이다.

이시스를 따르는 많은 사람들은 사후 세계에 대해 베소니우스 필레로스가 보여준 확신에 동의했을 것이다. 예를 들어 (기원전인지 기원후인지 알기는 어렵지만) 1세기 이시스 숭배 집단의 입교식에는 "나는 운명을 정복한다. 운명은 내 말을 듣는다"(*RICIS* 302/0204)라는 이시스의 말이 포함되어 있었다. 이 "운명"이라는 단어는 아마도 이시스가 지배하고 있는 "죽음"에 대한 언급을 포함하고 있을 것이다. (신비 숭배자들은 "더 나은 희망을 품고 죽는다"고 표현한 키케로의 말과 신비 숭배자들은 내세에 "밝음, 순수한 공기, 빛이 가득한 곳에서 뛰놀고 춤추는" 자신들의 모습을 상상하고 있다는 플루타르코스의 언급을 비교해보라. 이 두 구절은 8장에서 언급되었다.) 이와 같은 확신은 2세기 후반 이시스 숭배의 매력을 설명한 아풀레이우스의 기록에 잘 드러난다. 여기서 이시스는 자신의 숭배자가 된 소설의 주인공 루키우스에게 직접 말을 건넨다(*The Golden Ass* 11.6).

너는 복 받은 삶을 살 것이다. 너는 내가 지도하는 대로 영광스럽게 살 것이다. 너에게 주어진 인생의 모든 시간을 다 여행하고 죽음으로 내려갈 때, 그 감추어진 땅에서도, 너는 엘리시온 평야에 살면서 내가 베푸는 은혜를 사모할 것이다. 너는 내가 아케론의 어둠 가운데서 빛나고 어둠의 깊은 곳에서 군림하는 모습을 보게 될 것이다. 그러므로 네가 전심을

자료 9.7. 아폴로의 뮤즈 가운데 하나인 우라니아를 그린 프레스코화. 그녀는 아폴로를 위해 별이 그려진 천구를 들고 있는데, 이는 세계의 진로를 결정짓는 천문학적 신비에 대한 지식을 상징한다(출처: 폼페이 근처의 모레지네[Moregine] 저택).

다한 순종과 헌신과 한결같은 순결로 나의 사랑을 받을 자격이 있다는 사실이 밝혀지면, 너는 운명이 정한 한계 이상으로 너의 생명을 연장하는 능력이 나의 힘 안에 있다는 것을 알게 될 것이다.

이시스는 숭배자들에게 유리한 방향으로 그들의 운명을 조종하는 힘을 가지고 있었다. 이 믿을 수 없는 주장은 폼페이 예술과 건축에 묘사된 이시스의 주권 모티프와 일치한다. 필로칼루스 저택의 한 프레스코화(9.3.15)는 이시스 포르투나가 손에 풍요의 뿔을 쥐고 (아마도 창조의 네 가지 요소인 흙, 바람, 불, 물을 포함하고 있는) 천구에 발을 얹고 서 있는 모습을 묘사하고 있다(자료 9.6을 보라). 이런 예술적 요소들이 이시스의 자비로운 주권과 창조된 질서에 대한 능력을 예시하는 것으로 보인다. 훌리아 펠릭스의 집에 있는 프레스코화(2.4.6)에는 이시스가 거대한 왕좌에 앉아 선을 베풀며 세상을 감독하는 모습으로 등장하는데, 이 주제는 또다시 그녀의 시선

가까이에 있는 풍요의 뿔과 별로 이루어진 천구의 조합을 통해 설명된다. 이 "천구 모티프"는 폼페이의 다른 곳에서도 발견되는데 이시스에 대한 특별한 언급과 함께 나타나기도 하고(1.3.25, 8.5.39, 9.3.7에서도), 이시스를 언급하지 않은 채 등장하기도 하지만 항상 신들을 드러내는 요소로 사용된다. 베수비오의 어떤 프레스코화는 아름다운 반투명 천구를 들고 있는 아폴로의 뮤즈를 묘사함으로써 세상의 진로를 결정짓는 별의 신비를 확실히 드러내고 있다(자료 9.7을 보라). 폼페이에서 발견된 프레스코화를 보면 신들이 별로 이루어진 천구와 함께 묘사될 때는 거의 항상 고대 그리스의 가장 오래된 올림포스의 신들(6.7.2와 6.7.23의 아폴로; 6.9.6의 제우스/유피테르는 도심에서 벗어난 교외의 목욕탕에서 그의 독수리로 상징된다; 9.5.6의 헤라/유노; 6.17.42와 8.3.12의 제우스의 딸 우라니아)과 같이 아니면 여러 방식으로 행운을 가져다주는 신 포르투나와 동시에 등장한다(1.2.20, 6.9.6, 6.11.9, 7.10.3, 8.4.3, 9.7.7에서). 같은 방식으로 이시스(구체적으로는 이시스 포르투나)의 힘에 매료되어 그녀를 온 세상에 주권을 행사하는 (또는 적어도 주권 행사를 공유하는) 신으로 묘사한 폼페이 사람들도 많다.

자료 9.8. 이시스 신전에 있는 박공벽 상단의 그림으로서(8.7.28), 왕좌에 앉은 이시스가 숭배받는 모습을 묘사하고 있다("이미지 출처" 참조).

이 신념은 또한 왕좌에 앉은 이시스를 묘사하는 것으로 자연스럽게 변화된다(자료 9.2에 대한 설명을 보라). 그녀의 주권이 지닌 이런 측면은 폼페이에 있는 이시스 신전의 위쪽 박공벽에 강조되어 있다. 박공벽은 그 아래에 있는 신전에서 행해지는 제의적 행위의 중요성을 설명하는 데 가장 중요한 공간이다. 그 박공벽 중앙에는 그녀를 숭배하는 일련의 행위를 묘사한 장면 위쪽으로 왕좌에 앉아 있는 이시스가 배치되어 있다. 또한 그녀

자료 9.9. 이시스 신전에서 의식이 거행되는 모습을 묘사한 프레스코화(MANN 8924). 헤르쿨라네움에서 발견되었다.

의 숭배자들이 한 손으로는 타악기를 두드리고 다른 한 손에는 어떤 종류의 형상(이집트의 생명의 상징이었던 신 앙크 또는 이시스 자신—자료 9.8을 보라)을 들고서 최고의 권력자인 이시스에게 엎드려 경배하는 모습이 묘사되어 있다.

　　베수비오 마을과 지중해 유역에 걸쳐 이시스의 높아진 주권에 대한 이런 노골적인 표현들이 나타나는 증거를 보면, 이시스가 자신에 대해 "나는 지금까지 그래왔으며, 현재도 그렇고, 앞으로도 그럴 것이며, 어떤 인간도 내 예복을 아직 발견하지 못했다"고 말할 수 있을 만한 존재라는 것을 사람들이 어떻게 인식하게 되었는지 쉽게 이해할 수 있다(플루타르코스가 언급한 것처럼, *Isis and Osiris* 9; 계 1:4과 1:8에서 "지금도 계시고 전에도 계셨고 또 장차 오실 그분"이라고 선포된 신과 비교해보라). 이시스는 모든 것을 아우르는 신으로 여겨지며, 그녀의 신성은 그녀에게 내재된 불변의 본질을 파악하려는 인간의 모든 시도를 능가한다. 폼페이가 멸망하고 수십 년이 지난 후 플루타르코스는 이시스를 "친절한 유모이자 이 땅에 모든 것을 공정하고 좋은 것으로 가득 채우는 만물의 공급자"로 묘사했다(*Isis and Osiris* 34 *and* 78). 그는 "진리에 도달하려는 노력"이 "신에 대한 열망"에 지나지 않으며, 그 열망은 "특별히 지혜로운 여신이며 지혜를 사랑하는 자"인 이시스를 숭배하는 데서 충족된다고 확신했다. 우리가 이시스 숭배를 통해 "합리적이고 경건한 정신의 틀 안에서 그녀의 신당의 정문 안을 통과한다면, 현실을 이해하게 될 것이다"(*Isis and Osiris* 2). 폼페이의 이시스 숭배자들은 아마도 이 말에 동의했을 것이다. 플루타르코스와 마찬가지로 많은 폼페이 사람들은 그녀를 "'성스러운 그릇을 갖고 있는 사람들'과 '성스러운 예복을 입은 사람들'이라는 명칭을 가진 자에게 신의 신비를 공개하는 존재"라고 여길 수도 있다(*Isis and Osiris* 3). 이시스를 통해 현실과 그 안에 속해 있는 한 사람의 위치를 이해하게 된다.

삶과 그 이후

1세기 이후 수 세기가 지나는 동안 이시스 숭배와 예수 숭배는 많은 경우에 상호적 자기 정의 및 정체성 형성 과정에 갇혀 있었다. 예수 숭배가 처음 모습을 드러내고 로마 세계에 침투하기 시작한 바로 그 순간에도 똑같은 일이 일어났을 것이다. "그"라는 표현을 "그녀"로 대치하면, 이시스 추종자들은 베드로후서의 다음 구절을 쉽게 차용할 수 있었을 것이다. "그의 신기한 능력으로 생명과 경건에 속한 모든 것을 우리에게 주셨으니"(1:3).

요한복음을 보면 예수는 이시스 숭배자들이 생각하는 이시스에 견줄 만큼 탁월한 인물로 기억된다. 또한 비록 "하나님을 본 사람이 아무도 없다"고 하지만("어떤 인간도 내 예복을 아직 발견하지 못했다"는 이시스의 주장과 비교하라), "아버지 품속에 있는 독생하신 하나님이 나타내셨느니라"고 말한다. 이 도입부(1:1-18)에는 "만물이 그로 말미암아 지은 바 되었고", 구체적으로 "그 안에 생명이 있었다"는 말이 언급되며, 이어서 "은혜와 진리는 예수 그리스도로 말미암아 온 것이라"고 기록되어 있다(1:17). 이 주장들은 요한복음을 해석하기 위한 주요 렌즈가 된다. 그렇기 때문에 이 내러티브에서 예수가 "내가 그들에게 영생을 주노니 영원히 멸망하지 아니할 것이요"(10:28), "내가 곧 길이요 진리요 생명이니"(14:6), "나는 부활이요 생명이니 나를 믿는 자는 죽어도 살겠고"(11:25)라고 선포한 것은 놀랄 일이 아니다. 이시스가 정확히 이 순서대로 말하지 않았을 수도 있지만, 1세기에 이 말을 접한 많은 사람들은 "이시스와 비교하라"는 말의 뜻을 바로 알아차렸을 것이다.

따라서 같은 복음서에서 예수가 그의 추종자들에게 "생명을…넘치도록"(요 10:10, 저자의 번역) 준다고 말할 때, 1세기 청중 역시 이 문구 뒤에 있는 그리스어가 비범하고 놀라울 뿐만 아니라 (모든 신비의 신들이 그런 것처럼) 이례적이고 모순되는 무언가를 암시하기 때문에, 생명을 가져다주는 다른 신들과의 노골적인 대조를 드러내고 있음을 인지했을 것이다. 예수가 죽은 나사로를 무덤에서 살려낸 이야기는 무덤에서 "죽은 자가 나왔다"라는 간단한 표현에 축약된 것처럼 이 복음서의 주장을 극적으로 증명한다 (11:44). 그러므로 예수의 "공생애"의 주요 특징을 요약함에 있어서, 예수가 그의 추종자들에게 "영생"을 주기 위해 모든 것을 다했다는 주장으로 요한복음 12:44-50의 개요가 마무리되는 것은 자연스럽다(요 12:50).

요한복음은 이런 주장을 더욱 상세히 설명한다. 첫째, 이 복음서는 예수가 자신의 목숨을 거저 내어주고 죽은 후에 다시 살아난다는 사실을 분명히 한다. 이시스를 통해 생명을 얻어야 했던 오시리스와 달리 예수는 이 복음서에서 "나는 그것[목숨]을 버릴 권세도 있고 그것을 다시 얻을 권세도 있[다]"고 언급한다. 신약성경 어디에도 예수가 스스로 부활한다고 말하는 곳은 없다. 정상적인 패턴은 예수 스스로가 아니라 ("하나님에 의해") 부활되었다고 말한다. 아마도 요한복음은 이시스를 통해 오시리스가 생명체(의 형태)로 회복되었다고 말하는 이시스 내러티브와 논쟁하기 위해 초기 기독교 담론의 규범에서 벗어난 것으로 보인다.

둘째, 이 복음서는 이시스 의식의 핵심 요소인 물의 이미지와 관련된 생명을 탐구한다. "내가 주는 물은 그들[즉 예수의 추종자들] 속에서 영생하도록 솟아나는 샘물이 [될 것이다]"(요 4:14). 따라서 "나를 믿는 자는 성경에서 말한 바와 같이 그의 마음[신자들의 마음? 예수의 마음?]에서 생수의 강이 흘러나[올 것이다]"(7:38). 대조적으로 (요한복음이 유포되었던) 1세기의 마지막 10년 사이에 기록된 한 장례식 글귀를 보면, 죽음을 가리켜 지하 세계에서 갈증을 느끼는 시간이 아닌 이시스와 오시리스의 숭배자들이 사후세계의 "활력소가 되는 물"을 즐기러 오는 시간이라고 표현하고 있다(*RICIS* 501/0164). 요한복음의 저자에 따르면 그 활력소가 되는 물은 오직 예수 그리스도 안에서만 발견될 수 있다. 그는 마치 그 점을 이해시키려고 하듯이 십자가에 못 박힌 예수의 몸이 창에 의해 관통되자마자 그의 옆구리에서 물이 (피와 함께) 흘러 나왔다고 서술한다(19:34). 이는 다른 세 권의 정경 복음서에는 언급되지 않은 사건이다. (내레이터가 19:35에서 강조한 세부 사항을 주목하라). 이시스 숭배자들은 진리, 생수, 영생, 신의 정체성의 계시 등과 같은 친숙한 주제들이 이시스 외의 다른 신에게 적용되는 것을 듣고 놀랐을 것이다.

바울 문헌의 어떤 본문들은 이시스 신자들에게도 반향을 불러일으켰을 가능성이 있다. 예수 추종자들은 "모든 선한 일에 열매를 맺고", "하나님에 대한 지식이 자라나며", "그의 영광의 권능에서 나오는 모든 능력으로 강해지면서 모든 영적 지혜와 이해에 있어서 하나님의 뜻을 아는 지식으로 가득 차게" 될 것이라는 바울의 이야기를 듣는다(골 1:9-11). 바울은 그 권능이 그가 선포한 메시지에 있다고 말한다. 비록 그 "복음"이 "멸망하는 자들에게는 미련한 것"일지라도, 바울은 "구원을 받는 우리에게는 하나님의 능력"이며 "구원을 주시는 하나님의 능력"이라고 주장했다. 그는 메시지의 핵심으로 들어가면서 "그 마지막은 영생이라"고 설명한다 (6:22). 물론 이는 "우리 주 예수 그리스도로 말미암은 영생"을 의미하는 것이었지만 이시스 신자들도 쉽게 이해할 수 있는 개념이었다(5:21; 2:7; 6:23; 고후 4:17; 갈 6:8; 딤전 1:16; 6:12; 딛 1:2; 3:7을 보라). 디모데후서 저자는 은혜가 "이제는 우리 구주 그리스도 예수의 나타나심으로 말미암아 나타났으니 그는 사망을 폐하시고 복음으로써 생명과 썩지 아니할 것을 드러내셨다"고 주장했다. 바울은 그 문제를 고린도전서에서 "사망을 삼키고 이기리라"(15:54)는 표현으로 아주 간단히 정리했다.

주권자이자 고난받는 신

따라서 죽음 이후의 삶은 이시스의 (일부?) 숭배자들과 예수 그리스도의 숭배자들이 공유하는 모티프였던 것이다. 그러나 예수 숭배자들이 보기에 예수의 부활은 단순히 영생의 가능성을 열어놓은 데서 그치지 않고 예수 그리스도를 죽은 자 가운데서 살리신 신의 주권을 입증한 것이었다. 이는 바울이 쓴 여러 본문에 간결한 표현으로 정리되어 있다. "그의 능력이 그리스도 안에서 역사하사 죽은 자들 가운데서 다시 살리시고 하늘에서 자기의 오른편에 앉히사 모든 통치와 권세와 능력과 주권과 이 세상뿐 아니라 오는 세상에 일컫는 모든 이름 위에 뛰어나게 하시고"(엡 1:20-21). "그리스도께서 약하심으로 십자가에 못 박히셨으나 하나님의 능력으로 살아 계시니 우리도…하나님의 능력으로 그와 함께 살리라"(고후 13:4; 롬 6:14; 빌 3:10-11, 21; 골 2:12도 보라). 이시스 숭배자들은 주권을 주장하는 다른 모든 이들보다 우월한 신의 왕좌에서 생명의 힘이 나온다고 여기는 이런 종류의 믿음을 자연스럽게 받아들였다.

예수와 이시스의 특징을 모두 보여주는 또 하나의 특성이 있다. 이시스는 사랑하는 사람을 잃은 슬픔으로 인해 고통을 당했는데, 이는 그녀를 필연적으로 같은 종류의 상실을 경험할 수밖에 없는 인간의 요구에 공감하는 존재로 보이게 만들었고, 그 결과 이 이집트 신은 사람들로부터 많은 사랑을 받게 되었다. 요한복음은 "괴로운 마음"을 경험한 사실을 스스로 토로하는 어떤 신을 묘사하고 있다(12:27; 11:38; 13:21을 보라). 사랑하는 친구가 죽어서 주위 사람들이 모두 그들의 상실감으로 인해 눈물을 흘릴 때, 그 내러티브는 예수가 그들이 우는 것을 보고 "심령에 비통히 여기시고" 예수가 그들과 함께 울었다고 언급한다(11:33-35). 이 신은 이시스와 마찬가지로 "질고를 아는 자"(이사야 53:3)로서 신도들의 슬픔을 공감할 수 있다. 이 신은 비록 슬픔을 겪었지만 죽음을 이겼으므로 신자들에게 "너희는 마음에 근심하지 말라"고 가르칠 수 있다(요 14:1).

신의 고통에 관한 주제는 사도 바울의 신학에서 새로운 형태로 등장한다. 그는 명백한 이미지라는 측면에서 신비 종교를 뛰어넘으면서도 어느 정도 유사한 방식으로 사후의 삶의 모티프를 새롭게 해석한다. 예를 들어 한 본문에서 그는 이렇게 기록했다. "내가 그리스도와 그 부활의 권능과 그 고난에 참여함을 알고자 하여 그의 죽으심을 본받아 어떻게 해서든지 죽은 자 가운데서 부활에 이르려 하노니"(빌 3:10-11). 바울은 예수의 죽음을 현재의 삶에서 새로운 삶의 영역으로 이동하는 관문으로 보게 되었다. 그는 이 장의 서두에 언급했던 것처럼 로마에 있는 예수 추종자들에게 보낸 편지에서 그 개념을 더 자세히 설명했다(6:3-5, 8).

그러나 가장 눈에 띄는 주장은 그가 초기에 쓴 것으로 추정되는 편지에 나타나 있다. "내가 그리스도와 함께 십자가에 못 박혔나니 그런즉 이제는 내가 사는 것이 아니요, 오직 내 안에 그리스도께서 사시는 것이라"(갈 2:20, 일부 번역본에는 이 구절이 2:19-20로 되어 있다). 바울은 신의 죽음과 새로운 삶 모두가 자신의 삶을 삼켜 버렸기 때문에, 자신이 그리스도 안에서 죽었고 그리스도는 그(바울) 안에서 다시 살아났다고 주장할 수 있었다. 마찬가지로 골로새서의 청중에게 그들이 "육의 몸을 벗었고, 그리스도와 함께 장사되었고, 또 죽은 자들 가운데서 그를 일으키신 하나님의 역사를 믿음으로 말미암아 그 안에서 함께 일으키심을 받았[으며]", 이처럼 그들이 주권자이신 "하나님의 우편에 앉아 계신" "그와 함께 살리심을 받았다"고 말했다(골 2:11-13; 3:1). 바울에게 예수 그리스도의 죽음은 새로운 삶의 수단이 되었다.

부활의 기이함

이시스를 따르는 신자들과 예수 추종자 사이의 모든 공통점과 더불어, 때로 예수 추종자들이 자신들이 드리는 예배를 신비 종교의 세계관과 일치하는 방식으로 해석했다는 사실은 놀랄 일이 아니다. 예를 들어 고

자료 9.10. (나일강의 열쇠를 쥐고 있는) 이시스의 조각상. 이시스 신전(8.7.28)에 있었던 이 조각상은 원래 다양한 색으로 칠해져 있었다.

린도의 일부 예수 숭배자들은 육체의 부활을 기대해야 할 것이 아니라고 생각했는데, 그때 바로 이런 일이 생겼던 것으로 보인다. 바울은 그 문제를 고린도전서 15장에서 다뤘지만, 편지의 앞부분에서 냉소적인 칭찬을 동원해 그들의 견해를 묘사했다. "너희가 이미 배부르며 이미 풍성하며 우리 없이도 왕이 되었도다"(4:8). 고린도의 예수 숭배자들은 그들의 신이 이미 살아났고 그들과 함께 연합했기 때문에, 그들 역시 성령 안에 있

는 생명의 새로움 안에서 신과 함께 연합해야 한다고 생각했다. 결국 바울은 예수 그리스도를 "생명을 주는 영"이라고 선포한다(15:45). 특히 부활한 몸들이 열등하게 창조된 세계의 산물로 간주되는 경우에 그 부활한 몸들이 필요로 하는 것은 무엇인가? (15:35에서 바울이 말한 고린도인들의 관점을 보라. 딤후 2:17-18에 제시된 후메네오와 빌레도의 관점과 비교하라.) 왜 사람들은 죽음 너머에 있는 복원된 몸의 형태로 존재하기를 원하는 것인가? 고린도인들은 이미 부활의 힘을 경험했으며, 그들 중 일부는 죽은 후에 육체로 다시 돌아갈 필요를 느끼지 못했다. 왜냐하면 그들이 자기들의 주가 허락하는 영적인 삶을 즐길 수 있을 것이라고 기대했기 때문이다. 또는 바울이 나중에 로마서에서 설명한 것처럼 그들이 "죄의 몸이 죽기 위해" 그리스도와 함께 십자가에 못 박혔기 때문에(롬 6:6), 바울은 그와 동일한 몸을 "이 사망의 몸"이라고 부른다(7:24).

아마도 고린도에 있는 예수 추종자들은 바울이 "[우리가] 그의 부활과 같은 모양으로 연합한 자도 되리라"(롬 6:5)고 나중에 선언한 내용과 비슷한 것을 받아들이면서 단순히 바울의 사상을 따랐을 것이다. 그들은 예수의 부활이 육체를 포함할 수 없다고 생각했다. 그들이 보기에 그것은 틀림없이 영의 "부활"이며 육체를 완전히 해방시킨 것이었다. 그리고 그들은 그의 죽음에 참여한 자로서, 틀림없이 그의 영적 부활의 능력으로 말미암아 이미 영적으로 다시 살아났다. 만일 그리스도가 갈릴리와 유대의 길을 걷던 육체를 영원히 떠나서 (바울이 고전 15:49에서 칭한 것처럼) "하늘에 속한 이"와 "능력의 주님"으로 높임을 받아 "하나님 우편에" 앉아 계셨다면(8:34; 골 3:1; 엡 1:20), 왜 사람들은 육체의 부활이 필요하다고 생각했을까?

이 모든 것은 오직 구원이 물질적인 세계에서 해방되어 순수한 영의 세계에서 나타난다는 전제하에서만 이해가 된다. 사물에 대한 이런 관점은 유대 지방(또는 유대인)의 신학 사상에서 보통 중요시되지 않았는데, 정확히 말하면 그것이 창조자가 도입한 창조 질서의 가치를 떨어뜨리기 때문이었다. 이런 이유로 로마 세계에 사는 비유대인들은 죽음 너머에 있는 영혼의 존재에 대한 믿음이 널리 퍼졌음에도 불구하고 부활에 대한 유대-기독교 개념에 대해 잘 이해하지 못했을 수도 있다.

우리는 사도행전 17장에 소개된 이야기에서 아테네 철학자들이 바울을 "[두] 이방 신들을 전하는 사람"으로 잘못 알고 있는 모습을 통해 이를 확인할 수 있다. 그들이 언급한 두 신은 예수와 아나스타시스인데, **아나스타시스**(*anastasis*)는 "부활"에 해당하는 그리스어다(17:18). **아나스타시스가** 여성을 가리키는 단어라는 점을 생각해보면, 이 아테네 사람들은 이시스와 오시리스 같은 여성 신(아나스타시스)과 남성 신(예수)의 동반자 관계를 상상했을지도 모른다. 만일 그렇다면 이시스에 해당하는 상대는 "부활"이고, 오시리스에 해당하는 상대는 ("부활한") 예수일 것이다.

영혼 숭배를 넘어서

고린도의 예수 추종자들이 아테네 철학자들보다 부활을 더 잘 이해하고 있었을지는 몰라도, 바울이 보기에는 그들이 이해한 내용이 그다지 만족스럽지 못했다. 그들의 생각은 바울의 중요한 신념, 즉 예수 그리스도를 다시 살리신 신이 이 세상을 창조한 바로 그 신이라는 믿음을 위협했다. 그렇기 때문에 바울은 그리스도 안에서 행동한 존재가 피조물을 "썩어짐의 종노릇한 데서 해방"하는 과정에 있다고 말한 것이다(롬 8:21). 요컨대 초기의 예수 추종자들에 의해 선포된 신은 창조세계로부터 영적인 해방을 제공하는 존재가 아니라 창조세계 전체를 회복하는 과정에 있는 존재로 여겨져야 했다. 고린도전서 15장에서 바울은 몸의 부활이 모든 연약함을 지닌 현재의 육체가 다시 살아나는 것이 아니라는 점을 인정했다. 그러나 단순히 부활이 인간의 영에 적용되는 것도 아니다. (바울에게 그것은 그릇된 추론이었다.) 예수 그리스도가 육체의 형태를 갖고 다시 살아난 것처럼(5:3-8), 그의 숭배자들도 육체의 형태를 갖고 다시 살아날 것이다. 바울은 창조주의 뜻에 따라 부활하는 육체의 형태가 이전의 육체의 형태와 다를 것이라고 인정했지만(15:3-8), "육의 몸이 있은즉 또 영의 몸도 있[다]"고 주장했다. 로마 시대의 많은 사람들은 그 주장을 조롱했을 것이다. 만약 우리의 육체적 죽음 이후에도 삶이 존재한다면 그것은 분명 영혼이 계속 육신의 몸(심지어 변화된 몸)을 가지고 있다는 의미가 아닐 것이다. 그것은 오히려 육신의 몸을 가진 현재 상태를 초월하는 영혼의 자유를 가리킨다.

그러나 궁극적으로 "영적 몸"에 관한 바울의 주장은 단순히 사후 인간의 정체성을 구성하는 요소를 분석한 것이 아니었다. 그의 주장은 창조세계와 창조주에 관한 그의 신학적 신념에 의해 동기가 부여된 결과였다. 바울이 보기에 예수 그리스도를 통해 주어지는 영생은 주권자일 뿐만 아니라 유일한 창조주인 한 신, 즉 물질을 창조하고 또한 그것을 "선하게" 창조한 신이 허락한 것이었다. 창조주가 창조세계 안에 선함을 새겨 넣었다는 이런 개념은 유대교 창조 기사에 깊이 뿌리 박혀 있는 개념이다. "하나님이 지으신 그 모든 것을 보시니 보시기에 심히 좋았더라"(창 1:31; 또한 1:4, 10, 12, 18, 21, 25을 보라). 바울에게 창조 질서란 전체를 미처 다 생각하지 못한 신이 주도한 별 볼 일 없는 계획이 아니었으며, 창조세계 역시 단순히 훗날 모든 것을 버리고 영혼의 순수한 세계로 들어갈 인간들을 위한 임시 무대가 아니었다. 대신 바울은 그의 신이 창조자였다는 것을 알고, 두 가지 상호 연관된 개념을 확언했다.

1. 그가 선포한 신은 (주권을 주장하는 다른 이들을 포함한) 모든 만물에 대한 주권자였다.
2. 구원은 (마치 인간의 영혼이 육체가 없이도 존재할 수 있다는 식으로) 창조 질서를 우회하지 않았고, (인간의 영혼은 비록 영적인 몸이긴 하지만 궁극적으로 그 몸 안에서 다시 살아난다는) 창조 질서를 포함한다.

고린도인들은 첫 번째 확언을 받아들인 것 같지만, 일부는 두 번째 확언이 첫 번째 확언을 필수적으로 보완하는 진술임을 알지 못했다. 본질적으로 바울이 고린도전서 15장에 남긴 부활에 관한 담론은 유대-기독교 창조신학의 미묘한 차이에 대한 가르침이다. 그리스도 안에서, 진정한 신은 창조세계를 무관심하게 방치하지 않는다. 그리스도 안에서, 그 신은 선한 창조세계 전체에 대한 신적인 헌신을 보여주고 있다. 어떤 의미에서 참된 신은 창조세계를 빼앗아 혼란에 빠뜨릴 수 있는 힘, 즉 에베소서 6:12에서 "세상 주관자"라고 불리는 힘으로부터 창조물을 되찾고자 한다. 2세기 신학자인 이레나이우스가 지적했듯이 바울은 "하나님의 창조세계는 구원받지 못한다"는 견해 속에 담긴 고린도인들의 신학적 결함에 대해 반박하고 있었던 것이다(*Against Heresies* 5.9.1).

우리는 바울이 그가 쓴 편지 곳곳에서 동일한 두 가지 확언을 하는 것을 본다. 예를 들어 그는 빌립보서에서 주권자이신 창조주는 "만물을 자기에게 복종하게 하실 수 있는 자의 역사로 우리의 낮은 몸을 자기 영광의 몸의 형체와 같이 변하게 하시리라"고 확언했다. 바울에 따르면 올바른 창조

신학은 다른 모든 신들의 주장을 약화시키고 "사후의 삶"을 이해하는 또 다른 내러티브를 제시하는 동시에 모든 것을 올바른 관점에서 바라보게 만든다. "복음"은 단순히 사후에 개인에게 생명을 준다고 여겨지는 신에 대한 숭배를 이끌어내는 것이 아니다. 오히려 복음은 악의적이고 초인간적인 힘이 창조 질서 전체에 미치는 파괴적인 영향을 뒤집는 과정에서 개인들이 창조주인 신이 베푸는 생명을 주는 능력에 사로잡힌 이야기다.

이 모든 것의 핵심은 신의 주권을 인정하는 데 있다. 바울이 서신을 남기고 1세기 이상 지난 후, 아풀레이우스는 이시스를 추종하던 많은 사람들이 바울이 살던 시대에 이미 이시스의 주권에 대해 단언했을 수도 있다고 주장했다. 그의 작품 『황금 당나귀』(*The Golden Ass*)를 보면 이시스는 자기 정체성에 대해 다음과 같이 말한다(11.5).

> [나는] 우주의 어머니이며, 모든 만물의 여왕이며, 영원의 최초 자손이며, 신들 중에서 가장 고귀하며, 저승의 여왕이며, 천상에서 가장 중요한 존재이며, 신과 여신이 하나의 형태로 나타난 존재다. 나는 내 의지로 하늘의 눈부신 산꼭대기와 바다의 유익한 바람, 죽은 자들의 절망적인 침묵을 다스린다.

아풀레이우스의 내러티브에 등장한 이시스는 "모든 세계가 풍부한 이미지, 다양한 제의, 수많은 이름 (예를 들면 베누스, 미네르바, 디아나, 유노 등) 아래서 나의 힘을 숭배한다"고 주장한다. 바울은 신의 주권에 대한 이런 주장들을 모든 점에서 반박했을 것이다. 그는 고린도전서에서 이렇게 말했다.

> 비록 하늘에나 땅에나 신이라 불리는 자가 있어 많은 신과 많은 주가 있으나, 그러나 우리에게는 한 하나님 곧 아버지가 계시니 만물이 그에게서 났고

우리도 그를 위하여 있고 또한 한 주 예수 그리스도께서 계시니 만물이 그로 말미암고 우리도 그로 말미암아 있느니라(고전 8:5-6).

혹은 훗날 요한계시록의 저자는 "'하나님을 두려워하며 그에게 영광을 돌리라. 이는 그의 심판의 시간이 이르렀음이니 하늘과 땅과 바다와 물들의 근원을 만드신 이를 경배하라' 하더라"고 말했다(계 14:7). 이 저자들에게 예수 숭배는 단순히 그 시대에 이뤄진 여러 숭배 중 한 형태가 아니었다. 대신 "복음"은 주권자이신 창조주의 능력에 복잡하고도 유기적인 뿌리를 두고 있으며, 그 창조주는 "만물이 그로 말미암고 우리도 그로 말미암아 있[는]" "한 주 예수 그리스도"를 통해 우주의 질서에 생명을 불어넣은 분이다.

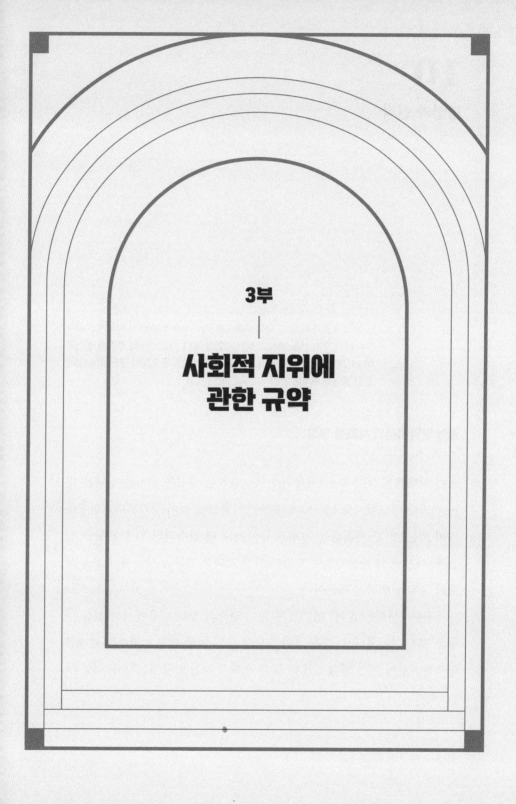

3부

—

사회적 지위에
관한 규약

10
명성과 인격

> 네가 이 세대에서 부한 자들을 명하여 마음을 높이지 말고 정함이 없는 재물에 소망을 두지 말고 오직 우리에게 모든 것을 후히 주사 누리게 하시는 하나님께 두며 **선을 행하고 선한 사업을 많이 하고 나누어 주기를 좋아하며 너그러운 자가 되게 하라**. 이것이 장래에 자기를 위하여 좋은 터를 쌓아 **참된 생명을 취하는** 것이니라(딤전 6:17-19).

공적 영역에서의 사회적 명성

로마 시대에는 (다른 조건들이 동일하다면) 유익한 영향을 끼치는 선행을 많이 하거나 주도적으로 너그럽게 베푸는 사람들을 높이 평가했다. "선행을 많이 하는 것"은 사회라는 기계가 돌아가는 데 필수적인 기름 역할을 했는데, 이는 특히 자산가들이 그들이 가진 막대한 재산을 사용해서 공공 생활에 유익을 끼쳤기 때문이다.

물론 "선행을 많이" 했던 사람들이 단순히 선한 마음에서 재산을 내놓은 것은 아니었다. 그들은 그런 결단을 통해 균형 잡힌 호혜주의 관계를 구축함으로써 어떤 형태로든 더 많은 경제적 자원을 끌어들일 수 있는 사회적 명성을 얻을 수 있었다. 가장 중요한 위치에 있었던 사람들은 사회를 위해 유익한 영향력을 발휘하기로 결심하면서 지위와 명성을 높이는 데 유익한 도움을 얻었다. 간단히 말해 그들이 행하는 "선행"은 그런 일을 한 사람이 보답으로 무언가를 받는 "누이 좋고 매부 좋은" 상황의 일부였다.

자료 10.1. 한 정치인이 (토가를 입고 눈에 잘 띄도록 의자에 앉아) 길거리에서 유권자들에게 빵을 나눠주는 모습을 그린 프레스코화(7.3.30, MANN 9071)

당시 사람들은 흔히 공직에 선출됨으로써 사회적 명성의 징점을 누렸다. 폼페이에서는 매년 3월에 지방 정부의 다양한 직책을 위한 선거가 실시되었고, 그 선거에서 선출된 사람들은 7월 첫째 날부터 그들에게 주어진 공적 의무를 시작했다. 다양한 관리들이 다음과 같은 방식으로 선출되었다.

- 두 명의 하급 행정관이 1년 반 동안 조영관(造營官)으로 선출되어 도로와 공공건물의 유지 관리를 감독하는 일을 맡았다.
- 두 명의 상급 행정관이 "두오비리"(*duoviri*, 문자적으로 "두 남자"라는 뜻이며 때로 "두움비리"[*duumviri*]라고도 한다)라고 불리는 3년 임기의 직책을 맡아 도시의 시의회 회의(urban council meeting)를 주재하고 시의회 법령이 이행되는 과정을 관리했다.

- 5년마다 **"퀸쿠엔니알레스"**(*quinquenniales*, 문자적으로 "5년마다"라는 의미)이라는 행정관이 선출되어, 도시 시민과 시의회(town council)에 속한 행정관의 명단을 갱신하는 임무를 맡았다.

이 행정관들은 도시에서 정말 중요한 사람들이었다. 그들은 노력과 결단에 대한 보답으로 다양한 혜택을 받았다. 우선 그들은 원형경기장과 공연장의 가장 중요한 좌석을 제공받았다. 모든 행사 가운데 모습을 드러내는 것은 매우 영광스러운 일이었다. 그들은 또한 네 명의 폼페이 지역 정치인(퀸투스 살루스티우스, 가이우스 쿠스피우스 판사[두 개의 광장 조각상; 자료 10.2을 보라], 마르쿠스 루크레티우스 데키디아누스 루푸스[역시 두 개의 광장 조각상], 아울루스 움브리키우스 스카우루스)들이 그랬던 것처럼, 광장에서 공공 조각상을 수여받았을 것이다. 무덤 위에 있는 대리석 비문은 (생선 소스를 만들어서 부

자료 10.2. 시의회가 가이우스 쿠스피우스 판사를 기리기 위해 폼페이 광장의 여러 다른 지역에 세웠던 두 조각상의 아래 부분(자료 10.5를 같이 보라)

자가 된 것으로 유명한 가문의 일원인) 스카우루스가 시의회에서 제작 비용을 댄 공공 무덤을 제공받았음을 증명한다(자료 10.3 참조). 사도행전의 저자는 "아시아 관리 중에 바울의 친구된 어떤 이들"이 바울에 대항하여 소란을 피운 군중들의 교묘한 책략으로부터 그의 생명을 구하고자 한 일을 이야기하면서, 독자들이 이들과 같은 (또는 이들보다 더 큰) 사회적 명성을 지닌 사람들을 떠올리기를 원했다(행 19:31).

자료 10.3. 지방 의회가 아우루스 움브리키우스 스카우루스를 기리기 위해 비용을 지불한 무덤일 가능성이 있는 장소(HGW17). 스카우루스를 기리는 대리석 비문은 사실 인접한 무덤에 속해 있던 것이었는데(HGW16), 화산이 폭발하는 동안 HGW16과 HGW17 사이의 땅에 굴러 떨어졌고 고고학자들은 그 비문이 HGW17에 속하는 것으로 결정하게 된다. 실제로는 HGW16에 더 잘 맞는데도 불구하고 말이다.

영향력을 얻기 위한 선거 운동

오늘날과 마찬가지로 선거 운동은 매우 가시적인 대규모 사업이었다. 주택과 작업장의 외벽에 그려진 선거 운동 광고는 사람들로 하여금 어떤 후보가 공직에 가장 적합한지에 대한 견해를 공개적으로 표현할 수 있게 만들었다. (폼페이 벽에서 발견된 약 2,800개에 달하는) 이런 종류의 지지 글은 다소 기본적인 것들로서, 자신이 지지하는 후보에게 투표해달라는 메시지를 담고 있었다. 다음과 같이 상세한 설명이 덧붙은 지지 표현도 있었다. "비리우스와 비리아는 그나이우스 헬비우스 사비누스를 조영관으로 선출해달라고 부탁드립니다. 그는 그 공직을 맡을 자격이 있는 좋은 사람입니다: 오노마스토스, 그에게 진지하게 투표하세요"(*CIL* 4.9885). 또한 "이시스의 모든 숭배자들"(*CIL* 4.787, 4.1011)을 비롯해 "모든 과일 판매자들"(*CIL* 4.202), "모든 노새를 모는 마부들"(*CIL* 4.97; 이와 유사한 4.134), "양파 판매자들"(*CIL* 4.134)처럼 사회적 지위가 낮은 그룹에서 이런 지지가 나오기도 했다. 한 강력한 그라피티에는 "극빈자들"과 함께 정체성이 불분명한 다른 한 집단(아마도 향수 제조업자인 **운겐타리**[*unguentari*]나 노동자인 **프로레타리**[*proletari*])이 이웃 주민들을 향해 "모데스투스를 조영관으로" 선출해달라고 촉구하는 메시지가 담겼다(*CIL* 4.9932a). 이는 일반적인 정치 권력의 지배 구조에서 벗어난 사람들이 선호하는 후보를 지지하기 위해 공동의 목소리를 낸 매우 드문 사례다.

(앞서 2장에서 언급된 즈미리나처럼) 자발적으로 특정 후보자에 대한 지지를 표현하기 위해 나선 여성들도 있었다. 당시 여성들에게 투표권이 주어져 있지 않았다는 점을 생각해보면 이는 매우 흥미로운 사례다. 법적 장애물이 일부 여성들의 정치적 견해 표현을 막지 못했던 것이다. 선거 운동

을 위한 광고는 특정 후보의 여성 지지자들에 의해 게재되었고, 아셀리나(4.7873, 2장에서 언급된 것과 같이), 마리아(CIL 4.7866), 스타티아와 페트로니아(CIL 4.3678), 카프라시아(CIL 4.171)라는 이름을 지닌 여성 및 "아풀레이아와 그녀의 이웃인 축융업자 무스티우스와 나르키소스"(CIL 4.3527) 등과 같은 사람들이 포함되어 있었다. 한 할머니는 가장 좋아하는 후보를 후원하기 위해 앞장섰다. "그의 할머니 타이디아 세쿤다는 루키우스 포피디우스 세쿤두스를 조영관으로 만들어 줄 것을 부탁하고 요청한다"(CIL 4.7469).

드문 경우이긴 하지만, 지지 선언에는 향후 재직 기간 동안에 후보자가 해주기를 기대하는 일에 대한 유권자들의 제안이 담겨 있다.

- "게니알리스는 브루티우스 발부스가 로마의 **두움비르**(duumvir)가 되기를 요청한다. 그는 재정을 보존할 것이다"(CIL 4.3702).
- "마르쿠스 카셀리우스 마르켈루스는 훌륭한 조영관이며 [검투사] 경기의 중요한 후원자다"(CIL 4.4999).
- "가이우스 율리우스 폴리비우스를 조영관으로 선출해주시오. 그는 빵을 잘 굽습니다"(CIL 4.429).
- "법원은 훌륭한 젊은이 마르쿠스 에피디우스 사비누스를 정의를 실행하기 위한 **두오비르**(duovir)로 선출하며 여러분도 그를 뽑아주실 것을 요청합니다. 성스러운 재판관이신 클레멘스에게 문안드립니다"(CIL 4.7579).
- "헬비우스 베스틸리스에 동의하여 모든 과일 판매자는 마르쿠스 홀코니우스 프리스쿠스를 법을 집행하는 **두오비르**로 뽑아주시길 요청합니다"(CIL 4.202; 자료 10.4의 4.7242를 보라).

지지자들은 흔히 후보자들을 칭찬하기 위해 재정 보존, 게임 후원, 빵 배급, 정의의 실행 등을 언급했다.

또한 후보자의 인격을 언급하는 지지 표현은 상대적으로 적다. 우리는 가끔 "명예로운", "정직한", "매우 자격이 있는", "탁월한", "흠 없는 도덕성을 갖춘" 사람이라고 평가받는 후보들을 발견한다. 이와 관련하여 주목할 만한 두 남자가 있다.

- "흠 없는 도덕성(integrity)이 중요한 덕목이라면, 이 사람 루크레티우스 프론토는 높임을 받을 만한 사람입니다"(CIL 4.6626).
- "가이우스 쿠스피우스 판사(Gaius Cuspius Pansa)를 조영관으로: 만약 겸손한 사람에게 영예가 주어져야 한다면, 이 청년에게 합당한 영예가 주어져야 한다"(CIL 4.7201; 자료 10.5을 보라. 자료 10.2의 기념비는 바로 이 정치인을 기리기 위해 세워졌다).

자료 10.4. 거주지 외벽에 게시된 전체 선거 공고문(가이우스 가비우스 루푸스와 마르쿠스 홀로니쿠스 프리스쿠스를 지지하고 있다, CIL 4.7242, 1.7.13)

우리는 디모데전서 6:17-19에서 발견되는 충고를 이런 인격의 선상에 위치시킬 수 있다. 그 서신의 저자는 "이 세대에서 부한 자들"에게 "마음을 높이지 말라"고 가르친다. 인격자가 된다는 것은 "정함이 없는 재물"에 소망을 두지 않고 "우리에게 모든 것을 후히 주사 누리게 하시는 하나님께" 소망을 두는 것과 관련이 있다. 이는 "참된 생명을 취하는 것"이 의미하는 바의 일부다. 또한 이 저자는 공동체 지도자들(이 경우에는 교회 지도자들)을 향해 "책망할 것이 없어야" 한다고 가르치는데, 여기에는 "절제하고 신중하며 단정하고 나그네를 대접하며 가르치기를 잘하고 술을 즐기지 아니하며 구타하지 아니하고 오직 관용하며 다투지 아니하고 돈을 사랑하지 아니하는" 행동이 포함된다(3:2-3). 이와 비슷한 목록이 디도서에도 나온다. 여기에는 교회 지도자가 "책망할 것이 없어야" 하는데, 이는 "제 고집대로" 하거나 "급히 분내"거나 "술을 즐기고 구타하고 더러운 이득을 탐하지" 않는 것을 의미하며, 또한 "나그네를 대접하며 선행을 좋아하고 신중하며 의롭고 거룩하며 질제하는" 것을 포함한다(1:7 8). 이런 권면은 "사회 지도층은 언제나 사회의 인격을 좌우한다. 사회 지도자들의 도덕과 예의범절이 변할 때마다 사람들 사이에서도 동일한 변화가 일어났다"(*On the Laws* 3.31)고 표현한 키케로의 말처럼 교회 지도자들도 상식에 입각한 인격자가 되어야 한다고 가르쳤다. 베수비오의 선거 공고문과 목회 서신에 드러난 것처럼 사람들은 지도자들이 "흠 없는 도덕성"을 갖추기를 원

자료 10.5. 가이우스 쿠스피우스 판사의 장점을 명확히 보여주는 선거 운동 공지문(*CIL* 4.7201, 1.7.1의 입구; 자료 10.2도 보라)

했다.

자료 10.6. "후견인, 가이우스의 아들, 마르쿠스 클라우디우스 마르켈루스"를 기념하는 조각상의 맨 아래 부분(*CIL* 10.832, 마르켈루스는 아우구스투스 황제의 조카이자 사위였다)

베수비오 주민들이 원하던 것을 얻었는지의 여부는 아마도 그들이 누구인지와 그들이 어떻게 "흠 없는 도덕성"을 정의했는지에 달려 있었을 것이다. 로마 소설가 페트로니우스는 자신의 풍자 소설『사티리콘』(*Satyricon*)에 대중을 희생시키면서까지 서로에게 이익이 되는 원칙에 따라 행동한 도시의 치안 판사들을 저주하는 한 인물을 등장시킨다. 판사들은 "오는 정이 있어야 가는 정이 있지"라고 서로 이야기하는데, 그 결과 "보잘것없는 사람들은 처참해진다. 왜냐하면 상류층들의 입은 언제나 축제를 즐기기 때문이다"(*Satyricon* 44).

정치가 권력을 얻고 사회적 위신과 명망을 높일 수 있는 수단이 된다는 사실을 모든 사람이 분명히 알고 있었기 때문에, 이를 확인시켜주는 풍자 작가가 굳이 필요하지 않았다. 기원전 1세기에 활동한 에피쿠로스주의 시인인 루크레티우스는 이 모든 것에서 좋은 점을 보지 못했다. 그는 이런 행동들이 인류의 가장 나쁜 면인 경쟁을 구현한 것으로 보았다. "보라, 그들을 보라. 그들은 재치를 놓고 서로 겨루고, 서로 앞서기 위해 싸우며, 끝없는 노력을 통해 밤낮으로 고군분투하고, 출세길에 오르기 위해 안간힘을 쓰면서, 부와 권력의 정점에 이르기까지 고난을 헤치며 나아간다."(*On the Nature of Things* 2.11-13). 루크레티우스는 건전한 삶을 영위하기 위해서는 이런 행동이 모두 쓸모없고 파괴적인 것이라고 여겼다. "이 인간의 참담한 마음이여! 오, 눈이 먼 마음이여! 이 많은 위험과 어두움 속에서 당신은 짧은 생을 보내고 있단 말인가!"(*On the Nature of Things* 2.14-16) 그러나 이런 비판은 큰 영향을 미치지 못했을 것이다. 심지어 루크레티우스의 문학적 후원자인 가이우스 멤미우스—루크레티우스의 시는 그에게 헌정되었다—마저도 기원전 55년에 루크레티우스가 사망한 직후부터 정치적 영역에서 루크레티우스의 영향력과 중요성을 확대하기 위해 수년을 보냈지만, 결국 실패하고 추방당하게 된다.

이렇듯 치열한 분위기로 인해 선거 운동이 과열되기도 했다. 선거는 훌륭한 예절이나 강직한 인격을 소유한 자만을 위한 기회가 아니었다. 때로 욕설과 조롱이 난무하기도 했다. 폼페이에는 네거티브 선거 운동이 이루어진 증거가 발견된다. 여기에는 보통 출마한 후보 대신 지지자들을 폄하하는 언어가 포함되었다. 예를 들어 한 비문에는 어떤 정치 후보 지지자들을 가리켜 "도주한 노예들"(*CIL* 4.7389)이라고 말하는데, 이는 분명 후보자를 폄하하기 위해 지지자 집단을 끌어내리는 표현이다. 이와 비슷한 표현을 사용한 그라피티들도 있다. "주사위를 던지는 사람들(도박꾼?)은 그나이우스 헬비우스 사비누스가 선출되길 바란다"(*CIL* 4.3485). 마르쿠스 케리니우스 바티아라는 한 후보는 지지자들이 폄하당하는 것을 목격해야 했다.

- "늦게까지 술을 마시는 술꾼들은 모두 M. 케리니우스 바티아를 조영관으로 선택하라고 요구한다"(*CIL* 4.581).
- "마케리오와 모든 잠자는 사람들은 바티아를 조영관으로 선출하라고 요구한다"(*CIL* 4.575)

- "좀도둑들은 바티아를 조영관으로 선택하라고 요구한다"(*CIL* 4.576).

바티아에 대한 비방 캠페인이 성공을 거두었는지는 알 수 없다.

　때로 우리는 후보자가 지닌 가치를 논하는 양쪽의 의견을 듣는다. 탈라무스라는 한 남자는 자신의 후견인인 푸블리우스 파키우스 프로쿨루스가 "사법권을 가진 로마의 **두움비르**(*duumvir*)직"에 출마했다고 광고한다 (*CIL* 4.933). 다른 사람들은 탈라무스와 함께 자신들을 "모든 폼페이인들"이라고 칭하며 "파키우스 프로쿨루스를 정의를 실행하기 위한 **두오비르** (*duovir*)로 선출해달라. 그는 그 직책에 선출될 자격이 있다"고 말했다. 그의 인격과 그를 공직에 선출한 대중들의 인격을 맹렬히 비난하는 그라피티를 통해 알 수 있듯이 프로쿨루스는 선거에서 이겼다. "매하고 울어대

자료 10.7. 선거에 나선 후보들은 광장 중심에 있는 이 연단에서 폼페이 주민을 대상으로 연설했을 것이다.

는 양들은 프로쿨루스를 선출했다. 그러나 이 자리는 정직한 사람의 품위와 직무에 대한 존중을 필요로 하는 것이었다"(이 번역은 "이미지 출처" 참조). 분명히 "모든 폼페이인들"이 파키우스 프로쿨루스에게 매료된 것은 아니었다. 탈라무스와 달리 그가 선출된 직책에 적합하지 않다고 생각하는 사람도 있었다.

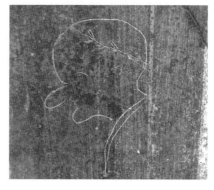

자료 10.8. 신비의 저택 벽에 새겨진 작은 동전만 한 크기의 정치 만화(원위치에 있음). 위에 새겨진 "이 사람은 루푸스다"라는 말을 통해 토가와 화관을 쓴 이 저명한 남자에 대한 코믹한 비판을 이해하는 데 도움을 얻을 수 있다.

예수 집단의 경쟁과 협력

예수를 따르는 무리들은 폼페이에서 선거 운동이 이뤄지는 방식과 비슷하게 활동할 수 있었다. 어떤 고린도인들은 여러 지도자 중 특정 지도자를 지지하는 편이 낫다고 생각했다(고전 3-4장을 보라). 각기 다른 지도자들과 자신을 동일시한 고린도의 예수 그리스도 숭배자들은 다른 지도자들보다 한 지도자를 선호해서 그 지도자에 대한 지지 기반을 형성하기 시작했다. 몇몇 예수 숭배자들은 완벽한 성경 지식을 갖추고 언변이 좋은 이집트 알렉산드리아 출신의 기독교 지도자에게 충성을 선언하면서 "아볼로파"라고 주장했다(행 18:24). 다른 사람들은 자신이 시몬 베드로의 또 다른 이름인 "게바"에 속했다고 알리면서 예수의 가까운 동료였던 그 사도에 대한 지지를 선언했다. 또 다른 이들은 이방인들 가운데서 예수 집단을 세우는 데 앞장선 사도를 지지하면서 "바울파"임을 자처했다.

이처럼 고린도 공동체 안에 싹튼 서로 다른 선호가 정치적 선거 운동의 맥락에서 표현되지는 않았지만, 점차 경쟁적인 양상을 띠기 시작했다. 적어도 바울은 이 문제에 대해 그렇게 생각했다. 그는 여느 때와 마찬가지로 당면한 특정 문제를 그 너머에 있는 보다 근본적인 문제, 즉 타인을 희생시켜 자기 홍보를 하고자 하는 인간의 성향과 연결시킨다. 그는 다음과 같은 말로 자신이 주장하는 바의 핵심을 분명히 밝혔다.

> 너희는 아직도 육신에 속한 자로다. 너희 가운데 시기와 분쟁이 있으니 어찌 육신에 속하여 사람을 따라 행함이 아니리요. 어떤 이는 말하되 "나는 바울에게라" 하고 다른 이는 "나는 아볼로에게라" 하니 너희가 육의 사람이 아니리요(고전 3:3-4).

고린도인들은 저명한 행정관을 가리켜 "비트와 양배추 사이에서" 태어난 사람이라고 선언한 폼페이의 그라피티(CIL 4.4533, 6.14.37의 대저택 안마당 벽에서 발견됨)와 비슷한 수준으로 남을 헐뜯지는 않았을 것이다. 그러나 경쟁적인 환경에서 상황이 험악해지곤 했기 때문에, 바울은 고린도 공동체의 건강에 대해 염려했다. 그는 (위의 3:3-4에 인용된 바와 같이) 건강하지 못한 경쟁심을 인간 문제의 근본으로 보는 경향이 있었다(고전 13장도 보라). 결과적으로 그는 고린도인들이 각자 선호하는 기독교 지도자들과 연대하려는 욕망을 표출함에 따라 저명한 시민 지도자들의 선거 운동과 크게 다를 바 없어진 상황을 지적하면서 사람들 안에 내재된 위험을 강조했다.

바울은 계속해서 이 모든 상황에 대해 전혀 다른 견해를 밝혔다. 그는 경쟁이 아닌 협력이라는 측면에서 일을 계획하고자 했다. 그는 그곳의 기독교 지도자들이 가진 다양한 강점이 고린도의 예수 집단의 이익을 위해 협력했다고 주장했다. 그러기 위해서는 어떤 한 지도자에게 충성하기 위한 경쟁이 되어선 안 되고, 궁극적으로 하나님의 능력을 통해 세워져가는 공동체 안에서 각 지도자들의 힘을 협력하는 형태가 되어야 했다.

> 나는 심었고 아볼로는 물을 주었으되 오직 하나님께서 자라나게 하셨나니 그런즉 심는 이나 물 주는 이는 아무것도 아니로되 오직 자라게 하시는 이는 하나님뿐이니라. 심는 이와 물 주는 이는 한가지[다].···그런즉 누구든지 사람을 자랑하지 말라.···서로 대적하여 교만한 마음을 가지지 말게 하려 함이라(고전 3:6-8, 21; 4:6).

바울은 고린도의 예수 추종자들이 공통점을 발견하고 그 공통분모를 중심으로 하나가 되기를 원했다. "바울의 이름으로 너희가 세례를 받았느냐?"(1:13) 아니면 아볼로의 이름으로 받았는가? 아니면 게바의 이름으로 받았는가? 이는 모두 잘못된 것이다. 바울은 폼페이 사람들이 하는 식으로 특정 지도자를 꼽아 "모든 아볼로 지지자", "모든 게바 지지자", "모든 바울 지지자"라고 하지 말고, 대신 "자랑하는 자는 주 안에서 자랑하라"고 권면했다(고전 1:31; 렘 9:24도 보라). 예수를 따르는 자들을 하나로 묶는 행위는 "그리스도의 마음"(고전 2:16)을 함께 공유하는 것이다. 바울의 견해에 따르면 그리스도의 마음을 갖는 것은 십자가의 하나가 되게 하는 메시지를 통해 나타나는데, 이는 사회적 지위나 명성에 의존하는 모든 권력 축적의 핵심을 뒤흔드는 내용이라고 할 수 있다. 자신을 내어주는 그리스도의 행위는 연합된 그리스도의 몸 안에서 관계성의 기풍(ethos)을 수립하는 일과 같다.

바울은 예수 집단 기풍 안에서 자신을 내어주는 사랑이 "진정한" 것이라는 가정에 따라(롬 12:9), 예수 추종자들을 향해 "형제를 사랑하여 서로 우애"할 뿐만 아니라 "존경하기를 서로 먼저 하라"고 촉구했다(12:10, 때로 "존경하는 일에서 서로 지지 말라"로 번역된다). 이는 단순히 집단 내에서 사회적으로 저명한 사람들에게 존경심을 표하라는 것이 아니라 그리스도의 몸을 이루는 모든 구성원들에게 존경심을 보이라는 말이다. 이런 유형의 "솔선수범"이 사회적으로 저명한 사람들의 이익을 증진하기 위한 것이 아니라는 점을 확실히 하기 위해, 바울은 모든 예수 추종자들이 그리스도의 몸에 필수적인 자원을 공급하는 임무를 맡고 있음을 인식할 필요가 있다고 말했다(12:3-8). 그는 그리스도의 몸 안에서 각자 받은 은사를 선물로 공유하면서 실제로 함께 일하는 모든 사람이 지닌 가치를 강조했다. 바울은 그리스도의 몸이 (넘치는 성령이 그 공동체의 필요한 자원을 공급해주는) 풍성한 공동체의 전형이며, 그 공동체 안에서는 모든 구성원들이 사회-경제적 인지도에 관계없이 중요한 공헌을 할 수 있다고 생각했다.

공동체가 소중히 여기는 목표를 향해 함께 일한다는 생각은 비록 바울이 고안해낸 것은 아니지만, 예수 추종자들의 영적 공동체에 대한 그의 비전에서 필수적인 요소였다. 그리스도의 몸 안에서, 단순히 사회적으로 저명한 사람들만 그 공동체에 자원을 제공하는 존재가 되리라는 기대를 받은 것은 아니다. 심지어 경제적 자원이 거의 없는 사람들조차도 각 지역의 예수 집단에 필요한 자원을 가져올 수 있다고 여겨졌다. 경제적으로 안정된 사람들은 그 공동체를 재정적으로 지원할 책임을 맡았고, 다른 사람들은 그리스도의 영으로 말미암아 위로, 예언, 긍휼, 지혜, 분별과 같은 종류의 자원들, 또는 성령이 그들에게 은사로 준 다른 어떤 능력을 제공할 임무를 맡고 있었다. 경제적으로 공동체에 기여할 수 없는 사람들은 성령이 그들에게 허락한 비경제적 자원을 통해서 공동체에 기여하는 것으로 여겨져야 했다.

이렇게 해서 바울은 로마 세계에서 가장 낮은 신분에 속한 사람들이 "이전 것은 지나가고…새것이 된" "새로운 피조물"의 중요한 구성원으로 인식되도록 했다(고후 5:17; 갈 6:15도 보라). 새로운 공동체 안에서는, 로마의 사회 경제 체제에서 낮은 계층에 속했던 사람들조차도 예수 집단이 속한 지역 사회에 기여할 수 있는 풍부한 은사를 받은 존재로 인식되어야 했다. 이런 성숙한 공동체들은 건전하지 못한 경쟁을 피하면서 각 구성원에게 자신을 내어주는 일에 관심을 갖고, 새로운 피조물 안에서 새롭게 형성된 형태의 관계에 의존함과 동시에 구성원들이 지닌 다양한 자원을 충분히 활용해야 했다.

11

돈과 영향력

그런즉 내 상이 무엇이냐? **내가 복음을 전할 때에 값없이 전하고** 복음으로
말미암아 내게 있는 권리를 다 쓰지 아니하는 이것이로다(고전 9:18).

사람들은 돈에 조건이 따른다는 사실을 알고 있었다. 폼페이가 로마의 식
민지로 세워질 때부터 베수비오 도시들 전역에서 이런 점이 여러모로 명
백하게 드러났다. 기원전 91-89년에 발생한 "동맹시 전쟁"에서 (로마가 직
접 통치하는 남부의) 캄파니아 삼니움 지방에 있는 특정 도시들은 로마와의
대결에서 힘을 과시하기 위해 서로 단결했다(여기서 다시 재구성할 필요가 없
는 복잡하고 미묘한 의미를 지님). 물론 로마군은 결국 승리했다. 기원전 89년
에 폼페이는 로마에 항복했다. 로마는 기원전 80년에 폼페이를 공식적인
식민지로 삼으면서 로마의 직접적인 영향권 안에 포함시켰다. 당시 삼니
움 인구는 사회 정치적 지위와 지역 내의 인구 비율 면에서 최소화되었다.
로마는 폼페이에 많은 전직 군인들을 투입함으로써 이런 상태를 만들었
다. 많게는 가족을 포함해 4천 명에 달했을 친로마 성향의 거주자들은 로
마에 봉사한 대가로 그 지역에 거주하는 폼페이 사람들로부터 강제 징발

한 집을 받았을 것이다. 바로 이때 폼페이의 비문에 등장하는 지배적인 언어가 (삼니움 민족이 쓰던) 오스크어에서 (로마 공용어인) 라틴어로 바뀌었다. 그리고 이 시기에 만들어진 폼페이의 라틴어 비문을 보면 돈에는 조건이 따른다는 사실이 분명하게 드러나기 시작한다.

예를 들어 폼페이의 최초

자료 11.1. 버드나무 가지로 만든 바구니와 함께 녹아버린 동전들이 헤르쿨라네움에서 발견되었다.

기 시장들 또는 두오비리(*duoviri*)였던 퀸크티우스 발구스와 마르쿠스 포르키우스의 명성을 알리는 공식적인 비문을 보자. 폼페이의 거대한 원형경기장(*spectacula*)에 세워진 두 비문은 퀸크티우스 발구스와 마르쿠스 포르키우스가 "자신의 비용으로" 이곳을 건설했으며, "식민지의 명예를 위해" "식민지의 주민들이 영원히 사용하도록" 헌정한다는 사실을 알리고 있다(*CIL* 10.852; 자료 11.2를 보라).

자료 11.2. 퀸크티우스 발구스와 마르쿠스 포르키우스의 선행을 알리고 로마 식민지로서 폼페이가 지닌 지위를 강조하고 있는 폼페이 원형경기장의 비문(왼쪽이 잘려 나갔다)

원형경기장을 건설하는 데 분명 엄청난 비용이 들어갔을 것이다. 하지만 이 두 두오비리가 기부한 막대한 자금은 폼페이가 로마의 식민지로서 갖게 된 새로운 정체성과 관련이 있었다. 마르쿠스 포르키우스는 폼페이의 아폴로 신전 안에 있는 제단을 후원한 사람으로 알려져 있다(*CIL* 10.800). (폼페이 광장 목욕탕, 지붕이 덮인 극장, 스타비아 목욕탕 개선 등과 같은) 여러 종류의 도시 발전도 식민지 개척자들이 투입된 결과였다. 다른 도심지도 마찬가지였다. 예를 들어 폼페이 원형경기장 건설에 재정 지원을 한 퀸크티우스 발구스는 동일한 시기에 다른 세 도시(아이클라눔, 카시노, 프리켄토; *CIL* 10.5282, 9.1140; *ILRP* 598)의 공식적인 후원자 역할을 했다. (그런데 키케로는 그가 양심의 결핍으로 인해 아주 크게 성공했다고 말한다, *De lege agraria* 3.8.) 폼페이로 밀려드는 새로운 돈은 친로마 의제와 명백히 연관되어 있었다.

우리는 노니우스 발부스를 통해 비슷한 것을 보았다. 엘리트이자 아우구스투스의 친구였던 그는 헤르쿨라네움이 지닌 로마의 정체성을 강조하기 위해 도시에 엄청난 돈을 쏟아부었다(6장). 노니우스 발부스와 거의 비슷한 시기에 폼페이에 살았던 마르쿠스 홀코니우스 루푸스라는 남자도 마찬가지였다. 그는 (큰 극장을 수리하고 여러 프로젝트를 주도함으로써) 폼페이에 많은 돈을 투자했고, 시의회 의원들은 이에 대한 보답으로 폼페이에서 가장 복잡한 교차로에 네 개의 기둥으로 된 아치를 세워 그와 그의 가족을 높여주었으며 큰 극장 안에 그가 사용할 수 있는 특별한 공간을 제공했다. 다섯 번째 줄 중앙에 놓인 홀코니우스의 자리는 (흰 대리석으로 되어 있었고) 일반 서민들과 만나는 지점에 있었으며, 청동으로 새겨진 문구는 그의 조각상 아래에 있는 문구와 마찬가지로 오늘날까지도 그의 사회적 명성을 알리고 있다(자료 11.3을 보라). 두 문구는 폼페이에서 그가 해낸 많은 일을 강조하고 있으며, 문구 말미에서 그의 정체를 "아우구스투스의 사제이자 [로마] 식민지의 후견인"이라고 밝힌다(*CIL* 10.837, 10.838). 이처럼 도시가 눈부시게 발전하는 과정에서 필요한 자금이 로마 통치의 정당성을 덧붙

자료 11.3. 폼페이 대극장을 찍은 사진 두 장(8.7.20). 왼쪽: (앞에서 다섯 번째 줄에 위치한) 홀코니우스 루푸스의 좌석이 있던 공간으로서, 그를 기리는 비문을 통해 그의 좌석임을 알 수 있다. 오른쪽: 하얀 대리석으로 된 홀코니우스 루푸스의 자리가 중앙에 배치된 대형 극장의 전체 좌석 사진

이고서 유입되었다.

비슷한 종류의 증거는 **아우구스탈레스**(*Augustales*)로 알려진 남성 집단을 통해 발견할 수 있다. **아우구스탈레스**(단수형은 **아우구스탈리스**[*Augustalis*])는 그들이 살던 지역에서 황제 숭배를 전파하는 데 도움을 준 "사제들"로 여겨졌다. 그들 중 상당수(정확한 비율은 알 수 없지만 대다수일 것으로 추정된다)는 노예의 신분으로 태어났지만 자유를 얻은 다음에 큰 부자가 되었다. 이들은 원래 노예였기 때문에 공직에 종사할 수 없었다. (이전에 노예였던 사람은 공적 직책을 가질 수 없었다.) 그런데 (14-37년에 재임한 황제) 티베리우스는 공공 사업 추진을 위한 자원을 모으기 위해 **아우구스탈레스**를 위한 제도를 만들었다. 여기에 속하는 사람들은 태생이 노예였어도 황제로부터 신분을 인정받았다. 따라서 **아우구스탈레스**의 반열에 오른 남자들은 축적한 부를 공익을 위해 사용하라는 요구를 받았다. 예를 들어 헤르쿨라네움에 살던 루키우스 맘미우스 막시무스라는 **아우구스탈리스**는 베수비오의 지역 도시에 황실 가족 조각상 6개를 기증했다(*CIL* 10.1413, 10.1415, 10.1417, 10.1418, 10.1419, 10.1422). 이를 통해 다시 확인할 수 있듯이 친로마적인 방

자료 11.4. 헤르쿨레스(왼쪽)와 아켈로스의 모습. 헤르쿨레스는 데이아네이라(맨 오른쪽)와 결혼하기 위해 아켈로스를 물리칠 것이다(Herculaneum's College of the *Augustales*, 6.21, 원위치에 있음)

자료 11.5. 미네르바(왼쪽), 유노(가운데), 유피테르(무지개의 형태)가 하늘에 올라온 헤르쿨레스를 환영하고 있는 프레스코화(Herculaneum's College of the *Augustales*, 6.21, 원위치에 있음)

식으로 도시의 사회 기반 시설에 경제 자원이 유입되었다. 헤르쿨라네움에 있는 **아우구스탈레스** 클럽 회관으로 추정되는 곳(6.21에 위치함)에 놓인 예술 작품을 살펴봄으로써 **아우구스탈레스**에 관해 조금 더 알아보자. 화려한 두 벽화는 (제우스 혹은 유피테르가 인간 여성 알크메네와의 사이에서 낳은 반인반신의 아들인) 헤르쿨레스의 삶 중 흥미진진한 두 순간을 묘사한다. 회관의 한 프레스코화는 헤르쿨레스가 경쟁자와 함께 있는 장면을 묘사하고 있는데, 그는 데이아네이라와 결혼하기 위해 그 경쟁자를 무찌른 뒤에 그녀를 두 번째 아내로 삼았다(자료 11.4를 보라). 다른 프레스코화는 헤르쿨레스가 죽은 뒤 하늘에서 환영받으면서 완전한 신의 지위로 승격되는 모습을 묘사했다(자료 11.5을 보라). 과거 노예였던 **아우구스탈레스**에게는 이 두 프레스코화가 헤르쿨레스 이야기 중 그들이 가장 좋아하는 부분이었을 것이다. 이전에는 노예였지만 지금은 부유하고 저명한 사회 구성원이자 신성한 아우구스투스의 사제들이었던 이 **아우구스탈레스**는 (헤르쿨레스가 성실한 노력을 바탕으로 원하는 여자를 얻은 것과 비슷하게) 장차 그들의 아내가 될 탁월한 사람들을 찾았을 것이다. 또한 그들은 헤르쿨레스가 하늘로 올라가는 이야기를 보면서 승격과 "상향 이동성"의 패턴에 깊이 공감했을 것이다. 헤르쿨레스의 이야기는 그들의 성공 스토리에 대한 신화적 원형이었다.

남성이 아니어도 이런 도시의 후원자가 될 수 있다는 사실을 앞에서 이미 확인한 바 있다. 때로 큰 부를 축적한 유능한 여성들이 있었다. 6장에서 살펴본 것처럼 에우마키아는 이런 여성 중 한 명으로서 ① 경건과 화합이라는 로마의 중요한 가치와 함께 ② 아우구스투스 황실을 기리기 위해 폼페이 광장에 거대한 공공건물을 기부했다. 우리는 광장을 마주하고 있는 그녀의 웅장한 건물 바로 앞에 놓인 두 개의 조각상을 통해 그녀가 로마 제국의 통치를 후원했다는 사실을 추가로 확인할 수 있다. 이 조각상은 로마 제국의 영원한 통치를 수립하는 신화에서 중요한 역할을 맡음으로써 신의 축복을 받았던 로물루스와 아이네이아스의 모습을 묘사한 것이다. (아이네이아스에 대한 자세한 내용은 아래를 참고하면 된다.) 로마 건국의 아

자료 11.6. 에우마키아의 건물 앞에 있는 로물루스 비문(7.9.1)은 그가 "신들 가운데"(*in deoru[m]*) 있다고 선언한다.

버지를 기리는 조각상 아래에 고정된 현판에는 로물루스가 죽은 뒤 "신들 가운데 하나로 받아들여졌다"고 기록되어 있다(자료 11.6를 보라). (아이네이아스를 기념하는 현판은 잘 보존되지 않았다.) 폼페이의 이 저명한 여성이 주도한 도시 계획을 보면 로마와 돈이 밀접하게 연관되어 있음을 알 수 있다.

정치적 중요성을 지닌 신전과 돈

마미아라는 여성이 폼페이에서 "그 지역의 **게니우스**"를 기리는 새로운 신전 건축을 위한 비용을 기부한 것과 거의 같은 시기(즉 1세기 초, 7장을 보라)에, 마르쿠스 툴리우스라는 폼페이의 행정관은 "자신의 땅"과 "자신의 비용"(이 두 측면을 마미아와 비교하라)을 들어 아우구스투스 포르투나 혹은 아우구스투스 시대의 감독자 역할을 맡은 포르투나 신에게 바치는 신전을 폼페이 광장 바로 북쪽에 세웠다(*CIL* 10.820; 자료 11.7을 보라). 그리고 마미아가 시의회가 후원한 무덤으로 영예를 얻을 것처럼 그도 동일한 보답을 받았다.

　　폼페이가 존재하던 시기 후반부에 도시의 광장 안에 황제 숭배를 위한 신전 건축에 쓰일 자금이 주어졌다(7.9.3, 그것은 이전에 그 지역의 **게니우스**를 모시기 위한 마미아의 신전이었을 수도 있다). 그 옆(7.9.2)에는 새로 신으로 받들게 된 베스파시아누스(79년 베수비오 화산 폭발 한 달 전에 사망함)를 숭배하기 위한 또 다른 신전이 보수 중이었다. 신전 기부와 보수는 비용이 많이 드는 일이었지만, 로마 제국의 질서를 지지하는 사람들은 이 비용을 아까워하지 않았다.

　　60년대 말 또는 70년대 초에 이시스 사원도 보수되었는데, 다시 세워진 신전 곳곳에 영향력의 흔적이 드러난다. 신전 입구 위에는 신전 재건

사업에 기부한 후원자의 신원을 밝히는 기념 현판이 세워져 있었다(자료 11.8을 보라). 그곳에는 다음과 같이 기록되어 있었다.

> 누메리우스의 아들인 누메리우스 포피디우스 켈시누스는 자신의 비용을 들여 지진으로 무너진 이시스 신전을 복구했다. 6살에 불과하지만 그의 관대함을 기리는 의미로 시의원들은 가입비 없이 그를 그들의 일원으로 등록시켰다.

이 현판은 포피디우스 가문의 6살짜리 소년이 이 신전을 짓기 위해 돈을 기부한 결과 그는 도시를 통치하는 시의회의 일원이 되었음을 알린다. 아마 다음과 같은 일이 실제로 벌어졌을 것이다.

- 켈시누스의 아버지 누메리우스 포피디우스 암플리아투스(그의 이름이 폼페이의 다른 비문에 등장한다는 사실을 우리는 알고 있다)는 한때 노예였지만, 자유인이 되어 엄청난 부를 소유하게 되었다.
- 암플리아투스는 초기에 노예 생활을 했기 때문에 시의회 의원이 될 수 없었다. 그러나 그의 아들 켈시누스는 자유인으로 태어났기 때문에, 돈이 그의 출셋길을 열어 준다면 시의원이 될 자격이 있었다.
- 암플리아투스는 6살밖에 되지 않은 아들 켈시누스가 시의원의 지위를 얻는 대가로 이시스 신전을 건립하기 위한 자금을 기부했다.
- 아마도 암플리아투스는 켈시누스에게 시의회 회의에서 어떻게 투표해야 하는지를 지시했을 것이다.

우리는 이 예를 통해 많은 것을 알 수 있다. 첫째, 아버지 암플리아투스의 경우에서 알 수 있듯이, 노예라는 오명은 가장 성공한 자유인들조차도 더 높은 사회적 신분으로 올라가는 데 한계로 작용했다. 둘째, 아들인 켈시누스의 경우에서 알 수 있듯이, 자유인으로 태어난 아들은 동일한 제약을 세 대상으로 뛰어넘어 6세에도 시민으로서의 명성을 얻을 수 있는 지위에 오를 수 있었다. 셋째, (그리고 본 장이 관심을 갖는 주제와 관련하여) 부를 가진 사람들은 시민으로서의 명성을 나타내는 지위를 돈으로 살 수 있었다. 켈시누스의 이름으로 거액의 기부금을 납부하자 시의원들은 영향력 있는 지위를 그에게 수여했고(그렇게 시의원 집단에 들어가게 됨), 6세 된 아이를 "너그러운" 사람으로 인정하기로 합의함으로써 그의 (그리고 그의 가문의) 공적인 명성을 강화시켰다.

자료 11.7. 마르쿠스 툴리우스가 자신의 땅 위에 자비를 들여서 건축한 아우구스투스 포르투나 신전(7.4.1)

돈과 정치적 중요성을 지닌 게임

일반적으로 원형경기장에서 열리는 검투사 대회의 후원을 통해 폼페이에 경제적 자금이 유입되기도 했다. 이런 후원을 통해 열린 대회는 보통 **무네라**(*munera*) 또는 고위 관리들이 지역 주민들을 위해 비용을 지불한 "선물"로 여겨졌다. 고고학자들은 폼페이 성벽에서 검투사 대회 개최를 알리는 70개가 넘는 공고문을 발견했다. 이런 "선물"을 제공한 사람 가운데 가장 유명한 인물은 스스로를 "[로마] 식민지의 지도자"로 자칭했던 그나이우스 알레이우스 니기디우스 마이우스라는 시 공무원이었다(*CIL* 4.1177). 그는 후원한 경기가 하도 많아서 "경기의 우두머리"로 불렸다. 그러나 그는 단순히 오락을 목적으로 경기를 후원한 것은 아니었다. 그가 후원한 경기들은 "카이사르 아우구스투스의 사제"(베스파시아누스 황제)라는 그의 정체성과 일치하는 정치적 의제와 연결되어 있었다. 예를 들어 황제 숭배를 위한 "제단 봉헌"과 함께 개최되는 경기와 그가 후원하는 경기는 명백히 "카이사르 아우구스투스와 그의 자녀들의 안녕을 위한 것"이었다(*CIL* 4.1180).

　(흥미롭게도 폼페이의 누케리아 문밖에 있는 에우마키아의 거대한 무덤에는 니

자료 11.8. 이시스 신전의 재건을 위해 자신의 이름으로 건축 기금을 기부한 누메리우스 포피디우스 켈시누스의 너그러움을 강조하고 있는 기념비

기디우스 마이우스의 양어머니인 폼포니아 데카리스의 화장된 유해가 들어 있는 장례용 유골함이 보관되어 있었다. 여기서 우리는 두 명의 유명 인사인 에우마키아와 마이우스의 삶이 교차되는 지점을 볼 수 있다. 두 사람은 모두 공공사업의 후원자로서 로마 제국의 질서를 지지했다.)

일반적으로 검투사 경기는 로마 제국의 정책에 관한 내러티브를 강화하는 역할을 했다. 우선 맹수 사냥 순서를 통해 로마가 지배하던 세계 전역에 서식하고 있는 이국적인 동물을 보여주었다. 지역의 원형경기장에서 펼쳐지는 화려한 쇼는 로마의 위대함을 강조함으로써 로마의 위엄에 관한 내러티브를 강화했다. (강도, 살인자, 악인들, 도망친 노예, 외국인 포로 출신) 검투사들은 대개 사회의 "악당들"로 여겨졌지만, 그들은 로마가 소중히 여기는 용맹, 인내, 힘과 같은 여러 가지 자질을 선보였다. 로마의 권력 구조를 강화한 원형경기장에서 열리는 검투사 대회는 로마의 정당성에 대한 내러티브를 활성화시켰다. 퀸크티우스 발구스와 마르쿠스 포르키우스가 폼페이를 친로마적 정서를 지닌 중심지로 만들 때 가장 먼저 사회 기반 시설에 원형경기장을 추가한 것은 자연스러운 결정이었다.

자료 11.9. 왼쪽: 폼페이의 무덤 위에 적힌 검투사 대회 소식(왼쪽 위에 적힌 "GLAD"를 보라. 중앙 부근에 보이는 "XX"는 20명의 검투사들이 싸울 것이라는 발표다. "GLAD"의 "D" 바로 밑에 있는 맨 마지막 줄의 "NOV"는 11월이라는 날짜를 알리는 것으로 보인다. 오른쪽: 외부 벽 위에 있는 검투사 발표문으로서, 일레이우스 니기디우스 마이우스가 후원하는 경기임을 선전하고 있다(큰 글자 "C" 아래에 "Nigidi[us]"라는 단어가 있음).

현상에 도전하다

모든 길은 로마로 통한다는 말은 과장이 아니다. 적어도 그 길이 돈과 관련된다면 말이다. 돈은 ① 후원자의 사회적 지위를 향상시킴으로써 그에게 도움이 될 때, ② 생산성을 높여 지방 도심지에 유익을 줄 때, ③ 로마의 정치적 야망에 대한 충성도가 높아짐에 따라 로마의 질서에 유익을 가져다줄 때 그 효용이 극대화되었다.

그러나 돈이 영향력을 강화시키는 방식을 비판하는 목소리도 있었다. 베수비오 마을의 일부 주민들은 도시의 후원자들이 기부금을 제공하면서 지속적으로 선전해온 친로마적 감언이설과 회유에 신물이 난 것으로 보인다. 두 종류의 자료가 그 핵심을 보여주는데, 그것은 바로 그라피티와 예술 작품이다. 우리는 6장에서 "나는 무기와 한 남자가 아닌, 세탁하는 자들과 부엉이를 노래한다"(*CIL* 4.9131)는 구절과 심지어 학대를 당하면서도 로마가 듣기 원하는 말을 하는 시민들로부터 즐거움을 얻는 로마에 관한 내용을 담은 그라피티를 살펴보았다. 이 두 가지 그라피티는 모두 친로마적 선전에 반하는 정치적 의사를 담은 표현이었을 것이다.

아이네이아스의 인생에서 일어난 사건을 희롱조로 묘사한 특이한 작품에 이와 비슷한 점이 분명히 드러난다. 베수비오 도시에는 아이네이아스가 트로이에서 출발한 순간을 묘사한 작품이 많았다. 그 작품들을 보면 아이네이아스가 자기 아버지인 안키세스(상자 안에 있는 **페나테스**[*penates*, 가정의 수호신]를 들고 있다)를 왼쪽 어깨에 메고 있는데, 그의 아들 아스카니오스가 그의 손을 잡고 고분고분 그를 따라 걸어가고 있다. 그러나 폼페이의 한 주택(때로 인근 스타비아에 있는 주택으로 잘못 알려짐)에서 발견된 프레스코화는 동일한 순간을 호의적이지 않은 시각으로 그렸다(자료 11.10을 보라).

그 그림에는 위대한 영웅 아이네이아스가 그의 아버지와 아들과 더불어 개의 머리와 꼬리를 가진 유인원으로 묘사된다. 개의 머리와 꼬리 외에도 아이네이아스와 다른 남성 가족 구성원들은 매우 가늘고 긴 남근을 갖고 있는 모습으로 등장하는데, 이는 비로마적인 묘사로서 무례한 야만인들이나 할 법한 묘사라고 할 수 있다. (로마인들이 생각하는 로마 남근의 이상형은 "세련되고 우아한" 이를테면 "유선형으로 생긴" 것이기 때문이다.) "유인원의 섬"으로 알려진 나폴리만의 한 섬에 떠도는 전승에 의하면 아이네이아스가 한때 그 섬을 기지로 사용했다고 하는데, 이런 요소들이 이 괴상한 프레스코를 의뢰한 사람의 상상력을 자극했던 것같다. 그러나 그 점이 로마의 위대한 영웅에 대한 이런 모욕적인 이미지가 즐거움을 주었다는 사실이나 그런 패러디가 초상화로서의 가치가 있다고 생각한 사람이 있었다는 사

자료 11.10. 왼쪽: 아이네이아스는 자신의 아버지 안키세스를 한쪽 어깨에 메고, 동시에 아들 아스카니우스의 손을 잡고 트로이에서 도망친다(7.2.16, 보존 상태가 좋지 않은 테라코타). 오른쪽: 같은 장면을 패러디로 묘사한 폼페이의 프레스코화로서 등장인물을 동물적인 특징과 짐승의 남근을 지닌 존재로 묘사하고 있다(MANN 9089, 비록 정확한 위치는 알 수 없지만 6.17에서 출토된 것으로 간주됨).

실을 훼손시켜서는 안 된다. (왜냐하면 인접해 있는 프레스코화는 영웅 로물루스를 비슷한 방식으로 묘사하고 있지만, 어떤 전승도 그가 "유인원의 섬"을 방문했다고 말하지 않았기 때문이다.)

유명한 아이네이아스의 이야기를 묘사한 이 두 패러디는 베수비오 마을로 흘러들어온 막대한 양의 로마 자금이 뒷받침하는 내러티브에 대한 저속한 형태의 저항을 보여준다. 우리는 노니우스 발부스, 에우마키아, 니기디우스 마이우스, **아우구스탈레스**를 비롯한 상당수의 시민 엘리트들이 베르길리우스의 『아이네이스』를 패러디한 그라피티나 프레스코화를 보면서 절대로 즐거워하지 않았을 것이라고 추정할 수 있다. 퀸크티우스 발구스와 마르쿠스 포르키우스의 뒤를 따른 이 영향력 있는 사람들은 (그들 주변의 다른 사람들과 마찬가지로) 도시 발전을 위해, 오늘날로 계산하면 수백만 달러에 달하는 자금을 베수비오 마을에 유입시켰다. 그들의 눈에 그런 그라피티와 프레스코화는 로마 제국의 질서와 발전을 저해할 수 있는 유치하고 미개한 정서의 표현물로 보였을 것이다. 그들은 그 도시의 발전을 바라는 후원자로서 개인적인 불쾌감을 느꼈을지도 모른다. 그들에게 로마의 프로그램이란 모욕의 대상이 될 수 없는 것이었으며, 1세기 세계의 도시 정황 안에서 그 선전을 지지한 사람들 역시 모욕당해서는 안 되는 존재였다.

그리스도인 후원자들에 대한 칭찬

돈은 초기 예수 집단 안에서도 영향력을 발휘했다. 비록 훨씬 작은 규모였고 로마 제국주의 질서에 대한 지지에 결부되어 있지 않았음에도 말이다. 바울은 고린도전서의 말미에서 갖고 있는 자원을 존경받을 만한 방식으로 사용했던 그리스도인 가정에 대해 이렇게 말한다.

> 형제들아, 스데바나의 집은 곧 아가야의 첫 열매요 또 성도 섬기기로 작정한
> 줄을 너희가 아는지라. 내가 너희를 권하노니 이 같은 사람들과 또 함께 일하
> 며 수고하는 모든 사람에게 순종하라.…그들이 나와 너희 마음을 시원하게
> 하였으니 그러므로 너희는 이런 사람들을 알아주라(16:15-16, 18).

바울은 고린도의 예수 추종자들이 자신을 후원하는 문제를 놓고 서로 분
열하기 시작했을 때 자신의 계획에 대한 스데바나 가정의 충성심을 믿고
그의 가정을 칭찬했을 것이다(그가 그들에게 보내는 다음 편지가 분명히 보여주
고 있는 것처럼 말이다. 고린도후서를 보라).
　바울이 빌레몬의 "예수의 모든 추종자들을 위한…[그의] 신실함"을
칭찬한 배경도 이와 비슷할 것이다.

> 내가 기도할 때마다 너를 기억하면서 내 하나님께 항상 감사한 것은 주 예수
> 와 모든 성도에 대한 네 사랑과 신실함을 들었기 때문이다. 네 믿음의 교제가
> 너희 가운데 있는 활발히 일어나는 모든 선한 일이 그리스도의 영광에 이르
> 도록 실현되는 데 효과가 있기를 기도한다(몬 4-6, 저자의 번역).

여기서 바울이 다른 예수 추종자들을 도왔던 빌레몬의 명성에 대해 말
한 것은 1세기의 선행과 자선의 형태에 잘 들어맞는다. (당시에는 "단
체"[associations], 즉 서로 뜻이 통하고/통하거나 서로 도울 수 있는 목적을 위해 모인
집단 안에서의 선행이 이루어졌다.) 스데바나의 가정에 대해 말하든 빌레몬의
가정에 대해 말하든, 바울의 언급은 베수비오 도시와 같은 로마 도심지에

서 두드러지게 반복적으로 나타나는, 일종의 선행과 자선을 중요시하는 문화를 드러내는 축소판이다. 때로 초기 기독교 문헌의 담론은 로마 세계 (그리고 그 너머)에서 일어나는 상황의 "결을 따라" 흘러갔다. 예수 집단 내의 후원자들은 그들의 행위에 대해 마땅히 감사를 받아야 했다. (10장에서 살펴본 대로, 바울은 이런 노력들에 대해 그리스도의 몸을 세우는 여러 방법들 중 하나로 보아야 할 뿐 다른 것에 우선하는 "은사"의 한 형태가 아니라는 점을 확실히 하길 원했다.)

초기 기독교 문헌에 나타난 현상에 대한 도전

그러나 초기 기독교 문헌의 담론은 지역 로마 제국주의 선전의 주요 후원 자였던 도시의 엘리트들을 "못마땅해하는" 방향으로 흘러갔다. 예를 들어 누가복음은 예수의 말씀을 다음과 같이 기억한다.

> 또 자기를 청한 자에게 이르시되 "네가 점심이나 저녁이나 베풀거든 벗이나 형제나 친척이나 부한 이웃을 청하지 말라. 두렵건대 그 사람들이 너를 도로 청하여 네게 갚음이 될까 하노라. 잔치를 베풀거든 차라리 가난한 자들과 몸 불편한 자들과 저는 자들과 맹인들을 청하라. 그리하면 그들이 갚을 것이 없으므로 네게 복이 되리니 이는 의인들의 부활 시에 네가 갚음을 받겠음이라" 하시더라(눅 14:12-14).

여기서 누가는 예수가 고대 사회를 뒷받침하는, 선행과 자선을 중요시하는 문화를 뒤집었다고 기억한다. 은혜를 갚을 수 있거나 은혜를 베푼 사람의 지위를 높일 수 있는 사람들이 아닌, 사회에서 버림 받아 그 은혜를 갚을 수 없는 자들이야말로 너그러운 대접을 받아야 한다. 하지만 그런 사람들은 후원자들의 대접을 받을 수 있는 대상이 되지 못했다. 이 본문에 따르면 버림 받은 자들에게 너그러움을 베풀면 그런 노력에 대한 일종의 보상을 약속받지만, 오직 "의인들의 부활 시에"만 갚음을 받을 수 있었다. 예수 추종자들은 다른 사람들에게 너그러움을 베풀 때 "아무것도 바라지 말"아야 했다. 대신 사후에 그들이 받게 될 "상이 클 것"이다(눅 6:35). 결국 이 본문이 강조하는 선행은 로마 제국의 질서가 아닌 의인들에게 복을 주시는 신의 나라가 부여하는 혜택을 반영한다. 본문에는 "의인의 부활"이 예수의 추종자들에게 가장 명예로운 상으로 제시되고 있으며, 이런 방식으로 선행과 보상이 순환되는 긴 시간을 인식하도록 가르친다.

선행과 자선을 중요시하는 문화에 대한 도전은 누가복음의 후반부에서 예수가 좀 더 단호한 어조로 다음과 같은 말씀을 할 때 다시 반복되어 나타난다.

> 예수께서 이르시되 "이방인의 임금들은 그들을 주관하며 그 집권자들은 은인이라 칭함을 받으나 너희는 그렇지 않을지니 너희 중에 큰 자는 젊은 자와 같고 다스리는 자는 섬기는 자와 같을지니라"(눅 22:25-26; 막 10:41-45도 보라).

이 본문은 영향력 있는 후원자들이 지지하는 거시 내러티브가 아닌 사회적으로 보잘것없는 "젊은 자" 또는 "섬기는 자"의 미시 내러티브에 초점을 맞춘다. 이전에 살펴본 그라피티가 "무기와 한 남자"에 관해 쓴 것이 "아닌" 것처럼, 예수도 "이방인의 임금들…그리고 집권자"들을 지지하는 내러티브에 대해 말하는 것이 "아니다".

신약성경의 한 본문을 보면 예수의 형제 중 한 명인 야고보가 이와 거의 같은 생각을 갖고 있었음이 나타난다. 야고보는 예수의 신도들이라면 항상 "가난한 자들을 기억[해야 한다]"고 명기했던 사도 중 한 명이었다 (바울이 갈 2:10에 기록한 바와 같이 말이다. "더 멀리 내다보면서: 결론"을 보라). 그는 예수 추종자들이 고대 세계의 많은 이들에게 영향을 끼쳤던 절망적인 가난을 완화시키는 데 반드시 관여해야 한다고 믿었다. 그의 이름을 딴 편지에는 다음과 같은 주장이 기록되어 있다.

> 내 형제들아, 영광의 주 곧 우리 주 예수 그리스도에 대한 믿음을 너희가 가졌으니 사람을 차별하여 대하지 말라. 만일 너희 회당에 금 가락지를 끼고 아름다운 옷을 입은 사람이 들어오고 또 남루한 옷을 입은 가난한 사람이 들어올 때에 너희가 아름다운 옷을 입은 자를 눈여겨 보고 말하되 "여기 좋은 자리에 앉으소서" 하고 또 가난한 자에게 말하되 "너는 거기 서 있든지 내 발등상 아래에 앉으라" 하며 너희끼리 서로 차별하며 악한 생각으로 판단하는 자가 되는 것이 아니냐? 내 사랑하는 형제들아, 들을지어다. 하나님이 세상에서 가난한 자를 택하사 믿음에 부요하게 하시고 또 자기를 사랑하는 자들에게 약속하신 나라를 상속으로 받게 하지 아니하셨느냐? 너희는 도리어 가난한 자를 업신여겼도다. 부자는 너희를 억압하며 법정으로 끌고 가지 아니하느냐?(약 2:1-6)

야고보는 가난한 사람들의 이야기가 신적 "왕국"의 메시지를 전달하기에 더할 나위 없이 적합하다고 여겼다. 이 사실은 매우 독특하다. 로마 시대에 그 제국의 이념 속에 두드러지게 내재된 것은 엘리트들의 이야기였다. 초기 예수 운동은 "영광의 주 곧 우리 주 예수 그리스도"라는 메시지 안에 가난한 사람들의 이야기를 부각시켜 담아낼 수 있는 방법을 찾아냈다. 아마도 이는 바울이 이 "복음은 사람의 뜻을 따라 된 것이 아니니라"고 말할 수 있었던 한 가지 이유일 것이다. 왜냐하면 인간으로부터 시작된 좋은 소식을 만들어내려는 모든 시도는 우리가 베수비오 도시들에서 흔히 볼 수 있는 것처럼 결국 힘 있는 사람들을 가장 중요한 자리에 앉히기 때문이다. 아마도 이 점 역시 바울이 이 좋은 소식을 "값없이" 전하려고 했던 한 가지 이유일 것이다(고전 9:18). 그는 자신이 설교한 메시지가 불가피하게 힘 있는 자의 이기심과 얽히지 않도록 이런 방법을 사용했다.

12

읽고 쓰는 능력과 사회적 지위

> 이에 베드로가 성령이 충만하여 이르되 "백성의 관리들과 장로들아,…다른 이로써는 구원을 받을 수 없나니 천하 사람 중에 구원을 받을 만한 다른 이름을 우리에게 주신 일이 없음이라" 하였더라. 그들이 베드로와 요한이 담대하게 말함을 보고 그들을 본래 **학문 없는 범인**으로 알았다가 이상히 여기며 또 전에 예수와 함께 있던 줄도 알고(행 4:8, 12-13).

엘리트 교육하기

고대에는 사도 베드로와 요한처럼 교육을 받지 못한 평범한 사람들이 어디에나 있었다. 일반적으로 수사학이나 철학에 대한 교육은 (자료 12.1에 묘사된 바와 같이) 로마 주민 중 좋은 지위에 있는 남성들만 받을 수 있는 특권이었다(여성의 교육에 관한 내용은 아래를 보라). 젊은 로마 남성은 훗날 영향력을 행사하는 인물이 되고 사회생활에서 적극적인 역할을 하기 위해 다른 사람들을 설득하고 발표하는 수사학적 기술을 습득하는 데 전념해야 했다. 이런 기술을 습득하려면 가정 교사나 학교 교사로부터 배울 필요가 있었다. 가장은 가족 구성원들의 교육을 위해 가정 교사를 노예로 들일 수

자료 12.1. 두루마리를 공부하는 엘리트 남성들을 묘사한 두 개의 베수비오 프레스코화("이미지 출처" 참조)

있었다. 반면 교육을 받기 위해 매일 교사가 운영하는 학교로 가야하는 학생들도 있었다. 사람들은 소년들이 수사학적 능력과 교육받은 사고를 포함한 다양한 수단을 통해 다른 사람들의 인정을 받으며 시민으로서 활약하는 무대에서 지도자로 성장하기를 원했다. 한편 소년들은 문학 고전에 대한 지식을 갖춰야 했다. 예를 들어 호메로스의 『오디세이아』(*Odyssey*)와 『일리아스』(*Iliad*), 당시 신작이었던 베르길리우스의 서사시 『아이네이스』(*Aeneid*)는 1세기의 "베스트셀러"였다. 효과적인 수사학 기술과 고전 문학에 대한 지식은 엘리트들이 일반적으로 생각했던 이상적인 시민상을 구체화하는 요소로서, 한 청년이 시민으로서 무대에 올라 지배력을 행사할 수 있는 위치에 서는 데 도움을 준 강력한 조합이었다. 또한 이런 기량들은 로마인들이 **오티움**(*otium*)이라고 부르는 것을 향상시켰는데, 이는 휴식, 오락, 배움의 적절한 균형을 뜻하는 단어다. **오티움**은 엘리트들만이 즐길 수 있는 사치였다. 왜냐하면 **오티움**은 대다수의 사람들을 압박하는 일상적인 일들로부터 자유로울 때 비로소 추구할 수 있는 것이었기 때문이다.

베수비오 유물 가운데 헤르쿨라네움의 호화로운 파피루스 저택은 내부에 갖춰진 대규모 도서관을 통해 엘리트들의 이런 여유와 풍요로움 및 그들이 추구했던 학문 수준을 보여준다. 고고학자들은 그 웅장한 해변 저택 안에서 그리스어와 라틴어로 된 철학 논문이 기록된 약 1,800개의 파피루스 두루마리를 발견했다. 이런 두루마리 대부분은 검게 그을린 상태로 발견되어 내용을 정확히 파악할 수 없다(자료 12.2를 보라). 그러나 면밀히 연구해본 결과 그 도서관은 기원전 1세기의 주요 에피쿠로스주의 철학자, 시인 및 수사학자인 필로데모스의 많은 작품들을 소장하고 있는 것으로 보인다. 이처럼 이 저택은 로마 세계의 엘리트들이 소중히 여겼던 부와 교육의 교차점을 예시해주고 있다.

자료 12.2. 왼쪽: 철학 논문을 집대성한 파피루스 두루마리로서 헤르쿨라네움의 파피루스 저택 도서관에 발견되었다. 오른쪽: 같은 모음집에서 나온 파피루스 두루마리를 펼쳐놓은 것이다.

다양한 문해력

그러나 교육은 단순히 부유한 가정에서만 이루어진 것이 아니었으며, 읽고 쓰는 능력 역시 사회경제적 상류층에게만 국한되지 않았다. 교육 영역에는 많은 다양성이 존재했다. 여러 교사와 학생들은 교육적인 능력에서 다양한 자질을 지니고 있었다. 우리는 베수비오 도시의 유적을 통해 이 풍부한 다양성의 일부를 확인할 수 있다. 비록 교육 수준과 지위에 따라 차이가 존재하기는 했으나, 다수의 마을 주민은 어느 정도 읽고 쓰는 능력을 갖추고 있었다.

율리아 펠릭스가 소유했던 "컨트리클럽"(2.4 블록 전체를 차지하고 있음)의 몇몇 프레스코화는 (일반적으로 폼페이 예술이 묘사하고 있는 신화적인 장면보다는) 일반 주민들의 일상적인 삶 속에 나타난 순간을 묘사한다. 그중 당시 사람들의 글을 읽고 쓰는 능력에 관한 정보를 제공하는 두 그림이 있다.

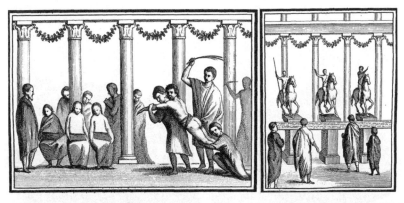

자료 12.3. 율리아 펠릭스의 컨트리클럽(2.4)에 있는 프레스코화 두 점. 왼쪽: 전통적인 해석에 따르면 두 학생에게 잡혀 있는 한 남학생이 지도 교사가 휘두르는 채찍을 맞고 있으며, 다른 세 학생은 공부를 계속하고 있다. (다만 이 해석은 논쟁의 여지가 있는데, 채찍을 맞은 사람이 학교를 다니지 않는 노예로서 그가 어떤 이유로 인해 벌을 받는 장면을 묘사한 것일 수도 있기 때문이다, MANN 9066). 오른쪽: 몇몇 폼페이 주민들이 상호 배려를 촉구하는 공문을 읽고 있다(MANN 9068, "이미지 출처" 참조).

한 프레스코화를 보면 몇몇 젊은이들이 열심히 공부하고 있는데 그중 가정 교사가 기대하는 기준을 충족시키지 못한 한 명이 부족한 근면성을 질책받으며 매를 맞고 있다. (우리는 이런 관행을 문학 자료에서도 보게 되는데, 특히 로마 시인 호라티우스는 그의 스승을 "매로 때리는 사람"으로 지칭하기도 한다;「서간집」(*Epistles*) 2.1.70). 또 다른 프레스코화에는 중앙 광장에서 대중에게 공개하기 위해 준비한 장문의 공식 성명서를 읽는 폼페이 주민들의 모습이 묘사되어 있다.

한 개인이 사업을 효율적으로 운영하기 위해서는 읽고 쓰는 능력이 필요했을 것이다. 폼페이의 대표적인 경매인이자 은행가인 루키우스 카이킬리우스 유쿤두스(Lucius Caecilius Jucundus)가 소유했던 법률 문서에는 많은 일반 주민의 사업 거래, 특히 폼페이 사람들 사이에서 진행된 부동산 매매에 대한 내용이 기록되어 있다. 밀랍을 칠한 대부분의 서자판(書字板)에는 계약을 위해 신원 확인 표시를 첨부한 다양한 증인들의 서명이 남아 있는데, 사회 계급상의 지위에 따른 순서로 되어 있다. 이는 우리가 신분 계급에 관해 2장에서 살펴본 내용과 비슷하다. 또한 특정 수준의 읽고 쓰는 능력은 다양한 종류의 인사말이 새겨진 주택 현관 바닥의 모자이크에서도 드러난다. 예를 들면 "개조심"(*cave canem*, 6.8.5), "환영합니다"(*have*, 6.12.2) 같은 문구가 남아 있다.

여성, 읽고 쓰는 능력, 가정 관리

우리는 보통 남자아이들과 성인 남성들에게 교육의 기회가 열려 있었을 것이라고 생각하지만, 몇몇 증거를 보면 여성들도 가끔씩 교육의 혜택을 받았음을 알 수 있다. 어떤 문서 모음집에는 텔레스포루스라는 이름의 가정 교사를 둔 칼라토리아라는 여성이 등장하는데, 그 가정 교사는 그녀가 소유한 노예 중 한 명이었다. 칼라토리아는 헤르쿨라네움에서 상당히 유력한 집의 여자 가장이었다. (비록 그 가정이 영향력을 누린 것은 화산이 폭발하기 수년 전의 일이었다는 증거가 있지만 말이다.) 텔레스포루스는 칼라토리아에게 모종의 교육 훈련을 시켜야 할 의무를 갖고 있었다. 어떤 노예들은 이런 일을 하기 위해 교육받았는데, 이는 일종의 입주 가정 교사 같은 일이었다. 따라서 우리는 여기서 한 집안의 여자 가장을 가르치는 가정 노예를 볼 수 있다. (우리는 이미 1장에서 글을 읽고 쓸 수 있는 한 노예를 보았다. 메테라는 이름의 노예는 크레스투스를 사랑하는 그녀의 마음을 한 그라피티를 통해 표현했다.)

폼페이에서 발견된 일부 프레스코화는 일정한 수준의 읽고 쓰는 능력을 지니고 있던 여성들을 보여주는데, 이런 여성들은 여자 가장으로서의 영향력을 발휘할 수 있었다. 특히 여성들의 읽고 쓰는 능력이 지닌 이런 측면을 잘 포착하는 두 프레스코화가 있다. 두 그림 모두 한 손에는 공책을, 다른 손에는 필기를 위한 철필을 든 채로 무언가 골똘히 생각하면서

자료 12.4. 왼쪽: 한 여자는 집안일의 목록에 무엇을 포함할지 고민하는 반면, 다른 여자(그녀의 노예?)는 그것을 구경하고 있다 (MANN 9074, 때로 연애편지를 쓰는 장면으로 잘못 알려져 있기도 하다); 오른쪽: 한 여자가 그녀의 공책을 들고 깊이 생각하고 있다(MANN 9084, 때로 그리스 시인 사포[Sappho]라고 잘못 전해지기도 했다).

철필을 입술에 올려놓은 여성들의 모습을 묘사하고 있다. 공책에는 가정을 효율적으로 운영하는 데 필요한 "해야 할 일의 목록"이 포함되어 있었을 것이다. 한 프레스코화(자료 12.4의 오른쪽)에 묘사된 여성은 자신이 메모판에 무엇을 썼는지 (또는 곧 쓸 내용을) 생각하고 있다. 손에 커다란 공책을 든 모습으로 보건대 그녀는 중요한 가정의 여자 가장인 것 같다. (그리고 그녀의 프레스코화 옆 벽에는 그녀의 남편이나 아들로 추정되는 한 남자가 두루마리를 들고 있는 모습이 그려져 있다[MANN 9085].) 다른 프레스코화(자료 12.4의 왼쪽)에는 갓 결혼한 것으로 보이는 십 대 초반의 매우 젊은 한 여성이 작은 공책을 펴든 채로 집안에 필요한 것들을 생각하고 있으며, 뒤에 있는 또 다른 여자는 그 모습을 구경하고 있다. 아마도 그 구경꾼은 여자 가장의 노예로서 그날 자신이 맡을 업무를 살펴보는 중일 것이다. (이 모티프의 세 번째 예는 자료 16.8을 보라.)

이 여성들은 고대 그리스-로마의 위대한 문학에 대한 전문 지식이 있는 모습으로 나타나지는 않는다. 이들의 읽고 쓰는 능력은 자신들이 가장으로 있는 가정의 효율적인 운영을 위해 그날 해야 할 일들의 목록과 메모를 작성하는 수준을 넘어설 필요가 없었다. 프레스코화는 이런 방식으로 가정의 유능한 감독자라는 그들의 명성을 높이는 역할을 하지만, 가정 관리 목적을 넘어서는 수준의 읽고 쓰는 능력을 시사하지는 않는다. 예를 들어 이 여성들은 두루마리에 기록된 그리스-로마의 고전을 즐기지는 않는다. 대신 자기 가정의 효율적인 관리자로 묘사되고 있다.

베수비오의 한 프레스코화(자료 12.5를 보라)는 사회적 지위의 향상을 이런 다양한 형태의 읽고 쓰는 능력과 연결시키는데, 이는 흔히 남성과 여성의 기능에 따라 나뉜다(자료 16.8과 16.9도 보라). (왼쪽에서 오른쪽 방향으로 살펴본) 프레스코화의 다섯 가지 구성 요소는 다음과 같다.

자료 12.5. 읽고 쓰는 능력과 사회적 지위의 향상을 연결시키는 프레스코화("이미지 출처" 참조.)

- 가정의 효율적인 운영을 위해 필요한 여성용 공책
- 가정의 일상 운영에 필요한 낱개의 동전들
- 가정 내의 기업가적 야망을 보여주는 사업 계약서(일반적으로 그 가족의 남자 우두머리인 가장이 대표한다)
- 가정(일반적으로 그 가정의 가장과 그의 합법적인 남자 자녀를 가리킨다) 내에서 진행되었던 교육을 기록한 두루마리를 담은 통
- (분명히 귀한 동전의 형태로 된) 그 가정의 소중한 비상금을 담고 있는 상당한 크기의 자루

이 프레스코화는 그 가정이 사회경제적으로 더 높은 지위로 올라갈 수 있는 가능성과 (가정의 효율성과 교육적 학습 모두를 포함한) 읽고 쓰는 능력 사이의 연관성을 포착한다. 그럼으로써 중산층에 해당하는 사회경제적 지위를 가진 이 가정이 더 번창하기 위해 어떤 노력을 기울였는지를 보여준다.

그러나 더 높은 수준의 읽고 쓰는 능력을 지닌 특정 여성들이 있었음을 시사하는 프레스코화도 발견되었다. 한 프레스코화는 읽고 쓰는 능력의 수준이 상당해 보이는 어떤 여성의 모습을 묘사하고 있다(자료 12.6을 보

라). 공책이 아닌 두루마리를 들고 있는 그녀는 분명 매우 부유한 환경 출신의 엘리트 여성으로서, 높은 지위를 갖고 있었기 때문에 수준 높은 문학의 즐거움에 몰입할 수 있는 시간과 사치를 누릴 수 있었다. 그녀는 사회경제적 상위 계급에 속했던 소수의 운 좋은 여성이었으며, 자신을 둘러싼 환경의 수준에 맞춰 그녀의 사고를 발전시킬 기회를 얻을 수 있었다. 이를 통해 **오티움**(*otium*)의 사치가 엘리트 가정의 여성 구성원들에게까지 확대되었으며, 지위의 향상은 수준 높은 형태의 읽고 쓰는 능력과 밀접한 연관이 있었음을 알 수 있다.

자료 12.6. 한 엘리트 여성이 두루마리를 읽고 있는 모습을 묘사한 베수비오의 프레스코화("이미지 출처" 참조)

그라피티에 나타난 읽고 쓰는 능력

읽고 쓰는 능력은 다양한 형태로 나타났기 때문에 베수비오의 많은 사람들이 상대적으로 기본적인 언어를 사용하여 마을 벽에 자신을 표현했다는 사실은 놀라운 일이 아니다. 베수비오 마을 벽에서 발견된 11,000개가 넘는 유물 중 대다수는 단순한 그라피티다. 주택의 외벽, 상업용 건물, 공공장소의 벽은 대중이 일반적으로 사용하는 공유된 공간으로 받아들여졌고, 그곳에 쓰인 글들은 공적 영역 내의 모든 종류의 담론을 조성하는 것으로 여겨졌던 것 같다. 그 담론에는 **디핀티**(*dipinti*)가 포함되어 있었는데, 이는 (10장에 나온 것처럼) 건물 외벽에 흰색 바탕을 두르고 빨간색으로 그림을 그림으로써 곧 개최될 검투사 대회나 선거 후보자의 지지를 알리는 게시물이었다. 이 그림을 그린 간판업자들은 간혹 그림 안에 자신의 흔적을 남겼다. "아이밀리우스 켈러는 달빛의 도움을 받아 혼자서 이것을 썼다"(*CIL* 4.384). "우니코는 나머지 팀원들 없이 썼다"(*CIL* 4.222). "오네시무스는 회반죽을 바르는 사람이었다"(*CIL* 4.222). 한 화가는 동료를 나무라는 내용을 남겼다. "등불을 들고 있는 자여, 사다리를 붙잡아라"(*CIL* 4.7621).

폼페이의 그라피티는 대부분 전문적으로 제작된 것이 아니었다. 상당수가 단단한 물건으로 회반죽 위에 자국을 남기거나 소박하게 숯으로 끄적인 형태로 되어 있다. 우리가 이미 앞서 살펴본 이런 그라피티들은 외벽에 국한되지 않고 내벽에도 그려져 있었으며, 거주인의 사회경제적 수준과 관계없이 모든 건물에 쓰여 있었다. 때로 인생의 중요한 순간을 포착하는 기록이 발견된다. "1월 23일 목요일에 우르사는 아이를 낳았다"(*CIL* 4.8820). 어떤 이들은 평범한 순간을 기록하기도 했다. "여기서 저기까지 10번 왔다 갔다 하면 640걸음이다"(*CIL* 4.1714). "나는 4월 19일에 빵을 구웠다"(*CIL* 4.8792). 금욕주의적인 정서를 걷어내고 직설적인 언사를 선보인 이들도 있었다. "여기서 많은 소녀들과 성교했다"(*CIL* 4.2175). "성교의 상대를 원한다면 아티케를 찾아라. 4세스테르티우스면 된다"(*CIL* 4.1751). 제국 내에서 상대적으로 더 나은 지위에 있는 사람들은 이보다 덜 노골적인 낙서를 남겼다. "티투스 황제의 의사, 아폴리나리스가 여기서 대변을 봤다"(*CIL* 4.10619). 베수비오 화산이 폭발하기 불과 몇 달 전에 티투스가 황제 자리에 오른 것을 생각해보면, 이 그라피티는 틀림없이 베수비오 마을에서 마지막으로 새겨진 것이다(이 경우 헤르쿨라네움의 보석의 집에서 발견됨).

사람들은 단순히 자신이 "여기 있었다"고 말하거나, 부지 임대를 위한 광고를 하거나, "가정의 신에게 서원"을 하거나, 황실 가족 구성원들의 "행복과 건강"을 기원하기 위해 그런 낙서를 남겼다. 어떤 경우에는 학생들이 알파벳 연습을 하거나, 복잡한 회문(回文)(역자주: 앞에서부터 읽으나 뒤에서부터 읽으나 같은 말이 되는 어구)을 이용한 낱말 맞추기 놀이를 한 흔적이 남아 있다.

누군가를 놀리는 문구도 있었다. "에파프라, 너는 대머리야!"(CIL 4.1816). 어느 주택가 변소의 벽에는 마르타라는 이름의 노예를 헐뜯는 글이 보인다. "여기는 마르타의 식당이다. 그녀는 [그녀의] 식당에서 대변을 본다"(CIL 4.5244, 9.8.6). 때로는 감동적인 글도 있다. "피루스가 동료 키우스에게, 네가 죽었다는 소식을 듣고 슬퍼하고 있다. 너에게 작별을 고한다"(CIL 4.1852, 폼페이 바실리카에서). 가끔은 지혜로운 말도 새겨져 있다. "작은 문제를 무시하면 더 커진다"(CIL 4.1811). 호메로스, 오비디우스, 세네카, 루크레티우스와 같은 고대 그리스-로마의 고전 문학 작가들의 문장을 인용하는 그라피티도 상당수 발견되는데, 6장에서 언급한 바와 같이 『아이네이스』에서 인용한 36건을 포함하여 베르길리우스의 문장을 빌려다 쓴 것이 48건에 이른다. 그중 다수는 글을 배우는 어린 학생들이 쓴 것으로 보이는데, 선생님이 내준 고전 문학 연습 문제였을 가능성이 있다.

이 작은 그라피티 견본은 베수비오 도시에 살았던 평범한 사람들의 삶에 대한 통찰력을 제공한다. 또한 이 그라피티와 다른 유물들은 당시 사람들의 읽고 쓰는 능력에 대한 윤곽을 드러낸다. 로마 인구의 상위 5%만

이 글을 읽고 쓰는 능력을 지녔다고 말하던 시대는 지났다. 폼페이에서 발견되는 그라피티 문구를 보면 낮은 수준의 읽고 쓰는 능력을 가진 많은 사람들이 폭넓은 독자층을 대상으로 다양한 장르의 글을 남겼음을 알 수 있다. 그렇다고 모든 사람이 다 글을 읽고 쓰는 능력을 갖고 있었던 것은 아니다. 실제로는 전혀 그렇지 않았다. 일부 사람들은 폼페이 벽에 새

자료 12.7. "플라토"라는 글자가 적힌 두루마리를 들고 있는 젊은이의 모습을 묘사한 프레스코화. 그 근처에 있는 이와 유사한 프레스코화는 동일한 젊은이 혹은 그와 매우 흡사한 인물이 호메로스의 두루마리를 들고 있는 모습을 표현했다(MANN 120620a 그리고 120620b; 5.2h에서).

겨진 문구와 그라피티를 보고 그것이 의미를 지닌 글임을 인식할 수 있었지만, 글자를 보고도 직선과 곡선을 결합시킨 무언가 이상으로 받아들이지 못하는 사람들이 여전히 많았다. 예를 들어 우리는 맘미우스라는 사람이 "마르쿠스 칼라토리우스 마룰루스라는 사람이 글을 쓰는 법을 모른다고 말했기 때문에 그의 요청에 의해 그 앞에서" 법적 증언을 했다는 사실을 알고 있다(VAR Tab. 24; 또한 AE [2002], 342를 보라). 그러나 읽고 쓰는 능력이 도시 엘리트나 그들 밑에서 일하는 하인들에게만 주어진 것은 아니다. 베수비오 유적은 일반 사람들과 관련하여 단순히 "글을 읽고 쓸 수 있는 사람"과 "글을 읽고 쓸 수 없는 사람"을 구별하려는 시도에 문제를 제기하면서, "글을 읽고 쓸 수 있는 능력"에 내재된 폭넓은 스펙트럼을 분명히 드러낸다.

읽고 쓰는 능력, 예수와 그의 추종자들

예수의 읽고 쓰는 능력에 관해서는 어떻게 말할 수 있을까? 예수가 고향 회당에서 성경을 읽었다는 기록을 보면(눅 4:16-17) 예수는 기초적인 읽기 능력을 갖고 있었던 것 같다. 유대인 가정에서 자란 사람이 유대인들의 경전을 능숙하게 읽을 수 있었다는 것은 전혀 놀라운 일이 아니다.

그러나 예수의 읽고 쓰는 능력이 일반 목수보다 훨씬 더 광범위한 교육 훈련을 받은 유대 지도자들의 수준과 같지는 않았을 것이다. 예수와 당시의 유대 지도자들 사이에 발생했던 긴장의 상당 부분은 아마도 (뛰어난 수준의 훌륭한 교육을 받은) "저명한" 유대교 경전 해석자들과 (권위의 근거로 내세울 만한 전통적인 교육을 받지 못한) 나사렛 출신 "시골 촌놈" 사이의 권위에서 비롯된 갈등이었다. 예를 들어 마가복음 6:3에는 하나님의 뜻을 서로 다르게 해석하는 자들이 인식하는 지위 간의 긴장이 드러난다. 이 본문을 보면 예수의 고향 사람들조차 회당에서 행한 예수의 놀라운 가르침에 부정적으로 반응한다. "이 사람이 마리아의 아들 목수가 아니냐? 야고보와 요셉과 유다와 시몬의 형제가 아니냐? 그 누이들이 우리와 함께 여기 있지 아니하냐?" 그 본문은 고향 사람들이 "예수를 배척했다"고 말한다(막 6:3; 마 13:55과 비교하라). 예수는 단순한 기능공이었고 그런 사람들 사이에서 자라났다. 그들은 예수의 소박한 가족을 알고 있었다. 그런 상황에서 그의 가르침은 어떤 지위를 가질 수 있었을까? 그는 자신이 누구라고 생각했을까?

또한 사도 베드로와 요한은 어떠한가? (이 장의 서두에서 인용한) 사도행전 4장에 묘사된 내용을 보면, 그들은 분명 학교 교육을 받지 못한 평범한 사람들이었다. 그들은 예수를 따르기 전 갈릴리의 어부로 일하고 있었다.

학교 교육을 받지 않은 평범한 남자였던 그들은 문학적 소양이 낮은 로마 시대의 대다수 사람들과 어울려 좋은 관계를 맺었을 것이다. 베드로와 요한은 (예수처럼) 유대인의 정체성과 유산을 소중히 여겼던 사람으로서 유대 경전을 읽는 훈련을 통해 유익을 얻었을 수도 있다. 하지만 기본적인 형태의 읽고 쓰는 능력 이상의 어떤 것에 능숙할 필요는 없었다. (그들의 문학적 기량은 쓰기보다는 읽기에 제한되었을 수 있다.) 사도행전 4장에 따르면 예수의 첫 제자들이 "학교 교육을 받지 않은 사람들"이었기 때문에, 베드로와 요한의 말을 들은 사람들은 그들이 매우 유창한 웅변으로 "백성의 관리들과 장로들에게" "담대하게" 말할 때 "깜짝 놀랐다"고 한다. 사도행전의 저자는 그들이 왜 그토록 담대했는지 그 이유를 알려준다. 그것은 단순히 이 사람들이 "전에 예수와 함께 있었기" 때문이 아니라, 이제 "성령이 충만하기" 때문이었다(4:8, 12-13).

사도 바울은 학식이 높은 인물로 보이지만, 자신의 편지를 직접 "펜으로 쓰기"보다는 서기관에게 자신의 말을 받아쓰게 하는 방식을 택했다. 그중 한 사람은 어느 시점에서 독자들에게 이렇게 말하기도 한다. "이 편지를 기록하는 나 더디오도 주 안에서 너희에게 문안하노라"(롬 16:22). 하지만 그는 때때로 직접 철필을 집어 들었다. 그는 빌레몬서 19절에서 이렇게 말한다. "나 바울이 친필로 쓰노니." 이 부분만 보고 그가 짧은 편지 전체를 직접 다 썼다는 뜻인지, 아니면 (가능성이 더 높은 쪽이지만 아마도) 대부분은 누군가가 받아쓴 것이지만 (직접 기록하는 것이 가장 좋다고 생각되는 재정 보증을 포함하고 있는) 그 특정 문장의 내용을 자신이 직접 쓰고 있다는 것인지 알기는 어렵다. 갈라디아의 신자들에게 보낸 편지 말미에도 이와 비슷한 부분이 발견된다. "내 손으로 너희에게 이렇게 큰 글자로 쓴 것을 보라"(갈 6:11). 여기서 바울은 강조하는 용어("큰 글자") 또는 굵은 글자나 이탤릭체와 같은 형식을 사용하여 그 편지가 무엇에 관한 것인지를 요약하는 마지막 단락을 소개하기 위해 철필을 집어 든다. 만약 바울이 설명하는 갈라디아서의 개요를 알고 싶다면, 큰 글씨로 그가 직접 쓴 그 편지의 마지막 구절들(6:11-18)을 참고하면 된다.

디모데후서의 독자들은 바울이 청년 디모데에게 지시하는 내용을 접한다. "네가 올 때에 내가 드로아 가보의 집에 둔 겉옷을 가지고 오고 또 책(두루마리)은 특별히 가죽 종이(양피지)에 쓴 것을 가져오라"(4:13). 이런 흥미로운 언급은 그 두루마리와 양피지(글을 쓰는 도구로 사용되었던 동물의 가죽)가 무엇인지 호기심을 불러일으킨다. 이 두루마리들은 유대 경전에서 선별된 본문들 혹은 당시 그리스 문학의 "정경"에서 선별된 본문들이었을까? 양피지는 바울이 교회에 보냈던 편지들의 사본이었을까? 우리는 결코 알 수 없을 것이다. 그러나 이 본문은 바울의 읽고 쓰는 능력이 높은 수준이었음을 암시하는 것으로서, 이에 대해서는 한 번도 의문이 제기된 적이 없다.

바울 주변의 사람들 가운데 적어도 한 명의 여성은 매우 뛰어난 읽고 쓰기 능력을 갖추고 있었을 가능성이 있다. 바울은 이 사람을 뵈뵈라고 소개하면서, 그녀는 "[고린도의 항

자료 12.8. 그리스 희극작가 메난드로스를 묘사한 프레스코화로서, 바울은 고전 15:33에서 그의 말을 인용한다(1.10.4, 원위치에 있음).

구도시인] 겐그레아 교회의 일꾼으로…여러 사람과 나의 보호자가 되었다"고 말한다(롬 16:1-2). 이 내용을 참고하면 바울의 편지를 로마에 있는 예수 집단에 전하기 위해 고린도에서 온 사람이 뵈뵈였던 것 같다. 뵈뵈는 편지를 전달하는 사람으로서 아마 그 도시의 다양한 예수 집단에서 편지를 읽어주었을 것이다. 또한 그녀는 로마에 있는 예수 추종자들이 바울의 편지를 해석할 수 있도록 도왔을 것이다. (우리는 그 사람들이 그녀에게 "바울이 말한 하나님의 의가 무엇을 의미합니까?"라고 묻는 모습을 상상할 수 있다.) 이는 뵈뵈가 글을 읽고 쓰는 데 뛰어난 능력을 갖추고 있었음을 시사한다. 그녀는 가정을 효율적으로 관리하는 데 필요한 것 이상의 능력을 갖고 있었다. ("여러 사람의 보호자"라는 말이 암시하듯이) 만약 그녀가 성공한 사업가였다면, 그녀의 읽고 쓰는 능력은 사업을 경영하는 데 필요한 기술 이상으로 뛰어났을 것이다. 뵈뵈는 당시 사람들의 평균적인 문해력과 비교해볼 때 놀라운 수준의 능력을 지닌 여성이었던 것 같다.

문학적 특이성이 신학적으로 기여한 점이 있는가?

초기 기독교의 문해력과 관련하여 한 가지 흥미로운 측면이 신약성경의 마지막 책에 나타난다. 요한계시록의 저자는 때때로 읽는 이로 하여금 고개를 갸우뚱하게 할 만큼 이상한 문법을 사용하여 글을 썼다. 이는 요한이 본문 첫머리에서 소아시아의 일곱 교회에 보내는 인사말을 할 때 발견된다. "이제도 계시고 전에도 계셨고 장차 오실 이와 그의 보좌 앞에 있는 일곱 영과 또 충성된 증인으로 죽은 자들 가운데에서 먼저 나시고 땅의 임금들의 머리가 되신 예수 그리스도로 말미암아 은혜와 평강이 너희에게 있기를 원하노라"(1:4-5). 훌륭한 학생이라면 누구나 알겠지만, 여기서 "말미암아"(from)로 번역된 그리스어 전치사는 수식하는 단어를 소유격으로 사용할 것을 요구하고 있지만, 요한은 그 대신 주격, 즉 전치사에 어울리는 형태가 아닌 문장의 주어에 맞는 형태를 사용했다. 사실 요한은 이 문법이 그의 본문 전체에 설명된 대로 "잘못된" 문법이라는 사실을 알고 있었다. 바로 다음 구절에서 같은 전치사가 그것이 수식하는 단어의 소유격과 함께 나타난다("그의 보좌 앞에 있는 일곱 영[으로 말미암아]"). 무슨 일이 일어나고 있는 것인가? 아마도 요한은 복잡한 문법적 특이함을 통해 신학적인 논점을 제시하고 있었을 것이다. 즉 "이제도 계시고 전에도 계셨고 장차 오실 이"는 항상 모든 것의 주어이고 결코 그보다 못한 존재가 아니라는 것이다. 아니면 이 신은 일반적인 표현 방식의 규칙 안에 포함될 수 없다는 것이었을 수도 있다. 즉 이 신은 우리가 통제할 수 없는 존재이며, 일반적인 시각에서 이상하게 보일 수 있는 영역에 놓여 있다는 것이다. 누가 알 수 있겠는가? 그러나 요한이 문법의 규칙(특히 구문론)을 명확히 알고 있었기 때문에, 그가 이에 대한 어떤 신학적인 설명을 하고 있을 가능성이 가장 크다.

이와 유사한 특이점이 요한계시록 5:6에도 나타난다. 요한은 거기에서 "온 땅에 보내심을 받은 하나님의 일곱 영"에 대해 말한다. "영"(spirits)이라는 단어는 중성 복수 명사지만, 그 중성 명사를 더 자세히 부연하는 단어(분사 "보내심을 받은"[sent out])는 예상대로 중성 복수형이 아니라 남성 복수형이다. 만약 요한이 학생 시절에 이런 문장을 만들었다면, 요한의 선생은 그에게 매를 들었을까? 이건 그냥 문법적 오류인가? 요한은 그리스어 단어 "영"이 중성이라는 사실을 알고 있었고, 본문 앞부분에서 "영"을 지칭하기 위해 중성 대명사를 사용한다(1:4). 따라서 그는 여기서 어떤 신학적인 의미를 갖고 남성형을 사용했을 가능성이 있다. 아마도 그의 특이한 문법은 독자들에게 (중성의) 영을 세계 도처에 보내는 것이 신비한 천상의 일이 아니라 **사람들의** 삶 속에 내재된 일임을 알리려는 의도였을 것이다. 남성형인 "보내심을 받은"이라는 표현은 남성과 여성 모두의 역할을 하고 있다. 이때 사용된 문법적 특이성은 독자의 관심을 끌면서, 성령이 이 세상에서 그 신을 섬기는 이들의 삶 안에서 체현된 형태로 움직인다는 요한의 신학적 신념을 나타낸다.

이와 동일하게 문법적인 특이성을 통해 신학을 하는 행위는 문장 안에서 주어와 동사가 일치하지 않는 현상에서도 나타나는데, 이는 요한계시록 여러 곳에서 발견된다. 예를 들어 요한은 11:15에서 "우리 주와 그의 그리스도"를 별개의 두 인물로 언급하면서, 그 문장의 동사에 단수형 주어를 사용하여 문장을 이어간다. "그가 세세토록 왕 노릇 하시리로다." 왕 노릇을 하는 사람이 "주" 한 분인가 아니면 그의 "그리스도"인가 아니면 둘을 하나로 통합시킨 개체로서의 "그"인가? 22:3-4에서도 같은 현상이 발견된다. 요한은 "하나님과 그 어린 양의 보좌"를 언급하지만, 복수형 인칭 대명사(예. "그들의")를 사용하는 대신 단수형 인칭 대명사인 "그의"("그의 종", "그의 얼굴", "그의 이름")로 전환한다. (6:17에서도 같은 일이 일어나는데, 원문에는 아마도 "그들의"가 아닌 "그의"라는 단어가 포함되어 있었으며 "그들의"라는 단어는 후대의 필사자가 문법을 향상시키려는 의도로 넣은 것으로 보인다.) 요한은 한결같이 그리스도를 신의 영역 안에 두었지만, "하나님"과 "메시아/어린 양"을 별개의 신으로 지칭할 때 발생할 위험을 알고 있었던 것으로 보인다. 요한은 신에 대한 자신의 묘사에서 드러나는 다신론적 관계성을 피하기 위해 "하나님"과 "메시아/어린 양"이 동사의 주어가 될 때마다 단수형 동사를 사용하고 둘 다를 언급할 때 단수형 대명사를 사용함으로써 문법 규칙을 깼다.

요한계시록의 저자가 그리스어 문법을 배우는 데 더 많은 시간을 할애했어야 했는가? 그의 문학적 기교는 저급한 것이었을까? 또는 이런 문법의 규칙을 의도적으로 깨고자 한 저자의 시도는 중요한 신학적 의미를 이해시키기 위한 수단이라고 말할 수 있을까?

13
싸움과 법정

또 어찌하여 우리가 언제나 위험을 무릅쓰리요?…나는 날마다 죽노라. **내가** 사람의 방법으로 **에베소에서 맹수와 더불어 싸웠다면** 내게 무슨 유익이 있으리요?(고전 15:30-32)

싸움 구경

로마 시대의 많은 도심지에서는 맹수들과 싸우는 모습을 정기적으로 관람할 수 있었다. 폼페이의 원형경기장에서 열리는 싸움은 도시 사람들이 간절히 고대하고 정기적으로 관람하는 구경거리였던 것으로 보인다. 맹수들 간의 싸움, 검투사들 간의 싸움, 검투사들과 맹수들 간의 싸움은 도심지에서 사는 사람들을 들뜨게 만드는 절정의 순간이었다. 모든 사회 계층의 사람들이 함께 모여서 시합, 싸움, 위험, 때로는 죽음의 순간을 즐길 수 있었다. 일부 검투사들은 슈퍼스타가 되었다. 폼페이의 **스펙타쿨라**(spectacula, 원형극장으로도 불림)에는 마을 인구의 거의 두 배인 2만 명이 앉을 수 있는 충분한 좌석이 배치되었다. 폼페이에서 열리는 게임에 대한 공

자료 13.1. 폼페이의 일부 검투사들을 위한 막사와 훈련 구역(8.7.16)

고가 쿠마에, 놀라, 누케리아, 푸테올리 같은 인근의 다른 도심지에 게재되었으며, 사람들은 이런 경이로운 광경을 보기 위해 폼페이를 방문하곤 했다. 최고의 시합을 개최하기 위해 폼페이의 행정관들은 한때 대중을 위해 "극장가"에 마련했던 거대한 주랑 현관을 검투사들의 막사와 훈련장으로 전환했다(자료 13.1을 보라).

　검투사들은 보통 노예였고, 그들의 주인이 검투사 집단을 소유하고 있었다. 검투사들은 막사에서 함께 살면서 안뜰에서 훈련을 받았고, 원형 경기장에서 서로 (그리고 다른 검투사 집단의 일원들과) 경쟁해야 했다. 검투사들 다수는 막사 안뜰에 산재해 있는 아주 작은 방에 거주했다. 18세기에 그 방들이 발굴되었을 때, 몇몇 해골이 그런 방의 일부에서 발견되었으며 어떤 해골들은 다리와 팔에 쇠사슬과 족쇄를 차고 있었다. 이 광경을 보면 이 검투사들이 베수비오 화산 폭발 내내 묶여 있었으며 그들을 풀어줄 사람이 아무도 없었음을 알 수 있다.

(기원후 59년에 폭동이 발생한 후 몇 년 동안 로마 원로원이 폼페이 대회를 중단시켰던 때를 제외하면) 폼페이 사람들은 검투사 싸움에 많이 노출되었다. 대회는 주택가 혹은 상점 외벽에 그려진 그라피티를 통해 미리 발표되었다. 그 그라피티들 중 하나에는 이렇게 적혀 있었다. "조영관 아울루스 수에티우스 케르투스의 검투사 집단은 5월 31일에 싸울 것이다. [맹수] 사냥이 있을 예정이고 [그늘을 위한] 차양(천막)이 설치될 것이다"(*CIL* 4.1189). 거의 정확히 같은 안내문이 그 마을의 한 사창가 근처에 그려져 있었다. 그 대회에서 자신이 소유한 집단을 후원했던 이 시 공무원은 그가 도시와 주민들에게 베푼 자선 행위를 모든 사람들이 알게 되기를 원했다. (11장에서 살펴본 것처럼) 또 다른 검투사 광고에는 저명한 행정관 그나이우스 알레이우스 니기디우스 마이우스가 자신이 후원하는 경기에서 검투사들이 관중들의 즐거움을 위해 재빠르게 행동할 것이며 신속한 경기 진행을 위해 "중단 없이 싸울 것"이라고 말한 내용이 나온다(*CIL* 5.1180).

검투사들을 묘사한 프레스코화와 그들에 관한 그라피티들이 폼페이 전역에서 발견되었다. 검투사의 집(5.5.3)으로 불리는 한 주택을 살펴보면 140개가 넘는 검투사에 관한 그라피티가 주랑 안뜰에 있는 24개의 기둥에 새겨져 있다. 이 그라피티 중 일부는 (아마도 전부겠지만) 그 집에 살았던 검투사들이 썼던 것으로 보인다. 그 그라피티에는 다음과 같은 내용이 기록되어 있다.

- "사무스, 가짜 갈리아인 전사: 1전 1승. 바로 그 기마 검투사가 여기에 살고 있다"(*CIL* 4.4420).
- "7월 28일, 플로루스는 누케리아에서 우승했다. 8월 15일, 그는 헤

르쿨라네움에서 우승했다"(*CIL* 4.4299).

- "루스티쿠스 말리우스: 12전 11승. 마르쿠스 테렌티우스: 3전 3 승"(*CIL* 4.4302).
- "카시우스의 소유, 펠릭스: 13전 13승. 옥타비우스의 소유, 플로루스: 14전 14승"(*CIL* 4.4378).
- "소녀들의 심장을 두근거리게 하는 남자—옥타비우스의 소유, 트라키아인 전사 켈라두스: 3전 3승"(*CIL* 4.4342).
- "켈라두스, 트라키아인 전사—소녀들의 자랑"(*CIL* 4.5142b).
- "밤과 아침과 모든 때 소녀들을 사로잡는 그물 전사, 의사인 크레스켄트"(*CIL* 4.4353).

이 집에는 포식 동물이 먹이를 집어삼키는 장면을 묘사한 프레스코화가 매우 많은데, 거기에 묘사된 동물들은 다음과 같다.

- 멧돼지를 공격하는 개(두 개의 프레스코화)
- 사슴을 공격하는 개(세 개의 프레스코화)
- 사자를 공격하는 두 마리의 개
- 곰을 공격하는 두 마리의 개
- 멧돼지를 공격하는 두 마리의 개
- 표범을 공격하는 두 마리의 개
- 멧돼지를 공격하는 네 마리의 개
- 공격하는 사람을 피해 도망가는 사슴

우리가 베수비오의 주택들과 건물에서 자주 볼 수 있었던 것처럼, 이는 그 주택의 정신과 어울리는 예술 작품이 배치되어 있는 전형적인 경우다. 이런 프레스코화는 포식동물 간의 관계를 현실의 구조 속에 형성함으로써 검투사 경기를 준비하는 사람들의 포식적인 본능을 극대화하기 위해 선택되었을 것이다. 경쟁을 위해 모인 검투사들은 이 프레스코화에서 영감을 받아야 했다. 그들은 자신을 짐승과 같은 적자생존의 관계에서 구별된 인간으로 생각하지 않은 채로 죽음에 직면하여 생명을 지키기 위한 최후의 싸움을 구현해야 했다. 아마도 고대 관중들은 검투사들의 사활이 걸린 대결을 보면서 인간 실존의 중심에서 자신들이 경험한 싸움을 외면화한 행위로 인식했을 것이다.

검투사들은 짐승과 같은 욕망으로 무장하고 시련에서 살아남는 모습을 선보임으로써 그들이 갖고 있던 동일한 욕망을 관중들의 마음속에 심어주었다. 다음은 세네카(영향력 있는 스토아 철학자이자 로마 정치가, 기원후 65년에 사망함)가 시합을 경험한 후 느낀 바를 서술한 내용이다(*Moral Letters to Lucilius* 7.2).

이런 경기를 관전하다 보면 훌륭한 인격에 해를 입을 수밖에 없다. 악은 바로 이 전율을 통해 당신의 영혼에 쉽게 다가간다. 내 말의 의미가 무엇이라고 생각하는가? 경기를 관람하고 집에 돌아가면, 나는 더 탐욕적이고 야심 찬 사람이 되어 한층 더 감각적인 것을 찾는다. 나는 더 잔인해지고 더 비인간적이 된다.

세네카의 증언을 따른다면 이런 검투사 대회는 로마 관중들의 "영혼"에서 공격적인 경쟁심과 탐욕스러운 야망을 정화하고 제거하기보다는 오히려 그런 정서를 강하게 불러일으켰던 것이다.

바울 문헌에 나타난 싸움의 비유

사도 바울은 서신 여러 곳에서 싸움 이미지를 사용했다. 특히 그는 고린 도인들에게 자신이 "에베소에서 맹수와 더불어 싸웠다"고 말했다(고전 15:32, 그 장 시작 부분에서 언급했듯이). 이런 일이 문자 그대로 에베소의 대극 장에서 일어났다고 생각하면 흥미로운 일이지만, 이 구절은 바울이 은유 적으로 말한 것 가능성이 높다. 여기에는 두 가지 이유가 있다.

첫째, 로마 시민을 그런 시합에 참여시키는 것은 로마법을 위반하는 행위이며, 바울은 로마 시민이었던 것으로 추정된다(만약 행 22:25-29을 따른다면 말이다. 2장의 논의를 보라).

둘째, 바울은 나중에 쓴 편지에서 자신이 겪은 고난의 목록을 열거하는데 맹수와의 싸움에 대해서는 언급하지 않았다(고후 11:23-28을 보라). 게다가 (훈련된 검투사와는 거리가 먼) 바울은 그 싸움에서 살아남지 못했을 것이다. 따라서 바울이 그의 사방에서 발견했던 무서운 위험을 경기장의 광경에 비유한 것은 그가 (52-55년) 에베소에 있으면서 심각한 시련을 겪었던 일을 의미한다고 보면 된다. 디모데후서의 저자는 이 모티프에 대해 자세히 설명한다. "주께서 내 곁에 서서 나에게 힘을 주[셨기 때문에]…내

자료 13.2. 검투사 대회를 묘사한 프레스코화. 한 검투사가 쓰러진 검투사를 죽일 태세를 갖추고 있다(출처: 폼페이 베수비오 문에 있는 가이우스 베스토리우스 프리스쿠스의 무덤, 원위치에 있음).

가 사자의 입에서 건짐을 받았느니라"(4:17).

바울은 다른 방식으로도 싸움의 비유를 사용했다. 그는 예수 집단을 지원하는 일을 도운 사람들을 가리켜 자신과 함께 하는 "동료 군사"라고 말한다(몬 2의 아킵보; 빌 2:25의 에바브로디도). 예수 추종자들은 "하나님의 갑옷"(롬 13:12; 엡 6:11, 13)으로 스스로를 보호하라는 권면을 받는다. 데살로니가전서에는 "믿음과 사랑의 호심경을 붙이고 구원의 소망의 투구를 쓰자"(5:8)는 말이 나온다. 에베소서에는 "진리[의] 허리띠"를 띠고 "의의 호심경"을 붙이고 "믿음의 방패를 가지고 이로써 능히 악한 자의 모든 불화살을 소멸하라"는 구절이 기록되어 있다(6:14, 16). 그러나 이런 대적들은 보통 군사적인 의미의 적으로 간주되는 인간들이 아니다. 에베소서의 저자는 이렇게 설명한다. "우리의 씨름은 혈과 육을 상대하는 것이 아니요, 통치자들과 권세들과 이 어둠의 세상 주관자들과 하늘에 있는 악의 영들을 상대함이라"(6:12). 여기에 제시되는 싸움의 내러티브는 우주만 한 크기의 캔버스를 배경으로 한다.

바울은 고린도전서 4:9에서 비슷한 은유를 사용했다. 거기서 그는 자

자료 13.3. 치장 회반죽을 양각으로 조각한 부조를 19세기에 모사한 그림으로, (위쪽 부분은) 서로 경쟁하는 검투사들을, 아래는 맹수 사냥을 묘사하고 있다(무덤 HGW17, 아마도 아울루스 움브리키우스 스카우루스의 무덤일 가능성이 있다; 자료 10.3도 보라; "이미지 출처" 참조).

신을 우주적 전쟁의 포로, 즉 하나의 전리품이 된 채로 승리한 장군이 행진시키는 대열 속에 있는 패배한 적으로 묘사하고 있으며, 자신이 "세계 곧 천사와 사람에게 구경거리가 되었고" [하나님이 그를] "죽이기로 작정된 자 같이 끄트머리에 두셨다"고 표현한다. 이는 당시 도시 세계의 배경을 활용한 생생한 비유였다. 바울은 사방에서 위협받는 삶이 어떤 것인지 경험을 통해 잘 알고 있었다. 그는 사역을 함으로써 전투에서 가장 중요한 위치에 서게 되었고, 그보다 더 큰 세력은 그에게 대항할 음모를 꾸몄다.

바울은 고린도후서 10장에서 같은 주제를 자세히 설명하고 있다. 이 편지를 쓸 때 그는 고린도에 있는 일부 예수의 추종자들과 함께 힘든 상황에 처해 있었다. 그들은 바울의 위상이 그리 대단하지 않다고 생각했다. 따라서 바울은 예수를 섬기는 자들이 서로를 대하는 방식과 (그가 전쟁의 형태로 묘사하는) "이 세상"의 방식을 다음과 같이 대조했다.

> 또한 우리를 육신에 따라 행하는 자로 여기는 자들에 대하여 내가 담대히 대하는 것 같이 너희와 함께 있을 때에 나로 하여금 이 담대한 태도로 대하지 않게 하기를 구하노라. 우리가 육신으로 행하나 육신에 따라 싸우지 아니하노니(고후 10:2-3).

"이 세상의 기준으로 사는 사람"은 겉으로 드러나는 지위로 상대를 판단한다(10:7). 바울은 지위라는 모든 "견고한 진"을 파괴하는 "하나님의 능력"이 어리석음의 복음에 들어 있기 때문에(10:4; 고전 1-2장에 나타난 그의 주장과 비교하라), 그들을 가리켜 지위를 추구하는 일에 혈안이 된 어리석은 자들이라고 말한다(11-12장). 그러나 바울은 고린도의 일부 예수 추종자들이 제기한 지위에 대한 도전에 대응할 수밖에 없었기 때문에, 스스로

자료 13.4. 훼손 정도가 심한 모자이크(왼쪽)와 프레스코화(오른쪽)으로서, 두 작품 모두 아킬레우스가 아가멤논을 공격하기 위해 칼을 뽑는 모습을 묘사하고 있다(왼쪽: 7.7.23, MANN 10006; 오른쪽: 6.9.6, MANN 9104).

"바보 노릇"을 하면서, 예수 추종자들이라면 중요하게 행해서는 안 되는 신분 자랑에 잠시나마 합세하게 되었다. 바울은 그 과정에서 "내가 어리석은 자가 되었으나 너희가 억지로 시킨 것"이라고 말한다(12:11).

법정에서의 다툼

바울은 종종 지위를 추구하기 위해 치열한 싸움을 벌이는 이 세상에 "복음"을 정면으로 배치시켰기 때문에, 그의 회중들이 때때로 다른 사람들, 심지어 다른 예수 추종자들을 희생시키면서까지 자신들의 밝은 장래를 위해 "세상이 하는 것처럼 전쟁을 벌이는" 모습을 발견하게 되었다. 예를 들어 고린도의 일부 예수 신자들은 서로에 대해 불만을 가지고 있었는데, 판사가 결정적인 판결을 내리는 법정 제도를 통해 이를 해결할 수 있다고 여겼다. 바울은 이에 대해 할 말이 많았다(고전 6:1-8을 보라). 그는 이 문제가 공동체 내부의 의사 결정 과정을 거쳐 검토되어야 한다고 생각했다. 그러나 바울은 법정 드라마가 불가피해 보였기 때문에 그 시나리오를 묘사할 때 "패배"라는 주제를 부각시켰는데, 이는 싸움과 법정이라는 두 가지 측면에서 모두 좋지 않은 전망이었다. "너희가 피차 고발함으로 너희 가운데 이미 뚜렷한 허물이 있나니"(6:7).

바울은 곧 닥칠 패배를 염두에 두면서, 그들에게 이것보다 덜 심각한 결과를 초래할 수 있는 방법을 숙고해보라고 설득했다. "왜 불의를 당해주지 못하는가?" "왜 속아 주지 못하는가?" 사실 바울은 그들의 동기 자체가 옳지 않다고 의심했다. "너희는 불의를 행하고 속이는구나. 그는 너희 형제로다"(6:8). 이는 바울이 예수 추종자들의 공동체 밖에 만연해 있다고 본 동기들로서, "세상이 하는 것처럼 전쟁을 벌이는" 것을 특징으로 한다. 바울의 견해에 따르면 그런 종류의 동기는 종말론적 공동체 내의 암과 같으며, 안전히 다른 도덕적 요리를 통해 침투하게 된다.

바울의 견해는 1세기(약 20-100년경)의 스토아 철학자인 무소니우스 루푸스가 내세운 견해와 일부 중복된다. 그는 사회의 안정을 위협하는 것으로 간주되는 견해를 주장한 죄로 생전에 로마에서 두 차례나 추방되었다. 지금까지 남아 있는 그의 강의 개요 중에는 "철학자라면 누군가를 폭행죄로 고소할 것인가"에 대해 논하는 부분이 있다(Lecture 10). 그는 "자신의 명성에 지나치게 신경을 쓰는 사람들"은 (단순히 "노려본다"거나 "보고 웃는다"거나 "조롱하는" 것일지라도) 자신에게 모욕감과 상처를 준 타인을 재빨리 법정으로 데려가는 특징을 지녔다고 묘사한다. 반면 현명한 사람은 모욕감에 흔들리지 않으며 결과적으로 "모욕을 당했다고 생각하지 않을 것이기 때문에 소송이나 고소에 의존하지 않을 것"이라고 말했다. 무소니우스 루푸스는 다음과 같이 그의 생각을 이야기한다. "정말이지, 그만한 일로 그런 행동을 하는 것은 화나고 짜증스러운 일이다. 그는 일어난 일을 침착하고 조용하게 견뎌내야 한다. 이는 도량이 넓어지길 원하는 사람이라면 마땅히 취해야 할 적절한 행동이기 때문이다." 무소니우스 루푸스는 현명한 사람이라면 소송으로 인한 싸움을 넘어서야 한다고 생각했다. 바울은 고린도의 예수 추종자들에게 소송으로 인한 싸움을 초월하라고 권면했다. 비록 다른 방법과 다른 목적(무소니우스 루푸스는 개인의 넓은 도량을, 바울은 공동체의 건강을 위해)을 염두하고 말한 것이지만, 이 둘은 모두 거의 같은 권면에 도달했다.

소송은 종종 극도로 호전적인 양상을 보였으며, 승소를 위해 상대방의 인격 모독을 통한 "네거티브 전략"이 시도되기도 했다. 그것은 소송 자체가 시시하거나 별로 가치가 없을 경우 중상모략을 통해 상대를 악당처

자료 13.5. 그리스의 알렉산드로스 대왕(왼쪽)과 페르시아의 다리우스 왕(자료의 거의 중앙에 위치해 있음)의 전투를 묘사한 (손상된) 모자이크(파운의 집 6.12.2/5, MANN 10020)

럼 보이게 하는 수법이었다. 예를 들어 1세기 수사학자인 퀸틸리아누스는 법률 수사학자(변호사)들의 의뢰인이 맡긴 사건이 시시할 때는, "상대방보다 더 많은 호감을 얻고…반감은 덜 얻기 위해서" 상대의 도덕적 인격을 손상시키는 데 의존해야 한다고 조언했다(*Institutio oratoria* 4.1.44).

이런 치명적인 전투 정신은 법원 배경에서 쉽게 발견되는 것으로서, 고린도의 예수 추종자들이 모인 작은 공동체 안에서 생기는 소송을 피하기 위한 바울의 조언을 설명하는 데 도움이 될 수 있다. 바울은 예수의 추종자들을 하나로 결합시키는 사회 구조의 분열을 피하고자 했으며, 특히 공개적인 분열을 원치 않았다. 법적 소송은 굳게 닫힌 문 안에서 비공개적으로 진행되는 것이 아니라 공개적인 배경에서 절차를 밟기 때문이었다(자료 13.8을 보라).

누가복음은 시민 영역에서 일어나는 법적 절차에 대해 비슷한 우려를 기록하고 있다. 예수는 여기에서 다음과 같이 적나라하게 말씀하신 것으로 기억되고 있다.

> 또 어찌하여 옳은 것을 스스로 판단하지 아니하느냐? 네가 너를 고발하는 자와 함께 법관에게 갈 때에 길에서 화해하기를 힘쓰라. 그가 너를 재판장에게 끌어 가고 재판장이 너를 옥졸에게 넘겨 주어 옥졸이 옥에 가둘까 염려하라. 네게 이르노니 한 푼이라도 남김이 없이 갚지 아니하고서는 결코 거기서 나오지 못하리라 하시니라(눅 12:57-59).

소송은 불화와 분열을 일으키기도 했지만, 지위를 ① 보호하거나 ② 향상시키는 수단이 되기도 했다. 지위의 보호와 관련해서 법원은 흔히 우월한 지위를 가진 사람들이 자신들에게 불리한 발언을 하거나 어떤 식으로든 자신의 평판을 더럽혔을 가능성이 있는 낮은 지위의 사람들에 대한 판단을 구할 수 있는 장소였다. 아마도 야고보서의 저자는 "부자는 너희를 억압하며 법정으로 끌고 가지 아니하느냐?"라고 말하면서, 법원이 부자들의 지위를 보호해주는 측면을 염두에 두고 있었을 것이다(2:6). (약 5:1-5에 명백히 나타나는 것처럼) 부자를 사기꾼이라고 비판하는 것(14장을 보라)은 중상모략으로 간주되며, 그 말을 한 사람은 법정에서 보복을 당하게 될 것이다. 지위 향상과 관련하여 법원은 종종 비슷한 신분의 사람들이 가진 불만 때문에 민사소송을 제기하는 장소였다. 그런 경우 유리한 법원의 판단은 안전과 출세를 추구하기 위한 경쟁에서 사회적인 우위를 점하는 데 도움이 되었을 것이다.

푸블리우스 베소니우스 필레로스 사건

베수비오 유적 가운데 법정에서 유리한 판결을 얻어 지위를 향상시키려는 시도를 보여주는 중요한 예가 발견된다. 폼페이에는 세 사람을 기리는 기념비가 있다. 죽은 사람을 기념하기 위한 무덤 안쪽의 높은 곳에 세 사람의 조각상이 세워졌는데, 베수비오 화산이 폭발하면서 동상들의 머리 부분이 모두 절단되고 말았다(자료 13.6을 보라). 이 무덤은 왼쪽의 머리 없는 사람이 세운 것으로서, 무덤 앞면에 새겨진 비문을 통해 그에 대한 많은 정보를 알 수 있다. 그의 이름은 (9장에서 잠깐 언급된) 푸블리우스 베소니우스 필레로스였으며, 그는 살아 있을 때 이 기념 무덤을 세웠고 이는 일반적인 일이었다(19장을 보라).

필레로스의 무덤에는 두 개의 비문이 새겨져 있다(특히 자료 13.7을 보라). 맨 위의 비문은 무덤이 세워진 시기에, 맨 아래 비문은 나중에 무덤의 전면에 붙여졌다. 상단에 위치한 비문의 내용은 다음과 같다.

> 푸블리우스 베소니우스 필레로스(한 여성의 노예였다가 자유인이 되었으며, 그는 **아우구스탈리스**[*Augustalis*]다)는 생전에 자신과 가족, 그의 후원자인 푸블리우스의 딸 베소니아와 그의 친구인 마르쿠스의 노예였다가 자유인이 된 마르쿠스 오르펠리우스 파우스투스를 위하여 이 기념비를 세웠다.

자료 13.6. 폼페이 누케리아 문의 공동 묘지에 있는 베소니우스 필레로스의 무덤(NG23OS)

이 비문에 언급된 이름을 통해 우리는 베소니우스 필레로스의 인생 연대표를 간략하게 재구성할 수 있다. 베소니우스 가문의 노예로 태어난 그는 (처음 나오는 그의 이름 두 개를 물려받은) 집으로부터 자유를 얻었다. 그는 자신의 후원자라고 지칭한 그 가정의 여성인 베소니아와 교제함으로써 계속해서 혜택을 얻었다. 그녀의 가문(베소니우스 가문)은 폼페이에서 정치적 명성을 누리고 있었기 때문에, 베소니우스 필레로스가 이 기념비에서 그녀의 명성에 편승하려 했던 것은 그다지 놀라운 일이 아니다. (우리는 폼페이 사회에서 중요한 지위를 갖고 있던 몇몇 여성들에 대해 알고 있다. 베소니아도 그들 중 하나였을 것이다.) 필레로스의 "친구"인 오르펠리우스 파우스투스는 마르쿠스 오르펠리우스 가정으로부터 자유를 얻었지만, 이 첫 비문에서는 그에 대해 더 이상 알 수 없다.

우리는 첫 번째 비문의 내용을 통해 베소니우스 필레로스의 인생에 관한 두 가지 특징을 재구성할 수 있다. ① 베소니우스 필레로스를 묘사하기 위해 **"아우구스탈리스"**라는 단어를 사용했다. ② 그 비문 안에서 그 단어는 이상한 위치를 차지하고 있다.

첫째, 베소니우스 필레로스가 자신을 **아우구스탈레스**의 일원이라고 밝힌 사실은 그가 자유를 얻은 후 어떤 경제적 위상을 갖게 되었는지를 말해준다. 11장에서 본 바와 같이 **아우구스탈리스**들은 노예로 태어났지만 자유를 얻은 다음에 막대한 부를 쌓은 남성들이었다. **아우구스탈리스**가 됨으로써 성공한 전직 노예들은 공적 지위와 사회적 명성을 얻을 수 있었다. 그들은 그 대가로 마치 공직에 선출된 사람들처럼 (실제로 공직에 선출된 적은 없지만) 자신이 축적한 부를 공공의 이익을 위해 사용해야 한다는 사회적 기대에 부응하고자 했다.

필레로스를 기념하는 무덤의 비문에서 두 번째로 주목할 점은 "아우구스탈리스"라는 단어가 이상한 위치에 놓여 있다는 것이다. "필레로스"와 "후견인"(*patronae*) 사이를 비집고 새겨진 **"아우구스탈리스"**라는 글자는 비문에 원래 있었던 것이 아니다. 그것은 나중에 추가되었다. 베소니우스 필레로스가 무덤을 세웠을 때, 그는 아직 **아우구스탈리스**가 되지 못했다. 분명히 나중에 그 지위를 차지하게 되었을 것이다. 만약 **아우구스탈리스**가 되기 위한 정치 운동의 일부로 무덤 건설을 진행한 결과 **아우구스탈레스**의 명망 있는 회원이 된 것이라고 해도 그리 놀랄 일이 아니다. 이 무덤은 그 존재 자체로 지위의 상향 이동을 이뤄낸 노예의 삶을 증명한다. 그는 자유를 얻은 다음 상당한 액수의 재산을 획득하여 자선과 선행을 하나의 힘으로서 행사할 수 있었던 폼페이의 **아우구스탈레스**에 포함됨으로써 주목할 만한 공적 위상을 드러내는 높은 지위를 얻고야 만다.

첫 번째 비문이 베소니우스 필레로스의 눈부신 상향 이동성을 입증한다면, 두 번째 비문은 그 과정에서 발생한 난관을 증언한다. 그것은 베소니우스 필레로스가 자신의 무덤에서 기념했던 바로 그 사람, 즉 오른편에 있는 조각상에 묘사된 오르펠리우스 파우스투스 때문에 겪어야 했던 어려움이다. 원래의 비문보다 더 높이가 낮고 나중에 만들어진 두 비문에는 다음과 같은 내용이 기록되어 있다.

이름 모르는 이여, 괜찮으시다면 잠시 시간을 지체하고서 사람이 해서는 안 되는 일들이 무엇인지를 배우시오. 나는 나의 친구였기를 바랐었던 이 남자를 버리고 말았소. 나에게 악의적인 법적 소송이 제기되었다오. 나는 고소당했고 소송은 성립되었소. 신들과 나의 결백함 덕분에 나는 결국 모든 괴로움에서 해방되었소. 나는 우리 가정의 신들과 그 아래에 있는 신들에게 부탁했다오. 제발 우리에 관한 일들에 대해 허위 진술한 사람을 받아주지 말라고 말이오.

여기서 베소니우스 필레로스는 "여러분을 억압하는 부자"가 아니라 이전에 "친구"라고 부른 바로 그 사람이 자신의 지위를 공격한 일을 말한다. 그것은 공개 법정에서 이루어진 법적 소송을 배경으로 한 공격이었다.

베소니우스 필레로스는 그 사건으로 인해 공격받았지만, 법정은 그의 손을 들어주었다. 고대 사회의 소송은 대개 피고를 지지하거나 깎아내리는 사람들의 증언에 기초하여 결정되었기 때문에, 베소니우스 필레로스는

자료 13.7. 베소니우스 필레로스의 무덤 위에 있는 두 개의 비문으로, 먼저 만들어진 비문은 위에 있고 나중에 생긴 비문은 아래에 있다.

오르펠리우스 파우스투스보다 상대적으로 높은 지위의 사람들의 지지를 얻기 쉬웠을 것이다.

눈에 보이는 동상과 비문 아래에 숨겨진 무덤에서도 두 사람 사이의 적개심이 뚜렷이 드러난다. 필레로스가 자신의 머리 모양으로 된 묘석과 나란히 앉히기 위해 준비했던 파우스투스의 묘석은 필레로스의 지시나 주도로 참수되었다. 또한 파우스투스를 위한 화장용 유골 항아리가 땅속에 박혀 있었는데, 이 항아리는 모르타르로 덮었다. (아마도 파우스투스의 유골은 거기에 넣어지지 않은 것으로 보인다.) 게다가 그 모르타르에 "필레로스"라는 이름을 써서 누가 항아리를 봉인했는지를 알렸다. 필레로스는 파우스투스에 대한 분노를 무덤까지 가져갔던 것 같다.

따라서 우리는 이 무덤을 통해 베소니우스 필레로스의 인상적인 생애에 걸쳐 나타난 지위 향상의 단계들을 보게 된다. 이 단계들은 이에 관심을 가질 수도 있는 모든 대중을 위해 전시되었다. 그는 더 높은 사회적 지위를 획득하는 과정에서 현재 또는 과거의 친구와 경쟁적인 싸움을 벌이기도 했다. 우리가 같은 상황에 처했다면 옛 친구를 무덤에서 제거하고 원래의 비문을 다시 쓰려고 했을 법도 한데, 베소니우스 필레로스는 그렇게 하지 않았다. 그는 (현재 그의 적이 된) 파우스투스의 조각상을 없애고 원래의 비문을 바꾸는 대신, 옛 친구의 조각상을 무덤 안에 그대로 남겨둔 채로 시련과 역경을 뚫고 성공을 쟁취해 낸 자기 자신에 대한 보충적인 내러티브를 덧붙였다. 그런 강력한 내러티브를 통해 필레로스는 (폼페이의 법정에서 자신을 지지했던 어떤 지위의 사람들을 통해) 신들이 자신의 무죄를 입증해주었으며, 결국 자신이 억울하게 잘못 기소된 한 사람이었음을 호소했다. 이 모든 것은 자신이 죽은 후에 어떻게 기억될 것인가를 확실히 하려는 의도로 생전에 세워둔 그의 기념비에 생생하게 담겨 있다. 비문을 읽는 사람은 어떤 의미에서는, 필레로스가 한 사람의 **아우구스탈리스**로서 사람들에게 이익을 주기 위해 노력했음을 알고 그의 편이 된다. 한편 사리사욕을 위해 그런 선행을 부정한 방법으로 빼앗으려고 했던 오르펠리우스 파우스투스를 비난하게 된다. 이는 필레로스가 지나가는 사람들에게 전

자료 13.8. 폼페이의 바실리카(8.1.1)는 주로 법원 역할을 수행했을 것이다. 자료 사진에 보이는 대로 행정관들은 지붕이 덮인 법정에 앉아서 (베소니우스 필레로스를 상대로 벌어진 소송 장면처럼) 지역 주민들의 주장을 청취했을 것이다.

자료 13.9. 전투 중인 두 척의 군함을 묘사한 프레스코화(베티의 집, 원위치에 있음)

하고자 했던 경고이자 무언의 암시였다.

물론 오르펠리우스 파우스투스의 입장에서는 법정이 필레로스에게 유리하게 편향되어 있었다고 볼 수도 있다. 파우스투스는 필레로스가 이미 자신에 비해 더 큰 사회적 명성을 가지고 있었기 때문에 판사가 이 사건의 실체를 제대로 파악할 수 없었다는 사실을 근거로 자신의 기소를 뒷받침할 수도 있었을 것이다. 이런 종류의 기소는 고대 세계의 일부 증거와 부합한다. 이는 성경적 증거("법정 판결" 단락 아래를 보라)와 비성경적 증거를 모두 포함한다. 예를 들어 소플리니우스는 법적 소송을 심리하는 판사는 "위엄과 존엄의 차별"이 유지되는 쪽으로 사건을 판단해야 한다는 견해를 가지고 있었다. 그는 법 앞에서 모든 사람을 평등하게 대우하는 것은 "사람들 사이의 평등을 만들어 내는 것과는 거리가 멀기" 때문에, 인간 사회에 존재하는 다른 질서를 무너뜨리고 혼동[즉, 혼란]시키는 일은 판사들이 "상상할 수 있는 가장 불평등한 것"이라고 말했다(*Epistulae* 9.5). 이 로마 원로원의 엘리트는 법 제도가 그들이 누리는 특권에 관여하는 사회 질서를 허용하기보다는 엘리트들에게 유리하게 편향되어야 한다는 견해를 갖고 있었다. 물론 더 높은 지위의 사람들의 편을 들어주기 위해서는 덜 안전한 지위에 있는 사람들의 희생이 담보되어야 했다.

법정 판결

로마법 체계에 대한 이런 평가는 예수 추종자들이 서로를 "불의한 자들 앞에 [있는] 법정"에 세우는 부조리한 일을 언급할 때 바울이 의미하던 바의 일부일 것이다(고전 6:1; "불의한"에 해당하는 동일한 그리스어 단어 *adikoi*는 6:9에도 나오는데 거기서는 주로 "나쁜 짓을 하는 자"로 번역된다. 고후 7:2에서는 부정한 돈의 사용을 암시한다). 바울은 법원의 판단이 불공평하고 편향되어 있다고 생각했던 것일까? 만약 그렇다면 그는 유대교 전통과 깊은 연관이 있는 모티프를 그리고 있었을 것이다. 예를 들어 예언자 미가는 엘리트에 대항하여 다음과 같이 말한 적이 있다.

> 경건한 자가 세상에서 끊어졌고 정직한 자가 사람들 가운데 없도다. 무리가 다 피를 흘리려고 매복하며 각기 그물로 형제를 잡으려 하고 두 손으로 악을 부지런히 행하는도다. 그 지도자와 재판관은 뇌물을 구하며 권세자는 자기 마음의 욕심을 말하며 그들이 서로 결합하니(7:2-3).

우리가 이미 본 바와 같이, 예수의 형제 야고보의 이름으로 쓴 편지에도 엘리트들의 이익이 지배하고 있는 로마 세계의 법정에 대해 이와 비슷한 내용이 기록되어 있다(2:6). 또한 누가복음에서는 예수가 이와 비슷한 방식으로 전개되는 비유를 말한다.

> 이르시되 어떤 도시에 하나님을 두려워하지 않고 사람을 무시하는 한 재판장이 있는데 그 도시에 한 과부가 있어 자주 그에게 가서 "내 원수에 대한 나의 원한을 풀어 주소서" 하되, 그가 얼마동안 듣지 아니하다가 후에 속으로

생각하되 '내가 하나님을 두려워하지 않고 사람을 무시하나, 이 과부가 나를 번거롭게 하니 내가 그 원한을 풀어 주리라. 그렇지 않으면 늘 와서 나를 괴롭게 하리라' 하였느니라(18:2-5).

(미가서와 야고보서에 나오는 것처럼) 자신과 뇌물을 준 사람들에게 가장 이익이 되는 것 또는 (누가복음에 언급된 것처럼) 자신이 처한 상황에서 가장 간단하고 편리한 것에 근거하여 판결을 내리는 판사들은 과연 바울이 "불의한 자들 앞에 있는 법정"에 가는 것을 피하라고 권면한 배경의 일부가 될 수 있는가?

우리는 필레로스가 그 지역의 판사로부터 긍정적인 판결을 얻어내기까지 실제로 어떤 일들이 있었는지 절대 알 수 없다. 어쨌거나 그는 그 판결을 신들이 자신의 결백을 믿어준 결과로 여기고자 했다. 하지만 법정에 대한 모든 사람들의 경험이 그렇게 긍정적이지만은 않았다. 어떤 사람들은 "정의"가 승리하지 못했다고 주장했을지도 모른다. 왜냐하면 미가가 말한 것처럼, "권세자는 자기 마음의 욕심을 말하며" "정의를 왜곡하기" 때문이다. 이와 비슷하게 로마의 풍자 작가 유베날리스가 로마의 법률 제도를 패러디한 작품에는 다음과 같은 말을 하는 등장인물이 나온다. "한 남자의 말은 그가 금고에 보관하고 있는 현금의 양에 정확히 비례하여 믿어진다"(*Satire* Book 3, 1.141-42).

고립의 윤리 평가하기

사회적 명성을 얻기 위해 경쟁하다 보면 종종 타인을 치열한 사회적 싸움에 끌어들이는 경우가 생긴다. 그러나 일부 베수비오 주민들은 전혀 다른 선택을 할 수 있는 여지가 있었다. 바로 고립된 삶을 택함으로써 다른 사람들이 겪는 어려움으로부터 멀어지는 방법이었다. 예를 들면 바다가 보이는 아름답고 훌륭한 집(7.16.22, 파비우스 루푸스의 집)의 벽에는 "바다 위에 있는 것은 즐겁다"라는 문구가 새겨져 있다(CErc [1973], 102n28). 이는 해변 저택의 거주자가 남긴 단순한 의견처럼 보인다. 그러나 이 그라피티는 루크레티우스의 유명한 시를 인용한 것으로서, 단순히 바다에 대한 호의적인 말이 아닌 그 이상의 의미를 표현하고 있다. (이 단락의 나머지 인용문은 모두 루크레티우스의 *On the Nature of Things* 2.1-10에서 인용한 것이다.) 에피쿠로스 철학을 옹호하는 루크레티우스는 기원전 1세기에 지은 시에서, 다른 사람들이 위험한 폭풍우에서 살아남기 위해 고군분투할 때, 인생의 바다를 따라 "해안에서 다른 사람들이 겪는 시련"을 바라보는 에피쿠로스주의자에게는 모든 것이 즐거운 일일 뿐이라고 암시한다.

에피쿠로스주의자는 다른 사람들이 겪는 불행 그 자체를 즐거움으로 보진 않지만 자신이 그런 고통에서 멀리 떨어져 있다는 사실을 통해 기쁨을 얻는다. 다른 사람들과 달리 에피쿠로스주의자는 감정적인 고통에 휩싸이거나 주변의 비극에 의해 영향을 받는 것을 허용하지 않는다. 그는 "평야에서 싸우는 군대들"을 볼 때 만족감을 느낀다. 왜냐하면 "그들의 위험에 관여하지 않기 때문이다."(5장에서 언급한 바와 같이) 에피쿠로스주의자들은 신들이 인간으로부터 멀리 떨어져 있으며 인간에게 별 관심이 없다고 생각했다. 루크레티우스는 이런 관심 부족이야말로 에피쿠로스주의자가 타인에 대해 지니는 태도의 특징이라고 여겼다. 이와 관련하여 루크레티우스는 다른 사람이 "헛되이 인생의 참된 길을 찾으며" 인생에서 실수를 저지르는 모습을 지켜보는 일이 가장 즐겁다고 말한다. 이 에피쿠로스주의자는 일이 될 대로 되는 모습에 만족하면서 "현자들의 가르침으로 잘 무장된 마음의 높은 성소의 자리를 차지한다." 개인적인 평안을 얻기 위해서는 인생에서 해방되어야 하며, 특히 다른 사람들이 겪는 인생의 고난과 불행에서 멀어져야 한다. 에피쿠로스주의가 개인의 "자유"와 행복을 강조하는 것은 고립적인 태도에서 비롯되는 것으로 해석되었다.

비록 그 태도가 "숭고하고" "지혜로운" 합리성에 의해 뒷받침된다는 주장이 있음에도 불구하고, 신약성경의 문헌들은 처음부터 끝까지 이런 종류의 고립성을 비난하고 있다. 예수의 비유 중 두 가지(및 그 외의 많은 말들)는 유대인의 윤리에 깊이 내재된 자원들을 이용하여 그 점을 강력하게 제시한다. 첫째는 부자와 나사로의 비유다(눅 16:19-31). 이 이야기는 ① "자색 옷과 고운 베옷을 입고 날마다 호화롭게 즐겼던" 한 부자(16:19)와, ② "그 부자의 상에서 떨어지는 것으로 배를 불리고" "개들이 와서 그 헌데를 핥던" "헌데 투성이"의 한 거지(16:20-21)의 상황을 대조한다. 풍요에 파묻혀 사는 그 남자는 가난한 사람들과의 관계에서 고립의 윤리를 자신의 모델로 삼았다. 그 비유는 부자가 윤리적으로 많은 결함을 가지고 있다고 말하지 않는다. 오히려 단순히 (나사로가 계속 극도의 비참한 상태에 처해 있었기 때문에) 부자는 "다른 사람들의 시련"에 관여하지 않겠다는 불간섭주의에 기초한 삶을 살았다고 암시한다. 이 부자는 폼페이의 호화로운 파비우스 루푸스 저택에 살던 사람처럼 "바다 위에 있는 것은 즐겁다"는 말을 읊조리며 날마다 호화로운 잔치를 벌였을지도 모른다. 그런데 두 사람의 이야기가 사후 세계로 확장되고 거기서 그들의 상황이 극적으로 뒤바뀌면서 날카롭게 찌르는 가시가 등장한다. 나사로는 복을 받지만 그 부자는 끊임없는 고통에 시달린다(16:22-31).

둘째는 선한 사마리아인의 비유다(눅 10:30-37). 이는 강도에게 습격을 당해 두들겨 맞고 옷이 다 벗겨진 채로 길가에 방치된 사람을 만났을 때 서로 다른 반응을 보인 세 사람에 관한 이야기다. 사회적으로 저명한 두 사람은 고립된 상태에 있는 사마리아인을 가차 없이 지나쳐 버린다. (아웃사이더였던) 세 번째 사람은 비극적인 상황에 처해 도움을 필요로 하는 사람에게 도움을 준다. 누가는 예수가 그 비유를 "가서 너도 이와 같이 하라"는 말로 끝냈다고 기억한다(10:37).

이 두 비유는 고립된 무관심의 윤리를 비난한다. 초기 기독교 정경에서 그들은 아웃사이더가 아니라 초기 예수 운동이 나타내는 사회 윤리의 핵심에 있었다. 그들이 "주"라고 부른 사람의 선례를 따라 그 운동에 속한 사도들은 "즐거운" 무관심의 윤리를 비난했고, 대신 자기희생적인 삶의 자세를 칭송하면서 철저하게 비고립적인 사회 윤리를 옹호했다. 공격적인 전투와 그 비극적인 결과로 점철된 세계에서 사도들은 전적으로 다른 방향을 따라 달리는 비전을 분명히 말했다. 그들 생각에 예수 집단은 예수의 추종자들이 서로 돕는 상호관계를 통해 새로운 힘을 받으면서, 그들이 섬기는 신의 "나라"에서 그들을 기다리고 있는 복의 맛보기 역할을 가능케 하는 비전투적 관계성을 특징으로 삼는 곳이어야 했다. 그들은 이 비전에 열광했다. 이는 (막 1:15에 기록된 대로) "하나님의 나라가 가까이 왔다"는 확신의 일부였다.

하나님 나라에서는 심지어 "원수"라는 단어조차 새롭게 재해석되었다. 예수는 그의 추종자들에게 "너희 원수를 사랑하라"고 명령하신 분으로 기억되었다(마 5:44; 눅 6:27, 35). 바울은 이 명령을 감정적 자세가 아닌 윤리적 자세로 해석했다. "네 원수가 주리거든 먹이고 목마르거든 마시게 하라"(롬 12:20). 초기 기독교 사도들이 선포한 비전에는 흥분과 기대감만큼 도전도 있었다. 심지어 인생에 내포된 전투적인 성격조차도 세상을 보는 새로운 방식과 새로운 형태의 관계성을 불러일으키는 왕국에 대한 그들의 비전 안에서 재구성되었다.

14
사업과 성공

그때쯤 되어 이 도[초기 예수 운동]로 말미암아 적지 않은 소동이 있었으니, 즉 데메드리오라 하는 어떤 은장색이 은으로 [에베소의 신] 아데미의 신상 모형을 만들어 직공들에게 적지 않은 벌이를 하게 하더니 그가 그 직공들과 그런 영업하는 자들을 모아 이르되 "여러분도 알거니와 우리의 풍족한 생활이 이 생업에 있는데 이 바울이 에베소뿐 아니라 거의 전 아시아를 통하여 수많은 사람을 권유하여 말하되 '사람의 손으로 만든 것들은 신이 아니라' 하니 이는 그대들도 보고 들은 것이라. **우리의 이 영업이 천하여질** 위험이 있을 뿐 아니라 큰 여신 아데미의 신전도 무시당하게 되고 온 아시아와 천하가 위하는 그의 위엄도 떨어질까 하노라" 하더라. 그들이 이 말을 듣고 분노가 가득하여 외쳐 이르되 "크다. 에베소 사람의 아데미여!" 하니 온 시내가 요란하여 바울과 같이 다니는 마게도냐 사람 가이오와 아리스다고를 붙들어 일제히 연극장으로 달려 들어가는지라(행 19:23-29).

신들과 사업

에베소의 은 세공사들은 "위대한 에베소 사람들의 아르테미스 신이여!"라고 외쳤다. 그들은 도시의 주요 신인 아르테미스에 대한 숭배를 통해 "사업"에서 "막대한 재산"을 얻었다. 우리는 폼페이의 은 세공사에 대해

자료 14.1. 이 은잔은 이와 유사한 은잔과 더불어 화산 폭발을 피해 도망치던 폼페이 주민의 시신과 함께 발견되었으며, 두 잔 모두 이시스 숭배에 관한 이미지로 장식되어 있다(MANN 6045).

많은 증거를 가지고 있지 않지만, 청동과 철을 다루던 세공사들(예를 들어 1.6.1, 1.6.3, 1.10.7, 1.13.6, 6.13.12/13, 7.4.60/61, 7.7.6, 8.7.5, 8.7.7/7에 위치한 작업장)은 분명히 그곳에 거주했다.

물론 그곳에서 만들어진 금속 세공품 중 일부는 신을 숭배하는 행위와 관련이 있었다. 예를 들어 고고학자들은 바쿠스의 청동상이 7.4.60/61에 위치한 금속 세공품 가게에서 생산되고 있었다는 사실을 발견했다. 만약 그곳의 일꾼들이 "사람의 손으로 만든 것들은 신이 아니다"라는 말을 들었다면, 그들

역시 그 메시지와 자신들이 추구하는 경제적 안녕 사이의 분명한 관계를 파악했을 것이다. (초기 기독교 문헌에 나타난 우상숭배에 대한 더 많은 담론은 살전 1:9; 고전 8:4-6; 10:14; 고후 6:16; 롬 1:23; 행 14:15; 15:20, 29; 17:24, 29; 19:26; 요일 5:21; 유 1:10-11; 계 9:20을 보라.)

사도행전 19장에서 데메드리오가 강조한 신에 대한 숭배와 사업을 통한 경제적 이익 사이의 관계는 1세기 후반과 2세기 초반에 활동한 수필가 플루타르코스에 의해 비판받았다. 그는 사람들이 "금속이나 돌, 밀랍으로 인간의 모습을 닮은 신들의 형상을 만드는 자들을 믿으며, 그 형상을 만들고 그것들에게 옷을 입히고 숭배한다"고 비난했다(*Superstition* 167D-E; 또한 플루타르코스의 *Isis and Osiris* 379D를 보라). 아마도 플루타르코스는 사람

들로 하여금 신들의 조각상에 매료되게 함으로써 수입을 올린 세공업자들이 보통 사람들의 종교적인 기대감을 부추겼다고 언급했을 것이다.

물론 금속 세공업자들은 금고를 채우길 원하는 여느 평범한 사람들과 다를 바 없었다. 폼페이 주택의 입구에 새겨진 문구와 모자이크는 기업가인 집주인의 관심사를 드러낸다. 한 주택의 경우에는 입구에 적힌 "이윤 환영"(*salve lucrum*)이라는 문구가 방문객들을 맞이했다(*CIL* 10.874, 7.1.46). 어떤 주택에는(*CIL* 10.875, 6.14.39) "이윤은 기쁨"(*lucrum gaudium*)이라는 문구가 있었고, 또 다른 주택(*CIL* 10.876, 발견 장소는 불분명하다)에는 "이윤을 내세요"(*lucru[m] acipe*)라고 적혀 있었다. 폼페이 사람들은 성공을 꿈꾸며 상업의 신인 메르쿠리우스를 숭배했다. 그로 인해 사업에 성공하는 사람들은 이윤을 추구하며 즐거워했다.

기독교 문헌에서 발견되는 다양한 태도

초기 기독교의 일부 사도들은 사람들이 이윤을 내는 것에 반대하지 않았다. 예를 들어 11장에서 이미 언급했던 것처럼 바울은 스데바나와 빌레몬 같은 사람들을 칭찬했다. 스데바나와 빌레몬은 사도들이 승인한 방식으로 이윤을 추구한 기업가였다. 사도행전의 저자는 예수의 여성 추종자인 루디아가 "자색 옷감 장사"(행 16:14)였다고 기록하는데, 바울은 빌립보에서 복음을 전파할 때 그녀의 집을 사용하기도 했다. 바울 자신도 사업가였으며, 어느 시점에는 빌레몬과 거래했을지도 모른다(바울이 몬 17-19에 쓴 내용을 근거로 이렇게 생각하는 사람도 있었다). 그럼에도 불구하고 자신이 쌓아 올린 지위에 관해 손익계산서를 작성할 때 바울이 어떻게 했는지 주목하라.

자료 14.2. 크립토포르티쿠스의 집에 있는 신당(1.6.2)의 내부의 프레스코화를 보면 메르쿠리우스(사업의 신, 여기서는 지팡이를 들고 있다)가 있고 그 앞에는 가정 제물을 놓기 위한 작은 단이 배치되어 있으며, 뱀들은 그 집의 상서로운 영을 묘사한다. 한 뱀은 색이 칠해진 제단 위로 올라가고 있고, 다른 하나는 그 신당의 단에 접근하고 있다.

나는 그리스도 때문에 내가 자산이라고 여긴 것을 모두 손실로 계산했다. 나의 주 그리스도 예수를 아는 지식이 더 나은 가치를 지니기 때문에, 나는 **모든** 것을 손실로 계산한다. 나는 그분으로 인해 모든 것을 손실이나 배설물로 간주하기 때문에 그리스도를 얻을 수 있는 것이다(빌 3:7-8, 저자의 번역).

바울은 "소유"할 가치가 있다고 여긴 유일한 "물품" 즉 "나의 주 그리스도 예수"라는 유일한 참된 이윤을 얻기 위해 자신의 사회적 지위에 대한 회계 장부에서 "이익"으로 처리할 수 있는 것을 "손실"란에 배치했다. 그는 이 편지의 초반에 경제적 비유를 사용하여 "이는 내게 사는 것이 그리스도니 죽는 것도 이득이 됨이라"고 말했다.

초기 기독교 담론에서는 "이윤"에 관한 바울의 목소리보다 더 가혹한 비판을 들을 수 있다. 11장에서 우리는 야고보서의 저자가 가난한 사람들을 희생시켜 부자들에게 특권을 주는 편애(favoritism)를 비판한 점에 주목했다("너희는 도리어 가난한 자를 업신여겼도다", 약 2:1-6를 보라). 야고보서는 부자들을 집중적으로 책망한다.

들으라. 부한 자들아, 너희에게 임할 고생으로 말미암아 울고 통곡하라. 너희 재물은 썩었고 너희 옷은 좀먹었으며 너희 금과 은은 녹이 슬었으니 이 녹이 너희에게 증거가 되며 불같이 너희 살을 먹으리라. 너희가 말세에 재물을 쌓았도다. 보라, 너희 밭에서 추수한 품꾼에게 주지 아니한 삯이 소리 지르며 그 추수한 자의 우는 소리가 만군의 주의 귀에 들렸느니라. 너희가 땅에서 사치하고 방종하여 살륙의 날에 너희 마음을 살찌게 하였도다 (5:1-5).

자료 14.3. 헤르쿨라네움의 술집 외벽에 그려진 프레스코화(6.14). 네 종류의 와인 가격을 광고하고 있으며(adcucumas, "담는 그릇에 따라", 그 밑에 가격이 열거되어 있다), 그 위에는 신뢰의 신인 산쿠스의 초상화가 있다(와인에 물을 희석하지 않았으며 가격이 적당하다는 점을 알리는 것으로 보인다).

노동자들을 억압하고 추수한 품꾼들의 임금을 사취하면서 "사치와 방종 속에서" 사는 부자들에 대한 이런 비난은, 야고보의 유명한 형제이자 훗날 그의 편지에서 하늘에 계신 "주"(1:1; 2:1)라고 선언된 나사렛 예수의 조언과 전혀 다르지 않다. 예수는 한 부유한 사업가가 투자를 확대하면서 마치 도덕적 경계가 없는 것처럼 "심지 않은 데서 거두고 뿌리지 않은 데서 모으는" 것을 자랑하는 비유를 말한다(마 25:26). 그런 통렬한 비판과 더불어 예수는 예루살렘 성전에서 환전을 해주는 기회주의적인 상인들("강도")로 보이는 자들의 상을 뒤엎었으며(마 21:12-13), 다음과 같은 말을 하기도 했다.

> 너희를 위하여 보물을 땅에 쌓아 두지 말라. 거기는 좀과 동록이 해하며 도둑이 구멍을 뚫고 도둑질하느니라. 오직 너희를 위하여 보물을 하늘에 쌓아 두라. 거기는 좀이나 동록이 해하지 못하며 도둑이 구멍을 뚫지도 못하고 도둑질도 못하느니라. 네 보물 있는 그곳에는 네 마음도 있느니라(마 6:19-21; 예수의 가르침에 담긴 가정의 안전에 대한 다른 측면들은 마 12:29[또한 눅 11:21-22]; 13:52; 24:43[또한 눅 12:39]을 보라).

자료 14.4. 폼페이의 주택 앞쪽에 당당하게 전시되었을 것으로 보이는, 돈과 집안의 귀중품이 담긴 견고한 금고

이처럼 귀중한 보물과 궁극적으로 가치가 없는 보물을 대조하는 이 표현은 예수의 담론이 지닌 특징이었던 것 같다. 예수는 "모든 탐심을 물리치라. 사람의 생명이 그 소유의 넉넉한 데 있지 아니하니라"는 말을 남긴 한 이야

기에서도 이와 유사한 주장을 펼쳤다(눅 12:15). 그 이야기는 다음과 같다.

또 비유로 그들에게 말하여 이르시되 "한 부자가 그 밭에 소출이 풍성하매 심중에 생각하여 이르되 '내가 곡식 쌓아 둘 곳이 없으니 어찌할까?' 하고 또 이르되 '내가 이렇게 하리라. 내 곳간을 헐고 더 크게 짓고 내 모든 곡식과 물건을 거기 쌓아 두리라. 또 내가 내 영혼에게 이르되 영혼아, 여러 해 쓸 물건을 많이 쌓아 두었으니 평안히 쉬고 먹고 마시고 즐거워하자' 하리라 하되 하나님은 이르시되 '어리석은 자여 오늘 밤에 네 영혼을 도로 찾으리니 그러면 네 준비한 것이 누구의 것이 되겠느냐?' 하셨으니"(눅 12:16-20).

이어서 예수는 이 이야기의 교훈을 다음과 같이 강조한다. "자기를 위하여 재물을 쌓아 두고 하나님께 대하여 부요하지 못한 자가 이와 같으니라"(눅 12:21).

예수와 야고보는 이와 관련하여 공통의 목소리를 공유한다. 두 사람 모두 기업가적 성공에 관한 이야기를 더 큰 내러티브로 옮김으로써 청자로 하여금 "성공"으로 간주되는 것들에 대해 의문을 품게 만들었다. 왜냐하면 그 내러티브에서 소개하는 한 신이 지닌 가치 체계는 사회적 지위에

자료 14.5. 작업장 밖에 그려진 프레스코화(9.7.7)로, 상단에는 상업의 신(돈가방과 지팡이와 날개 달린 신발을 지닌 메르쿠리우스)이, 하단에는 상점에서 일하는 노동자와 손님이 묘사되어 있다.

대한 가장 근본적인 기대에 정면으로 도전하기 때문이다. 예수 이야기에 나오는 "어리석은 자"의 모습은 디모데전서 6:9에 등장하는 "부하려는 자들"의 초상화와 흡사하다. 왜냐하면 그들은 "시험에 빠지고 사람들을 파멸과 멸망에 빠뜨리는 무의미하고 해로운 욕심에 사로잡혀 있기" 때문이다. 사업 성공과 영적 실패를 잇는 잠재적인 연관성은 예수 추종자들이 기록한 많은 문헌에 나타난다. 이와 관련하여 그 문헌들은 "너희는 너희의 소유를 팔아서 가난한 사람들에게 주어라"(눅 12:33) 또는 더 광범위하게 "네게 있는 것을 다 팔아 가난한 자들에게 나눠 주라. 그리하면 하늘에서 네게 보화가 있으리라"(눅 18:22; 또한 19:8-9을 보라)는 기록을 통해 그들의 주님이 말씀하신 급진적인 발언의 정서를 분명히 표현한다. 혹은 훨씬 더 대담하게 "한 사람이 두 주인을 섬기지 못할 것이니 혹 이를 미워하고 저를 사랑하거나 혹 이를 중히 여기고 저를 경히 여김이라. 너희가 하나님과 재물을 겸하여 섬기지 못하느니라"(마 6:24)고 말한다.

초기 기독교 담론은 "부의 유혹"이 너무 압도적이기 때문에 예수 추종자들이 선포한 신에 대한 숭배가 뿌리째 흔들릴 수 있음을 거듭 강조하고 있다(마 13:22; 막 4:19).

요한계시록에 나타난 경제 비판

신약성경의 마지막 책인 요한계시록에는 이런 관점에 관한 모든 것이 극대화된 형태로 표현되어 있다. 어떤 의미에서 요한은 양자택일하라는 예수의 말씀(마 6:24)과 예수의 형제인 야고보가 표현한 부자에 대한 경멸(약 5:1-5)을 결합한 것으로 보인다. 결과적으로 (본 장의 서두에 언급한 행 19장에 따르면) 에베소의 은세공인 데메드리오는 기독교 배타주의자들이 자기가 사는 도시에서 나가기를 원했고, 요한 역시 그리스도인들이 "나가기"를 원했는데 이는 그의 배타적인 발언에 날카로운 경제 비판이 포함되었기 때문이다. 그가 "내 백성들아, 그녀에게서 나와 그의 죄에 참여하지 말고 그가 받을 재앙들을 받지 말라"고 기록했을 때 의미했던 바가 바로 이것이다(계 18:4). 바울도 이와 비슷한 말을 했으며, 핵심을 말하기 위해 유대 경전에 나오는 몇 구절들을 사용했다. ("너희는 떠나라, 그곳에서 떠나 나오라", 고후 6:15에서 넌지시 언급한 사 52:11). 그러나 바울이 제시한 "나오라"는 요구는 주로 구체적인 우상숭배 행위를 겨냥한 것이었고, 요한은 우상숭배가 로마의 경제적 구조를 비롯해 그 사회 전체에 스며든 것으로 보아야 할 필요가 있다고 생각했다.

이런 이유로 선견자 요한은 사물을 매우 냉정하고 엄격하게 보았다. 그는 자신을 둘러싼 세계에서 일어나는 현상들을 매우 통찰력 있게 연결했다. 고대 세계의 모든 측면이 빚어내는 상호 연결성은 끊임없이 강력해지는 소용돌이와 같았다. 정치는 군사력과, 군사력은 기업과, 기업은 신에 대한 헌신과 합쳐졌으며, 신에 대한 헌신은 정치와 다시 결합했다. 고대 세계의 건강을 분석하는 작업이 어디에서 시작되든 간에 어느 곳에서나 이런 현상이 상호 연결된 모습을 볼 수 있었다는 것은, 요한이 각 요소를 악마적이고 교활한 영적 원수인 사탄의 통치와 연결시킬 수 있었음을 의미한다. 요한의 견해에 따르면 이는 사탄이 인간 사회 전체를 납치해서 자신의 목적을 위해 그 사회 전체를 징집했기 때문이다. 그는 당시 사람들이 제대로 인식하지 못하더라도 그들은 사탄이 관리하는 연극 무대에 선 꼭두각시일 뿐이며 사실 그것보다 더 못한 존재라고 추정했다.

또한 요한은 사탄의 영향을 발견할 수 없는 두 곳이 있는데, 그곳들은 바로 요한의 신이 주권자로 군림하는 하늘 보좌가 있는 방(계 4-5장에 묘사

자료 14.6. 오펠테스라는 아기를 교살하여 죽인 뱀-용에 관한 그리스 신화를 묘사한 프레스코화. (오른쪽에 있는) 아기의 엄마는 뱀을 죽이려는 군인들의 노력이 성공하지 못하는 모습을 공포에 질려 쳐다보고 있다(6.17.9/10, MANN 8987).

된 것처럼; 또한 계 12:7-9, 13을 보라)과 회복된 종말론적 창조세계(계 21-22장에 묘사된 것처럼)라고 말한다. 그 두 곳을 제외하고는 미혹하는 사탄의 영향이 정치, 군사, 경제, 신을 예배하는 일과 같은 인간 사회의 모든 측면에 침투해 있다. 따라서 요한이 사탄을 "온 천하를 꾀는 자"라고 규정한 것은 별로 놀랄 일이 아니다. 이는 단순히 사탄이 "땅에 거하는 자들"(13:14)을 속였다는 의미일 수도 있지만, 오히려 사탄이 인간 사회의 모든 구성 요소에 공격하고 침투하여 그것을 고통스럽게 만드는 비극적인 속임수의 체계를 세웠다는 의미를 시사하고 있는 것으로 보인다.

이 점은 요한계시록 12-18장을 통해 전해지는 상징적인 내러티브에서 분명하게 묘사된다. 요한계시록 12장에서 사탄은 한 특별한 여성이 낳은 특별한 남자아이를 삼킴으로써 천상의 세계에서 참된 신의 주권을 찬탈하려는 "큰 붉은 용"(12:3)으로 묘사된다. 이 종말론적 문헌에서 여자는 이스라엘과 예수의 어머니인 마리아를, 남자아이는 예수 그리스도를 상징한다. 이야기가 전개되는 과정에서 아들은 그 용에게 해를 입지 않는데, 이는 "별안간 그가 하나님과 그분의 보좌가 있는 곳으로 이끌려 올라갔기" 때문이다(12:5). 용은 땅으로 떨어지고 이제 그 용의 정체가 "옛 뱀"(12:9)이었음이 확인된다. 지구상에서 그 뱀은 이제 여자(이 내러티브의 시점에서는 교회를 상징하는 것으로 보인다)와 그녀의 다른 자손을 향해 공격을 계속한다.

우리가 기업가적 성공의 세계에서 신화적 내러티브의 세계로 옮겨간 사실은, 요한계시록의 저자가 보기에 정확히 핵심을 말하는 것이다. 요한이 생각하기에 사탄의 속임수는 멋지고 유익해 보이지만 실제로는 그와 상당히 다른 이념적인 내러티브 속에 사회의 개별 요소들을 포함시키려는 시도다. 요한계시록 12-18장의 나머지 이야기를 봉해 요한은 사회의 개별 요소들의 정체를 밝히고 그것들을 당시의 지배적인 이념과 다른 종류의 내러티브 안에 배치한다. 용이 바닷가에 서자(12:17) 짐승이 (악의 전통적인 거처를 상징하는) 바다에서 나오고, 사탄적인 용은 이 짐승 안에 자신의 힘을 집중적으로 쏟아붓는다(13:1-2). 앞서 7장에서 우리는 요한이 사탄적인 권력을 받아 통치하는 이 짐승에 대해 묘사한 내용을 일부 추적해 보았다. 그는 특히 로마의 군사 작전, 세상 나라들에 대한 로마의 제국주의 통치, 제국주의적 인물들에 대한 제의적 숭배의 측면에서 이 짐승을 묘사했다. 우리는 여기서 굳이 이런 발자취들을 다시 재추적하지 않고, 로마가 관리 감독하는 경제 체제가 사탄적 짐승의 손아귀에 사로잡혀 있음을 묘사한 요한의 기록을 살펴볼 필요가 있다.

자료 14.7. 마을의 거리에서 상거래를 하는 모습을 묘사한 폼페이의 프레스코화(폼페이의 광장에서 있었던 일을 그린 것으로 보임; 출처: 율리아 펠릭스의 컨트리클럽, 2.4, MANN9063[때때로 9062로 분류된다])

이에 대한 첫 번째 명확한 징조는 요한계시록 13:16-17(또한 14:9, 11도 보라)에 나타난다. 이 단락은 모든 사람들이 단순히 사고팔기 위해 짐승에 동조해야 한다고 말한다. (사업 거래를 확정하는 악수에 사용하는) 오른손이나 (개인의 정체성을 알리는) 이마에 표를 받아야 한다는 요구 조건이 이를 상징적으로 묘사하고 있다. 요한이 이야기하는 세계에서는 경제 번영을 위해 사탄의 계획에 따라야 한다는 요구를 받는다. (비록 이 경제 시스템이 지닌 사탄적 성격이 그 시스템들과 연루된 사람들에게 인식되지 못하더라도 말이다.)

짐승을 통한 사탄의 통치에 대한 경제적 비판은 요한계시록 18장에서 가장 뚜렷하게 나타난다. 요한은 통치 체제를 큰 음녀에 비유하면서(17:1, 5, 15; 19:2: "음행으로 땅을 더럽게 한 큰 음녀"와 비교하라), 그녀가 "자신을 영화롭게 하였으며 사치하였다"고 말한다(18:7). 이런 "음녀의" 영은 "그녀의 사치의 세력으로 부자가 되고", "[그녀로] 말미암아 치부한" "세상의 상인들"에게 침투한다(18:3, 15). 비슷하게 "바다에 배를 가진 모든 사람들은 그녀의 재산으로 부자가 되었다."(18:19). 만약 상인들이 "땅의 왕"으로 행세한다면, 오직 그 매춘부의 마법에 "모든 민족이 속았기" 때문이다(18:23).

(우리가 이 장의 서두에서 확인한 바와 같이) 에베소 상인들은 그들이 얻는 이익이 아르테미스와 관련되어 있다고 보았다. 폼페이 상인들은 메르쿠리우스가 수익을 늘려준 덕분에 이윤을 챙기게 되었다고 생각했다. 요한은 세계의 경제 구조 내에서 작용하는 또 다른 영적 실체가 있고 그것이 바로 사탄적인 영성임을 독자들이 깨닫기 원했다. 요한은 요한계시록 18:12-13에서 경제적 우선순위 목록을 제시함으로써 구체적인 용어로 사탄적 체제의 영적 현실을 드러냈다.

> 그 상품은 금과 은과 보석과 진주와 세마포와 자주 옷감과 비단과 붉은 옷감이요, 각종 향목과 각종 상아 그릇이요, 값진 나무와 구리와 철과 대리석으로 만든 각종 그릇이요, 계피와 향료와 향과 향유와 유향과 포도주와 감람유와 고운 밀가루와 밀이요, 소와 양과 말과 수레와 종들이라. 즉 이것들은 사람의 목숨이라.

이 목록은 로마 시대의 기본적인 경제 성장 동력을 요약해서 보여준다. 목록은 (금, 은, 보석과 같은) 비싸고 귀중한 것에서 시작하여 (양, 말, 전차처럼) 평범하고 일상적인 물건으로 옮겨간다. 하지만 이 물품 목록의 마지막 항목이 "종들"이며, 요한은 이 모든 것이 "인간의 목숨"이라고 지적하는 것에 주목하라. 이 지점에서 요한이 거하는 세상의 경제 구조에 궁극적으로 사탄적 성격이 내재되어 있음이 드러난다. 이는 인간의 목숨을 단순히 그 체제의 주도권을 쥐고 있는 사람들의 경제적 행복을 영구히 유지시키는

데 유용한 상품 정도로 평가하는 것에서 알 수 있다. 이런 강력한 비판은 노예 제도에 대한 고대의 담론이나, 심지어 기독교의 담론 내에서도 극히 드물다. 요한은 노예 제도가 이끄는 당시의 경제 구조를 자세히 살펴보는 가운데, 그 모든 것의 운전석에 사탄이 앉아 있음을 보았다. 요한의 견해에 따르면 창조주께서 창조하신 인간의 목숨은 큰 사기꾼의 속임수에 의해 조직되고 관리 감독되는 체계에 의해 징집되었다.

요한은 궁극적으로 참된 신이 사탄의 속임수가 지배하는 체제를 이길 것이라고 확신했다. 그는 "세마포 옷과 자주 옷과 붉은 옷을 입고 금과 보석과 진주로 꾸민 큰 성"(계 18:16)이 폐허가 되어(계 18-19장), 상인들과 "바다에서 무역/사업하는 모든 사람들"이 "울고 애통"하게 될 때를 내다

자료 14.8. 간단한 음식과 포도주를 파는 술집의 카운터를 마주보고 있는 프레스코 신당(1.8.8)으로서, 사업의 성공을 돕는 메르쿠리우스가 (오른손에 돈주머니를, 왼손에 지팡이를 든 채로) 맨 왼쪽에 있다(바쿠스는 맨 오른쪽에서 표범에게 포도주를 떨어뜨리고 있다. 이 집안의 게니우스는 이 프레스코의 중앙에 있으며, 두 명의 라르 신이 양옆에 각각 서 있다). 고고학자들이 음식과 포도주를 파는 이 술집을 발견했을 당시 열 한 개의 카운터 중 하나에 1,385개의 동전이 들어 있었다.

보았다(18:15, 17-19). 사탄적 체제의 멸망과 함께 그런 성격의 무역 역시 파괴되고 "어떠한 세공업자든지" 완전히 사라지게 될 것이다(18:22).

이런 상황에서 "내 백성들아, 거기서(그녀에게서) 나오라"는 요한의 외침에는 경제적 관점이 담겨 있음을 쉽게 알 수 있다. 이것은 그가 일곱 교회를 (그들의 "천사" 혹은 **게니우스**[genius]를 통해, 우리가 7장에서 본 바와 같이) 특별히 다룬 요한계시록 2-3장에서, 그와 동시대를 산 일부 사람들에게 매우 비판적이었던 이유를 설명하는 데 도움이 된다. 예를 들어 그는 버가모와 두아디라의 일부 예수 추종자들이 "행음"을 했다고 말한다(2:14, 20-22). 요한계시록의 상징 체계로 미루어본다면 그 혐의는 아마도 문자 그대로의 일탈적인 성행위가 아닐 것이다. 그것은 비유적인 의미로서 사탄적 체제와 경제 관계를 맺고 있는 현실에 초점을 맞추고 있다. 그 비유적인 의미는 요한으로 하여금 "땅의 왕들"에 성적인 의미를 부여함으로써 그들을 "그녀[음녀]와 함께 음행하고 사치하던 자들"로 묘사할 수 있게 했다 (18:9; 또한 17:2; 18:3의 "행음"을 비유적으로 사용한 것을 보라).

이와 마찬가지로 라오디게아의 예수 추종자들 일부는 "나는 부자라. 부요하여 부족한 것이 없다"고 말했다(3:17). 이들은 로마 제국의 이상을 구현하는 방식으로 자신을 표현했다. 그것은 오히려 로마의 평화와 번영을 선전해주는 행위였다. 그러나 요한이 "인자와 같은 이"라고 불렀던 분은 이 경제적 범주에서 영적인 범주로 완전히 바뀐 언어를 사용하여 이들을 질책했다.

> 네가 말하기를 "나는 부자라. 부요하여 부족한 것이 없다" 하나 네 곤고한 것과 가련한 것과 가난한 것과 눈먼 것과 벌거벗은 것을 알지 못하는도다. 내가 너를 권하노니 내게서 불로 연단한 금을 사서 부요하게 하고 흰 옷을 사

서 입어 벌거벗은 수치를 보이지 않게 하고 안약을 사서 눈에 발라 보게 하라(3:17-18).

확실히 일부 예수 숭배자들은 로마 세계의 경제 체계와 결별하기 위해 많은 노력을 하지 않았다. 바로 이 점 때문에 요한은 괴로워하면서 그들이 그 모든 것에서 벗어나야 할 필요가 있다고 생각했다. 이 문제에 있어서 다른 사도들은 상대적으로 덜 괴로워했다. 예를 들어 바울은 단순히 예수 추종자들이 경제 영역 안에서 활동해야 한다고 가정했다. 물론 예수 그리스도를 숭배하기 때문에 일반 사람들과는 다른 방식으로 경영하고 축적한 자원을 사용해야 했지만 말이다. 바울은 동시대 사람들 사이에서 일어나는 예수 운동을 재정적으로 지원하기 위해 예수 추종자들이 일을 하고 돈을 벌어야 한다고 거듭 촉구했다(예. 살전 4:11[또한 2:9도 보라]; 살후 3:6-

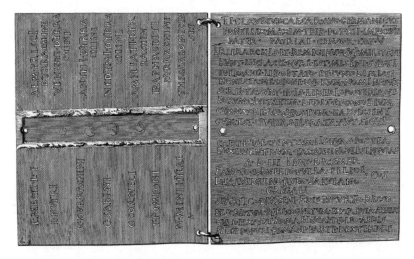

자료 14.9. 유쿤두스의 집에서 발견된 밀랍을 칠한 서자판(書字板)의 그림(5.1.26)으로, 오른쪽에는 사업 거래 조건이 기재되어 있고 왼쪽에는 이 합의에 대한 증인이 기재되어 있다(두 부분은 현대식 링으로 서로 연결되어 있다. "이미지 출처" 참조).

10). 그러나 요한은 다른 시각으로 사물을 보면서 남다른 방식으로 그것들을 연결시켰다.

조합과 신에 대한 숭배

요한이 장인과 상인들을 맹비난한 이유는 당시 직업과 관련된 조합들이 일반적으로 제의적인 측면을 지니고 있었다는 사실과 관련이 있다. 심지어 가장 기본적인 수준의 성공이라도 거두기 위해서는 거주지 도심에 있는 조합(*collegium*)으로 알려진 해당 직종의 길드에 가입해야만 했다. 이런 조합들은 공동 모임의 일부로서 반드시 하나 이상의 신에 대한 숭배를 우선시하는 종교적인 요소를 지니고 있었다. 그러므로 사업에서 성공하고자 하는 기업가들은 다양한 종류의 신들을 숭배하는 만찬과 축제에 참여해야만 했다. 이것은 요한이 보기에 사탄의 속임수의 일부였는데, 그 사탄의 문어발 같은 체계는 도처로 그 영역을 넓힘으로써 문명의 모든 현상에 만연해 있었다.

　조합은 1세기 말까지 널리 퍼져 있었지만, 집결된 정도는 도심지마다 크게 달랐다. 실제로 폼페이의 자료 기록에는 자신들을 조합이라고 지칭하는 단체에 대한 결정적인 사례가 없다. 폼페이가 멸망할 때까지 그곳에는 많은 직업군이 있었다. 우리는 그라피티와 비문을 통해 금세공인, 목수, 여관 주인, 마부, 펠트 제조업자, 요리사, 세탁소 노동자(축융업자), 염색업자, 노새를 모는 마부, 선적 처리 업자, 어부, 제빵사, 과일 판매상, 마늘 판매상, 짐꾼, 의류 판매업자, 타악기 연주자, 제화공, 이발사, 향수 제조 및 판매자, 포도 수확자 등 약 24개 직업군이 존재했음을 알 수 있다. 이 직업군들 자체로는 서로 연관성이 없었을지도 모른다. 엄밀히 말하자

자료 14.10. 연단을 운반하는 목수들의 거리 행렬을 묘사한 프레스코화로서, 연단 위에 있는 지붕 모양의 덮개가 목수들이 만든 여러 작은 조각상들을 덮고 있다. 연단 앞면에는 그리스 신화에 나오는 두 인물의 조각상이 있는데 이는 (목수들의 후원자인) 발명가 다이달로스와 태양에 너무 가까이 날아간 후 그의 발 밑에서 죽은 채 누워 있는 그의 아들 이카로스다(출처: 6.7.8과 6.7.9 사이의 외벽, MANN 8991).

면 조합(*collegia*)은 법인체(legal entity)였지만, 폼페이의 이런 직업군들이 법적 지위를 가졌다는 증거는 거의 없다. 그런 지위를 갖기 위해서는 내부적으로 선출된 행정관, 내규, 회원 자격 요건, 공동의 재정(common treasury)이 필요했을 것이다. 그런데 폼페이의 직업군들이 이런 식의 합법적으로 인정받는 조합으로 조직되어 있었다거나 지방 행정관로부터 모일 수 있는 권리를 얻어냈다는 증거는 거의 없다. 그러나 직업 단체든 길드 조합이든, 같은 직종의 사람들이 모인 단체들은 종교적 측면을 포함된 공동 모임을 가졌으며 함께 모여 식사를 했고 종종 다양한 방법으로 상호 조력을 다짐하곤 했다.

폼페이의 세탁업자들(또는 축융업자)은 이에 대한 좋은 예가 된다. 그들은 우리가 (6장과 11장에서) 여러 번 언급했던 부유한 여성인 에우마키아의 후원을 받은 것으로 보인다. 현재 "에우마키아 건물"이라고 불리는 곳에 세워져 있는 그녀의 동상은 특별히 폼페이의 축융업자들이 헌정한 것인데, 이는 그녀가 그들의 후원자 역할을 했음을 암시한다. (6장에서 언급한 바와 같이) 에우마키아가 로마 제국의 질서를 강력하고 노골적인 방식으로 지지한 것을 보면, 폼페이의 축융업자들이 직업 단체로서 함께 만날 때마다 황제 숭배가 필수적으로 이루어졌음을 추측할 수 있다. 요한은 이 모든 상황을 본질적으로 사악한 것으로 파악했는데, 바로 정치-종교적 요인과 경제적 요인이 한데 어우러져서 이 그룹들이 종교적으로 하나가 되도록 하는 데 영향을 미쳤기 때문이다.

잠정적인 해결책 찾기

다른 사도들과 달리 요한은 사실상 모든 것이 어떤 형태나 방식으로든 사탄이 통제하는 시스템에서 유래했기 때문에 예수의 추종자들이라면 시민으로서 얽혀 있는 복잡한 관계나 직업상 연루된 관계에서 벗어나야 한다고 촉구했다. 그러나 그 상황에서 예수의 추종자들은 어떤 행동을 해야 했을까? 요한은 그들이 도시 밖으로 이사할 것이라고 예상했던 것일까? 하지만 도시는 시골과 복잡하게 연결되어 있어서 이사를 한다고 해도 오염에 노출되는 일을 막을 수는 없었다. 도심지에 남아 있기로 한 사람들은 어떻게 해서든 같은 직업을 갖고 있는 사람이 모이는 집단이나 조합과의 연결고리 없이도 살아남을 수 있는 소규모 사업체를 운영하면서 간신히 생계를 꾸려나가야 한다는 뜻인가? 사탄의 경제 구조에 물들지 않은 하찮은 작업장에서 시시한 사업을 운영했어야 했는가? 누가 그렇게 할 수 있었을까? 가위를 든 이발사? 망치와 못 몇 개 및 나무 저장고를 갖고 독자적으로 일하는 목수가 그렇게 할 수 있었을까? 아니면 혼자 마차를 모는 사람? 닭 사육사? 쿠션 판매자? (사람들이 사용하지 않는 물건을 모아서 파는) "폐품 장수"라면 그럴 수 있었을까?

폼페이의 그라피티들은 상대적으로 "비천한" 이 직업들에 대한 증거가 된다. 하지만 다른 직업을 가진 예수 추종자들 역시 불가피하게 그 시스템에 더 깊이 안주할 수밖에 없었을 것이고, 그 결과 "사탄적인 오염"은 그들에게 더 큰 영향을 미쳤을 것이다. 버가모나 두아디라나 라오디게아에서 예수를 숭배하는 제빵사들은 조합의 회원 자격을 포기함으로써 경제적 대가를 치렀어야 했을까? 예수를 추종하지 않는 다른 사람들과의 관계를 끊음으로써 오히려 "복음"의 확산을 가로막는 역할을 했을까?

이런 질문에는 답이 없다. 이를 잘 알고 있었던 요한은 다른 사도적인 인물들이 시도하지 못한 전례 없는 방식으로 문화적 현상 사이에 존재하는 연관성을 강조했다. 그는 궁극적인 해결책(예. 새 하늘과 새 땅)이 신의 손에 달려 있다는 사실을 알고 있었지만, 그것이 실현되기까지는 1세기 청중들이 잠정적인 해결책을 스스로 파악하게끔 한 것으로 보인다.

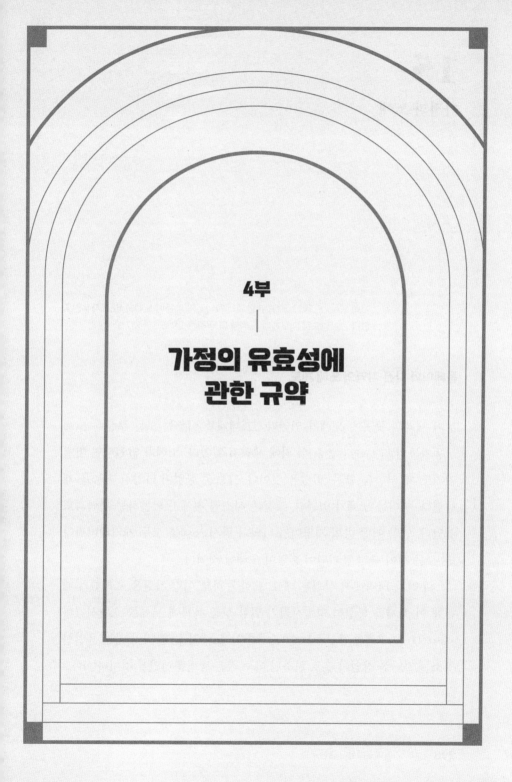

4부

—

가정의 유효성에
관한 규약

15
가정과 노예

> 너희 모두가 그리스도 예수 안에서 하나이기 때문에 **노예도 없고 자유인도 없다.**…사랑으로 서로에게 노예가 되라(갈 3:28; 5:13, 저자의 번역).

폼페이와 다른 지역의 노예 제도

로마 세계의 곳곳에 노예가 있었다. 그 세계를 이루는 모든 부분은 노예 노동자들의 땀 (그리고 종종 피) 위에 세워져 있었다. 노예가 없었다면 어떤 지역도 제 역할을 할 수 없었을 것이다. 그들은 한없이 다양한 기능을 제공했다. 어디든 노예가 있었다. 그들은 시스템 전체가 의존하는 전력과도 같았다. 만약 어떤 마법 지팡이가 나타나 당시 노예를 모두 제거해버린다면, 모든 것이 즉시 붕괴되어 혼란이 초래될 것이다.

　　우리가 14장에서 살펴본 대로, 요한은 바로 이런 사실을 포착했기 때문에 이 체제를 확실히 영속시키기 위한 상품 목록에 노예를 포함시켰다(계 18:12-13, 목록의 맨 끝에 노예가 등장한다). 노예가 눈에 띄지 않는 유일한 장소는 가난한 장인이 홀로 일하던 아주 작은 공방뿐이었을 것이다(아마도 그들은 최근에 자유인이 되어 단순히 그럭저럭 사는 것 이상의 일을 할 수 없었을 것이다.) 그런 작고 초라한 주거 공간을 제외하면, 노예는 (서기, 회계사 등으로) 도시의 행정 건물에, (불을 때는 사람으로서) 대중 목욕탕에, (사제를 보조하는 사람으로서) 신전에, (노동 인력으로서) 작업장에, 그 외 대다수의 가정에 있었을 것이다. 비록 이 장에서 고대 가정에 속한 노예에 대해 논할 것이지만, 이는 훨씬 큰 파이의 한 조각일 뿐임이 명백하다. 하지만 우리는 집안에서 노예가 갖는 기능, 정체성, 관계성을 분명히 볼 수 있다.

자료 15.1. 파티를 위해 모인 사람들을 묘사한 이 프레스코화를 보면 젊은 노예가 식사하는 사람들을 돕기 위해 기다리고 있다(5.2.4, MANN 120031; 식사하는 손님들 왼쪽 위에는 "편안한 시간을 보내세요. 제가 노래를 부르겠습니다"라는 문구가, 오른쪽 위에는 "그렇습니다! 당신의 건강을 위하여!"라는 문구가 쓰여 있다).

공예품과 그라피티를 보면 집안에서 노예들이 수행한 일의 일부를 알 수 있다. 그들은 건물을 청소했고 그 가정의 주인과 가족들을 위해 음식과 포도주를 준비해 상을 차렸으며, 그 집을 방문하는 주인의 손님들의 발을 씻어주었다. 한 도덕주의자의 집에서 발견된 비문에는 그들이 기본적으로 했던 일이 기록되어 있다. "물로 네 발을 씻고 노예가 네 발을 닦게 하라"(*CIL* 4.7698a).

그러나 주인과 노예 관계에는 훨씬 더 추악한 측면이 있었다. 이는 노예를 쇠사슬로 묶어두던 행위를 능가하는 것이었다. 모자이크 기둥의 저택(HGE12)에서 발견된 불행한 노예는 땅바닥에 고정된 족쇄가 다리에 채워져 있는 바람에 화산이 폭발했을 때도 탈출할 수 없어 결국 사망하게 되었다. 심지어 주인과 노예 사이에는 종종 성적 관계가 이루어졌다. "당신이 원할 때, 당신이 편할 때, 언제든 요리사를 이용하세요"(*CIL* 4.1863). 집주인과 노예의 관계의 본질을 이만큼 적나라하게 드러내는 베수비오의 그라피티는 없을 것이다. 이는 집주인에게 성적 욕망이 생길 때마다 그 가정의 요리사가 주인의 욕망 해소 대상이 되었음을 시사한다. 간단히 말해 그 가정의 집주인과 노예는 오늘날의 기준에서 볼 때 흔히 학대에 해당하는 관계를 유지했다. 집주인은 지배적인(또는 지배하려 드는) 권력을 가지고 있었고, 노예는 대개 그의 재산이나 동산 또는 소유물에 지나지 않았다. 만약 집 주인이 피곤하면 그는 침대로 가고, 배가 고프면 자신의 소유물인 노예가 구입한 음식을 먹고, 성욕이 있으면 자신이 구입한 한두 명의 노예와 성관계를 가졌다. 그것은 그렇게 간단한 일이었다. 노예는 성별이나 노예 자신의 행복과는 상관없이 집주인의 기호에 따라 쓰였다(남성 노예 이카루스가 주인인 암플리아투스와 성관계를 가졌다는 이유로 친구로부터 놀림을 받은 경우와 비교하라[*CIL* 4.2375, 7.12.15 근처].) 노예는 결국 주인의 소유에 불과했기 때문에 자신의 용도와 기능을 결정할 수 없었다.

로마 시인 호라티우스(기원전 65-8년)가 이런 충고를 하기도 했다. "당신의 성기가 부풀어 오르고 가까이에 있는 하녀나 노예 소년이 끊임없는 욕망을 불러일으키고 있다면, 당신은 긴장감으로 터질 것 같은 그 상황을 선호하십니까? 나는 아닙니다. 나는 쉽게 이용 가능한 사랑을 즐깁니다"(*Satires* 1.2.116-19). 마찬가지로, 라틴 시인 마르티알리스(Martial, 40-103년경)는 돈을 내고 매춘부의 서비스를 사는 대신 노예의 아내들과 무료로 성관계를 갖는 것을 선택함으로써 자산을 절약한 한 남자를 칭찬했다(*Epigrams* 4.66). 심지어 노예의 "아내"도 집주인의 소유였다. 노예의 개인 재산(*peculium*), 즉 노예로 있는 동안 모은 돈 역시 마찬가지였다.

노예는 자신이 모은 재산(*peculium*)을 이용하여 자유를 살 수 있었지만, 재산을 축적하는 어느 시점에 주인이 돈이 필요할 경우 노예의 개인 새신(*peculium*)에 손을 댐으로써 그 노예의 장래를 잃게 만들었다. 만약 여종이 주인으로부터 자유를 얻게 되어도 그녀의 과기는 계속해서 그녀를 괴롭힐 것이다. 노예 여성은 불가피하게 주인의 성적 욕망을 충족시키기 위해 사용되었다. 그러다 보니 혼전 순결을 지킨 이상적인 결혼 적령기의 여성과 구별되었다.

노예 제도와 성매매

어떤 집주인들은 성매매를 목적으로 노예를 구입했다. 폼페이의 큰 집 내부의 어떤 공간에는 남녀의 성관계를 묘사한 프레스코화가 매우 많았다. 그 프레스코화의 목적이 무엇이었는지는 알 수 없다. 단순히 그 집의 노예 구역에 있는 방을 장식하기 위한 용도였을 수도 있다. 그럴 경우 그 그림

들은 집주인의 성적인 소유물이라는 노예의 정체성을 강조했을지도 모른다. 하지만 이런 프레스코화들이 집 안에서 이루어지는 성매매를 강조했을 가능성도 있다.

폼페이의 베티의 집이 이런 용도로 사용되었을 것이라는 주장이 제기되었다. 이 집의 소유주들(레스티투투스와 콘비바, 형제로 보이지만 꼭 그렇지는 않을 수도 있다)은 인생을 노예로 시작했지만 결국 자유를 얻어 극도로 부유한 **아우구스탈레스**가

15.2. 베티의 집 내부의 공적 공간에 있는 프레스코화들은 종종 얻은 사랑과 잃어버린 사랑에 대한 신화적인 장면들을 묘사한다(테세우스는 아리아드네를 버리고, 아리아드네는 쿠피도의 위로를 받는다, 원위치에 있음). 이와 대조적으로 그 집의 서비스 구역에 있는 프레스코화들은 주로 커플들의 성관계 장면을 묘사한다.

되었으며, 폼페이에서 가장 멋지고 화려한 집에 살았다(6.15.1, "조상으로부터 재산을 물려받은 엘리트"[old-money elite]들의 집만큼 부유하지는 않았다). 그들은 시골 포도원을 운영하고 포도주 제조 사업에 참여하면서 많은 부를 축적했다. 그들 집의 한 부분은 도발적인 프레스코화로 장식되어 있었다. 만약 이곳이 성매매 장소였다면 적어도 이들은 노예를 사용하여 자신들이 소유한 큰 부의 일정 부분을 축적했을 가능성이 있다. 이 두 사업가는 (자신들이 노예로 있으면서) 다른 누군가의 소유물이었다가 성매매에 쓰인 노예를 포함한 다른 소유물들의 주인이 된 것이다.

이와 유사한 상황이 일어났을 것으로 보이는 또 다른 집은 이른바

"작은 매춘 업소의 집"으로 불리는 건물이다(9.5.14에서 9.5.16까지). 비록 주인에 대해 알려진 바는 거의 없지만, 이 대저택은 집주인이 "조상으로부터 물려받은 재산"을 통해 부를 축적한 집안 출신임을 시사한다. 그 가족들은 초대한 손님이나 고객과 함께 가장 웅장한 출입구를 통해 집안으로 들어갔을 것이다(9.5.14). 반면 다른 두 개의 출입구는 조금 다른 이야기를 전한다. 두 번째 출입구 위에는 남근 상징물이 있었고(9.5.15; 자료 15.3을 보라), 세 번째 출입구 옆의 그라피티는 "자신을 동전 두 아스(ass)에 파는" "옵타타"의 가격을 알렸다("아스"[ass]는 당시 유통되던 가장 작은 화폐 단위의 동전이며, 두 아스는 포도주 한 잔 값의 절반에 해당하는 가격이었다; CIL 4.5105, 9.5.16의 외부에 쓰여 있다). 에로틱한 프레스코화가 세 번째 문을 통해 들어온 사람을 맞이했으며, 그것은 입구가 개방된 방의 벽 중앙에 배치되어 있었다. 이 두 출입구 사이에 남녀의 성관계 모습을 묘사한 다섯 개의 프레스코화로 꾸며진 방이 있다. 고고학자들은 이런 특징을 바탕으로 이곳을 "작은 매춘 업소"라고 규정했으며, 이보디 규모가 조금 더 큰 업소들이 서쪽으로 몇 블록 떨어진 곳에 위치해 있었다(7.12.18). 이 사업은 엘리트 주민과 그의 가족의 집 내부에서 운영되었다. 이런 관점에서 볼 때 옵타타는 단순히 "자신을 판매한" 사람이 아니라 아마도 주인집의 금고를 채우기 위해 그곳에서 일했던 노예였을 것이다.

이는 기독교 신학자 요안네스 크리소스토모스(349-407년)가 주인들이 노예를 성적으로 학대하는 방식을 말할 때 나열한 것과 비슷한 부류에 속하는 경우로 보인다. "따라서 많은 사람[노예의 주인]이 가정부와 노예에게 [성적 행위를] 강요했다. 어떤 이들은 의지에 반하여 결혼시켰고, 어떤 이들에게는 수치심을 주는 서비스, 악명 높은 사랑, 약탈과 사기 행위 및 폭력"을 강요했다(Homiliae in epistulam ad Philemonem 1). 2세기 초 로마의

웅변가 디온 크리소스토모스는 "전쟁에서 붙잡히거나 돈으로 산 불운한 여자들과 아이들을 데려다가 도시 곳곳의 눈에 띄는 더러운 부스(booth)에서 자신들의 수치스런 목적을 위해 그들을 이용하는 사람들도 있다"고 말하며 요안네스 크리소스토모스와 비슷한 방식으로 글을 썼다(*The Hunter* 7.133). 폼페이에는 이런 종류의 "부스"에 대한 증거가 있는데(자료 15.4를 보라), 노예들은 이곳에서 고객들을 대상으로 성접대를 하도록 요구받았다(7.12.18/19에 위치한 여러 개의 방으로 구성된 매춘 업소는 주로 노예에 의존하여 필요한 서비스를 제

자료 15.3. "작은 매춘 업소의 집"(9.5.15)으로 들어가는 한 입구에는 남근의 상징(자료 위쪽의 어두운 부분)이 있는데, 이는 집주인이 집 내부에서 관리 감독한 사업 중 하나를 광고하는 표식이다.

공했을 것이다.)

　우리는 모든 주인과 노예의 관계가 반드시 혹독했다고 상상해서는 안 된다. 그러나 그 관계는 필연적으로 노예가 주인의 재산이라는 토대 위에서 형성되었으며, 노예는 주인에게 가장 유익한 방법으로 사용되는 존재였다. 분명히 남용할 여지가 충분했던 것이다. 그중 성매매는 가장 눈에 띄는 권력 남용의 한 형태다.

오플론티스 저택의 노예

노예와 자유인 사이의 구별은 로마 세계에서 가장 근본적으로 대비를 이루는 것 중 하나였다. 그 대비는 심지어 베수비오 건물 내의 특정한 형태의 실내 장식에서 나타났다. 예를 들어 폼페이 외곽으로부터 약 3킬로미터 떨어진 곳에 있는 (오플론티스의 저택 A 또는 포파이아의 저

자료 15.4. 거리에서 곧바로 접근할 수 있는 원룸형 "부스"는 매춘을 위한 침대(돌로 된 것으로서 위에 짚으로 만든 매트리스가 놓여 있었을 것이다)를 갖추고 있다(입구 7.11.12). 자료 15.3에 나와 있는 것과 정확히 같은 남근 상징이 이 부스로 들어가는 입구 위에 있었다.

택으로 알려진) 큰 저택은 매우 부유한 사람이 소유하고 있었다. 이 저택 안에 있는 프레스코화의 일부는 가장 아름다운 베수비오 유물 중 하나다. 멋

자료 15.5. 오플론티스 저택 A의 엘리트 공간을 장식하는 아름다운 프레스코화 중 두 개(평평한 벽 위에 그려졌지만 입체적인 효과를 낸다. 기둥, 선반, 움푹 들어간 벽면에 주목하라)의 모습이다.

지고 훌륭하게 구상하여 만들어낸 프레스코화는 시선을 사로잡는 생생하고 화려한 색감을 통해 깊이와 디테일을 드러냄으로써 엘리트들의 생활 공간을 완벽하게 완성시켰다(자료 15.5를 보라). 이와는 대조적으로 노예들이 일하던 일반적인 공간은 기본적이고 평범한 형태의 장식으로 명확하게 구분되어 있었다. 얼룩말의 흑백 줄무늬와 비슷한 장식(자료 15.6를 보라) 정도면 노예가 밀집해 있던 저택 내 공간에 충분하다고 여겨진 듯하다. 이처럼 일반 공간과 엘리트 공간 사이에 깊이 뿌리박힌 사회적 차별은 차이 나는 실내 장식을 통해 이 화려한 저택의 벽에 표현되었던 것이다.

물론 대부분의 평범한 주택과 작업장은 노예와 엘리트의 공간을 그렇게까지 명확하게 구분할 수 있는 사치스런 장식을 갖추지 못했다. 예를 들어 폼페이의 한 초라한 빵집이라면 노예 한두 명이 제빵사의 아들과 함께 일하면서 마을 주민들에게 구운 빵을 가져다주곤 했을 것이다. 이처럼 노예와 자유인 사이의 구분이 구체적인 상황 속에 항상 분명하게 드러나

자료 15.6. 오플론티스 저택 A의 일반 (노예) 공간에 남아 있는 단순하고 평범한 벽 장식

지 않는다고 해도, 그 구분은 로마의 사회적 틀 안에 깊숙이 자리 잡고 있었다.

사람들은 깊게 뿌리내린 사회적 차별을 의식하면서 살고 죽었을 것이다. 오플론티스의 저택 A에서 약 270미터 떨어진 곳에서 고고학자들은 이 지역에서 생산된 와인과 다른 상품을 보관하고 유통하기 위한 지역 창고로 운영되었던 저택을 발견했다. 이토록 실용적인 목적을 위해 사용되었던 그 저택의 방 안에서 54구의 유골이 발견되었다. 인근 바다 남쪽을 향한 그 방 안에 있던 사람들은 성난 화산의 폭발로부터 자신들을 지켜줄 해양 구조대가 오기를 고대하고 있었다. 그러나 그들은 구조되지 못했고, 폼페이에 치명적인 영향을 준 여섯 화쇄류 중 첫 번째가 산에서 빠른 속도로 흘러내리면서 모든 생명을 앗아갈 때 함께 죽고 말았다.

이들의 불행한 죽음에 대해 한 가지 흥미로운 사실은 그들이 어떻게 마지막 숙소가 될 방에 함께 모여 있었는가 하는 것이다. 유골이 배열된 모습을 보면 이 54명의 사람들이 죽음이 임박한 상황 속에서도 그들 안에 존재하는 사회적 차이를 지나치게 의식하고 있었음을 알 수 있다. 가치 있는 물건을 아무것도 소지하고 있지 않았던 사람들(적어도 화산 폭발에 견딜 수 있는 소지품은 전무했을 것이다)은 방의 뒤쪽에 옹기종기 모여 있었다. 그들은 방의 입구를 향하고 있던 다른 무리의 사람들과 떨어져 분리되어 있었다. 입구를 향하고 있던 사람들이 상당한 양의 동전과 보석을 소지하고 있었던 것을 보면 이 무리가 엘리트 남녀로 구성되었음을 알 수 있다.

예를 들어 이 무리에 속한 (임신 8개월의) 한 여성은 금과 에메랄드로 된 목걸이와 진주 귀걸이를 착용하고 있었다. 그런 신분의 사람이 실용적인 목적을 위해 사용되었던 그 저택에 거주하지는 않았을 것이다. 이 엘리트 여성과 그녀의 지인들은 화산 폭발로부터 자신들을 지켜줄 해양 구조대를 요청하고선 저택 B라는 전략상 중요한 위치를 찾았을 것이다. 그러나 마지막 안식처에 모였을 때 그들은 저택 A의 벽에 그려진 프레스코화가 드러내는 노예와 자유인의 이데올로기와 일치하는 사회적 분리의 패턴을 택했다.

노예의 다양성

물론 노예 안에도 다양한 지위가 있었다. 심지어 오플론티스 저택 A의 노예들 사이에서도 그 가정의 관리인(아마도 그 역시 노예였을 것이다)은 다른 노예들에 비해 더 나은 침실을 제공받은 것으로 보인다(다른 노예들은 복도에서 취침했을 가능성이 높다. 어떤 복도에는 침대로 보이는 작은 돌 벤치가 있었다). 어떤 유형의 노예직은 다른 노예직에 비해 더 나은 지위를 갖고 있었다.

게다가, 상대적으로 자신의 지위를 사회적으로 이용할 기회가 더 많은 노예들도 있었다. 때때로 노예가 낮은 지위의 자유인이 가질 수 있는 것보다 훨씬 나은 기회를 전략적으로 이용해 이익을 얻기도 했다. 헤시쿠스라는 이름의 폼페이 노예가 그런 경우에 속했다. 그의 이름은 폼페이우스 경매인이자 은행가인 카이킬리우스 유쿤두스의 공식 영수증에 등장하는데, 유쿤두스의 집에서 폼페이 주민들과의 금융 거래가 요약된 154개의 문서가 발견되었다. 그중 다섯 개의 문서를 통해 우리는 헤시쿠스가 주인의 가정을 돌보는 관리인 노예였다는 사실을 파악할 수 있다. 그는 자신의 역할을 수행하기 위해 주인의 가정을 대표하여 두 번의 거래를 진행했다. 또한 독립적인 금융 관리의 주체로서 세 가지 거래를 더 수행했는데, 자유인에게 상당한 액수의 돈(의심의 여지없이 공식적인 사유 재산[peculium]의 일부)을 빌려주기도 했다. 이를 통해 우리는 노예인 헤시쿠스가 주인의 가정을 관리하는 의무 외에도 사적 일을 처리하는 데 시간을 썼으며, (그의 주인이 허락했으며) 자신에게 이익을 가져다 줄 사적 예비금을 가지고 있었음을 알게 된다.

하지만 일부 자유인보다 전략적으로 유리한 위치에 있다고 해도, 헤시쿠스는 여전히 노예였다. 그가 돈을 빌려준 사람은 선거일에 투표소를 방문했겠지만, 헤시쿠스가 그랬다가는 채찍질을 당했을 것이다. 어떤 사회적 지위의 지표가 자유인과 노예 사이에 존재하는 관계의 역학을 복잡하게 만들 수 있는지와는 관계없이, 노예와 자유인 사이를 가르는 간극은 항상 그 자리에 존재했다.

로마 세계에서 사회적 지위에 관해 논하는 것은 끝이 없는 일이었다. 누가 더 많이 가졌는지, 누가 더 적게 가졌는지, 그것이 어떤 방식으로 결정되었는지와 같은 문제가 계속되었다. "노예 대 자유인"으로 나뉜 상황에서 문제가 단순할 때도 있었고 복잡할 때도 있었다. 그러나 어떤 상황에서든 그 복잡도에 관계없이, 이 카테고리는 로마 시대의 지위를 결정할 때 가장 먼저 동원된 분류 기준 중 하나였다.

노예도 없고 자유인도 없다?

이런 배경에서 (이 장의 서두에 인용된) 갈라디아서 3:28 같은 글이 1세기의 예수 집단에서 어떻게 받아들여졌을지 상상할 수 있다. "너희 모두가 그리스도 예수 안에서 하나이기 때문에 종도 없고 자유인도 없다"는 문구를 예수 집단에게 읽어주었을 때, 우리는 공동체 중 노예를 소유하고 있던 사람들이 그들의 노예와 새로운 형태의 관계를 맺게 될지도 모른다는 가능성에 반색했기를 바라지만 현실은 그렇지 않았을 것이다. 주인들은 이런 엉뚱한 시나리오가 과연 어떤 방법으로 실현될 수 있을지 불신하며 조심스레 고개를 갸우뚱했을지도 모른다. 한편 공동체 내의 용감한 몇몇 노예들은(옵타타 같은 상황에 처한 노예들을 포함해서) 다른 사람들이 바울이 쓴 글의 의미에 대해 어떤 의사를 밝히는지 보기 위해 조심스럽게 주변을 살폈을 것이다. 사람들은 그 구절을 주목하면서 어떻게든 그것에 관해 생각했을 것이다. 갈라디아서 3:28에서 둘로 나뉜 대립을 부정한 것은 혁명적인 변화였다. "노예도 자유인도 없다"(또한 고전 12:13과 골 3:11을 보라).

하지만 그 구절은 무엇을 의미하는가? 실제로 사람들은 그 말을 어떻게 받아들였을까? 바울은 갈라디아서에서 그 점에 관해 더 이상 논하지 않는다. 오히려 대부분의 시간을 "유대인도 이방인도 없다"는 구절을 탐구하는 데 쓴다. 바울은 민족 정체성에 관해 아주 분명한 태도를 취했다. 한 유형의 신분이 다른 유형의 신분을 지배하도록 허용해서는 안 된다는 것이다. 그렇다면 그 주장이 "노예도 자유인도 없다"는 문구에 내포된 의미이기도 한가? 만약 그렇다면 어떻게 그것이 로마 세계의 예수 집단에서 현실적으로 의미 있게 실행될 수 있었을까?

그의 서신에는 바울이 이것을 예수 추종자들이 그들의 신을 예배하기 위해 모인 자리를 초월한 사회 관계의 급진적인 반전으로 보았다는 암시가 거의 없다. 갈라디아서 3:28이 강령적인 역할을 했다면 그것은 주로 예배에 적용되었다. 에베소서 저자에 따르면 유대인과 이방인이 "그리스도 안에서" 연합할 때 그들 사이를 "나누는 담"이 제거되고 예수 추종자들은 "하나의 새로운 사람"으로 창조됨으로써 그를 대표하는 사람들이 평화롭게 함께 살아간다(2:14-16). 이런 일은 매주 예수 추종자들이 드리는 예배에서 일어났다. 이론적으로 적어도 이런 모임들은 그들의 부활하신 주의 영이 서로 다른 신분 사이에 존재했던 잠재적인 적대감을 상대화했기 때문에 관계의 혁신을 허용했다. 그런 만남에서 "하나의 새로운 사람"이라는 종말론적 재구성은 이미 명백해졌다.

하지만 예배를 포함한 식사의 배경을 넘어서 노예와 주인들 사이에 어떤 관계가 이루어져야 했을까? 맡겨진 소임을 감당하는 주중의 일상적인 시간에는 어떤 일들이 일어났을까? 노예들은 여전히 노예였을까? 만약 노예가 그리스도의 "새로운 피조물"의 일부라면 "이전 것은 지나갔으니 보라, 새것이 되었도다"라는 격려가 그들에게 어떻게 적용될 수 있었을까?(고후 5:17) 이런 문제를 다루기 위해서는 빌레몬서, 고린도전서, 골로새서/에베소서를 살펴보아야 한다.

주인, 노예, 그리고 사역

바울은 옥중에서 쓴 짧은 편지(몬 1, 9-10을 보라)에서 예수의 추종자인 빌레몬과 그의 노예 오네시모 사이의 관계에 대해 권고한다. 그 편지에서 바울은 빌레몬이 오네시모와 관련된 임무를 잘 수행하려면, 사회적 지위에 대한 문화적 평가에 의해 방해를 받지 않는 전략을 고안해내야 한다고 넌지시 암시했다. 빌레몬과 그의 노예 오네시모가 그리스도 안에서 서로를 "형제"로 여겼기 때문에(몬 16) 둘의 관계는 새롭게 재고될 필요가 있었다. 이는 과거의 관계적 복잡성(11a, 17-19)과 미래의 가능성(11b, 20-21)이라는 측면에서 모두 맞는 말이었다. 바울은 미래의 가능성에 대해 자신이 생각하는 바를 정확히 말하지는 않지만, 내심 빌레몬이 오네시모를 돌려보내서 사역에 도움을 받기를 원했을 가능성이 있다.

빌레몬은 오네시모를 노예에서 해방시켰어야 했을까? 바울은 이렇게까지 명시적으로 제안하진 않는다. 어쩌면 우리는 그 시나리오가 바람직하다고 생각할지도 모른다. 하지만 바울은 오네시모가 빌레몬의 집을 떠나 있는 동안에도 빌레몬의 종으로 남는 것이 바람직하다고 생각했을 수도 있다. (그런 일은 드물지 않았다.) 그렇게 하려면 빌레몬은 오네시모의 생활비를 책임져야 했을 것이다. 그러나 만약 빌레몬이 오네시모를 석방한다면 그 비용은 바울이나 오네시모가 부담해야 할 것이며, 이는 그들이 계획한 사역에 방해가 되었을지도 모른다. 바울은 빌레몬에게 결정을 맡겼지만, 이 그리스도인 노예 소유주가 자신의 그리스도인 노예에게 자유를 주고 싶지 않았을 수도 있다.

아이러니하게도 "노예도 자유인도 없다"는 구호가 예수 집단 안의 그런 신분 규정을 저변으로 밀어냄으로써 주종 관계가 온전히 유지되는 동안에도 새로운 관계의 역학이 주입되어 주종 관계에 대한 문화적 기대를 재구성했기 때문에, 정확히 이런 일들이 가능한 것이다. 다시 말해 만약 바울이 빌레몬에게 보낸 편지에서 오네시모의 해방을 굳이 고집하지 않았다면, 그 이유는 바울이 그리스도 안에서의 관계와 지위를 재조정하고 있었고 빌레몬과 오네시모는 이제 그들의 신 앞에서 공동의 지위를 공유하며 그리스도 안에서 공통된 사명을 갖고 있었기 때문이었다. 바울은 어떻게 그 사명을 발전시키고 그 공동의 지위를 그들의 역사적 순간에 맞게끔 책임감 있게 사회적으로 구현시킬 수 있느냐가 중요하다고 보았다. 그런 점에서 (그리고 우리가 이것에 대해 무엇을 더 말하기 원하는지와는 상관없이) 바울이 자신의 사역을 진전시키기 위한 전략적 사고를 발휘함에 있어 노예의 지위를 전복시키는 일은 다소 지엽적인 문제였다.

이와 거의 비슷한 사실이 고린도전서 7장에서 명백하게 드러나는데, 바울은 여기서 또다시 혁신적이면서도 정황에도 잘 어울리는 그리스도인의 관계의 실천성에 관해 논한다. 바울은 노예 문제를 다루기 전에, 이방인들에게는 이방인으로 유대인들에게는 유대인으로 남을 것을 강력히 권고하는 지시를 내렸다(7:17-20). 여기엔 아마도 그리스도 안에는 "유대인도 헬라인도 없다"는 것이 무슨 의미인지 함축되어 있을 것이다. 두 신분 모두 어떤 중요한 의미가 없기 때문에(7:19), 바울은 "각 사람[즉, 유대인과 이방인]은 부르심을 받은 그때의 처지에 그대로 머물러 있으라"(7:20)고 말하면서 담론의 일부를 마무리했다. 이는 바울이 이 단락의 시작 부분에서 지시한 것과 유사한 말이다. "오직 주께서 각 사람에게 나눠 주신 대

자료 15.7. 세 명의 노예가 시중을 드는 가운데 저녁 연회에서 떠날 준비를 하고 있는 남성 손님들을 묘사한 프레스코화; 한 어린아이가 맨 왼쪽에 있는 남자의 신발을 신기고 있으며, 그 남자는 그림 중앙에 있는 다른 노예로부터 포도주 한 잔을 대접받고 있다. 또 다른 한 노예는 오른쪽 아래에 있는 과음한 남자를 부축하고 있다(5.2.4, MANN 120029).

로 하나님이 각 사람을 부르신 그대로 행하라. 내가 모든 교회에서 이와 같이 명하노라"(7:17).

바울은 이 "원칙"을 세우고 난 뒤 다음 단락에서 노예 문제에 대해 언급하면서 이와 거의 같은 말을 한다. "네가 종으로 있을 때 부르심을 받았느냐?…형제들아, 너희는 각각 부르심을 받은 그대로 하나님과 함께 거하라"(고전 7:21, 24). 그러나 그 과정에서 종살이를 하는 예수 추종자는 "주께 속한 자유인"으로, 자유인 예수 추종자는 "그리스도의 노예"(7:22)로 여겨질 수 있게끔 지금까지 존재해오던 신분 평가 방식이 폐지되었다. 바울의 논의에 숨어 있는 또 다른 명령은 다음과 같다. "너희는 [노예처럼] 값으로 사신 것이니 사람들의 종이 되지 말라"(7:23; 6:20 및 갈 4:5과 비교하라). 이 지시는 선교에 대한 관심에서 비롯된 것 같다. 만일 당신이 노예가 된다면 주님을 섬기는 자유가 제한될 것이다. 선교에 대한 이런 관심의 배후에는 아마도 노예로 있던 예수 추종자들이 계속 노예로 남는 것에 대해 바울이 보인 미지근한 태도가 있을 것이다. 그는 그들이 현실적으로 결코 이루어질 수 없는 상황에 처해 있다고 생각했던 것 같다. 노예로 있던 예수 추종자들은 비록 그런 상황일지라도 예수를 숭배할 수 있는 좋은 위치에 있었기 때문에 자신들의 비굴한 지위에 대해 "염려하지" 말아야 하는 것이다(고전 7:21). 더 나아가 바울은 "그때가 단축되었고" "이 세상의 외형"은 곧 지나갈 것이라고 생각했기 때문에(7:29, 31), 그의 최우선 순위는 오직 "곧 임박한 환난"이 세상에 임하기 전에 이 말을 전하는 것이었다(7:26). 바울은 주어진 사회적 신분과 상관없이 사람들이 처음 예수의 추종자가 되었을 때 처해 있던 그 위치에 그대로 남아 있다면 이 말을 전하기에 가장 효과적이라고 생각했다. (그러나 바울은 7:21에서 만약 어떤 노예가 해방될 수 있다면 그런 시나리오와 함께 어떤 선교적인 이점이 따라올 것임을 인정하는 것으로 보인다.)

바울의 다른 두 문헌인 골로새서와 에베소서 역시 노예 문제를 다루고 있다. 골로새서가 조금 더 많은 범위에서 그 문제를 다루기 때문에 우리는 그 담론에 초점을 맞출 것이며, 에베소서에도 거의 같은 견해가 분명히 드러난다(엡 6:5-9를 보라).

골로새서 3:11에 따르면 "거기에는 헬라인이나 유대인이나 할례파나 무할례파나 야만인이나 스구디아인이나 종이나 자유인이 차별이 있을 수 없나니 오직 그리스도는 만유시요 만유 안에" 계신다. 이 구절은 그리스도를 중심에 두기 위해 특정 정체성을 주변으로 배치하고 있는 갈라디아서 3:28과 비슷하다. 그러나 갈라디아서 3:28은 노예와 자유인에 관한 사회적 함의를 기술하지 않는 데 반해, 골로새서는 그 함의를 상세히 기술하고 있다. 골로새서에 따르면 종살이하는 예수 추종자들은 계속해서 노예의 신분을 유지하고, 집주인들은 계속해서 그들의 노예들로부터 복종을 받을 자격이 있는 주인이 된다. "종들아, 모든 일에 육신의 상전들(kyriois)에게 순종하되 사람을 기쁘게 하는 자와 같이 눈가림만 하지 말고 오직 주(kyrion)를 두려워하여 성실한 마음으로 하라"(3:22). 만약 "작은 매춘 업소의 집"에 있던 욥타타 같은 사람이 "종도 없고 자유인도 없다"(3:11)는 말을 들었을 때 큰 기대를 가졌다면, 주인에게 순종해야 한다는 말을 듣고서 기대를 낮췄을 것이다. 골로새서 저자는 그녀를 혼란스럽게 만들 수 있는 방식으로 계속해서 말을 이어나갔다.

무슨 일을 하든지 마음을 다하여 주께 하듯 하고 사람에게 하듯 하지 말라. 이는 기업의 상을 주께 받을 줄 아나니 너희는 주 그리스도를 섬기느니라. 불의를 행하는 자는 불의의 보응을 받으리니 주는 사람을 외모로 취하심이 없느니라(3:23-25).

옵타타는 주인의 집안에서 "주 그리스도"를 위해 성적인 소임을 다했어야 하는가? 그녀의 주인은 "불의를 행하는 사람"으로서 그녀를 매춘부로 일하게 한 것에 대해 신으로부터 벌을 받게 될까? 아니면 옵타타가 주인의 기대에 복종하지 않는다면 그녀가 "불의를 행하는 사람"이 되는가?

골로새서 3:23-25의 함의에 대해 약간의 혼란이 생긴다면, 주인을 명시적으로 언급하고 있는 바로 다음 구절을 통해 옵타타와 같은 사람들이 지닌 우려를 덜 수 있었을 것이다.

가정 안에서의 행동을 통제한 대부분의 고대 법규는 열등한 지위를 지닌 내부 사람들을 대상으로 한 것이었다. 그러나 골로새서의 규범은 그런 제약에서 벗어나 주인들을 통제의 틀 안에 넣었다. 저자의 담론의 그런 면이 예사롭지 않다면, 그 담론의 내용은 옵타타 같은 사람에게 신선하게 받아들여졌을 것이다. "상전들(*kyrioi*)아, 의와 공평을 종들에게 베풀지니 너희에게도 하늘에 상전(*kyrion*)이 계심을 알지어다"(4:1). 여기서 그리스도를 믿는 집주인은 자기 집안의 유일한 주인이 아니다. 그는 노예가 "정당하고 공정하게" 대우받아야 한다고 기대하고 있는 더 높은 존재인 "하늘에 계신 주인"의 지배하에 있다. 만약 옵타타(그리고 그녀와 같은 다른 사람들)가 이런 말을 들었다면, 그녀는 크게 격려를 받았을 것이다. 특히 그녀의 주인이 이미 예수 추종자였다면 말이다. (결국 이 땅의 주인이 모시고 있는 하늘에 계신 주인은 예수 추종자들이 "음행"과 "더러운 행위"를 피하면서 도덕적인 순결을 지키는 삶을 살기를 기대했다. 골 3:5) 만약 그녀의 주인이 예수 추종자가 아니었다면, 그녀는 예수 추종자들의 메시지가 어떻게든 자기 주인의 집안에서 발붙일 곳이 생기기를 원했을 것이다.

관대한 주인과 가혹한 주인

로마 시대에도 "정당하고 공정하게" 대접받는 것이 일상적이었던 가정이 분명 있었을 것이다. 누가복음 7:1-5은 주인과 노예 사이에 공평한 관계가 드러나는 예를 제시한다. 그 이야기에서 백부장은 죽음을 눈앞에 두고 있는 자신의 소중한 노예를 고쳐 달라고 예수께 호소한다. 이 이야기는 주인과 노예 사이에 건전한 관계가 존재했음을 전제로 하고 있는데, 이는 유대인의 기준에서 볼 때 존경받을 만한 사건이었다.

우리는 폼페이 유물을 통해 주인과 노예 사이에도 이런 건강한 형태의 관계가 존재했음을 확인할 수 있다. 무나티우스 파우스투스라는 한 유명한 남자는 자신과 아내를 기리기 위해 무덤을 세우면서 그 안에 자기 집에 데리고 있던 일부 노예들(일부는 그의 친자식이었다)을 포함해 다른 사람들을 함께 묻었다. "3년을 산 헬피스"(DADC 4), "3년을 산 아르시노에"(DADC 6), "3년 6개월을 산 프시케"(DADC 7), 마지막으로 "26년을 산 아티메투스"(DADC 8). (우리는 19장에서 무나티우스 파우스투스에 관해 더 살펴보게 될 것이다.) 물론 우리는 이 노예들의 목소리를 들을 수 없기 때문에 무나티우스 파우스투스의 인격에 대한 그들의 평가가 어떠했는지 알 수 없다. 그러나 만약 자신들의 노예들을 "정당하고 공정하게" 대한 폼페이 사람들이 있었다면 아마도 무나티우스 파우스투스와 비슷했을 것이다. 신약성경 저자들이 노예 소유주에 대해 노예와의 관계에 있어서 정의로운 인격의 사람들이어야 한다고 생각했을 때, (적어도 내가 재구성한 것처럼) 무나티우스 파우스투스 같은 사람들을 염두에 두었을 것이다.

그러나 분명히 많은 노예 소유주들은 이처럼 "정당하고 공정"하지 않았다. 때때로 이런 건강하지 못한 형태의 관계를 엿볼 수 있는 폼페이의 자

자료 15.8. 폼페이의 작은 술집 벽에 있는 프레스코화. 술집 여종업원이 대기 중인 손님 두 명에게 포도주를 가져가는 장면을 묘사했다(한 사람은 "그거 이리 가져와"라고 말하고 다른 한 명은 "아니야, 그건 내 거야"라고 대꾸하고 있으며, 여자는 "누구든 원하는 사람이 가져가라"고 대답한다. 6.14.35/36, MANN 111482).

료가 있다. 예를 들어 고고학자들은 폼페이 외곽에 있는 몇몇 저택들(31번과 34번 저택)에서 노예들을 묶어두는 데 사용된 감금용 장비와 기구들을 발견했다(밤중에 도망치는 것을 막거나 처벌하기 위한 도구로 추정된다). 아마도 이 저택에 거주하던 많은 노예는 우리 기준에서 볼 때 인간으로서 보장받아야 할 권리가 심각하게 훼손되었다고 생각할 정도의 대우를 받았을 것이다. 예수 추종자들은 노예를 학대하는 데 민감한 반응을 보였는가? 베드로 전서는 신약성경에서 유일하게 가혹한 주인들에 대해 가르침을 준다. 저자의 충고는 옵타타 같은 사람들에게 또 다른 혼란을 야기했을 수도 있다.

사환들아, 범사에 두려워함으로 주인들에게 순종하되 선하고 관용하는 자들에게만 아니라 또한 까다로운 자들에게도 그리하라. 부당하게 고난을 받아도 하나님을 생각함으로 슬픔을 참으면 이는 아름다우나 죄가 있어 매를 맞고 참으면 무슨 칭찬이 있으리요? 그러나 선을 행함으로 고난을 받고 참으면 이는 하나님 앞에 아름다우니라. 이를 위하여 너희가 부르심을 받았으니 그리스도도 너희를 위하여 고난을 받으사 너희에게 본을 끼쳐 그 자취를 따라오게 하려 하셨느니라.…욕을 당하시되 맞대어 욕하지 아니하시고 고난을 당하시되 위협하지 아니하시고 오직 공의로 심판하시는 이에게 부탁하시며 (2:18-21, 23).

"범사에 두려워함으로 주인들에게 순종하되 선하고 관용하는 자들에게만 아니라 또한 까다로운 자들에게도 그리하라."(만약 그녀를 예수 추종자로 가정한다면) 이 말이 옵타타에게 무엇을 의미했을까? 그녀는 주인이 자신을 폭력적으로 대하는 것을 묵인해야 했을까? 아마도 그녀는 다음과 같이 생각했을 것이다. "그러나 같은 하늘에 있는 주인은 예루살렘 성전에서 기회주의적인 환전상들의 상을 뒤엎지 않았나? 그는 권력자들에게 진리를 말하지 않았나? 왜 그의 예언자적 행동은 내가 학대를 당하는 상황에서 따라야 할 모범이 되지 못하는가?"

아마도 옵타타는 그 점에서 도움이 될 수 있는 진술을 본문 말미에서 발견했을 것이다. 저자는 "선을 행함으로 고난을 받고 참으면 이는 하나님 앞에 아름다우니라"고 말했다. 아마 옵타타(우리가 살펴본 그리스도인 여성 성노예의 대표적 인물)는 그녀에게 맡겨진 매춘부 역할에 반대해야 했을 것이다. 이런 행동이 바로 "옳은 일을 행하는 것"이다. 옵타타는 주인에게 더 이상 매춘의 목적으로 이용되지 않겠다고 알린 후 그 일을 할 수 없다고 말함으로써 "옳은 일을 행해야" 했다. 그래야 당대의 집권 당국을 향해 (사실상) "아니요"라고 말했던 예수의 모범을 따르는 것이다. 예수가 권위에 맞선 결과로 고난당한 것처럼 결과적으로 고통이 따를 것이다. 그러나 "정의롭게 심판하시는 분"으로부터 인정을 받는다.

본문 초반에 나타난 명령이 장래에 대한 긍정적인 기대감을 높이지는 못했지만, 이 본문은 그리스도 안에서의 그녀의 정체성을 재개념화함으로써 결과적으로 그녀를 기다릴지도 모르는 고난의 가능성에도 불구하고 그녀에게 새로운 삶의 패턴을 자신 있게 선택하도록 용기를 북돋는 자원이 되었을 것이다.

옵타타는 디도서 2:9-10과 같은 종류의 지침에 대해 어떻게 생각했을까? 이 본문을 보면 종살이하던 예수 추종자들은 "자기 상전들에게 범사에 순종하여 기쁘게 하라"는 지시를 받는다. 그들은 "모든 참된 신실성을 나타"냄으로써 "우리 구주 하나님의 교훈을 빛나게" 할 것이다. (벧전 2장과 같이) 이 본문은 골로새서나 에베소서와 달리 주인들에게 노예를 정당하고 공평하게 대하는 법을 가르치지 않는다. 그 중요한 구절이 없었다면 옵타타는 "범사에 주인을 기쁘게" 해야 한다는 생각에 마음이 따뜻해지지 않았을 수도 있다. "영생의 소망"(딛 1:2)은 당시 그녀의 일상에 너무 미미한 영향을 끼쳤던 것일까? 그리스도인이라면 사회에서 존경받을 만해야 한다는 생각이 그녀에게 지나치게 많은 것을 기대했을까?

만약 요한계시록의 저자였다면 그 상황에 대해 다른 생각을 했을 것이다. 그는 우리가 이미 살펴본 대로 예수 집단(심지어 그들 안에서도)을 넘어선 관계의 모든 거미줄은 사탄이 교묘히 획책한 지배 체제라고 증언했다. 아마도 이 기독교 사상가는 "내 백성들아, 거기서 나오라"(계 18:4)는 지시와 일치하는 방식으로 예수 추종자와 노예를 위한 전략을 고안했을 것이다. 아마도 그는 노예들이 일반적으로 존재하는 경제적 구조와 그들의 정체성이 일반적으로 평가되는 사회적 구조를 뛰어넘는 영역에서도 노예 역시 귀중한 "인간의 목숨"이라는 담론을 분명하게 말했을 것이다 (계 18:13).

노예들이 로마 세계 도처에 존재하고 있었다는 사실을 고려할 때, 신약성경 저자들이 그리스도인의 정체성과 사명을 사회적으로 만연한 모든 관행과 결부시켜 고려해야 했던 것은 놀라운 일이 아니다. 이런 문제들을 생각해보면 신약성경 저자들은 때로 당대의 문화적 규범에 순응하려 했던 것처럼 보인다. 하지만 그들은 때로 혁신적인 쪽으로 기울었다. 또는 바울이 갈라디아서 5:13에서 말한 것처럼 "사랑으로 서로 종노릇 하라"는 가르침을 따랐다.

16
가족과 유대 관계

> 내가 온 것은 사람이 그 아버지와, 딸이 어머니와, 며느리가 시어머니와 불화하게 하려 함이니 사람의 원수가 **자기 집안 식구**리라. 아버지나 어머니를 나보다 더 사랑하는 자는 내게 합당하지 아니하고 아들이나 딸을 나보다 더 사랑하는 자도 내게 합당하지 아니하며(마 10:35-37; 눅 12:52-53도 보라).

이론상의 가족

아우구스투스 황제는 가족을 핵심으로 두고 로마 제국에 활기를 불어넣기 위한 정책을 계획했다. 제국 전체에 시민 질서가 유지되려면 든든한 가정이 기반으로 세워지고 적절히 관리되어야 했다. 즉 화목한 관계 위에 선 가정에 활력을 불어넣는 것이 강한 제국을 건설하는 밑거름이 되었다.

이런 비전이 사람들의 상상력을 사로잡았지만 실제 상황은 많이 달랐다. 아우구스투스 자신의 가족부터 본이 되지 못했다. 예를 들어 그의 딸 율리아는 여러 종류의 난잡한 불륜 관계를 맺은 끝에 반역죄로 체포되는 지경에 이르렀다. 그녀가 저지른 일은 가족의 가치를 공식적으로 홍보하는 정책과 모순이 되었으며 정치적인 "죄"에 해당되었다. 그녀는 (베수비오 마을에서 멀지 않은) 푸테올리 해안의 판다테리아 섬으로 추방되었고, 아우구스투스의 사전 승인이 없이는 아무도 만나지 못했다. 그녀는 가족 내의 질서 정연하고 튼튼한 관계의 토대 위에 세워진 제국의 건강을 위해 그녀의 아버지가 만든 규정과 어긋나는 인격을 드러냄으로써 황제의 정치적 비전에 골칫거리로 남았다.

　가족은 보통 남자 가장(*paterfamilias*)을 중심으로 돌아갔다. 베수비오 벽에 그려진 프레스코화는 흔히 남자 가장의 관심사를 강력하게 표현한다. 예를 들어 폼페이의 (육류와 어류 판매처인) 마켈룸에 눈에 띄게 전시된 두 프레스코화는 가족관에 대한 메시지를 강조하며 대비되는 모습을 보인다(자료 16.1을 보라).

자료 16.1. 폼페이 마켈룸 내부의 벽 모퉁이에 있는 두 프레스코화(7.9.7/8)로서, 오디세우스와 함께 있는 페넬로페(왼쪽)와 아르구스와 함께 있는 이오(오른쪽)를 묘사하고 있다.

- 한 그림은 호메로스의 서사시인 『오디세이아』에 등장하는 중심 인물인 페넬로페와 남편 오디세우스를 묘사하고 있는데, 페넬로페가 오디세우스가 여행을 떠나는 동안 인내심을 갖고 충실하게 기다리는 이야기를 표현했다.
- 또 다른 그림은 헤라의 하인인 아르구스(나중에 로마 신화에서는 유노로 알려짐)가 고립시켜버린 이오를 묘사한다. 아르구스는 이오와 성관계를 원했던 헤라의 남편 제우스(로마인들에게는 유피테르로 알려진)로부터 이오를 멀리 떨어뜨리는 임무를 맡았는데, 이야기가 전개되면서 제우스는 (평소와 마찬가지로) 그의 성적 야망을 이루는 데 성공한다.

마켈룸 벽 모퉁이에 서로 가까이 배치된 두 프레스코화는 폼페이의 기혼 여성들에게 다음과 같은 질문을 던진다. "당신은 남편에 대한 변함없는 신실함으로 가정을 부지런히 지켜낸 페넬로페와 같은 좋은 아내인가? 아니면 자신을 먹잇감이 되도록 내버려두고 결국 가족의 유대 관계에서 취약한 고리가 되었던 이오 같은 아내인가?"

루크레티우스 프론토의 집에 나타난 특징

우리는 비슷한 종류의 주제가 드러나는 다른 프레스코화를 볼 수 있다. 가장 좋은 예 중 하나는 루크레티우스 프론토의 집(5.4.a)에서 나온 것이다. 가족을 위한 세 침실 중 집주인의 침실에 두 개의 중요한 프레스코화가 있는데 한 개만 아직까지 온전히 남아 있다. 그 침실 벽의 프레스코화는 오레스테스가 아폴로 신전의 제단에서 네오프톨레모스를 죽이는 신화적인 장면을 묘사한다. 이 이야기는 이기심 및 살인과 관련된다.

메넬라오스는 딸인 헤르미오네를 오레스테스가 아닌 네오프톨레모스와 결혼하도록 주선했다. (왜냐하면 오레스테스가 자신의 친어머니를 죽였기 때문이었다.) 그러나 오레스테스는 네오프톨레모스를 죽이고 헤르미오네를 아내로 삼음으로써 메넬라오스의 계획을 좌절시켰다. 어떤 의미에서는 로맨틱하지만 궁극적으로는 권력에 대한 이야기다. 원하는 것을 무엇이든 도덕적 제약 없이 갈취하는 인물에 대한 이야기다. 이런 사건을 묘사한 그림이 침실에 전시되어 있다는 사실은 성적 관계에 대한 주인의 태도와 더불어 일반적인 삶에 대한 그의 접근법을 드러내준다.

루크레티우스 프론토의 침실에 있는 프레스코화에서 표현된 이야기는 서재 및 응접실인 타블리눔(*tablinum*)에 있는 프레스코화에 드러난 중요한 주제와 중첩된다. 타블리눔의 프레스코화는 전쟁의 신 마르스가 베누스의 옷 속에 손을 넣어 그녀의 가슴을 애무하는 장면을 묘사한다. (이

자료 16.2. 왼쪽: 마르쿠스 루크레티우스 프론토가의 타블리눔에 있는 프레스코(5.4.a)화로서, 베누스를 애무하고 있는 마르스를 묘사하고 있다. 오른쪽: 집주인의 침실 안에 있는 프레스코화로서 오레스테스가 네오프톨레모스를 살해하는 장면을 묘사하고 있다(두 프레스코화 모두 원위치에 있음).

는 베수비오의 다른 프레스코화에도 묘사된 모티프다). 각 프레스코화에서 남성은 어떤 제약도 받지 않고 거침없이 주도적 결단을 내림으로써 야망을 이룬다. 남자 주인공은 물건과 사람을 가리지 않고 필요하다면 단호한 힘을 발휘해 그것을 취했다. 그에게 타인이란 목적을 이루기 위한 수단 또는 어떤 대가를 치르더라도 제거해야 할 장애물에 불과했다. 루크레티우스 프론토는 침실과 타블리눔 벽의 프레스코화를 통해 자신을 위한 이런 "삶의 교훈"을 강조했다.

우리는 다른 두 개의 침실에서 루크레티우스 프론토의 자아상이 가정의 다른 구성원들과 어떤 관련이 있는지 볼 수 있다. 다른 침실에 있는 프레스코화들은 그 가정의 이상적인 가치관에 대한 구체적 실례가 되었다. 하나는 루크레티우스 프론토의 두 자녀인 한 소년과 소녀를 위한 침실이었던 것 같다(자료 1.5의 초상화에 나타난 소년, 소녀와 동일한 인물이다). (열 살 정도 되는) 여자아이는 다소 뚜렷하게 묘사되어 있고, (열두 살쯤 되는) 남자아이는 상업의 신인 메르쿠리우스의 의복 안에 표현되어 있다(바울이 갈 3:27에서 예수의 추종자들을 가리켜 "그리스도의 옷을 입고 있는 사람들"이라고 말한 것과 비교하라, 저자의 번역). 루크레티우스 프론토는 아들의 기업가적 성공에 큰 기대를 걸고 있었던 것 같다. (또한 그는 자신의 딸이 마을의 권력층 중 뛰어난 사람과 결혼하여 남편의 가정을 효율적으로 관리하기를 원했을 것이다.)

신화를 떠올리게 하는 두 프레스코화가 아이들이 사용하는 침실의 기품을 높여준다. 하나는 물에 비친 자신의 모습을 응시하고 있는 나르키소스의 모습을 그린 작품인데, 이 이야기 속 나르키소스는 자신이 반사된 모습에 매료되어 오래도록 그것만 응시하다가 결국 굶어 죽게 된다. 또 다른 프레스코화는 페로가 그녀의 아버지 키몬에게 젖을 먹이는 모습을 묘사한 작품인데, 아버지 키몬이 감옥에서 굶어 죽는 형태의 사형을 선고받

자료 16.3. 마르쿠스 루크레티우스 프론토 가의 아이 침실에 있는 두 개의 프레스코화(5.4.a, 원위치에 있음) 화. 하나는 페로가 그녀의 아버지에게 젖을 먹이는 것을 묘사하고 있으며(왼쪽), 다른 하나는 나르키소스를 묘사하고 있다(오른쪽; 또한 MANN 115398을 보라).

은 후 모유를 먹여 아버지의 목숨을 구한 페로의 이야기를 배경으로 한다. 이는 고대 세계에서 영웅적인 연민의 전형으로 유명한 이야기였다. 간수는 아버지에 대한 페로의 커다란 연민에 깊은 인상을 받아 키몬을 석방시키는 일을 돕는다.

이 두 그림의 조합은 루크레티우스 프론토가 자녀들, 특히 아들의 인격에 대해 의도하는 바를 잘 보여주는 실례가 된다. 나르키소스의 초상화는 자신에 대한 애착이 대중적인 성공으로 가는 길을 방해할 수 있다고 경고했다. 페로와 키몬의 그림은 전략적인 이타주의의 중요성을 강조하면서 특히 인생 말년에 부모를 포함한 가족 구성원들을 잘 보살펴야 한다는 메시지를 전했다.

여주인의 침실에 있는 프레스코화 역시 가족 구성원이 지향해야 하는 가치를 통제하려고 했던 집주인의 의도를 드러낸다. 한쪽 벽에 걸린 베

자료 16.4. 마르쿠스 루크레티우스 프론토가의 여주인 침실에 있는 프레스코화(5.4.a, 원위치에 있음)로서 테세우스와 아리아드네(왼쪽)와 사랑의 신 베누스(오른쪽)를 묘사하고 있다

누스 신의 프레스코화는 분명한 메시지를 보여준다. 베누스가 사랑의 신이었던 것처럼 루크레티우스 프론토의 아내 역시 가장의 사랑과 성관계의 욕구를 충족시켜주는 역할을 해야 했다. 이와 짝을 이루는 또 하나의 프레스코화는 그리스 신화의 두 영웅인 테세우스와 아리아드네를 묘사하고 있는데, 테세우스가 미노타우로스를 죽이러 미로 속으로 들어가기 직전의 모습을 포착했다. 테세우스는 그에게 실타래를 준 아리아드네의 기발함이 없었더라면 결코 그 미로 속에서 빠져나올 수 없었을 것이다. 그녀가 준 실타래를 이용해 왔던 발자국을 되짚어 나감으로써 그는 미노타우로스와의 대결에서 승리할 수 있었다. 그 이야기가 전하는 메시지는 분명하다. 아내는 반드시 남편을 성공하게 만드는 조력자가 되어야 한다.

　　마르쿠스 루크레티우스 프론토의 집에 장식된 이 프레스코화들은 아우구스투스 황제가 갖고 있던 가족에 대한 가치관과 일치한다. 각 가족 구성원은 세대주의 결정에 따라 가정의 성공을 영속시키기 위해 힘을 합침으로써 이상적인 로마의 가족이 되기 위해 노력했다.

노예와 첩들

15장에서 살펴본 대로 노예들 역시 가정의 성공에 확실한 역할을 했다. 주인은 그 목적을 위해 노예들을 구입했으며, 노예들은 가정 내에서 자식을 낳는 수단이 되었다. 집주인의 생물학적 자손은 집주인의 가족이 아니더라도 가정 내에서 흔히 양육되었다. (오직 집주인의 합법적 아내가 출산한 경우에만 합법적인 자손이 되어 가족의 일원으로 인정받았다.) 그들은 집주인이 임신시킨 여성 노예들을 통해 획득한 상품과 같았다. 이것은 가정의 노동력을 증대시키는 데 상대적으로 저렴한 방법이었다.

남성이 지배하는 당시 세계에서 집주인이 남성 또는 여성 노예와 성관계를 갖는 것은 특이한 일이 아니었다. 매춘부는 아마도 경제적 약자들이 이용하는 상대였을 것이다. 노예는 경제적으로 더 부유한 사람들을 위한 존재였다.

공식적으로 인정된 첩이 같은 집에서 함께 사는 것 역시 특이한 일이 아니었다. 우리는 집주인의 아내가 죽었을 때만 이런 일이 가능했을 것이라고 생각한다. 니코스트라투스 포피디우스라는 폼페이의 토지 조사관은 그런 너그러운 해석에 부합하는 경우였다. 그는 어떤 무덤의 비문을 세우면서 "자신과 그의 첩인 포피디아 에크도케 및 그의 가족에게" 바친다고 기록했다(누케리아 문, 무덤 17a/b OS). 그러나 포피디우스의 아내가 이미 죽었다면 (남자는 가정을 이끌어나가기 위해 아내가 필요하기 때문에) 첩과 결혼하거나 다른 여자를 아내로 맞이할 수도 있었다. 묘비에 아내 이름을 언급하지 않고 첩의 이름만 언급하고 있기 때문에 아내와 첩이 그의 집에 같이 살면서 서로 다른 역할을 했을 가능성이 크다. (그녀의 이름으로 미루어 볼 때, 첩인 포피디아 에크도케는 애초에 그 집의 노예였지만 집주인이 첩으로 맞기 위해 그녀를 해방시킨 듯하다.)

이와 유사한 종류의 다른 비석(자료 16.5 참조)에는 다음과 같이 쓰여 있다.

마르쿠스 벤니우스 루푸스, **세비르**(*sevir*)[시 당국의 행정관]

그와

그의 아버지 마르쿠스 벤니우스 데메트리우스,

그의 어머니 벤니아 루파,

그의 아내 발레리아 우르바나, [그리고]

그의 첩 푸피아 킬라를 위하여

다시 한번 말하지만, 루푸스의 아내와 그의 첩이 같은 지붕 아래에서 살고 있었다고 상상하는 것이 최선이다. 루푸스의 아내는 집안을 관리 감독하면서 합법적인 자손을 낳아주고, 그의 첩은 성적인 역할을 통해 그를 돌보았다. 기원전 4세기의 한 그리스 웅변가(그가 누구인지는 논란이 된다)는 다음

자료 16.5. 마르쿠스 벤니우스 루푸스의 무덤 묘비로서 자신의 이름을 비롯해 아버지, 어머니, 아내, 첩의 이름이 기록되어 있다. 비문은 나폴리 국립 고고학 박물관에 전시되어 있지만, 물품 목록 번호나 출처는 기재되어 있지 않다. *CIL* 4.2496 이 벤니우스(가이우스 벤니우스) 가족 중 한 사람을 폼페이 출신으로 간주하는 것을 보면, 이 비문도 아마 그곳에서 유래했을 것이다.

과 같이 말한 적이 있다. "우리는 [파티에서] 쾌락을 얻기 위해 내연녀를 두고, 일상의 육체적 필요를 충족시키기 위해 첩을 [집에] 두고 있으며, 적법한 자녀를 낳고 성실한 주부의 역할을 하도록 아내를 두고 있다"(*Against Neaera* 122, 저자의 번역). 이를 보면 기원전 4세기와 베수비오 화산이 폭발한 시점 사이에 많은 변화가 없었음이 분명하다.

아내와 남편들

로마 시대에는 "부부의 침상"을 넘어선 남편의 성적 관계에 아내가 반대할 것이라는 기대가 거의 없었다. 아내의 성적 역할은 그 가문과 가정의 명성을 영속시키는 합법적인 상속인을 낳는 것이었다. 또한 남편이 필요로 하는 모든 일을 지원하고 그 목표에 맞게 집안일을 효율적으로 운영함으로써 가정을 명예롭게 하는 것이 아내의 할 일이었다. 이런 일은 심지어 남편이 죽은 후에도 지속되었다(19장에 등장하는 나이볼레아이아 티케도 이런 경우였다). 남편이 성적 관계에 연루되는 것을 보며 좌절감을 느끼는 경우도 있었겠지만 이를 반드시 관계상의 문제를 일으키는 비극으로 인식했던 것은 아니다. 로마의 전기 작가이자 다작 수필가인 플루타르코스는 남자가 아내의 품위를 손상시키지 않는 대신 "자신의 방탕하고 부도덕하며 음란한 것을 다른 여자와 나누는 것"을 선택했기 때문에 남자의 불륜은 사실상 아내에 대한 경의의 표시로 보아야 한다는 생각을 퍼뜨렸다(*Moralia* 140B).

남편이 성적 관계에 연루된 것에 대해 조치를 취할 수 있는 여성은 거의 없었다. 그것은 존경받는 신 헤라(나중에 유노로 알려짐)에게나 주어진 특권이었다. 그녀는 남편 제우스(나중에 유피테르로 알려진)의 성적 문란을 막

자료 16.6. 베수비오 미술 작품에서 흔히 묘사되는 장면이다. (오른쪽에 칼을 들고 있는) 메데아가 남편이 다른 여자에게로 떠난 후 두 자녀 및 그들의 가정 교사와 함께 있는 모습을 보여준다. 그리스 신화에서 메데아는 그 상황을 받아들이지 않고 다른 여성과 자신의 두 자녀를 살해함으로써 전남편에 대한 복수심을 표출한다. 여기서 그녀는 자녀들에게 곧 들이댈 칼을 숨기고 있다(6.9.6, MANN 8977).

기 위해 할 수 있는 모든 행동을 했고, 심지어 그가 다른 여성들과의 성관계를 통해 얻은 자손의 일부를 죽이기까지 했다. 그러나 대부분의 아내들은 그런 기회를 갖지 못했다. 가끔 뭔가를 중얼거리거나 사소한 방식으로 불만을 표시했을지는 모르지만 그렇게 항의를 한다고 해서 무언가 변할 것이라는 현실적인 기대는 없었다. 아마도 대부분의 아내들은 신경조차 쓰지 않았을 것이다. 그들 중 많은 이들은 (사회적으로 좋은 지위에 있는 남성들이 소위 구조적 이기주의로부터 혜택을 받는) 가부장적 사회에서 그들에게 주어진 사회적 의무에 따라 사랑이 없는 결혼 생활을 오랫동안 힘겹게 지속해왔을 것이다.

아마도 이것이 마켈룸의 프레스코화에 등장하는 페넬로페와 오디세우스가 감정이 거의 없는 것처럼 보이는 이유일 것이다(자료 16.1을 보라). 그녀는 (그가 흥미진진한 경험들을 이야기하는 동안) 그에게 주의를 기울이긴 하지만, 비록 성실하고 세심하다 할지라도 별 관심이 없는 주의력인 것 같다. 그 앞에 있는 그녀에겐 기쁨이 없다(사랑에 빠진 커플을 양식적으로 묘사해 낸 자료 1.8의 프레스코화와는 대조적이다). 그들은 함께 있는 것을 즐거워하지 않는다.

그가 없는 오랜 시간 동안 그녀가 정조를 지켰기 때문에 이 결혼 생활은 1세기 당시에는 유효했다. 그러나 21세기 화가는 기혼자들 사이의 건전한 관계에 대한 동시대의 이상에 맞추어 이 장면을 다르게 묘사했을 것이다. 로마 세계에서 아내는 결혼 생활을 통해 기쁨과 성취감을 얻기가 어려웠다. 그녀에게 주어진 일이란 남편에게 충실하고 그의 관심사와 전략 및 목표를 지원하는 것이었다. 그 과정에서 사랑이 싹튼다면 환영할 만한 일이었지만, 그렇지 않다고 해도 특이한 일은 아니었다.

결혼 생활의 활력은 흔히 배우자가 사회경제적 스펙트럼에서 어디에 위치하느냐에 달려 있었다. 상대적으로 높은 사회경제적 계층에 있는 사람들은 보통 중매로 결혼했다. 그런 결혼의 목적은 두 젊은이를 열렬한 사랑에 빠지게 하는 것이 아니라 남녀의 결합을 통해 두 가정을 하나로 묶고 확대된 양가의 장래 전망을 더 밝게 만드는 데 있었다. 여성들의 일반적인 결혼 연령은 보통 15세였지만 12세에 결혼하는 경우도 있었다. 그들은 종종 위험한 출산 과정에서 이미 한두 명의 아내를 잃었을지도 모르는 나이 많은 남자들과 결혼했다. 이런 결혼은 보통 남성과 여성이 악수하는 의식을 통해 성립되었는데, 이 행위는 그들이 양측 가정을 연합하기로 합의한 것을 상징한다. 이런 종류의 결혼은 두 당사자의 출신 가정을 잘 반영하는 형태로서, 새로운 가정을 이루는 데 편리한 수단으로 사용되었다.

경우에 따라서는 결혼을 통해 로맨스와 사랑을 키웠을 수도 있다. 드물지만 폼페이의 배우자들 사이에서 싹튼 애정 어린 감정을 엿볼 수 있다. 한 남자는 다음과 같은 말로 아내를 추모하며 무덤을 바쳤다. "루키우스의 노예였다가 자유인이 되었으며 콜리니아 부족의 일원인 루키우스 칼틸리우스 팜필루스가 그의 아내 세르빌리아를 위해 사랑하는 마음으로"(*CIL* 4.1046, 무덤 HGE34). 이와 비슷하게 한 여성의 재치 있는 야유가 담겨 있는 그라피티도 있다. "나는 어떤 가격에도 내 남편을 팔지 않을 것이다."(*CIL* 4.3061).

결혼이라는 울타리 안에 있는 사랑을 증언하는 베수비오의 그라피티는 거의 없다. 예를 들어 조시무스라는 폼페이의 한 남성이 빅토리아라는 이름의 여성에게 청혼하기 위해 그라피티를 어떻게 사용했는지 주목하라. "그의 빅토리아에게 안부를 전합니다. 조시무스는 빅토리아에게 안부를 전합니다. 제 노후의 버팀목이 되어 주시기를 부탁드립니다. 내가 돈이 없다고 생각한다면 나를 사랑하지 마십시오"(*CIL* 4.1684). 여기서 청혼은 사실상 조시무스가 돈이 있다는 사실에 기초하며, 사랑은 빅토리아가 노년에 조시무스를 돕는 것으로 정의된다. 최근에 결혼한 커플을 축하하는 것처럼 보이는 그라피티도 주목하라. "다프니쿠스와 그의 펠리쿨라가 여기 있었습니다. 펠리쿨라 만세! 다프니쿠스 만세! 둘에게 좋은 일만 있기를"(*CIL* 4.4477). "에울랄레, 당신의 아내 베라와 함께 건강을 누리기 바랍니다"(*CIL* 4.1574). 이 그라피티 문구들은 기분 좋은 희망을 주지만 열정적인 사랑의 기념물은 아니다. 단지 건강과 장수가 언급될 뿐이다.

인간의 사랑과 변덕

(폼페이 남쪽 스타비아에 위치하는) 아리안나 빌라라는 거대한 주택 단지에는 다소 흥미로운 프레스코화가 전시된 작은 방이 있다(자료 16.7을 보라). 이 그림에는 현실적인 면(세 명의 여자)과 신화적인 면(세 명의 에로스 또는 쿠피

도)이 섞여 있다. 한 가지 널리 알려진 해석에 따르면, 이 그림은 어떤 여성 상인이 쿠피도 구매를 원하는 한 여성 고객을 위해 세 개의 쿠피도를 가져온 상황에서, 그중 한 개를 구매하고자 생각 중인 고객(그리고 왼쪽 끝에 있는 그녀의 친구)을 묘사한 것이다. (이 프레스코화는 여러 명의 여성 인물들을 묘사한 방에 전시되어 있었는데, 한 명은 다양한 포즈의 벌거벗은 인물들을 보여주는 의복을 드러내기 위해 망토를 들어올리고 있다.) 이 호기심을 자아내는 장면을 어떻게 이해할 수 있을까? 쿠피도를 팔러온 여자를 통해 묘사된 이 애정 장면은 당시 일반적인 여성들의 경험과 어떤 연관이 있는가?

폼페이의 그라피티를 보면 이 프레스코화에 대한 해석의 실마리를 얻을 수 있을 것이다(*CIL* 4.5296, 9.9.f). 학자들은 그라피티의 저자가 여자인지 남자인지를 놓고 의견이 분분한데, 그 논쟁은 다섯 번째 줄의 단어

자료 16.7. 한 여성과 그녀의 친구에게 가져온 쿠피도를 묘사한 프레스코화(the Villa Arianna, MANN 9180)

가 뒤에 나오는 단어를 수식하는지("낭비된 **밤**") 아니면 저자를 언급하는지("**나는** ~를 헛되이/잃어버린 채")에 따라 정리된다.

만약 그것이 저자를 언급한다면, 그 작가는 여성일 것으로 보인다. 왜냐하면 "낭비했다"는 라틴어가 여성형이기 때문이다. 이 문제를 잠시 제쳐두고, 처음 네 행을 읽어보자.

> 오, 당신의 달콤한 팔을 내 목에 감고
> 당신의 섬세한 입술에 키스를 할 수만 있다면.
> 자, 내 귀여운 사랑이여, 그대의 즐거움을 바람에 맡기고,
> 날 믿어줘, 남자들은 변덕스러운 천성을 가지고 있다는 것을.

저자가 남자였다면 이어지는 다섯 번째 줄을 "나는 자주 낭비된 밤 중에 깨어 있었다"로 읽어야 한다. 저자가 여자였다면(그래야 네 번째 줄을 더 잘 이해할 수 있을 것 같다), 다음 문구를 "나는 자주 한밤중에 깨어 있었지만, 낭비되었네[사랑을 받지 못하네]"라고 읽어야 한다. 작가가 여자라면 그녀는 "귀여운 사랑"을 껴안으면서 거기서 남성들의 (성적인) 변덕스러움을 상쇄할 수 있는 성실함을 발견하기를 원했다. 이것이 아리안나 빌라의 여성과 쿠피도가 등장하는 프레스코화를 해석하기 위한 배경이 될까?

(폼페이의 한 남성이 쓴 이 선언과 대조하라[CIL 4.3932]: "울어라, 소녀들아. 내 성기는 너를 포기했다. 이제 그것은 남자들의 엉덩이를 뚫고 들어갈 것이다. 잘 가라. 멋진 여성들아!" 아마도 폼페이의 소녀들은 이런 상황에서 슬픔에 휩싸이지 않았을 것이다.)

그리스도인 지도자들은 예수 집단 내에서 이런 남성의 변덕을 근절시키기 위해 노력했다. 예를 들어 고린도전서 7:2-5에서 바울은 예수를

숭배하는 여성 추종자들에게 남편에 대한 "아내의 의무"를 이행하고 자신의 몸에 대한 권리를 남편에게 양도하라고 지시했다.

바울이 예수를 숭배하는 남성 추종자들에게도 ("남편의 의무"를 아내에게 이행하고 자신의 몸에 대한 권리를 아내에게 양도하라는) 동일한 지시를 내렸다는 주목할 만한 사실을 제외하면, 이는 로마 세계의 보편적인 가치에 의해 뒷받침되는 일상적인 진술처럼 보인다. 바울은 아내뿐만 아니라 남편에게도 이렇게 말함으로써 예수를 숭배하는 남성 추종자들이 시대의 강한 문화적 흐름에 반하는 유형의 성생활과 성적 통제에 순응해야 한다는 것을 분명히 했다. 이 글에서 바울은 로마의 남성들이 "음행을 피하[여]…너희가 절제 못함으로 말미암아 사탄이 너희를 시험하지 못하게"되기를 기대한다고 말했다(고전 7:2, 5; 이 문제에 대한 더 자세한 내용은 "생각해볼 문제들"을 보라, 16장, 질문 2).

이상적 커플 제시하기

베수비오 마을에서 발견된 프레스코화를 통해 우리는 결혼한 커플들의 모습을 볼 수 있다. 하나는 폼페이가 존재한 마지막 해에 그려진 것으로서, 상승하는 사회경제적 지위로 인해 넘치는 자신감을 갖게 된 한 가정의 동반자 관계를 묘사하고 있다(자료 16.8을 보라). 아내는 사색하는 자세로 입술에 펜을 대고 손에 든 공책에 메모를 적으려고 한다. 그녀의 공책에는 가정의 효율적인 운영과 관련된 내용(메모, 기억해야 할 사항들, 목록 등)들이 있었을 것이다. 12장에서 살펴본 대로 종종 이런 종류의 공책을 들고 있는 여성들의 모습이 보이는데, 이는 가정의 여주인으로서 갖는 그녀의 능력을 드러낸다. 따라서 이 여성은 효율적인 근면함으로써 자신의 가정을

자료 16.8. (테렌티우스 네오로 추정되는) 한 남성과 그의 아내를 묘사한 프레스코화(7.2.6, MAN 9058)

자료 16.9. 베수비오의 프레스코화. 한 가장이 한 손에 두루마리를 들고 있고 옆에는 두루마리를 담은 통 하나가 있으며, 그가 호기심 어린 표정으로 두루마리를 들고 있는 아들에게 뭔가를 가르치고 있는 동안, (두루마리를 들지 않은) 아내는 만족스러운 표정을 지은 채 이 장면을 지켜보고 있다("이미지 출처" 참조).

돌보는 사람으로 묘사된 것이다. 비록 그녀의 이름을 알지는 못하지만 그녀의 남편은 종종 테렌티우스 네오라고 여겨지고 있으며, 그 이름이 집 외벽의 선거 운동 공고문에 적혀 있다. 그는 하얀 토가를 입은 채로 파피루스 두루마리를 들고 있다. 그 역시 글을 읽고 쓸 수 있지만, 집안의 일(그녀의 공책이 대변하듯이)보다는 두루마리 안에 있는 문학, 철학, 시의 발표문 등과 같이 더 차원이 높은 중요한 일을 다룬다. 이처럼 이 프레스코화는 (근면한 아내가 상징하는 것처럼) 가정 운영 면에서도 효율적이며 (박식한 남편이 상징하는 것처럼) 공적 인물로도 야심 가득한 부부의 동반자 관계를 보여주고자 한다.

예수 추종자들이 형성한 가족 간의 유대 관계

초기 예수 추종자들 역시 가족들에게 가장 좋은 것을 주기 원한다는 점에서 동시대 사람들과 다르지 않았다. 예수는 이런 정서를 다음과 같이 표현한 것으로 기억된다. "너희들 가운데 만약 네 아이가 생선을 달라고 하면 뱀을 줄 사람이 있겠느냐? 또는 아이가 달걀을 달라고 하면 그 아이에게 전갈을 주겠느냐?"(눅 11:11-12, 저자의 번역)

또 "너희 중에 누가 그 아들이나 소가 우물에 빠졌으면 안식일에라도 곧 끌어내지 않겠느냐?"(눅 14:5)라는 말씀도 마찬가지다. 루크레티우스 프론토가 아들의 사업 성공을 바랐던 것처럼, 예수의 두 유명한 제자의 어머니도 예수께 와서 그녀의 두 아들 가운데 "하나는 주의 우편에 하나는 주의 좌편에 앉게 명하소서"라고 부탁했다(마 20:20-21).

대부분의 부모는 이런저런 방식으로 그런 요구에 공감할 수 있다. 그러나 그녀를 향한 예수의 대답은 그녀의 계획에 차질을 일으키게 만든다. "너희 중에는 그렇지 않아야 하나니 너희 중에 누구든지 크고자 하는 자는 너희를 섬기는 자가 되고 너희 중에 누구든지 으뜸이 되고자 하는 자는 너희의 종이 되어야 하리라"(20:26-27).

우리는 자녀들이 자신을 지나치게 높이 평가하지 않고 (특히 부모들이 궁핍할 때) 다른 사람들의 필요에 대해 생각하기를 원하는 루크레티우스 프론토의 모습을 보았다. 예수 역시 두 가지를 강조하는데 특히 "네 부모를 공경하라. 네 이웃을 네 자신과 같이 사랑하라"(마 19:19)는 계명에 순종할 필요가 있다고 말했다. 초기 기독교 문헌에는 가족의 의무에 대해 이와 동일하게 강조한 내용이 되풀이되어 있다.

예를 들어 에베소서에는 자녀들을 향한 다음과 같은 권고가 나온다.

자녀들아, 주 안에서 너희 부모에게 순종하라. 이것이 옳으니라. 네 아버지와 어머니를 공경하라. 이것은 약속이 있는 첫 계명이니 이로써 네가 잘되고 땅에서 장수하리라(6:1-3).

우리는 보통 여기 언급된 "자녀들"이 아직 성인이 되지 않은 아이들이라고 생각한다. 그 연령층이 분명히 포함되었겠지만, 훈계의 대상을 어린 자녀들로 제한할 이유는 없다. 고대 세계에서 그 충고는 성인이 된 자식을 포함한 모든 연령대의 자손에게 권하는 말로 들렸을 것이다.

가족 간의 유대 관계에 대한 비슷한 관심은 다른 본문에서도 여실히 드러난다. 디모데전서의 저자는 "만일 어떤 과부에게 자녀나 손자들이 있거든 그들로 먼저 자기 집에서 효를 행하여 부모에게 보답하기를 배우게 하라. 이것이 하나님 앞에 받으실 만한 것이니라"고 말한다(5:4). 가정에 활기를 불어넣기 위한 아우구스투스 황제의 과업 측면에서 볼 때 어떤 사람이 충성심을 증명하기 위해서는 자기 가족을 잘 돌보아야 했다. 여기서도 그 패턴은 동일하다. 개인의 집안에서 노인을 돌보는 일은 예수를 숭배하는 성인 가장의 "종교적 의무"로 알려져 있다. 이것은 로마 세계의 좋은 관습이다. 이런 아우구스투스의 이상을 배경으로 한 디모데전서의 또 다른 본문은 이런 맥락에 정확히 들어맞는다. "누구든지 자기 친족 특히 자기 가족을 돌보지 아니하면 [기독교의] 믿음을 배반한 자요, 불신자보다 더 악한 자니라"(5:8). 로마 시대의 "불신자"들은 루크레티우스 프론토가 자녀의 침실 안에 배치한 프레스코화에서 강조했던 것처럼, 어려움에 처한 가족 구성원들을 돌보아야 할 의무가 있었다. 만약 예수의 추종자들이 어려운 가족 구성원을 돌보는 일을 불신자보다 소홀히 한다면, 그들이 모시는 신의 명성을 폄하하고 "신앙을 부정"하는 행위를 저지르는 것이다.

아마도 이 본문들은 1세기의 마지막 1/4에 해당하는 시기, 즉 예수 집단이 그들이 처한 문화적 상황에 적응할 필요를 깨닫게 된 시점에 기록되었을 것으로 추정된다. 예수가 곧 돌아오실 수도 있다는 긴박한 기대감이 가라앉기 시작하자, 추종자들은 그들의 환경에 융화됨으로써 그 안에서 더 통합적으로 일할 필요를 발견했다. 그런 상황에서 기독

16.10. 결혼 예복을 입고 유피테르(그리스 신화의 제우스)에게 다가오는 유노(그리스 신화의 헤라)를 묘사한 프레스코화. 유노는 결혼의 신으로서 유피테르의 자녀를 많이 낳았다(비극 시인의 집 [6.8.5], MANN 111441).

교 신앙이 대대로 전해지고 있었기 때문에 예수 숭배는 그 문화 안에서 순응할 수 있는 방법을 찾고 있었던 것이다. "이는 네 속에 거짓이 없는 믿음이 있음을 생각함이라. 이 믿음은 먼저 네 외조모 로이스와 네 어머니 유니게 속에 있더니 네 속에도 있는 줄을 확신하노라"(딤후 1:5). 이처럼 그리스도인 가정의 아버지들은 자녀들을 "주님의 훈육과 가르침으로" 키우라는 지시를 받았다(엡 6:4). "어려서부터 성경을 알고 있었다"는 디모데처럼 말이다(딤후 3:15). 나이 든 여성들은 로마 세계의 기준에서 볼 때 "가정의 훌륭한 경영자"이자 존경할 만한 여성 그리스도인이 되는 방법을 젊은 여성들에게 가르쳐야 했다(딛 2:3-5, 여기서는 5절). 디모데전서에서도 이와

동일한 내용을 강조하고 있는데, 그 본문에서는 재혼할 수 있을 만큼 어린 과부들에게는 "결혼을 해서 아이를 낳고 가정을 돌보라"고 말한다(5:14).

하지만 동전의 반대면 또한 기억되고 있었다. 1세기 말 누가복음 저자는 다음과 같은 예수의 가혹한 말씀을 기록했다. "무릇 내게 오는 자가 자기 부모와 처자와 형제와 자매와 더욱이 자기 목숨까지 미워하지 아니하면 능히 내 제자가 되지 못하고"(눅 14:26; 이와 동일한 선언을 조금 더 가혹하게 표현한 도마복음 55장과 조금 더 부드럽게 기록한 마 10:37을 보라). 이 말들이 유대인의 고향 땅이라는 환경에서 믿기 힘든 것이었다면, 로마 세계의 도심지에서도 놀라운 것이었다. 액면 그대로 받아들인다면 이 말들은 모든 형태의 문명화된 문화의 결에 어긋난다.

아마도 복음서 저자는 독자들이 이 말을 문자 그대로 받아들이기보다는 이 조언이 주는 충격 효과를 통해 한 사람의 궁극적인 우선순위를 성찰해보게끔 하는 의도로 기록했을 것이다. 이렇게 듣기 거북한 말씀을 하신 바로 그 예수는 불과 몇 장 뒤에서 영생을 얻기 위해 "네 부모를 공경하라"고 권면한다(눅 18:20). 아마도 예수가 권면하는 "미움"은 1세기 세계에서 가족 간의 유대 관계가 의미하는 바—가정이 지녀야 할 사회적 지위에 대한 필요를 우선시하고 추가로 고려해야 할 다른 모든 사항을 그 목표에 복종시키는 것—에 대한 증오였을 것이다. 어쩌면 누가는 모든 관계가 가장 중요한 기본적인 관계, 즉 그리스도에 대해 충성스러운 관계에 기초해야 한다는 점을 독자들에게 이야기하고 싶었을지도 모른다. 아마도 그래서인지 누가는 "아버지가 아들과, 아들이 아버지와, 어머니가 딸과, 딸이 어머니와, 시어머니가 며느리와, 며느리가 시어머니와 분쟁하게" 하기 위해 왔다는 예수의 말을 기억했다(12:52-53; 이 장의 서두에 소개된 마 10:35-36과 비교하라). 어떤 의미에서는 예수 숭배의 이상이 너무나 반문화적이어서, 아우구스투스 가문의 이상마저도 실현 불가능했을지 모른다.

예수 추종자들 사이의 가상의 친족 관계

가족 관계는 모든 관계 중에서 가장 강력하고 다른 모든 형태의 생산성의 기반이 되어야 했다. 예수 숭배의 이상은 가정을 불안하게 하거나 동료들과의 대립을 빚어내는 경우가 많았기 때문에, 예수 숭배자들이 서로를 언급할 때 가족 관계의 언어를 자주 사용했다는 것이 별로 놀랄 일은 아니다. 예를 들어 바울은 디모데를 "주 안에서 내 사랑하고 신실한 아들"(고전 4:17; 또한 딤전 1:2, 18; 딤후 1:2; 2:1; 히 13:22도 보라) 또는 그의 "형제"라고 규정했다(고후 1:1; 살전 3:2; 몬 1; 골 1:1도 보라). 이와 비슷하게 디도는 그의 "믿음 안에서 충성된 아들"(딛 1:4)이자 "형제"였다(고후 2:13). 바울은 빌레몬의 노예인 오네시모를 가리켜 "나의 아들"이며 "내가 그의 아버지가 되었다"고 말했으며(몬 10) 또한 "형제"(골 4:9; 몬 16)라고 규정했다. 그리고 바울은 서신에서 거의 100번 가까이 다른 예수 추종자들을 자신의 "형제들(그리고 자매들)"로 규정했다. 그렇게 함으로써 이들을 은유적으로 "믿음의 가족"(갈 6:10, 저자의 번역) 안에 둔다. 이 예수 추종자들은 더 이상 노예가 아닌 가정의 부를 물려받는 자녀들로서 전능한 신을 "아바, 아버지"(갈 4:6; 롬 8:15)라고 부르며 기도한다. 하나님의 순종적인 아들인 예수 자신도 그런 호칭을 쓰면서 기도했다(막 14:36에 나타나 있는 것처럼). 이런 종류의 담론은 그들이 그리스도인의 관계성을 그들의 주된 정체성을 이끌어내야 할 영역으로 긍정하고, 준거 집단을 재정립하는 데 도움이 되도록 예수 신자들 사이의 관계적 유대를 강화시켰다.

가상의(비생물학적 또는 비혈연의) 친족 관계를 따라 가족이라는 친족 관계를 재정의한 것은 네 개의 정경 복음서에 강력한 근거를 둔다. 마가는 예수의 가족이 예수가 사회적 물의를 빚어 집안의 이미지를 실추시킨 일을 놓고 군중들로부터 벗어나 잠시 그와 이야기를 나누고 싶어 하는 장면을 설명한다.(막 3:21을 보라). 그 이야기는 다음과 같이 계속된다.

> 대답하시되 "누가 내 어머니이며 동생들이냐?" 하시고 둘러 앉은 자들을 보시며 이르시되 "내 어머니와 내 동생들을 보라. 누구든지 하나님의 뜻대로 행하는 자가 내 형제요 자매요 어머니이니라"(3:33-35).

마태와 누가는 혈연으로 맺어진 가족에 대한 기대보다 가상의 친족 관계가 우선시되는 이 사건을 공유한다(마 12:46-50; 눅 8:19-21). 누가는 또한 예수가 열두 살 때 사흘 동안 성전에 머물면서 유대인 지도자들과 여러 문제를 논의하는 바람에 어머니와 아버지를 "큰 근심"에 빠뜨린 사건을 소개한다. 성전에서 발견되었을 때 예수는 "내가 내 아버지의 일에 관심을 가져야 한다는 것을 모르셨습니까?"라고 말하며 부모의 걱정에 반응한다(눅 2:49, 저자의 번역). 이와 비슷하게 요한복음은 예수님이 예루살렘에서 십자가에 매달리시는 순간에 가족의 개념을 가장 극적으로 재설정한다.

> 예수께서 자기의 어머니와 사랑하시는 제자가 곁에 서 있는 것을 보시고 자기 어머니께 말씀하시되 "여자여, 보소서. 아들이니이다" 하시고 또 그 제자에게 이르시되 "보라, 네 어머니라" 하신대 그때부터 그 제자가 자기 집에 모시니라(19:26-27).

각 복음서에는 예수가 생물학적 가족보다 가상의 친족 관계가 갖는 우선 순위를 정당화하는 사건이 적어도 하나는 기록되어 있다. 마가복음은 이런 가상의 친족 관계가 왜 그렇게 절박하게 필요했는지에 대한 실마리를 준다.

> 베드로가 여짜와 이르되 "보소서, 우리가 모든 것을 버리고 주를 따랐나이다." 예수께서 이르시되 "내가 진실로 너희에게 이르노니 나와 복음을 위하여 집이나 형제나 자매나 어머니나 아버지나 자식이나 전토를 버린 자는 현세에 있어 집과 형제와 자매와 어머니와 자식과 전토를 백 배나 받되 박해를 겸하여 받고 내세에 영생을 받지 못할 자가 없느니라"(10:28-30).

오직 예수만을 따르는 사람들은 "박해"를 경험할 수 있다(이 단어는 예수 추종자들이 가족 관계를 포기한 대가로 얻는 좋은 것들의 목록에 들어가 있다). 오래된 유대 관계가 부식을 일으키는 장애물이 될 때 예수 추종자들은 그들에게 가상의 친족 관계인 "형제, 자매, 어머니, 자녀"에서 새로운 선상의 관계적 지지를 찾아야 한다.

이들 사이에 존재하는 이런 비유적인 관계에서 아버지는 언급되지 않는다는 사실에 주목하라. 이런 은유적인 목록에 남자 가장이 빠져 있다는 점은 사람들의 주의를 끌었을 것이며, 이는 예수 추종자들이 숭배하는 그 신이 집안의 가장이라는 것을 암시한다. 그들은 스스로를 죄지은 자를 용서하시고(막 11:25) "구하는 자들에게 좋은 것을" 주시는(마 7:11; 또한 눅 11:13도 보라) "하늘에 계신 아버지"의 "자녀"라고 선언했다(마 5:45; 6:8; 7:11; 23:9). 따라서 예수는 추종자들에게 "땅에 있는 자를 아버지라 하지 말라. 너희의 아버지는 한 분이시니 곧 하늘에 계신 이시니라"라고 가르치신 분으로 기억된다(마 23:9). 그리고 아들이 아버지를 본받아야 하듯이, 이 자녀들 역시 "[너희] 아버지의 자비로우심 같이" 하늘에 계신 아버지를 본받아야 한다(눅 6:36).

17

신앙과 실용주의

[나 바울은] 유익한 것은 무엇이든지 공중 앞에서나 **각 집에서**나 거리낌이 없이 여러분에게 전하여 가르치고 유대인과 헬라인들에게 하나님께 대한 회개와 우리 주 예수 그리스도께 대한 믿음을 증언한 것이라(행 20:20-21).

집안의 공간

예수 집단은 대부분 집에서 함께 만났다(비록 그곳에서만 만났던 것은 아니지만 말이다). 예수 추종자들이 집이라는 배경과 관련하여 그들의 신앙심을 어떻게 실용적인 방법으로 표현했는지를 이해하기 위해서는 로마 세계의 집 내부 공간이 수행한 기능을 살펴볼 필요가 있다.

고대의 집들은 21세기의 집과는 달랐다. 설계 형태는 다양했지만, 기본적으로 주거지를 단순히 가족 구성원들이 공적 영역에서 긴 하루를 보낸 후 휴식을 취할 수 있는 사적 공간으로 구성하지 않았다. 우리가 21세기에 사적 공간(집)과 공적 공간(쇼핑몰, 식당, 사무실 건물, 예배 장소)을 나누는 방식은 1세기 사람들이 공간을 사용하는 방식과 일치하지 않는다.

예를 들어 대중적 인지도가 매우 높은 사람의 집들 입구에는 (집주인의 지시에 의해) 아침마다 피후견인들이 모였을 것이며, 그들은 아트리움(안마당)으로 이동해 달라는 가정 노예의 정중한 요청을 받아야만 내부로 이동할 수 있었다. 피후견인들이 집주인과의 개별적인 만남을 위해 기다리는 동안, 아트리움 신당에 전시된 집주인의 신들에게 경의를 표했을 수도 있다. 차례가 되면 그들은 **타블리눔**(*tablinum*)(응접실 또는 사무실)으로 안내되어 (고분고분한 대화를 몇 분 나눈 뒤) 그들의 요청을 제시할 것이다. 그런 다음 후원에 대한 보답으로 (집주인의 명성을 높이기 위해) 요구되는 사항들을 듣게 된다. 이를 보면 알 수 있듯이 집은 이 가정의 신들이 감독하는, 사업과 정치를 위한 이중적인 장소가 된다. 뿐만 아니라 지나가는 사람들이 분주하게 돌아가는 집의 분위기를 보면서 집주인의 중요성을 인정하게끔 만드는 장치가 되기도

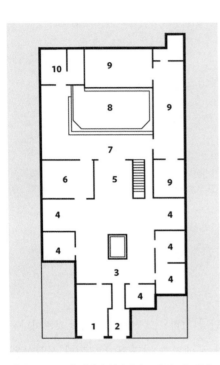

자료 17.1. 로마 세계의 일반적인 주택의 1층 설계도 (5.15에 위치한 헤르쿨라네움의 200주년 기념의 집). (거리를 향해 열려 있으며 집 내부로 들어갈 수 있는 1번 번호가 붙은) 한 상점은 출입구(2)와 인접해 있다. 안마당(3)은 인근의 임플루비움(빗물을 모을 수 있는 작은 웅덩이)과 침실 및 다른 공간(4)을 둘러싸고 있다. 계단은 타블리눔(*tablinum* 또는 사무실, 5)의 오른쪽에 있으며, 트리클리니움(*triclinium* 또는 식당, 6)의 오른쪽에 있다. 그 너머에는 두 면으로 축소된 페리스틸리움(7)이 늘어서 있고, 주변에는 작은 정원(8)과 작업장(9)과 부엌(10)이 배치되어 있다.

했다.

　한편 다른 사람들이 집안을 자유롭게 오갈 수도 있다. 만약 그들이 내부 계단으로만 올라갈 수 있는 1층 위의 방을 임차했다면 말이다. 오후에 집 정문을 출입하는 사람은 아마 아트리움(안마당)의 베틀에서 옷감을 돌리는 중인 여성을 마주쳤을 것이다. 한편 노예들은 저녁 식사를 위해 집을 정돈하며 음식을 준비하고 있었을 것이다. 늦은 오후에는 초대된 손님들이 방문해 주인과 함께 만찬을 즐겼는데, 이때 집에서 모시는 가정신들을 어떤 식으로든 다시 숭배했을 것이다. 식사 후에 남성들은 철학적인 학술 토론을 즐기고, 여성들은 대화를 듣거나 (그리스의 관습에 따라) 다른 공간으로 이동했을 것이다.

　특히 중간 규모 이상의 주택의 경우 집안 공간은 서로 중복되는 다양한 용도로 사용되었다. 소형 주택에는 애초에 이런 공간이 배치될 가능성이 적었지만, 동일한 원칙이 적용되는 경우가 많았다. 집안의 공간은 대개 다용도였다. 사람들은 각기 다른 이유로 그곳을 드나들었고, 서로 다른 목적에 쓰이는 가구들이 집안 행사에 맞춰 이리저리 옮겨지곤 했다.

가정 신앙

바울은 로마에 있는 예수 추종자들에게 보낸 편지에서 그의 사역을 "예루살렘에서 시작하여 일루리곤에 이르기까지"(15:19, 일루리곤은 이탈리아의 동쪽 해안에서 아드리아해를 가로지르고 있다) 확대했다고 말한다. 바울은 지중해 유역 전체를 "집집마다" 다니며 메시지를 전하는 동안 어떤 일들을 직면했을까?

　폼페이와 헤르쿨라네움의 집들을 지나면서 바울은 그곳에 필연적으로 깊게 뿌리내린 가정 신앙의 여러 유형을 목격했을 것이다. 신들은 도시의 신전에서만 가끔 숭배된 것이 아니었다. 신들에 대한 숭배는 로마 가정의 일상 관습 안에 통합되었다. 우리가 지금까지 살펴본 바와 같이, 신앙은 가정의 체계를 이루는 토대로 여겨졌으며 실제로 관계의 적절한 질서를 세움으로써 가정을 하나로 묶어주는 역할을 했다. 따라서 결과적으로 많은 베수비오 가정의 중심이 되는 장소는 신들과 초인적인 세력을 숭배하기 위한 신당(또는 신당들)이었다. 매월 특정한 신을 숭배하는 특별한 날이 있었고, 그 밖에 집안 식구나 황실 인물의 생일 또는 돌아가신 선조들의 기일이 집안의 신앙심을 표현할 수 있는 기념일 목록에 추가되었다. 또한 가정에서 모시는 신들이 (육적 섭취가 아닌 영적 섭취를 통해) 먹을 수 있도

자료 17.2. 제사를 지내는 동안 제단 주변에 모인 가정의 일원들을 묘사한 프레스코화(출처: 1.13.2의 부엌, 라라리움[lararium] 바로 옆). 그림 양쪽에는 큰 두 라레스(lares)가 (프레임 너머에) 서 있는데, 그들은 그 장소에 거하는 영을 가리키며 부지 내에 있는 그 집안에 대한 호의를 나타낸다.

록 신당에 음식을 바치는 것처럼 매일 평범한 방식으로 행해졌을 가능성이 있는 숭배 행위도 있었다. 로마의 시인 오비디우스에 따르면 "온화한 콘코르디아 신은 가족 신들에게 향을 피우거나 **라레스**[lares, 그곳의 수호신]에게 영양을 공급하기 위해 음식 제물을 바칠 때 그곳에 모습을 드러낸다고 한다"(Fasti 2.631-34). 따라서 가정 내의 효율성과 올바른 관계성의 중심은 그 집의 헌신적인 신앙심을 드러내는 신당에 있었다. 앞서 살펴본 대로 베수비오 가정의 신당은 중요한 장소였다. 여기서는 신당(또는 **라라리아**[lararia], 단수형은 **라라리움**[lararium]이며 **라레스**[lares]를 숭배하는 장소를 의미한다)이 베수비오 주택과 작업장의 건축 규범(norm)이었다는 점을 강조할 필요가 있다.

이런 신당의 중요성을 효과적으로 포착하는 예가 있다. 플라우투스의 연극 "황금 냄비"(기원전 2세기 초반 작품) 앞부분에서 **라르**(lar)는 관객들에게 자신을 소개한다. "나는 이 집에서 가족을 지키는 **라르**(lar)다.…나는 현재 거주자의 아버지와 할아버지를 돌보았다." 이어서 라르는 그 할아버지가 얼마나 올바르게 자신을 섬겼는지, 그리고 집 안에 숨겨놓은 황금 냄비를 어떻게 자신에게 맡기게 되었는지를 이야기한다. 그러나 다음 집주인은 **라르**를 제대로 예우하지 못하고 결국 사망했다. 집 안에 황금을 숨겨둔 남자의 손자인 현 집주인에게 딸이 있었는데, 그녀는 "매일 나에게 향을 피우거나 포도주 같은 선물을 가지고 와서 끊임없이 기도한다. 그녀는 나에게 화환을 준다. 그녀의 헌신으로 인해 나는 그녀의 아버지 에우클리오가 더 쉽게 그녀의 남편을 구할 수 있게 하기 위해 이 보물을 발견하도록 만들었다"("황금 냄비" 1-27에 나오는 대사)고 한다.

황금 쿠피도의 집 내부를 보면 신들과 초인적인 세력을 숭배하는 행위가 분명히 드러난다(6.16.7/38, 우리는 9장에서 이 주택을 살펴봤다). 채색된

자료 17.3. 황금 쿠피도의 집에 있는 주요 신당들 가운데 하나로서(6.16.7), "카피톨리누스 언덕의 세 신"(유피테르와 두 여신, 유노와 미네르바)은 맨 위층에 있고 가정 신인 두 라레스(*lares*)는 한 계단 아래에 배치되어있다(비록 예술적으로 약간의 변화를 가하긴 했지만 이 자료에 나타난 작은 조각상들은 처음 발견됐을 때와 동일한 위치에 놓고 찍은 사진이다. 원래는 메르쿠리우스의 큰 조각상 역시 왼쪽 맨 위에 있었다. "이미지 출처" 참조).

큰 신당은 생명의 신인 이시스 숭배를 위한 신당과 더불어 그 집의 아름다운 주랑이 늘어서 있는 남동쪽 모퉁이 벽을 한층 더 돋보이게 한다(자료 9.3을 보라). 주랑 북쪽 벽에는 화려하게 장식된 또 다른 신당이 있었는데, 이는 공을 들여 만든 신전의 축소판 모양으로서 세로 홈이 새겨진 대리석 기둥이 양쪽에 두 개씩 배치되어 있다(자료 17.3을 보라).

고고학자들은 이 신당에 있던 화산 파편을 제거하고 거기서 유피테르, 유노, 미네르바와 같은 전통적인 신들의 형상을 발견했다. 4장에서 지적한 바와 같이 이 "카피톨리누스 언덕의 세 신"은 로마의 카피톨리누스 언덕에서 함께 숭배되었던 신들로서, 유피테르는 만신전의 최고의 신, 유노(유피테르의 아내)는 결혼의 신, 미네르바는 지혜(특히 전략, 전술, 전쟁)의 신이다. 신당 안에는 적어도 다른 세 명의 신들이 있었다. 이들은 상업의 신 메르쿠리우스와 두 **라레스**(*lares*)를 묘사한 큰 형상으로서, 집안에 거하는 우호적이고 선한 영을 상징한다. 따라서 손님들이 저녁 식사를 마치고 정원이 있는 주랑을 거닐 때(아마도 그 집안의 **오티움**[*otium*]을 향상시킬 수 있을 것이다), 필연적으로 눈길을 끄는 이 두 신당을 지날 것이다. 하나는 로마의 정치적 유산인 전통적인 신들에게 가정의 풍요를 비는 신당이고, 다른 하나는 현세와 내세의 개인의 삶을 주관하는 이집트 신들을 섬기는 신당이다.

작은 기념비나 신전처럼 지어진 신당은 흔히 베수비오 주택의 정문 근처에 있으며, 아트리움에서 발견되는 공통된 요소이기도 하다. (예를 들어, 루키우스 카이킬리우스 유쿤누스 가문[5.1.26], 메난데르 가문[1.10.4], 마르쿠스 에피디 사비니 가문[9.1.22], 마르쿠스 오벨리우스 피르무스 가문[9.14.4], 산 마르코 저택의 경우가 그렇다.) 때때로 이 큰 신당들을 집 뒤에 배치하는 경우도 있었는데, 그렇더라도 대개 집 전면 진입로에서 시야에 들어오는 곳에 배치하여 가정의 신앙심을 행인들에게 보여주고자 했다. 신당은 가정의 명성과 함께 신앙심을 두드러지게 보여줌으로써 그들이 로마 사회의 발전에 제 역할을 하고 있음을 보여주었다.

만약 한 개의 신당이 집에 유익을 준다면 더 많은 신당은 추가적인 유익을 가져다 줄 것이다. 많은 주택과 작업장에는 두 개, 세 개 또는 그 이상의 신당이 있었다. 메난데르의 집(1.10.4)에는 적어도 세 개의 화려한 신당(자료 17.4를 보라)이 있었다. 아트리움의 신당은 부유한 집주인의 피후견인

자료 17.4. 메난데르의 집 내부에 있는 두 신당(1.10.4; 왼쪽: 주랑 신당; 오른쪽: 안마당 신당)

들이 그 집에 들어갈 때 집주인이 섬기는 신들에 대한 숭배를 확대함으로써 존경심을 드러내도록 만들었다. 뒤편 주랑에 있는 신당(집주인 조상들의 작은 조각상들이 발견됨)은 집 앞에서부터 저택 뒤편으로 초대된 특별한 손님들에게 똑같은 역할을 했을 것이며, 그곳에서 귀빈들은 오랜 명성을 지닌 명문가의 수장으로부터 환영을 받았을 것이다. 세 번째로 큰 신당은 그 저택의 노예 숙소에 있었으며, 집안의 경건함을 노예들이 공유할 수 있도록 하였다. 베수비오의 다른 주택들도 이런 건축적 특징을 공유하고 있었으며, 가정 신당은 보통 노예 숙소 안에 위치해 있었다(예를 들어 6.12.2/5에 있는 파우누스의 집과 신비의 저택에 있는 가정 신당은 넓은 부엌 공간을 아름답게 장식했다).

대부분의 베수비오 신당들은 일부 큰 집에 있는 화려한 신당보다 훨씬 단순하고 작았다. 일부 신당들은 단순히 벽에 프레스코화로 장식한 게 전부였다(예를 들어 자료 7.3을 보라). 벽에 있는 벽감 자체가 신당인 경우도 있었다(자료 17.5와 17.6을 보라). 벽감 속에는 집안의 **게니우스**(*genius*), 돌아가신 조상, **라레스**(*lares*), 또는 **페나테스**(*penates*, 역자주: 가정의 수호신)를 묘사한 프레스코화나 조각상이 들어 있었다. **페나테스**는 (원래 창고와 식량의 수호자로만 인정받았으나) 모든 가정신을 집합적으로 상징한다.

베수비오의 주택 안에 전시된 신당들의 다양함 외에도, 주택 대부분이 눈에 띄는 곳에 신당을 두고 있었으며 거기 배치된 신들은 종일 아무 때나 그곳을 방문하는 다양한 손님들로부터 숭배를 받을 수 있었다는 점이 중요하다.

키케로는 이에 대해 가장 신랄한 논평을 남겼다(*De domo sua* 41.109).

무엇이 각 시민의 집보다 더 신성하며, 무엇이 어떤 것도 침범할 수 없도록 모든 신성함으로 둘러싸고 있는 이 집보다 더 안전할 수 있으랴? 그 영역 안에는 그의 제단들과 난로들과 가정신들과 경건함과 제의가 깃들어 있다. 그것은 모든 사람들의 눈에 너무나 거룩한 성소여서, 거기서 주인을 괴롭게 하는 것은 신성 모독이었다.

그러나 베수비오 유적은 식사 자리와 다른 상황에서 가정의 신앙심이 얼마나 드러났는지를 보여주지 못한다. 이는 우리가 당대의 문헌을 통해 배울 수 있는 것이다. 식사 자리는 어느 순간 불가피하게 신들에 대한 숭배를 수반하게 되었다. 여기에는 신을 고르기 위해 기도하며, 식사 자리에 신들의 참석을 요청하거나 식사를 감독하는 신들에게 어떤 유형의 제사

자료 17.5. 두 개의 벽감 신당. 왼쪽: 마르쿠스 오벨리우스 피르무스의 집에서 발견된 벽감 신당(9.14.4)으로서 집주인의 게니우스(*genius*)를 묘사한다. 오른쪽: 트리클리니움의 집에서 발견된 벽감 신당(5.2.4)으로서 (왕좌에 있는) 유피테르와 그의 독수리를 묘사하고 있다.

를 드리는 행위가 수반되었다.

가정 내의 관계를 복잡하게 만드는 예수 숭배

만약 신들을 숭배하는 것이 가정 내 예의 범절의 근본적인 요소인 상황에서 예수 숭배가 이런저런 방식으로 가정에 소속된 다른 사람들과의 관계를 통해 확산되었다면, 예수 추종자들은 어떻게 한 집안에서 다른 신들을 섬기는 문제를 해결했을까?

이는 복잡한 문제였다. 특히 가정 내 숭배는 집주인에 의해 계획되었으며 구성원들은 그의 지시를 따를 필요가 있었기 때문이다. 그렇다면 비기독교인 가정에 속한 노예가 예수 숭배를 받아들인 후에는 어떻게 해야 하는가? 그 문제(15장에서 이미 살펴봄)는 신약성경의 문헌에 별로 언급되어 있지 않았다.

그렇다면 아내는 예수 숭배를 택했는데 남편이 그렇지 않은 경우는 어떠한가? 바울은 믿는 사람과 믿지 않는 사람 사이의 결혼 문제에 대해 한두 가지를 말했다.

> 만일 어떤 형제에게 믿지 아니하는 아내가 있어 남편과 함께 살기를 좋아하 거든 그를 버리지 말며 어떤 여자에게 믿지 아니하는 남편이 있어 아내와 함 께 살기를 좋아하거든 그 남편을 버리지 말라(고전 7:12-13).

바울은 왜 예수를 따르는 사람이 믿지 않는 사람과의 혼인 관릏계 유지해 야 하는지에 대해 다소 놀라운 이유를 제시했다. "믿지 아니하는 남편이

자료 17.6. 정교한 프레스코화로 둘러싸인 신당들과 그 신당에 바쳐진 희생제물로부터 유익을 얻고 있는 뱀들. 왼쪽: 에페부스의 집에서 발견된 신당(1.7.11/12/19), 오른쪽: 피나리우스의 집에서 발견된 신당 (6.16.15)

아내로 말미암아 거룩하게 되고 믿지 아니하는 아내가 남편으로 말미암아 거룩하게 되나니, 그렇지 아니하면 너희 자녀도 깨끗하지 못하니라. 그러나 이제 거룩하니라"(7:14). 거룩함은 신앙과 불신앙의 경계를 오가는 것인가? 두 구절 뒤에 바울은 이 말을 덧붙인다. "아내 된 자여, 네가 남편을 구원할는지 어찌 알 수 있으며 남편 된 자여, 네가 네 아내를 구원할는지 어찌 알 수 있으리요?"(7:16; 또한 벧전 3:1-2도 보라)

물론 바울은 이것을 이상적인 상황이라고 생각하지 않았을 수도 있다. 다른 곳에서는 이런 상황에 관해 뚜렷하게 대조되는 말로 다음과 같이 표현했다.

> 너희는 믿지 않는 자와 멍에를 함께 메지 말라. 의와 불법이 어찌 함께하며 빛과 어둠이 어찌 사귀며 그리스도와 벨리알이 어찌 조화되며 믿는 자와 믿지 않는 자가 어찌 상관하며 하나님의 성전과 우상이 어찌 일치가 되리요?(고후 6:14-16)

이 본문은 바울이 가끔 적용했던 원칙, 즉 예수 추종자와 불신자는 기름과 물과 같아서 결코 섞일 수 없다는 것을 분명히 표현한다(이것이 그의 유일한 담론 방식은 아니다. 이 문제의 복잡성에 대해서는 고전 5:9-10을 보라). 비록 바울이 이 본문에서 남편과 아내 사이의 관계에 대해 구체적으로 말하고 있지는 않지만, 우리는 이런 방식으로 해석하는 사람을 쉽게 용납할 수 있다(물론 이것은 고전 7:14를 무시해야만 가능한 일이다). 그러나 바울이 주장을 전개하는 방식을 보면 그가 이미 이교도들의 숭배와 관련하여 예수 숭배에 대한 자신의 생각을 피력했음을 알 수 있다(고전 8-10장에서와 같이). 왜냐하면 이 본문에서 바울은 예수 추종자들을 "살아계신 하나님의 성전"으로 규정함으로써 "하나님의 성전"과 "우상"의 대조를 통해 그의 담론을 분명히 설명했기 때문이다(4장에서 언급했던 바와 같이).

이미 살펴본 바와 같이, 바울이 고린도전서 7장에서 믿지 않는 남편과 믿는 아내의 결혼에 대해 논의했을 때는 그런 형태로 대조하는 추론이 적용되지 않는다. 거기서는 거룩함이 둘 사이의 경계를 오갈 수 있는 것으로 가정되어 있는데, 이는 예수 추종자들이 있는 자리에서 쓰임 받으려면 그곳에 머물러 있어야 한다는 바울의 생각과 일치할 것이다. 적어도 그 장끝에 나오는 바울의 말을 고려한다면 그는 그 견해에 완전히 만족하지 않았던 것 같다. 따라서 그는 거기서 자신이 내놓은 해결책이 궁극적인 방안이 아님을 보여준다. "그때가 단축하여진 고로…이 세상의 외형은 지나감이니라"(7:29, 31, 비교. 7:26). 만약 바울이 까다로운 회색 지대에 관해 심사숙고했다면, 여기에 표현된 그의 신학적인 사고는 예수의 재림이 먼 미래가 아닌 훨씬 더 가까운 미래라는 맥락에서 비롯되었을 것으로 보인다.

예수 추종자들과 가정의 식사

그렇다면 비기독교인들과 함께 나누는 식사는 어떠한가? 예수 추종자들은 동료와의 관계를 모두 끊어야 하는가? 우리가 본 바와 같이 요한계시록 저자는 예수 신자들이 그런 방침을 따르는 해결책을 택하기를 원했다. 바울의 생각은 더 미묘했다. 우리는 이미 예수 추종자들이 우상에게 제물로 바쳐진 고기를 먹을 수 있는지에 대한 그의 견해를 검토했다(5장을 보라). 여기서 우리는 바울이 탐구한 고대 음식의 다른 측면, 즉 로마 세계의 수많은 식사 상황을 특징짓는 신앙(종교)적인 측면을 살펴보게 된다.

고린도전서 8-10장에 나타난 바울의 가르침은 때때로 파악하기가 어렵다. 왜냐하면 다른 노선을 따라 그의 견해를 분명히 밝힌 곳도 있기 때문이다. 예를 들어 고린도전서 8장에서 바울은 예수 추종자가 "우상의 신전에서 음식을 먹는" 가상의 시나리오를 떠올리면서 그리스도인들이 비기독교적 환경에서 먹는 것을 비교적 관대하게 받아들이는 것처럼 말한다(8:10). 어떤 의미에서 바울은 그 상황에 대해 다소 무관심했다. 그는 우상이 실제로 존재하지 않으며 유일한 참 신은 예수 숭배자들이 선포한 신(8:4-6)이라고 주장하는 고린도의 일부 예수 추종자들과 의견을 같이했고, 이것에 비추어 우상의 성전에서 먹는 행위는 그냥 단순히 먹는 것이지 그 이상은 아니라고 생각하는 것처럼 보인다. 심지어 그런 식사에 참여함으로써 사역의 기회를 얻을 수 있다고 말하는 바울의 모습을 상상할 수 있다. 이런 상황에서 바울이 고려한 유일한 문제는 "이교도" 신전에서 식사하는 행위가 다른 일부 예수 추종자들, 즉 그가(혹은 고린도의 다른 예수 추종자들이) "약한" 자들이라고 일컫는 사람들에게 무엇을 의미하는가였다. 이 용어는 이 예수 추종자들이 다른 예수 추종자들만큼 자신의 신념에 대해 자유를 느끼지 못했기 때문에 고안된 것이다. 그렇기 때문에 이들은 다른 이들의 자유로운 행동의 결과로 혼란스러운 행위를 하거나 어설픈 믿음을 갖게 될 수도 있다(8:9-13).

그러나 10장에서 바울은 이 문제를 다른 각도에서 연구한다. 그는 비록 우상은 아무것도 아니지만 "이교도"와 함께하는 식사 자리에 작용하는 강한 영적 세력이 있다고 생각했다. 바울은 자신이 밝힌 견해가 두 장 앞에서 말한 자기 생각과 모순되는 것처럼 보인다는 사실을 알고 이렇게 묻는다. "우상에게 제사로 바쳤던 음식이 중요하다거나 우상이 중요하다는 뜻이겠습니까? 아닙니다!"(고전 10:19-20, 저자의 번역) 그는 대신 독자들이 현 상황이 지닌 다른 측면을 고려하기를 원했다.

무릇 이방인이 제사하는 것은 귀신에게 하는 것이요 하나님께 제사하는 것이 아니니 나는 너희가 귀신과 교제하는 자가 되기를 원하지 아니하노라. 너희가 주의 잔과 귀신의 잔을 겸하여 마시지 못하고 주의 식탁과 귀신의 식탁에 겸하여 참여하지 못하리라(10:20-21).

예수를 추종하는 사람들이 이교도의 신을 숭배하는 식사 자리에 초대받았다면 그들은 단순히 그런 상황을 피해야 한다(10:14-22). 이는 타당한 말이지만 (8:10에 나오는 것처럼) "우상의 신당에서 식사"하면서 이교도 신을 숭배하지 않는 경우는 거의 없다(그리고 고전 8장에 기록된 바울의 조언은 이런 가능성 있는 시나리오가 그의 사고와 무관하다는 전제하에 전개된다). 고린도전서 10장에서 바울은 어떤 식사 자리에서는 종교적인 역학과 관련하여 그 쟁점이 명확하지 않을 수도 있다고 생각했다. 그에 따르면 그런 경우에는 분별력이 필요하며 다른 사람들의 행복과 안녕을 최우선 관심사로 삼아야 한다고 말한다 (10:23-30).

가정 내에서 예수 숭배자들이 얻는 영감

다른 면에서도 분별력을 발휘할 필요가 있었다. 예수 추종자들은 여러 가지 목적으로 사용되는 집에서 서로 자주

자료 17.7. 식사가 진행 중인 모습을 묘사한 훼손된 프레스코화 (출처: 순결한 연인의 집, 9.12.6)

만났기 때문에, 그 공간을 공유하는 비기독교인들이 그들의 모습을 자주 보게 될 수밖에 없었다. (예를 들어) 비기독교인 집주인이 집 내부의 아트리움 혹은 주랑 모퉁이에서 마음이 맞는 개인들이 모이는 것을 가정 관리인에게 허락한 경우, 그 집에 예수 추종자들이 모일 수 있다. 바울은 다른 사람들이 예수 숭배자들의 모임에 "들어오는" 것을 상상하면서 이런 시나리오를 염두에 뒀을 가능성이 있다(고전 14:23-24). 바울이 "질문하는 자 또는 불신자"라고 규정한 이 다른 사람들은 폐쇄적이고 독립적인 교회 건물에 출입하지 않았다. 그들은 예수 숭배자들이 모인 집 또는 작업실의 내부 공간을 지나다녔다. 그렇게 기독교 예배를 위한 공간을 드나들면서 예배를 드릴 때 무슨 일이 일어나는지를 쉽게 관찰할 수 있었다. 우리는 초기 예수 추종자들이 드리는 예배가 "반(半) 공개적"(semi public)이었다고 말할 수 있다. 이는 불가피하게 그곳을 지나가야 하는 사람들의 의견에 의해 어느 정도 통제되어야만 했다는 의미다.

바울은 "질문하는 자나 불신자들"이 예배에 들어오는 시나리오를 제기했는데, 이는 방언으로 말하는 행위 때문이었다. 이것은 공동 예배에서 언어적으로 횡설수설 말하는 행위다(8장에서 논의함, 고전 12-14장을 보라). 지나가는 사람들이 보기에는 이렇게 횡설수설하는 것이 예의에 어긋나는 행동으로 인식되어 결과적으로 예수 추종자들의 평판에 해를 끼칠 수 있었다. 이런 이유로 바울은 성령의 감동을 받아 방언을 말하는 행위와 성령의 감동을 받아 통역하는 행위가 서로 연결되기를 원했다. 뿐만 아니라 바울은 모두가 예언을 말하고 있으면 "질문하는 자나 불신자들"이 들어와서 듣고, 모두에게 "질책을 받고 심판을 받아서" "그 마음속에 숨은 일이" 드러나게 될 것이라고 확신했다(14:24-25). 결과적으로 질문하는 자는 변화를 경험하고 예수 그리스도를 경배하러 나와서 "참으로 하나님께서 여러

분 가운데 계신다"고 인정하게 될 것이다(14:25). 내부 신당에 신들의 조각상을 모시는 집 안에서 이런 일이 일어나는 상황의 모순됨을 알아채기는 어렵지 않다(예수만 숭배하는 배타적인 신앙을 가진 집주인의 결단으로 그런 조각상들을 없앤 것이 아니라면 말이다).

예수 집단 안의 여성과 예배

예수 집단 안에서 여성이 맡은 위치와 역할에 관해서도 분별력이 필요했다. 바울이 이 문제에 대해 발언할 기회를 준 것은 역시 고린도의 예수 추종자들이었다. 우리는 일부 고린도 여성들이 예수에 대한 그들의 신앙심을 여성성을 초월하는 하나의 방법으로 이해했을 수도 있다는 점을 (8장에서 간략히) 살펴보았다. 그 사례에서 (어쩌면 바쿠스 숭배의 일부 유형과 비슷하게) 예수를 숭배하는 것은 여성이 지닌 낮은 지위를 부정하는 행위로 이해되었으며, 여성들은 "남자와 여자가 없다"(갈 3:28의 문자적 번역)는 문구를 일반적으로 여성이라는 성별에 부여되는 낮은 지위를 초월하도록 그들을 높이셨다는 의미로 이해했다. 그들은 예수를 숭배하는 정황에서 자유롭게 예수를 숭배하는 것이 성(gender)의 억압으로부터 자유를 얻는 일임을 발견했다. 또한 예수 숭배의 자유가 성별의 제약으로부터의 자유라는 사실을 알게 되었다. 바울은 이런 견해에 반대하는 사람으로서 이 문제를 다른 여러 각도에서 접근함으로써, 여성성이 "무엇인가로부터 자유를 얻는 것"이 아니라 "그 안에서 자유를 얻는" 합법적인 정체성임을 확인하고자 했다.

이는 "남자와 여자가 없다"는 문구가 왜 그리스도인의 정체성에 관한 갈라디아서의 구절에만 등장하는지를 설명하는 데 도움이 된다. 갈라디아서를 쓴 후(아마도 50 혹은 51년) 바울은 그 문구가 자신의 관심사와 기대하는 바를 촉진하는 데 어떻게 사용되고 있는지를 알았을 것이 있다. 따라서 바울은 고린도인들에게 글을 쓸 때(아마 54년 또는 55년) 그 구절을 모두 생략하는 쪽을 선호했다. "우리가 유대인이나 헬라인이나 종이나 자유인이나 다 한 성령으로 세례를 받아 한 몸이 되었고 또 다 한 성령을 마시게 하셨느니라"(고전 12:13). 여기엔 남녀에 대한 어떤 언급도 없다. 나중에 골로새인들에게 보낸 서신에서도 마찬가지다. "거기에는 헬라인이나 유대인이나 할례파나 무할례파나 야만인이나 스구디아인이나 종이나 자유인이 차별이 있을 수 없나니 오직 그리스도는 만유시요 만유 안에 계시니라"(골 3:11). 여기에도 "남자와 여자가 없다"는 문구가 나타나지 않는데, 이 생략에 대한 최선의 추측은 이 구절이 때로 성 정체성을 없애는 것으로 이해되었기 때문이다.

여성이 그리스도 안에서 여성성을 초월하지 않았다면, 그것이 예수를 숭배하는 공동체 안에서 여성과 예배의 실용성 측면에서 어떤 의미를 지녔을까? 신약성경은 그 부분에 대해 다른 목소리를 내는 것 같다. 바울 자신도 여성 예수 숭배자들이 예배를 드릴 때 그들의 정체성과 잘 어울리는 방식으로 소리를 내서 기도하고(공동체의 소원을 그들의 신에게 말하는 것) 예언하기(그들의 신의 말씀을 공동체에 말하는 것)를 원했다. 베드로가 예루살렘에서 선포한 것과 마찬가지로, 누가가 보기에 이것은 바울이 선포한 기독교의 혁신적인 메시지 중 가장 핵심적인 요소였다.

하나님이 말씀하시기를 "말세에 내가 내 영을 모든 육체에 부어 주리니 너희의 자녀들은 예언할 것이요, 너희의 젊은이들은 환상을 보고 너희의 늙은이들은 꿈을 꾸리라. 그때에 내가 내 영을 내 남종과 여종들에게 부어 주리니 그들이 예언할 것이요"(행 2:17-18, 욜 2:28-29 인용).

바울은 이런 종류의 예언이 예수 집단 내의 가장 높은 영적 은사 중 하나라고 칭송하면서, 이런 예언이 그 공동체에 "덕을 세우고, [그 공동체를] 위로하고, 격려[함으로써]" "교회를 세운다"고 말했다(고전 14:1-5). 여성들이 고린도 예수 집단의 유익을 위해 이 은사에 참여했다는 바울의 추측은 매우 시사적인 것으로서, 바울이 창시한 초기 예수 집단 내에서 종교적인 행위들을 개척하는 데 여성들이 중요한 역할을 수행했음을 보여준다.

바울의 공동체에서 중요한 역할을 했던 특정 여성들에 대한 이야기를 듣는 것은 놀라운 일이 아니다. 바울은 브리스길라와 아굴라 부부의 도움을 받아 고린도와 에베소에서 예수 집단을 새롭게 개척했는데, 이 부부는 로마에 가서도 그곳의 가정 교회를 후원했다. 브리스길라는 어떤 본문에서 남편보다 먼저 언급되는데, 이를 보면 그 사역에 있어서 그녀가 지닌 중요성을 알 수 있다(롬 16:3; 딤후 4:19; 행 18:18, 26을 보라). 다른 본문에서 바울은 유오디아와 순두게를 언급했는데, 그 두 여성은 "복음을 전하는 일에 있어서 [그의] 옆에서 고군분투한 사람"들이다(빌 4:3). 비록 그들이 맡은 정확한 역할을 알 수 없지만 말이다.

자료 17.8. 차분하고 사색적인 여인의 모습을 묘사한 프레스코화(출처: 아리아나 빌라, MANN 9097)

뵈뵈라는 여자는 고린도의 항구 도시인 겐그레아에 있는 예수 집단을 (집사로서?; 그리스어: *diakonos*) 섬기고 후원했다(롬 16:1-2, 폼페이 축융업자를 후원한 에우마키아의 사례[이 책 14장 참조]와 마찬가지로). 그리스도인 여성 유니아는 그녀의 남편으로 추정되는 안드로니고와 함께 한때 바울의 동료로 사역했다. 특히 바울은 이 팀을 "사도들 사이에서 중요한 존재"로 묘사했다 (16:7). (그리고 몬 2에서 언급된 압비아도 있는데, 바울은 압비아를 "우리의 자매"라고만 말했으나 아마도 그녀는 빌레몬과 관련된 예수 집단의 후원자였을 것이다.)

그때는 초기 예수 운동에서 격렬한 시기였기 때문에, 여성들을 단순히 수동적 관찰자나 무기력한 방관자로 남겨두지 않고 예수 운동에 참여시켰던 것으로 보인다. 사실 뵈뵈가 로마의 예수 집단에 바울의 편지를 전달하면서 직접(12장에서 언급했듯이) 이 편지를 큰 소리로 공동체에 읽어주었을 뿐만 아니라 이 편지의 내용을 로마의 청중들에게 처음으로 설명해 준 장본인이었을 가능성이 가장 크다.

그러나 예수를 따르는 사람들은 "정해진 때"가 사실상 "단축된 것"이 **아니라는** 사실을 깨달았다. 바울의 기대에도 불구하고 그들은 "현재의 이 세상의 모습"은 사실상 "사라지는 것"이 아님을 인식하게 되었다. 이런 환경 속에서 예수 집단 내 여성의 위상에 대해 다른 인식이 생겨난 것 같다. 우리는 이것을 베드로전서라는 1세기 후반의 문헌에서 아주 명확히 볼 수 있다. 그 본문의 저자는 여성을 "더 연약한 성별"로 묘사했으며, 여성 그리스도인들은 "남편의 권위를 인정"하면서 "온유하고 정숙한 마음으로" 속사람을 단장해야 한다고 주장했다(3:47).

이와 거의 동일한 양상이 1세기 후반의 또 다른 기독교 문헌에서 나타난다. 디모데전서는 저자가 바울 당대를 뛰어넘는 정황에서 (그리고 특히 바울의 견해를 다른 방향으로 확대시킨 견해들, 특히 "영지주의" 사조의 영향을 받은 집단들의 견해와 대조를 이루어) 바울이 말하고자 하는 목소리를 담아내고자 했던 문헌이다. 저자는 예수 추종자들이 함께 만나는 자리에서 여성들은 집단 내 남성들에게 "일체 순종함으로 조용히 배우라"는 견해를 고수했다(2:11). 또한 그는 "여자가 가르치는 것과 남자를 주관하는 것을 허락하지 아니하노니 오직 조용할지니라"고 덧붙였다(2:12).

자료 17.9. 존경받을 만한 여인의 모자이크(6.15.14, MANN 124666)

이 결정은 브리스길라, 뵈뵈, 유니아 같은 이전 세대의 여성들을 놀라게 했을지도 모른다. 브리스길라는 남편과 함께 예수 운동의 초기 사역을 이끌었던 남성 지도자 아볼로에게 "하나님의 '도'를 더 정확하게 풀어"주었다(행 18:26). 뵈뵈는 아마도 57년에 로마의 청중들에게 바울의 편지를 설명해주었을 것이다. 유니아는 예수 숭배 가장 초기 세대에 "사도들 사이에서 좋은 평을 받고" 있었다고 한다. 그러나 디모데전서 저자는 1세기 후반의 정황에서 기독교 사역이 사람들의 마음에 상처를 주지 않도록 문화적으로 친숙하면서도 사려 깊은 방식으로 자리 잡을 필요가 있다고 여겼다. 그래서 예수 집단이 남녀의 역할 및 위상과 관련하여 관계 혁신의 장소가 되어서는 안 된다고 생각했다. 대신 여성은 훌륭한 가정 안에서 여성으로서 해야 할 역할에 자신의 구원이 있음을 알아야 했다.

"그러나 여자들이…그의 해산함으로 구원을 얻으리라"(2:15). 바울은 결혼하지 않는 편이 과부들에게 최선이라고 생각했지만(고전 7:8, 39-40; 또한 독신 여성들을 향한 7:25-26의 조언도 보라), 디모데전서 저자는 그와 정반대로 "시집 가서 아이를 낳고 집을 다스리라"고 했다(5:14, 우리는 16장에서 이에 관한 내용을 간략하게 살펴보았다). 현재의 세상 모습이 곧 사라질 것 같이 보이지 않았기 때문에, 이 문헌을 기록한 저자는 자신이 소속된 세상의 체제 안에서 일하는 것이 최선이라고 생각했다. 그렇게 하면 "대적들"에게 당대 기독교 운동에 대해 "비방할 기회가 주어지지 않을" 것이다(5:14). 존경할 만한 가정을 관리하는 일은 1세기 후반 로마 세계에 살던 그리스도인 기혼 부인들에게 매우 중요한 과제였다.

존경받을 만한 그리스도인의 가정 관리

디모데전서의 저자가 여성 그리스도인들이 지켜야 할 올바른 예의에 관해 조언한 내용은 예수 추종자들이 로마 사회에서 어떻게 어울려 살아가야 하는지에 대해 그가 말한 강령의 다른 측면과도 일치한다. "그러므로 내가 첫째로 권하노니 모든 사람을 위하여 간구와 기도와 도고와 감사를 하되, 임금들과 높은 지위에 있는 모든 사람을 위하여 하라. 이는 우리가 모든 경건과 단정함으로 고요하고 평안한 생활을 하려 함이라"(2:1-2). 디모데전서 저자는 교회의 남성 지도자들이 1세기 후반 사회에서 안정된 삶의 형태를 유지하려고 노력함으로써 사회의 존경을 이끌어내야 한다는 견해를 갖고 있었다. 그는 당시 문화적 정황에서 볼 때 존경받을 만한 남성 예수 추종자의 모습이 어때야 하는지를 간략하게 제시한다.

자기 집을 잘 다스려 자녀들로 모든 공손함으로 복종하게 하는 자라야 할지
며 (사람이 자기 집을 다스릴 줄 알지 못하면 어찌 하나님의 교회를 돌보리
요?) …또한 외인에게서도 선한 증거를 얻은 자라야 할지니 비방과 마귀의
올무에 빠질까 염려하라(3:4-5, 7).

저자가 분명히 말하듯이(3:15) 이 가르침은 1세기 예수 집단의 지도자들
이 당시 다양한 정황 가운데 서서히 침투하고 있었던, "하나님의 가정 안
에서 [그들이] 행동하는 법"을 알려주기 위해 작성되었다. 또한 이미 예수
추종자였던 사람들이 동시대 사람들에게 존중받을 만한 방식으로 각자의
가정을 관리하게 함으로써 기독교의 메시지가 존경받는 가정 안으로 스
며들고 또 다른 곳으로 널리 퍼지게끔 하려는 의도로 기록되었다.

한 세대 이전에 바울은 타인이 제공하는 재정적인 원조에 의존하기
보다는 가능한 한 자기 힘으로 생계를 책임지는 방식을 선호했다(예. 살전
2:9; 살후 3:7-8). 경제적 이득을 노리면서 로마 세계를 돌아다니는 사기꾼
이 많았기 때문에, 바울은 그
런 사람들처럼 보이고 싶지
않았다(예. 고후 12:14-18). 그
러나 그런 강박에 얽매이지
않을 때도 있었다. 예를 들어
그는 로마의 예수 추종자들이
로마 서쪽 지역에서 복음을
전하는 사역에 재정적인 도움
을 더하려는 의향이 있다는
사실을 넌지시 알리기도 했다

자료 17.10. 식사 중인 모습을 그린 프레스코화(9.12.6)

(롬 15:24, 28-29). 또한 뵈뵈의 선행과 자선에 감사를 표하는 글을 썼다. 뵈뵈는 겐그레아 항구 근처에 있는 집에서 고린도에 있는 바울을 후원해주었다(롬 16:1-2, 분명히 57년에 바울이 고린도에서 거주했던 시기를 언급함). 이는 바울이 (50-51년) 고린도에서 자기 힘으로 생계를 책임지기 위해 힘썼던 사역 초기를 묘사한 모습과는 다르다(고전 9:15-18).

바울은 여러 가지 우려 때문에 재정 지원을 받는 것을 망설였을지도 모른다. 그는 아마도 후원자가 될 수 있는 사람들의 영향력을 차단함으로써 자신의 방식대로 복음을 전하는 방식을 보존하고자 했던 것 같다. 빌립보서 4:10-20을 보면 바울의 이런 망설임을 엿볼 수 있다. 빌립보의 예수 추종자들이 어려운 시기에 보탬이 되고자 재정적인 지원을 보냈을 때 바울은 (사회적 관습에 맞춰) 지나친 감사로 반응하기보다는 그들에게 신세를 지지 않는다는 것을 분명히 함으로써 응답했다. 바울은 관대한 선물을 받고도 사람들을 자신과 묶지 않고 그들의 선을 갚아주실 하나님께 결속시킨다. 그는 모든 일에 자족하는 법을 배웠고 자신이 처한 물리적인 상황과 상관없이 힘을 주실 하나님이 계시기 때문에 타인의 재정 지원 없이도 잘 살아나갈 수 있음을 언급한다. 정리하면 빌립보서의 이 본문은 관계에 순응하면서도 재정 지원에 대해 조심스럽고 신중한 태도를 취한 결과 바울이 "감사 없는 감사"를 표현하고 있다는 특징을 지닌다.

바울과 같은 사도적 인물들이 하나둘 세상을 떠나자, (디모데전서 저자와 같은) 예수 추종자들은 대안적인 선교 전략에서 혜택을 얻게 되었다. 그런 정황에서 그리스도인 가장들이 로마 세계에서 기독교 메시지를 확장하는 후원자가 되기 위해서는 사람들의 탁월한 존경을 받아야 했다. 바울은 스데바나와 빌레몬 같은 가장들이 공동체에 유익을 주는 결단을 내린 일을 언급함으로써 이런 접근법에 도움이 되는 기초를 제공했다(고전

16:15-16, 18; 몬 4-6, 이 책 11장에서 언급한 것처럼). 1세기 말로 접어들면서 그 모델은 바울의 이름을 차용해 서신을 기록한 저자의 목회적 비전을 지배하게 되었고, 그에 따른 수정도 이루어졌으며 결국 그로 인해 가정이 로마 세계 안에서 효과적으로 사역을 수행할 수 있는 장소가 되었다.

18

영적 세력과 보호

> 한 나병환자가 예수께 와서 꿇어 엎드려 간구하여 이르되 "원하시면 저를
> 깨끗하게 하실 수 있나이다." 예수께서 불쌍히 여기사 손을 내밀어 그에게
> 대시며 이르시되 "내가 원하노니 깨끗함을 받으라" 하시니 **곧 나병이** 그 사
> 람에게서 **떠나가고** 깨끗하여진지라(막 1:40-42).

영적 세력의 침입

이 이야기에 묘사된 나병 환자는 피부가 극심하게 변형되는 피부병을 앓
는 사람으로서, 1세기 세계에 살던 많은 사람들과 상황을 공유했을 것이
다. 당시 이 피부 질환이 도시를 중심으로 크게 증가하는 상황에서, 이 병
이 "외관을 매우 흉하게 만들기 때문에 죽음이 이보다 더 나을 것"이라고
말한 로마 작가도 있다(대플리니우스[Pliny the Elder], 『박물지』[*Natural History*]
26.1, 아이러니하게도 대플리니우스는 베수비오 화산 폭발로 인해 79년에 사망했다).
고대인들이 생각하기에 이런 종류의 피부병은 이미 한 사람이 죽음의 지
배를 받고 있다는 사실을 증명하기 때문에, 나병 환자들은 본질적으로 산

송장처럼 취급되었다. 특히 나병 환자의 피부는 뼈대에서부터 아래로 축 늘어져 있는 데다가 희끄무레한 색조를 띠고 있는 바람에 죽은 사람의 피부처럼 보였다.

그러나 최초의 독자들은 이 이야기를 육체적 죽음이 시간적으로 뒤로 미루어진 기적의 이야기 이상의 무언가로 받아들였을지도 모른다. 그들은 아마도 악령을 쫓아내는 축귀 이야기로 여겼을 것이다. 많은 고대인들은 사람의 건강에 영향을 주고 죽음에 이르게 하는 초인적인 세력의 영향력 때문에 육체적 질병과 질환이 발생한다고 생각했다. 따라서 이 사건 바로 앞에서 예수가 "귀신들을 내쫓으셨다"고 표현한 것은 우연이 아닐 가능성이 높다(막 1:39). 일부 고대인들은 육체적으로 겪는 고통이 영적 세계의 초인적인 영역과 밀접하게 연관되어 있다고 생각했다. 영적 존재가 (복음서에 나타난 많은 이야기에서처럼) 그들에게 희생된 자들의 육신을 강제로 장악했든 아니면 단순히 멀리서 그들에게 영향을 주었든 관계없이 말이다. 예를 들어 마태복음 12:22의 한 문장으로 된 기적의 이야기가 예수가 육체를 치료한 것인지 아니면 영적 축귀를 행한 것을 묘사했는지를 묻는다면, 이 문제를 이분법적으로 접근하는 것이 되고 그렇게 되면 이 짧은 이야기 안에 담긴 역동성을 제대로 파악할 수 없다. "그때에 귀신 들려 눈 멀고 말 못하는 사람을 데리고 왔거늘 예수께서 고쳐 주시매 그 말 못하는 사람이 말하며 보게 된지라."

로마 세계의 많은 사람들의 사고 방식으로는, 인간을 종종 괴롭히는 영적 세력이 단지 그들 자신의 이익을 위해 세상에 존재하는 경우는 거의 없었다. 그들은 지금도 살아 있는 누군가를 대신해 일하라는 부름을 받았다. 이미 사망한 가족 구성원의 영혼은 아직 살아 있는 가족 구성원들의 이익을 증진시키기 위해 (어떤 의미에서) "대기하고 있는 중"이라고 여겨졌

다. 다른 사람들에게 복수를 요청하거나 가족 이외의 사람들에게 불이익을 주어서 출세하지 못하도록 방해하는 등의 행위가 여기에 포함된다. 따라서 로마 세계에서는 어떤 사람이 (신체적이나 다른) 어떤 종류의 좌절감을 경험하게 되면 초인적인 세력(때로는 "마법"의 힘)과 관련된 공격의 희생자가 된 것이 아닌가 하는 의문이 쉽게 제기되곤 했다. 일부 철학자나 이들보다 사회적 지위가 높은 이들 중 소수는 이런 시각을 갖고 있지 않았지만, 많은 대중들은 이런 생각에 깊이 빠져 있었다.

로마 세계를 보면 영적 세계가 물리적 세계에 미치는 효력에 대해 대중들이 어떤 견해를 갖고 있었는지 알 수 있다. 고대에 만들어진 저주의 서판들은 사람들이 해 질 녘에 묘지에 가서 영혼의 지배자인 헬리오스에게 죽은 시체의 영혼을 찾아 지하 세계에서 끌어올린 다음 사랑이나 사업의 경쟁자에게 마법의 저주를 해달라고 부탁하는 것과 관련이 있다(예: PGM 4.296-466). (예수가 악마를 내쫓는 많은 이야기와는 달리) 인간의 실존 너머에 있는 세력은 저주를 불러오기 위해 사람의 몸에 머물 필요가 없었다.

그런 세력들은 단순히 외부의 영향을 이용해서 개인의 행복에 악영향을 미칠 수 있었다. 사람들은(예를 들어 저주의 주문을 외우거나 인형 같이 상징적인 물건을 조종하는 등의 행위를 비롯해) "마력을 지닌" 수단을 통해 경쟁자에게 해를 입히려고 했다.

아우구스투스 황제 시대에 주로 활동했던 로마 시인 오비디우스는 다소 해학적인 시각으로 이런 세상을 바라보았다. 오비디우스는 연인과 성관계를 할 수 없다는 것을 알게 되자 이에 대해 직설적으로 말했다. 그는 이 현상이 나이가 듦에 따라 몸이 서서히 쇠약해지는 신호라고 생각하는 대신, 그의 본능을 따라 초인적인 영역 내의 악한 세력과 관련지어 자신이 겪은 당혹감을 설명했다. 그 결과 그는 다음과 같이 썼다(*Amores* 3.7.27-30). "어떤 주문이나 약 때문에 내가 이런 고통을 겪게 되었나? 어떤 마법사가 진홍색 밀랍 위에 내 이름을 쓰고 내 간에 핀을 꽂은 것일까?" 오비디우스는 자기 몸이 젊을 때에 비해 덜 효율적으로 기능하게 되었다는 사실을 상상할 수 없었다. 대신 그는 고대의 모든 상상 속에 존재했던 악령의 영역에서 편리하고도 쉬운 설명을 발견했다.

베수비오의 증거에 나타난 저주와 방어

초인적인 힘을 이용한 주문의 힘을 두려워한 사람은 오비디우스뿐만이 아니었다. 한 폼페이 주민이 그라피티에서 언급한 것처럼, 인기 있는 라틴 시인 베르길리우스 역시 이와 동일한 견해를 견지했다. 폼페이의 그라피티는 베르길리우스의 여덟 번째 전원시의 70번째 행을 가리켜 "마법의 부적으로 키르케가 울리세스의 친구를 변형시켰다"(*CIL* 4.1982)고 언급한다. 베르길리우스와 과거의 위대한 영웅들이 주술의 힘을 믿었듯이 폼

페이 주민들 역시 그 힘을 믿었다. 동시대인 중 한 명은 베수비오 벽 위에 "나는 주문을 믿는다"고 씀으로써 그 사실을 더 단순하게 표현했다(*CIL* 4.1635).

에피디우스 가족의 구성원들도 마찬가지였다. 그들은 화산이 폭발하기 전 십 년 동안 폼페이에서 선두적인 위치에 있던 가정이었다. 이들의 가족묘에서는 이미 사망한 가족 구성원의 영혼에게 더 이상 이름을 판독할 수 없는 피해자의 얼굴, 머리카락, 뇌, 폐, 신장을 공격하라고 요구하는 저주 서판 두 개가 발견됐다(*CIL* 4.9251). 이 저주 서판은 살아 있는 가족이 아니라 사망한 가족들이 읽을 수 있게끔 흙 속에 묻혀 있었다. 고인의 강력한 영들이 살아 있는 사람들의 욕망을 이루어줄 것으로 기대되었다.

주문은 산 사람과 죽은 사람 사이의 이런 연관성을 이용함으로써 종종 누군가의 두려움을 조장하는 데 사용되었으며, 이는 장래에 걱정스러운 일이 일어나지 않도록 특정 방식의 행동을 하게끔 하려는 의도로 이루어졌다. 폼페이의 벽에 여러 개의 공고문을 그린 켈레르라는 사람의 작품에 한 예가 등장한다(12장에서 언급된 바와 같이 여러 공고문 중 하나는 "달빛의 도움을 받아 혼자서" 그린 것이다, *CIL* 4.3884). (루키우스 스타티우스 레켑투스가 **두오비르**[*duovir*]로 선출되도록 그를 지지하기 위해 그린) 한 공고문 마지막 부분에는 미묘한 저주가 추가되어 있다. "[이것을] 지우는 혐오스런 당신이여, 부디 병에 걸리기를"(*CIL* 4.3775). 이는 아마도 어떤 종류의 초인적인 존재를 통해 만들어진 질병일 것이다.

다른 그라피티에는 이런 연관성이 더 명백히 나타난다. 파스키우스 헤르메스 저택의 외벽(3.5.1)에는 세 개의 저주가 담긴 그라피티가 있는데, 각각 사람들이 골목길에 배변하는 것을 막는 역할을 한다. 그중 두 그라피티에는 *cacator cave malum*, 즉 "배변하는 자여, 악마를 조심하라" 또는 아마도 "배변하는 자여, 악마의 눈을 조심하라"로 기록되어 있다(*CIL* 4.7714와 7115, "악마의 눈"은 질투에 의한 눈 접촉을 통해 다른 사람에게 해를 끼칠 수 있는 수단으로 여겨졌다). 이 낙서의 목적은 분명하다. 영적 세력에게 그 지역을 감시하고 골목길에서 배변한 사람을 처벌해달라고 요구하는 것이다.

세 번째는 6미터 이상의 길이로 그라피티를 확대시켜 큰 글씨로 핵심을 더 강력하게 표현했다. "배변하는 자여, 악마[또는 악마의 눈]을 조심하라. 이 경고를 무시한다면 네게 유피테르의 진노가 임하기를"(*CIL* 4.7716). 여기서도 배변한 범칙자에게 복수를 하기 위해 최고 신의 분노를 소환하고 있다.

폼페이의 테르티우스 여관 내 화장실로 가는 복도의 벽에 그려진 프레스코화에도 이와 비슷한 것이 나타나 있다(9.7.21/22). 이 프레스코화가 이야기하고자 하는 몇 가지 측면은 명백하다. (이집트 신 이시스와 로마 신 포르투나를 합친) 이시스 포르투나는 (생명의 힘을 지배한다는 의미의) 방향타와 (풍부함을 상징하는) 풍요의 뿔을 가지고 있다. 이 힘과 풍요의 신은 자리에 쪼그리고 앉아 배변하고 있는 벌거벗은 사람을 훑어본다. 그를 둘러싸고 있는 두 마리의 뱀은 그 장소를 보호하는 영(the genius loci)을 상징한다. 학자들은 보통 두 가지 해석 중 하나를 채택하는데, 우선 한 가지 해석에 따르면 그 남자가 배변하는 동안 (그 사람 아래에 있는 어둠의 지하 하수구 내에 악마가 숨어 있다면) 뱀들이 악으로부터 그 남자를 보호하고 있는 것이다. 만약 이 프레스코화가 복도 끝에 있는 화장실과 관련되어 있다면 이는 타당한 해석이다. 즉 이곳의 유익한 영과 화장실 이용자의 행운을 보장하는 이시스 포르투나를 통해 악의 위험을 물리친다는 것이다. 그런데 뱀들이 사람을 공격하고 있는 것을 이시스 포르투나가 승인하고 감독하는 행위로 해석하는 방식이 있다. 만약 이 프레스코화가 복도에서 발생한 일, 즉 화장실 대신 복도에서 배변한 일이 그곳을 보호하는 신과 이시스 포르투나에게 처벌받는 원인이 될 수 있다는 점을 묘사한 것이라면 이치에 맞는 해석이다. 하지만 불행하게도 어떤 해석을 의도했는지는 알 수 없다. 누군가가 이 프레스코화(CIL 4.3832)에 "배변하는 자여, 악마를 조심하라"라는 문구를 썼다는 사실은 이 상황을 해석하는 데 별 도움이 되지 않는다. 왜냐하면 그 문구는 두 가지 해석을 모두 가능하게 만들기 때문이다.

베수비오 주민 대부분은 자신들 역시 동료들이 건 마법과 죽은 사람들의 강력한 영이 실행에 옮기는 저주의 희생자가 될 수 있다고 생각했을 것이다. 대플리니우스(Pliny the Elder)는 이렇게 주장했다. 다른 사람들이 계획한 "마법에 묶이거나 저주받는 것을 두려워하지 않는 사람은 실제로 없다"(『박물지』[Natural History] 28.19). 세상의 건물에 다양한 수준의 초인적인 힘이 가득 차 있다고 생각하면 영적인 방어가 필요하다. 그렇기 때문

에 한 남자는 자신의 폼페이
작업장 입구(8.4.7)에 다음과
같은 글귀를 남겼다. "승리로
빛나는 제우스의 아들 헤르
쿨레스가 이곳에 살고 있다.
악은 어떤 것도 들어올 수 없
다!"(*CIL* 4.733) 이 대목에서
마치 그 작업장이 신전인 것
처럼 작업장 안에 거한다는
신의 힘을 통해 악한 세력은
그곳에 들어오지 못한다.

자료 18.3. 이시스 포르투나와 그곳을 보호하는 영이 지
켜보는 동안 배변하고 있는 남성을 묘사한 프레스코화
(9.7.21/22, MANN 112285)

신당은 (17장에서 본 바와 같이) 가정의 방어 시설을 세우는 데 필수적
이었다. 그러나 다른 방어 수단도 흔히 사용되었다. 우리 눈에는 이상하
게 보일지 모르지만 베수비오 주민들은 건물 어딘가에 발기된 남근을 그
려놓음으로써 불안과 걱정을 덜었다. 이는 남근이 대플리니우스가 **파스
키누스**(*fascinus*)의 "신성한 보호"라고 한 것―플리니우스에 따르면 가장
작은 자부터 가장 큰 자에 이르기까지 모든 사람의 "수호자" 역할을 한,
생명을 주는 남근의 영―을 활용했기 때문이다(『박물지』[*Natural History*]
28.7.39).

이런 이유로 베수비오 마을 전역의 유적에서 남근의 상징이 발견된
다. 그런 상징들은 돌로 조각되어 모든 사람이 볼 수 있게 전시되어 있었
으며 보통 집 앞면에 상징적으로 배치되어 있었다(자료 18.4를 보라). 여성
과 소녀들을 위한 장신구로 쓰이기도 했으며, (오플론티스 저택 A의 변소 입구
에서 확인되는 것처럼) 벽에 새겨지기도 했다. (풍경 소리가 남근의 도움으로 악령

자료 18.4. 6.14.28과 7.1.36(오른쪽)에 위치한 폼페이 주택 전면에 위치한 남근의 상징(왼쪽: 중간에 있는 주사위 던지기 놀이를 위한 포도주 잔(dice-throwing goblet)과 함께 여러 개의 남근 상징이 나타나 있다)

들을 막아준다고 여겨졌기 때문에) 그것은 청동을 사용한 풍경으로도 주조되었다. 또한 빵집 오븐 위에도 놓여 있었으며(헤르쿨라네움의 인술라 오리엔탈리스 2.8; 폼페이의 순결한 연인의 집 9.12.6), 어떤 빵집 오븐 위에 있는 남근 상징에는 *hic habitat felicitas*, 즉 "여기에 행운이 깃든다"라는 글귀가 포함되어 있었다(*CIL* 4.1454, 6.6.17). 9.2.1에 위치한 커다란 세 개의 아치형 신당에 돌덩어리로 조각된 남근도 있었고, 네 구역의 교차점에서 인근 지역의 영들을 감독하는 남근도 있었다(3.4.3). 한편 작업장 앞에 있는 동네 신당(9.7.2)에는 신당 중앙에 있는 주된 남근을 비롯해 세 개의 남근 장식품이 함께 배치되어 있었다(자료 18.5를 보라).

이는 베수비오 마을에서 발견된 수많은 상징의 몇 가지 예에 불과하다. 우리는 이것이 이상해 보인다는 이유로 주의를 빼앗겨서는 안 되며, 도처에 널린 이런 현상이 증명하는 것, 즉 도시의 거리에 산재해 있다고 여겨지는 위험한 영적 세력에 대한 보호의 필요성을 간과해서는 안 된다. 그들은 심지어 신들조차도 보호를 제공해주는 대상으로 완전히 신뢰할 수 없었다. (예를 들어 *CIL* 4.1839, "헤레니우스의 노예 아가토는 베누스에게 기도한다." 그 밑에는 또 다른 필체로 "나는 그[아가토]가 죽기를 기도한다"고 적은 글귀가 있는데, 그것은 다른 사람이 아가토에 관해 언급한 것이다.) 베수비오 주민들은 어떤 보호가 있지 않고는, 그들의 가정과 삶에 손길을 뻗을 수 있는 영적 세력을 이용할 수 있는 사람들의 약탈 충동에 노출되어 있다고 생각했다. 세상을 그런 시각으로 바라본다면, 보호의 가능성을 높이기 위해 수단과 방법을 가리지 않는 사람들을 누가 비난할 수 있겠는가?

신약성경에 나타나는 악한 영

우리는 초기 기독교 문학에서 이런 세계관을 볼 수 있다. 예를 들어 처음 세 개의 신약 복음서(마태복음, 마가복음, 누가복음으로 이루어진 "공관복음"; 요한복음에는 축귀가 나타나 있지 않다)에는 축귀 이야기가 공통적으로 나타난다. 이 이야기들은 악한 영들이 피해자의 몸 안에서 살고 있다—단순히 멀리서 누군가의 몰락을 꾀하는 것보다 더 나아갔다—는 내용이다. 예를 들어 "밤낮 무덤 사이에서" 살면서 "소리를 질러 대고 돌로 제 몸에 상처를 내곤 하던" 귀신 들린 한 남자의 이야기가 나온다(막 5:5, 5-13에서). 이 남자를 조종한 것은

18.5. 이 동네 신당은 중앙에 있는 날개가 달린 남근과 신당을 둘러싸고 있는 다른 세 개의 남근 상징을 특징으로 한다(9.7.2).

단 하나의 영이 아니라 영들로 구성된 집단이었다. 예수께서 "그 더러운 영"에게 그 이름이 무엇이냐고 물어보았을 때 그 영은 "내 이름은 군대다. 우리의 수가 많기 때문이다"라고 대답했다(5:9).

우리는 다른 본문에서도 비슷한 이야기를 볼 수 있다. 한 남자의 외아들이 어떤 영에 사로잡혀서 갑자기 소리를 지르고 경련을 일으키며 거품을 무는데도 그 영이 좀처럼 떠나지 않아 계속 고통을 받는다(눅 9:38-43). 마가복음이 이 사건에 대해 자세히 묘사한 바에 따르면 그 악령은 피해자를 "말 못하게 하고 어디서든지 그를 잡으면 거꾸러져 거품을 흘리게 하며 이를 갈게 하고 몸이 뻣뻣하게 만든다"(막 9:17-18). 이 영의 힘이 너무나 강해서 종종 피해자를 "죽이려고 불 속에도 던지고 물 속에도 던졌다"(9:22). 이것은 단순히 피해자(이 경우는 소년)에게 닥친 육체적 재앙에 머물지 않는다. 이 피해자는 집안에서 제대로 보호받지 못했기 때문에 사회적 수치와 치욕이기도 하다. 그랬기 때문에 아마도 피해자의 아버지가 예수께 "**우리**를 불쌍히 여기사 도와 주옵소서"(9:22)라고 부탁했을것이다.

각 이야기에서 예수가 이 파괴적인 영들을 피해자들로부터 쫓아내는 것은 놀랄 일이 아니다. 그러나 축귀 이야기들을 포함하는 세 개의 신약 복음서는 이 이야기들에 해석학적 단층을 추가함으로써 다른 차원의 의미로 만든다. 불행한 희생자들의 삶에서 악한 영을 쫓아내는 예수의 모습을 묘사할 때, 세 개의 공관 복음서는 그 사건들에서 예수가 실제로 무엇을 하고 있었는지에 대해 중요한 설명을 들려준다. 예를 들어 마태복음에서는 예수가 귀신을 내쫓자 바리새인들은 예수가 바알세불이나 사탄의 힘을 통해 이 일을 행했다며 그를 비난한다. 이 이야기는 예수의 대답으로 이어진다.

만일 사탄이 사탄을 쫓아내면 스스로 분쟁하는 것이니 그리하고야 어떻게 그의 나라가 서겠느냐?…내가 하나님의 성령을 힘입어 귀신을 쫓아내는 것이면 하나님의 나라가 이미 너희에게 임하였느니라. 사람이 먼저 강한 자를 결박하지 않고서야 어떻게 그 강한 자의 집에 들어가 그 세간을 강탈하겠느냐? 결박한 후에야 그 집을 강탈하리라(마 12:26, 28-29, 12:22-29에 나타난 사건으로부터, 또한 막 3:23-27 그리고 눅 11:14-23을 보라).

이 진술은 예수가 행한 위대한 일을 악령들을 쫓아내는 축귀 행위보다 더 큰 서사적 맥락에 둔다. 그의 완전한 축귀는 개인의 삶에 관한 미시적인 이야기에 국한되지 않고, 이스라엘의 창조주 신과 그 신의 주권을 약화시키려는 주요 세력 사이의 싸움터인 우주에 대한 거시적인 이야기에 관해서도 이루어지는 것으로 보인다.

따라서 이 복음서를 읽는 사람들은 예수의 능력을 단순히 보호적인 기능을 하는 남근에 상응하는 것으로 생각해서는 안 된다. 예수의 능력은 창조된 질서를 침범한 혼돈 세력의 유입에 대한 우주적 방어의 일부이며, 단순히 그 세력을 "방어"하는 것을 넘어서 그 세력들을 "소멸하고" "강한 자"의 집과 재산을 "강탈"하는 데 이른다. 이와 관련하여 예수가 40일 동안 홀로 광야에서 야생의 짐승들에게 둘러싸여 있으면서 사탄의 시험에서 살아남고 천사들의 시중(보호?)을 받는 이야기(막 1:12-13)는 사탄 안에 체현되고 응축된 악의 최후 세력에 대한 방어력을 높이는 데 흥미가 있는 1세기 독자들의 관심을 사로잡았을 것이다.

요한복음에는 축귀에 관한 이야기가 없지만 그렇다고 해서 그 복음서에 보호 모티프가 빠져 있다는 뜻은 아니다. 사실 보호라는 주제는 예수가 제자들과 함께하는 마지막 말씀과 십자가에 못 박히기 바로 직전 하늘에 계신 아버지께 드리는 기도에서 중심적인 역할을 한다. 그 마지막 순간에 예수는 제자들을 보호해달라고 기도한다.

> 나는 세상에 더 있지 아니하오나 그들은 세상에 있사옵고…내게 주신 아버지의 이름으로 그들을 보전하사…내가 그들과 함께 있을 때에 내게 주신 아버지의 이름으로 그들을 보전하고 지키었나이다.…내가 비옵는 것은 그들을 세상에서 데려가시기를 위함이 아니요, 다만 악에 빠지지 않게 보전하시기를 위함이니이다(요 17:11-12, 15).

요한의 첫 번째 편지에도 거의 같은 내용이 나온다. 이 편지가 끝날 무렵 저자는 다음과 같이 기록한다.

> 하나님께로부터 난 자는 다 범죄하지 아니하는 줄을 우리가 아노라. 하나님께로부터 나신 자가 그를 지키시매 악한 자가 그를 만지지도 못하느니라. 또 아는 것은 우리는 하나님께 속하고 온 세상은 악한 자 안에 처한 것이며(요일 5:18-19).

이처럼 초기 예수 추종자들은 그들이 살던 세상을 맹렬하게 비난했으며, 여기 나오는 "악한 자"는 예수 추종자들을 대적하여 권력을 교묘히 사용하는 사람을 뜻한다. 우리는 이 본문을 통해 초자연적인 세력에 대한 보호의 필요성이 아니라 가장 응축된 형태의 악한 세력이라 할지라도 추종자들을 사랑하는 신의 보호를 결코 막을 수 없다는 확신에 주목해야 한다.

갈라디아서에 나타난 영적 세력과 보호

바울은 갈라디아의 예수 추종자들에게 종종 권력, 보호, 저주, 마법의 힘에 관한 문제에 관해 편지를 보냈다. 그 공동체에서 무슨 일이 일어나고 있었는지 확실히 알 수는 없지만, 갈라디아의 예수 추종자들은 (흔히 "율법"으로 번역되는) 토라에 복종함으로써 악의 저주와 악한 세력으로부터 자신들을 보호하는 데 도움을 얻을 수 있을 것이라고 생각했을 가능성이 있다. 그 시나리오와 관련하여, 그들의 관심을 다른 방향으로 돌렸다는 점에서 바울의 말은 특별한 의미를 지니고 있다. 바울은 토라를 지키려고 노력함에도 불구하고 불가피하게 실패하는 모든 사람에게 저주가 내린다고 말하면서, 이 저주가 예수 그리스도에게 내렸고 그분은 그 저주에 걸린 모든 사람에게 구원을 주기 위해 스스로 저주를 받은 사람이 되었다고 주장했다(3:10-13). 바울의 견해에 따르면 그리스도 안에서 신적인 영(혹은 "[하나님의] 아들의 영", 4:6)은 모든 이들에게 어떤 것으로도 보완할 필요 없이 충만하게 채워진다. 바울은 다음과 같이 기록한다. "내가 율법으로 말미암아 율법에 대하여 죽었나니 이는 하나님에 대하여 살려 함이라. 내가 그리스도와 함께 십자가에 못 박혔나니 그런즉 이제는 내가 사는 것이 아니요 오직 내 안에 그리스도께서 사시는 것이라. 이제 내가 육체 가운데 사는 것은 나를 사랑하사 나를 위하여 자기 자신을 버리신 하나님의 아들을 믿는 믿음 안에서 사는 것이라"(2:19). 바울은 자신의 삶에 생명을 불어넣으며 우주를 다스리는 신이 함께하기 때문에, 개인적인 보호를 강화하기 위한 보완책이 따로 필요하지 않다는 사실을 알았다. 만약 갈라디아 사람들이 자신들을 보호하기 위해 추가적인 영적 세력의 도움을 찾았던 것이라면, 그들은 바울이 전한 복음의 중요성을 오해한 것이다. 바울이

보기에 신적인 영은 이미 그들에게 주어졌다(그들이 이미 경험한 능력을 행하신 일이 입증하는 바와 같이, 3:5). 만약 갈라디아 사람들이 이 사실을 알았더라면 바울을 덜 귀찮게 했을 것이다. 그들은 이미 가지고 있는 것에 무언가를 덧대려고 노력함으로써 자신들을 보호하고 있는 모든 축복을 위태롭게 만들고 있었다. 바울이

자료 18.6. 메두사의 모자이크(6.1.7, 목록 번호 없음); 메두사의 머리는 종종 악을 멀리하기 위해 묘사되었는데, 특히 (이 모자이크에서와 같이) 기하학적인 문양은 아마도 악령을 산만하게 하고 혼동시키기 위한 것으로 보인다.

그들에게 전한 복음 이외의 다른 복음을 전한 사람에게 저주가 내릴 것이라고 선언한 것은 바로 이런 이유 때문이다(1:8-9, 그리스어 단어 "저주"가 때로 "하나님의 저주"로 번역되는 본문).

갈라디아서 3-5장의 많은 부분에서 바울은 "마법"의 영역에 속한 용어를 계속 차용함으로써 그의 신학 담론을 명확히 표현했다. 갈라디아 사람들이 저주와 악한 영적 세력의 공격에서 보호받을 수 있는 추가적인 수단을 찾는다면, 바울은 그들이 이미 원하지 않는 악한 세력의 공격을 받을 수 있으며, 그것이 왜 그들이 얻을 수 있는 최상의 이익에 손해를 입힐 수 있는지 설명한다고 생각했다. "누가 너희에게 사악한 눈초리의 마법을 걸었는가?"(3:1의 문자적 번역) 나중에 바울은 자신이 질병을 가진 채로 어떻게 갈라디아에 도착했는지에 대해 이야기하면서 자신의 질병이 갈라디아

사람들을 "시험"한다고 표현했다(4:13-14). 그 질병이 악령에 의해 유발되었다고 생각할 수 있기 때문에 "시험"이라고 말한 것이다. 그리고 질병에 걸린 사람은 다른 사람들의 건강을 빼앗으려고 영적 세력을 이용하여 그들에게 사악한 눈길을 던질지도 모른다. 그런 사악한 눈길에서 자신을 보호할 수 있는 하나의 방법은 침을 뱉는 것이었다. 바울이 병든 채 갈라디아에 도착했을 때 사람들이 "경멸하거나 침 뱉지 않았다"고 기록한 이유는 바로 이 때문이다(4:14, 보통 "경멸하다 혹은 무시하다"로 번역된다). 이 용어는 악령의 세계와 그 영들에 맞서 자신을 보호하는 방법과 관련된 문화적 관습에서 유래된 것이다.

갈라디아서에서는 이런 면에서 중요한 단어가 또 등장한다. "마술" 또는 주술(5:20)이라는 단어는 예수를 따르던 사람들이 무엇으로부터 해방되었는지를 열거하는 목록에 나타난다. 이 단어는 바울이 기록한 편지 어디에도 나타나지 않는데, 아마도 특별히 갈라디아 독자들이 염려했던 상황 때문에 이 편지에 포함된 것으로 보인다. 그들은 (로마 세계의 거의 모든 사람과 마찬가지로) 주술적인 행위에 의해 획책된 사악한 영들의 위협으로부터 가능한 한 많은 보호가 필요하다고 느꼈을 것이다. 그렇기 때문에 갈라디아 사람들은 단순

자료 18.7. (나비의 날갯짓처럼 보잘것없는 것을 통해서도) 어떤 순간에든지 가난이나 부로 쉽게 기울 수 있는 깨지기 쉬운 균형 속에 있는 인생과 모든 사람들이 공통적으로 갖고 있는 죽음을 묘사한 모자이크(1.5.2, MANN 109982)

히 예수 그리스도에 대한 믿음을 갖는 것에 그치지 않고 거기에 더해 율법을 지킴으로써 추가적인 보호를 받을 수 있을 것이라고 생각했을 가능성이 높다. 그들이 이미 행하고 있던 예수 숭배를 통해 영적 세력으로부터의 보호를 얻는다고 믿었다면, 더 많은 방어 수단이 그들의 신앙에 더 효과를 발휘하리라고 생각하는 것은 자연스런 추론이다. 바울은 사물을 다르게 보았다. 그는 간단한 문장 하나로, 믿음에서 시작해서 그것을 추가적인 보호로 마치려는 순서를 뒤집었다(3:3). "성령으로 시작하였다가 이제는 육체로 마치겠느냐?"

기독교 신의 보호 능력

바울이 예수 숭배자들을 향해 주술과 관련된 행위를 해서는 안 된다고 자신 있게 말할 수 있는 이유 중 하나는 바로 성령의 압도적인 힘에 대한 자신감이었을 것이다. 바울이 이것을 가리켜 "[하나님의] 아들의 영"(갈 4:6)이라고 불렀을 때 독자들은 처음에 예수의 **게니우스**(*genius*)를 말하는 것으로 생각했을지도 모른다. 그러나 바울은 그보다는 창조주 신이 성부와 성자와 성령을 통해 증명되는 초기 삼위일체론(prototrinitarianism)의 측면에서 생각한 것으로 보인다(예를 들어 고전 12:4-6을 보라). 바울은 "성령이 우리에게 주어졌고"(롬 5:5) "너희 안에 거하신다"(롬 8:9)고 거듭 주장했다. "우리 마음 가운데로 보내진" 성령(갈 4:6)은 예수의 기도 언어를 특징짓는 "아바! 아버지!"와 동일한 언어를 사용하면서 아버지께 부르짖는다(4:6, 롬 8:15과 막 14:36도 보라). 예수가 그의 신적 아버지를 부르는 호칭을 모방하는 것은 예수의 사역에 능력을 부여해준 그 "성령"이 예수 추종자들의 삶에도 동일하게 능력을 부여준다는, 보다 더 큰 개념의 한 부분을 이룬다.

이 성령은 신적 능력(생명을 주는 부활의 능력)의 중심에서 나온다(롬 8:11). 따라서 바울은 자주 "성령의 능력"과 "하나님의 영의 능력"을 언급했다(15:13, 19). 이 능력은 "영의 새로운 삶"(7:6)을 만들어낸다. 위협적인 영, 무서운 저주, 온갖 악한 존재가 있는 세상에서 이 능력의 메시지는 많은 사람들의 관심을 끌었을 것이다. 베수비오 유물들은 (그리스-로마 유적지에서 발견된 것들과 마찬가지로) 보호를 강화하기 위해 고대인들이 취한 수많은 조치들을 보여준다. 그런 세상에 살던 사람들은 그 신이 "모든 정권과 권세와 능력과 주권 위에 그리고 이 세상뿐만 아니라 오는 세상에서 불릴 모든 이름 위에 뛰어난" 신이라고 선포되었기 때문에 특히 "하나님께서 믿는 사람에게 강한 힘으로 활동하시는 그 능력이 얼마나 큰지"에 대해 듣고 싶어 했을 것이다(엡 1:19, 21). 예수 숭배자들은 "하나님의 영을 통한 능력"(3:16)을 가지고 있다고 알려졌다.

바울은 예수 추종자들이 무한하고 초인적인 힘을 공급받고 있다고 확신했기 때문에 저주로 가득한 당시 문화에 맞서 일반 상식으로는 이해하기 어려운 가르침을 예수 집단에 전했다. "너희를 박해하는 자를 축복하라. 축복하고 저주하지 말라"(롬 12:14). 이 가르침은 예수 추종자들의 생존 전략에서 한 가지 유형의 자기 보호 방식을 제거했다. 이런 도전적 비전은 편지 앞부분의 단순한 수사학적 질문에 나타난 확신에서 명백히 드러났다. "만일 하나님이 우리를 위하시면 누가 우리를 대적하리요?"(8:31) 우리는 일부 예수 숭배자들이 그들이 믿는 신의 힘을 확신해서 "마술을 행하던 많은 사람이 [마법의 주문을 담은] 책을 모아 가지고 와서 모든 사람 앞에서 불사르니 그 책 값을 계산한즉 은 오만이나 되었다"는 사도행전의 기사(19:19)에서 이와 비슷한 확신을 본다. 1세기 후반에 이르면 예수 추종자들은 그들의 주인이 지하 세계의 영들과 만나 "권위로" 그들을 벌하고, 심지어 "더러운 귀신들에게 명하여 순종하게 했다"는 내러티브를 기록한다(막 1:27). 또한 예수를 따르던 사람들은 예수가 가르친 대로 "다만 악에서 구하시옵소서"라고 기도하면서 "하늘에 계신 아버지"께서 그들의 간구에 따라 행동할 수 있는 힘을 갖고 계심을 굳게 믿었다(마 6:9, 13).

19

연회와 죽은 자

> 내가 너희에게 전한 것은 주께 받은 것이니 곧 주 예수께서 잡히시던 밤에 떡을 가지사 축사하시고 떼어 이르시되 "이것은 너희를 위하는 내 몸이니 이것을 행하여 **나를 기념하라**" 하시고 식후에 또한 그와 같이 잔을 가지시고 이르시되 "이 잔은 내 피로 세운 새 언약이니 이것을 행하여 마실 때마다 **나를 기념하라**" 하셨으니 너희가 이 떡을 먹으며 이 잔을 마실 때마다 주의 죽으심을 그가 오실 때까지 전하는 것이니라(고전 11:23-26).

사회적 기억 만들기

"내가 살아 있는 동안 증오스런 죽음, 바로 네가 다가오고 있구나." 이 그라피티(*CIL* 4.5112, 9.5.18로 들어가는 입구 옆에 있음)는 우리가 모두 알고 있는 진리, 즉 죽음이 모든 사람에게 온다는 사실을 포착하고 있다. 로마 시대에 죽음이 지닌 중요한 측면은 한 사람의 중요성을 기억하는 데 있었다. 기억은 한 사람이 사회적으로 지닌 명예와 관련된 매우 중요한 요소였기 때문에 로마 시대에 살던 사람들은 사람이 죽은 후에 어떻게 그를 기억해야 하는지 방향을 제시해두기 위해 노력했다.

물론 대부분의 경우 그들이 누구였는지에 대해 사회적 기억을 보존하는 것은 선택 사항이 아니었다. 사회적으로 "열등한" 지위에 있는 사람들은 상대적으로 이 세상에서 눈에 띄지 않게 떠나고, 다수의 상상력이나 사회적 기억에서 사실상 아무런 역할을 하지 못했던 소수의 사람만이 그들을 기억했다. 오직 일정 수준의 사회적 명성을 누린 사람들만 죽은 후에 자신이 기억될 방식을 준비하는 작업에 시간과 에너지를 투자할 수 있었다.

아마도 이에 관해 가장 잘 알려진 예는 아우구스투스 황제일 것이다(기원전 27년부터 기원후 14년까지 재위). 그는 죽기 전 자신이 남긴 훌륭한 업적 중 존경할 만한 모든 일을 알리는 연설문 초안을 작성했다. 여기에는 그가 거쳤던 많은 공직, 받은 상, 자신의 제국의 이익을 위해 몸소 행했던 많은 자선 행위와 선행들이 포함된다. "신성한 아우구스투스의 업적록"(*Res Gestae Divi Augusti*)이라는 제목의 이 광범위한 목록은 돌로 된 기념비석의 형태로 제국 전역에 있는 전략적인 도심지에 세워졌다. 죽기 전 몇 년 동안 아우구스투스는 필연적인 죽음이 임박했을 때 그 목록이 자신의 마음에 드는 형태로 발표될 만한지를 확인하기 위해 목록과 문구를 세심하게 조율하고 있었다.

기념비를 이용하여 사후의 명성을 통제하려 했던 인물은 아우구스투스 외에도 많다. 당시 어느 정도 대중적 인지도를 갖고 있던 사람들은 공공 장소에 자신을 위한 기념비를 세움으로써 자신이 어떻게 기억될 것인가를 통제하는 데 관심을 드러냈다. 물론 어떤 사람들은 죽은 후에야 공식적으로 기념되었다. 그러나 그 가운데는 심지어 죽기 전에 세워진 기념비들이 많았는데 종종 스스로 세운 것도 있었다.

폼페이에서 사회적 기억 만들기

우리는 이미 폼페이의 한 주민이 생전의 사회적 정체성과 사후 자신에 대한 사회적 기억을 통제하기 위한 수단으로 자신의 무덤을 사용한 예를 본 적이 있다. (13장에 등장한) 푸블리우스 베소니우스 필레로스가 바로 그 예에 속한다. 마르쿠스 아리우스 디오메데스라는 이름의 해방 노예도 마찬가지였다. 폼페이에서 시민으로서 명성을 떨쳤던 그는 살아 있는 동안에 자신과 가족을 기념하기 위해 무덤을 만들었다. "(한 여성의 노예였다가 자유인이 된) 마르쿠스 아리우스 디오메데스가 자신과 그의 가정을 기념하기 위해 [이것을 세웠다]; [그는] 포르투나 아우구스투스 교외 지역구의 회장[이었다]"(CIL 10.1042; 자료 19.1을 보라). 디오메데스(그는 폼페이 성벽 외부, 이 기념비 건너편에 실제로 저택을 소유하고 있었던 것으로 보인다)는 가족들이 살아 있는 동안 그들을 위한 기념비를 세우고 자신의 인생에서 가장 중요한 정체성인 명망 있는 한 단체의 회장이라는 역할을 부각시킴으로써 자신에 대한 사회적 기억을 통제하고자 했다.

자료 19.1. 마르쿠스 아리우스 디오메데스의 무덤 위에 있는 비문(HGE42)으로, 두 번째 줄에 "memoriae"라는 단어가 선명하게 보인다.

기념하는 행위를 통해 사회적 기억을 만드는 것은 가이우스 무나티우스 파우스투스의 무덤을 통해서도 확인할 수 있다. 또는 가이우스 무나티우스 파우스투스의 무덤들이라고 말하는 편이 더 나은데, 폼페이의 두 개의 성문 밖에 그를 기념하는 무덤이 두 개나 있기 때문이다(둘 다 50-60년 사이에 제작된 것으로 보인다). 첫 번째는 파우스투스 자신이 도시의 남동쪽 곧 폼페이의 누케리아 문 바로 너머에 세운 무덤이다(자료 19.2를 보라). 그가 묻힌 무덤은 그의 이름이 새겨진 작은 **콜루멜라**(*columella*)로 표시되어 있다. 그 **콜루멜라**는 화장한 사람의 유골이 땅 밑에 놓여 있음을 나타내는 묘비 역할을 한다. (15장에서 언급한 바와 같이) 그의 가족의 일부 역시 그곳에 묻혔다. 이 무덤의 입구 위에는 다음과 같은 문구가 새겨져 있다.

자료 19.2. 폼페이의 누케리아 문 너머의 공동 묘지에 있는 가이우스 무나티우스 파우스투스의 무덤

"**아우구스탈레스**(*Augustales*)의 일원이자 시 의회의 법령에 의거한 도시 근교의 감독관인 가이우스 무나티우스 파우스투스가 자신과 그의 아내인 나이볼레이아 티케에게 헌정함"(DADC, 9ES 무덤에서). 우리가 11장에서 살펴본 것처럼 **아우구스탈레스**는 공직에 선출된 자유인 태생의 부유한 남성들처럼 자신들의 부를 공공의 이익을 위해 사용해야 할 책무를 갖고 있었다. 모든 **아우구스탈레스**가 노예 생활을 했던 것은 아니었기 때문에 어쩌면 파우스투스는 자유인으로 태어났을 수도 있다. 그러나 두 개의 비문에 그의 아버지가 언급되어 있지 않다. 또한 두 번째 묘를 통해 그의 아내가 이전에 노예였다는 사실을 알 수 있다. 이 지표를 참고하면 파우스투스 또한 원래 노예였을 가능성이 높다. 따라서 파우스투스의 이야기는 노예로 태어나서 자유인이 된 다음 상당한 부를 획득함으로써 (**아우구스탈리스**로서) 공적 지위를 얻고 대중을 위해 자선과 선행을 베풀었다는 많은 내용을 포함하고 있다. 하지만 이 비문은 그의 생애 중 비교적 지위가 높은 시민이었음을 특징짓는 부분만 기록한다.

그의 두 번째 무덤은 도시 북서쪽의 헤르쿨라네움 문밖에 있으며 나머지 한 무덤보다 훨씬 더 정교하다(자료 19.3을 보라). 그 무덤은 파우스투스의 아내 티케가 남편의 사후에 세운 것으로, 파우스투스가 시민으로서 행했던 훌륭한 활동과 경력에 더 중요한 특징을 추가하였다.

루키우스의 여성 자유인인 나이볼레이아 티케는 자신과 **아우구스탈리스**이자 도시 근교의 감독관인 가이우스 무나티우스 파우스투스를 위해 [이 건물을 지었는데], 그는 (대중들의 동의를 받았으며) 시의원들이 그가 세운 공로를 인정해 그에게 명예 의장직을 수여했다. 나이볼레이아 티케는 생전에 자신의 남성 노예였다가 자유인이 된 사람들과 여성 노예였다가 자유인이 된

사람들, 가이우스 무나티우스 파우스투스의 남성 노예였다가 자유인이 된
사람들과 여성 노예였다가 자유인이 된 사람들을 위해 이 기념비를 세웠다
(*CIL* 10.1030).

티케를 기념하는 작은 **콜루멜라**(*columella*)는 두 무덤 어디에서도 발견되
지 않았기 때문에, 우리는 어느 무덤에 그녀의 화장한 유해가 안치되어 있
는지 알 수 없다. 티케가 건축한 무덤에는 단지 두 개의 작은 **콜루멜라이**
(*columellae*)가 있을 뿐이다. 하나는 57년간의 인생을 살았던 전직 가정 노
예였던 가이우스 무나티우스 아티메투스를 위한 것과 다른 하나는 티케

자료 19.3. 무나티우스 파우스투스를 기념하기 위한 무덤(HGW22). 그의 아내인 나이볼레이아 티케가
세웠으며 가족들이 들어올 수 있는 입구가 왼쪽에 배치되어 있다.

의 가정 노예 중 한 명으로 짐작
되는, 6년을 살았던 살부스라는
소년을 위한 것이다. 아마 다른
가솔들의 유해도 이 무덤에 묻혔
을 것이다.

티케가 살아 있는 동안 자
신과 남편(아마 그가 죽은 후일 것이
다)을 기념하기 위해 폼페이 외
곽의 복잡한 길을 따라 두 번째
무덤을 지은 이유는 두 가지로
추정된다. 파우스투스가 살아 있
을 때 세운 첫 번째 무덤은 시민
으로서 그가 뽐낸 중요성을 알
리는 데는 어느 정도 도움이 되

자료 19.4. 티케가 세운 비석의 측면에 강조된 이 문
양은 파우스투스의 뛰어난 공적 활동을 인정하여 수여
한 의자의 모습이다.

었지만, 주목할 만한 공적 활동과 경력에 대한 구체적인 언급은 포함시키
지 못했다. 예를 들어 첫 번째 기념비는 시 의원들이 파우스투스의 업적을
인정해서 그에게 명예 의장직을 수여했다는 그의 공로(*merita*)를 언급하지
못했다. 이것은 꽤 주목할 만한 명예였을 것이다. 그 자리를 갖고 있으면
폼페이의 두 극장 중 한 곳에서 열리는 공연을 관람할 때마다 공직에 있는
시민 엘리트들 사이에서도 눈에 띄는 의장석에 앉을 수 있었다(11장에 수
록된 홀코니우스의 대극장 좌석과 비교해보라).

두 번째 기념비는 비문뿐만 아니라 시각적 요소를 활용하여 파우스
투스의 명예를 더 명확하게 표현하였다. 티케가 세운 기념비 한쪽에는 파
우스투스에게 수여된 의장석이 묘사되어 있으며(자료 19.4를 보라), 기념비

자료 19.5. 파우스투스가 시민으로서 활동한 공적 순간들을 대리석에 표현한 것으로, 아마도 그를 기리는 행렬 또는 그가 사람들에게 빵을 나누어 주는 장면을 묘사한 것으로 보인다.

앞면에는 파우스투스의 시민 활동과 경력의 전성기에 개최된 것으로 보이는 축하 퍼레이드 장면이 재현되어 있다(자료 19.5를 보라). 티케는 이런 순간들이야말로 파우스투스가 누구이며 그가 어떻게 기억되어야 하는지를 규정짓는 시점이라고 여겼으며, 이는 그가 지역 사회에 베푼 후한 선물에 대한 보답이었다. 그녀가 보기에 첫 번째 기념 무덤은 파우스투스의 정체성에 대한 사회적 기억을 충분히 형성하는 데 부족했던 것 같다. (파우스투스 가정 내의 남은 생존자들의 이익을 위해) 공식적으로 알려야 할 그의 활동과 경력을 비롯해 공공 기록부에 더 들어갈 수 있는 그의 사회적 지위와 자선 행위 목록이 더 남아 있었다. 따라서 티케는 남편을 기리기 위한 두 번째 기념비를 건립함으로써 남편의 정체성에 대한 사회적 기억을 증진시키는 책임을 맡았다. (베소니우스 필레로스와 달리, 티케는 단순히 비문을 업그레이드하거나 원래 있던 무덤의 기념비에 새로운 비문을 추가하는 대신 완전히 새로운 기념비를 건축하기로 했는데, 이는 그 자체만으로도 놀랍고 대단히 비용이 많이 들어가는 프로젝트였다.)

티케가 이런 계획을 세우게 된 데는 두 번째 동기가 있었다. 그녀는 남편을 기념하는 두 번째 무덤을 이용하여 그의 인상 깊고 멋진 인생 이야기에 자신을 확실하게 포함시켰다. 실제로 남편의 이야기는 그녀의 서사에 거의 가려질 정도였다. 비문에서 처음 언급된 티케는 나중에 이 기념비를 "자신의 남성 노예였다가 자유인이 된 사람들 및 여성 노예였다가 자유인이 된 사람들, 가이우스 무나티우스 파우스투스의 남성 노예였다가 자유인이 된 사람들 및 여성 노예였다가 자유인이 된 사람들을 위해" 만들었다고 강조한다. 말하자면 예전에 다른 집안의 노예로 일했던 그녀가 이제는 자기 가정의 노예들(그들 중 일부는 자유인과 여성 자유인이 되도록 해방시켰고, 그들은 계속 마을에 남아 그들 자신의 역할을 수행했다)을 거느린 여자 가장(*materfamilias*)이 되었으며, 폼페이의 한 구역의 후원자가 되었다. 따라서 그녀의 개인적인 이야기는 길고도 긴 신분 상승 이야기였으며, 그녀는 파우스투스에게 바친 두 번째 무덤을 이용하여 그 사실을 광고하고자 했다. 어떤 의미에서 그녀는 파우스투스가 그의 비문에 남긴, 그녀의 유일한 공적이었던 파우스투스의 아내 이상의 위상과 사회에 깊이 관여할 만한 자격이 자신에게 있다고 느꼈던 것이다.

사회에 깊이 관여한다는 것은 문자적으로 그녀가 이 멋진 무덤을 통해 한 일을 통해 드러난다. 비문의 맨 앞면을 보면 꼭대기의 창문에 한 인물이 튀어나와 있다. 이 유물을 그림으로 남긴 초기 고고학 자료를 확인하면 이 인물이 남자가 아닌 여자임을 분명히 알 수 있다. 그 여자는 티케 자신임에 틀림없다. 이런 세부 장식들을 통해 그녀가 남편이 성취한 성공의 전 과정을 감독해왔다는 점을 암시하는 것으로 보인다. 티케는 그녀 자신이 "모든 위대한 남자 뒤에는 위대한 여자가 있다"는 (현대의) 격언에 전형적으로 들어맞는 예임을 알리고 싶었다. 분명 티케는 파우스투스가 죽은 후 자신과 가족의 더 나은 미래를 위해 할 수 있는 모든 일을 다 했다. 따라서 이것은 파우스투스를 기념하는 무덤일 수도 있지만 살아생전 사회적으로 자신에 대한 기억을 남기는 데 큰 역할을 담당한 그의 아내 티케를 기리기 위한 것이다.

선을 베푸는 신에 대한 사회적 기억을 기념하기

1세기 도시인들이 고린도전서 11장에서 예수가 "배신을 당했던 밤에" 한 일에 관해 이야기한 것을 들었을 때 그들은 그 내용을 이해하기 위해 사회정치 분야의 저명한 인사들을 기념하는 비석을 생각했을 것이다. 이는 무덤의 기념비가 바울의 가르침을 이해하기 위한 **구체적인** 배경임을 암시하기 위한 것은 아니다. 또한 예수가 그날 밤에 어떤 생각으로 그런 일을 했는지를 일러주는 도구가 된다는 뜻도 아니다(그 맥락에서 "기념"이라는 주제는 아마도 이집트의 노예 생활에서 해방된 것을 기억하는 유대인들의 유월절 예식을 기초로 삼았을 것이다). 하지만 이 무덤의 기념비는 바울의 독자들이 경험했을 법한 흔한 예로서, 예수의 마지막 밤에 관련된 이야기를 들을 수 있는 여과 장치를 제공했다. 무덤의 기념비는 사회적 추억을 만드는 데 도움을 준다. 바울 공동체의 구성원들은 사후 추모를 목적으로 죽기 전에 정체성을 만들어 놓는 전례에 대해 잘 알고 있었을 것이다. "신성한 아우구스투스의 행위"를 기념하는 것이든 전투에서 승리한 장군들을 알리는 기념비든 지방 도심지를 대표하는 저명한 시민 지도자들이 수행한 계획들을 기리기 위한 것이든, 그들이 살고 있는 도시와 마을 주변에는 어디나 그 증거가 있었다. 어떤 의미에서는 "예수를 기념하는 것"은 그들을 하나로 묶는 공통 주제에 대한 변형으로서 "다른 사람들" 또는 "나"를 기념하는 행위에 비견될 수 있다.

그러나 "신성한 아우구스투스"와 달리 신성한 예수 그리스도는 그의 추종자들을 향해 그가 행하라고 명령한 두 가지 간단한 행동—"이 빵을 먹고 이 잔을 마시라"—으로 기념된다(고전 11:26). 그 상징적인 행동을 함으로써 그가 상징하는 것들을 기념한다. 이 두 가지 행동은 한 가지 특별한 것 곧 그의 죽음을 요약한다. 이는 "너희가 이 떡을 먹으며 이 잔을 마실 때마다 주의 죽으심을 그가 오실 때까지 전하는 것이니라"는 말과 함께 강조되었다(11:26). 그 의미는 누가복음에서도 발견되는데, 예수는 자신을 내어 주는 단 하나의 행위가 바로 기념되어야 할 행위라고 강조한다. "이것은 너희를 위하여 주는 내 몸이라. 너희가 이를 행하여 나를 기념하라"(눅 22:19). (비록 살아 있는 동안 사람들 사이의 사회적 지위는 크게 다르지만) 모든 인류를 하나로 통합하는 단 한 가지는 죽음이며, 바로 그 죽음이 예수 그리스도의 독특한 정체성을 나타낸다. 그가 다른 사람들을 위해 베푼 은혜를 기념하는 일은 그의 죽음에 초점이 맞춰져 있다.

하지만 이와 관련하여 특이한 점이 있는데, 그것은 바로 위대한 시민 후원자들을 기념하는 것과 예수 그리스도를 기념하는 것 사이에 존재하는 커다란 차이다. 왜 1세기 도시인들에게는 예수가 다소 사소한 형태로 선보인 선행과 은혜를 베푸는 행위가 매력적으로 보였을까? 예수의 행동은 존경스럽고 영웅적이었을지도 모르지만, 자선을 베푼다는 측면에서 볼 땐 시민 엘리트들이 준 선물들에 비해 보잘것없고 시시한 행위로 보였을지도 모른다. 후원자들은 매우 부유한 사람들이었고 그들이 대중을 위해 기부한 선물은 모두가 볼 수 있는 멋진 기념비를 통해 분명히 드러나 있었다. 그런데 어떻게 상대적으로 보잘것없는 죽음이 일종의 자선과 기부가 될 수 있었을까? 그것은 심지어 고대 도심지의 기념비에 광고된 여러 후원과 자선 기부 선물과 같은 수준의 관대함과도 거리가 멀어 보였다.

그러나 그런 논리로 이 이슈에 접근하다 보면 핵심을 놓치기 쉽다. 왜냐하면 죽음을 통해 자신을 내어 준 예수 그리스도는 다른 모든 전능한 신들보다 우월한 신으로 부활했다고 선포되었기 때문이다. 이런 관점을 가진 예수 추종자들은 아마도 예수 그리스도의 자선이 다른 자선보다 더 낫다고 이해했을 것이다. 가장 너그러운 후원자들의 자선도 그들의 죽음과 함께 끝이 났다. 그들의 기념비는 과거의 관대함과 한 지역에 국한된 관대함에 관한 이야기를 들려준다. 그들의 선행과 자선이 그들의 삶 이후에 계속 영향을 미쳤더라도 그 유효성은 시간이 갈수록 줄어들었다. 바울은 이와 대조적으로 지속적이고 신성한 선행과 자선의 원천이 되는 비교적 가난한 갈릴리인의 죽음을 생각했다. 예수 그리스도를 기념하는 것은 그의 "죽으심을 그가 오실 때까지" 기념하는 것을 특징으로 한다(고전 11:26). 그를 기념하는 것은 미래를 향해 나아가는 자선에 대한 이야기를 담고 있는 동시에 이로써 한계를 뛰어넘는 자선의 이야기를 전한다. 바울이 선포한 고난받는 후원자는 로마 제국 시대에 별다른 역할을 하지 않았을 것으로 보이는, 단순히 "여자에게서 나게 하시고 율법 아래에 나게 하신" 사람이 아니었기 때문이다(갈 4:4). 이 사람은 강력한 창조주 신으로부터 인정받기 위해 죽은 자 가운데서 다시 살아났다. 바울은 "우리에게는 한 하나님 곧 아버지가 계시니 만물이 그에게서 났고 우리도 그를 위하여 있고 또한 한 주 예수 그리스도께서 계시니 만물이 그로 말미암고 우리도 그로 말미암아 있느니라"고 말하면서 예수를 소개했다(고전 8:6). 이는 예수의 인생 이야기 끝자락을 차지했던 예수의 자선에 대한 기념 사건을, 그의 이름으로 모여 그의 강력한 은총을 너그럽게 구현함으로써 "주님의 죽으심을 그가 오실 때까지" 선포하는 헌신적인 공동체의 역동적인 인생 이야기의 시작점이 되게 만든다. 바울이 설교한 것은 단순히 기이한 죽음을 통해 이타적 자선을 행한 사례가 아니었다. 바울은 그가 중요하게 여기는 유일신의 이타적인 죽음을 설교한 것이며, 그 신을 숭배하는 공동체는 여러 다양한 자선과 선행에 참여했다. 이것은 "스테로이드"가 가져다주는 유익에 관한 이야기였다. 또는 바울의 신학적인 용어로 표현한다면 "나를 사랑하사 나를 위하여 자기 자신을 버리신"(갈 2:20) 하나님의 아들의 영에 의해 고무된 자선과 선행에 관한 이야기다. 선을 베푸는 신을 기념하는 행위를 이런 관점에서 조명하다 보면, 왜 초기 예수 추종자들이 전한 소위 좋은 소식이 로마 세계의 일부 도시인들을 사로잡았는지 이해할 수 있다. 그것은 아마도 이시스나 바쿠스 같은 신들이 지닌 매력을 능가했을 것이다.

이런 관점에서 볼 때 도시 엘리트와 예수 그리스도를 기념하는 것의 차이점에 대해 더 고려해야 할 부분이 있다. 엘리트들은 웅장한 공적인 무덤에서 기념된 반면, 예수는 간단한 식사 자리 안에서 치러진 짧은 제의 안에서 기념되었다. 게다가 도시 엘리트들은 자신들의 무덤이 영원한 기념물로 서 있기를 기대했지만, 사람들은 그런 것들이 지속될 수 없음을 알고 있었다. 그들에 대한 기억이 훼손되거나 후대에 등장한 다른 엘리트들의 기념비로 대체될 가능성이 높았기 때문이다. 이와 대조적으로 예수 그리스도를 기념하는 일은 사라지거나 다른 것으로 대체될 수 없었다. 예수 그리스도와 그의 가장 큰 자선(그의 죽음)을 간단히 기념하는 일은 "그가 오실 때까지" 하나의 선포로서 지속될 것이다. 그렇게 해야만 추종자들이 전 세계에 반복적으로 세울 수 있는 그의 기념비가 더 이상 필요치 않을 것이다. 죽은 후원자들은 이전의 시민으로 돌아갈 수 없는 반면, 예수 그리스도는 다시 돌아와 이 세상의 왕으로 모습을 드러낼 것이라는 기대가 있었다.

죽은 사람과 식사하기

그동안 예수 추종자들은 신의 자선에 참여한 것을 기념하기 위해 만났다. 바울의 "주의 만찬"에 대한 토론에 나타나 있듯이 이런 일은 식사 자리에서 종종 일어났다. 그들은 바로 그곳에서 모시는 신이 자선으로 보낸 혁신적인 영(성령)을 마음껏 누리고 즐거워했다.

　이 역시 로마 시대에는 비상한 일이 아니었을 것이다. 우리가 살펴본 것처럼 그 세계에 살던 많은 사람들은 산 사람과 죽은 사람 사이에 커다란 간극이 존재한다고 생각하지 않았다. 이런 이유로 엘리트들의 무덤은 때로 작은 연회장이 되었다. 저명한 사람이 죽으면 탄생과 사망 기념일에 가솔들이 그의 묘역에 모여 고인의 생을 기리는 기념 식사를 진행했을 것이다. 하지만 이런 식사 자리에는 기념하는 것 이상의 일이 일어나고 있었다. 로마 시인 오비디우스는 "아버지의 영혼을 달래기 위한" 수단으로 무덤에 바쳐진 제물에 대해 말한다. 고인의 영혼은 가정과 그 구성원의 이익

자료 19.6. 나이볼레이아 티케가 무나티우스 파우스투스를 기념하기 위해 세운 무덤으로, 이곳에는 살아 있는 사람들이 화장된 유골을 와서 볼 수 있는 공간이 마련되어 있었다. 벽면 움푹한 곳에 화장된 유골 항아리가 놓여 있었을 것이다.

을 위해 이용되었지만, 이는 그 영혼들을 적절하게 공경할 경우에만 그렇다. 기원전 2세기의 유대교 문헌은 이방 국가들이 "죽은 사람들에게 제물을 바치고 악령을 숭배하며 죽은 사람들의 무덤 근처에서 먹는 것"을 비롯해 다양한 이유로 "더럽다"며 그들을 비난했다(Jubilees 22:16-17).

한 가족의 죽은 자를 기리며 식사를 하는 풍습은 폼페이에서 발견된 유물에도 반영되어 있다. 그곳의 무덤은 가솔들이 쉽게 모일 수 있는 구조로 되어 있었으며, 무덤 자체의 경계 안에 기념 연회를 열 만한 충분한 공간이 있었다. 예를 들어 파우스투스의 첫 번째 무덤 입구 뒤편에 빈 공간이 있었는데, 가솔들은 이곳에 모여 그의 영혼과 남은 가솔들을 이어주는 식사를 할 수 있었다. 때로 무덤에는 내부 공간이 있어서 집안의 살아 있는 구성원들이 화장된 조상들의 유골들을 들여다볼 수 있었다. 티케가 파우스투스를 위해 세운 기념물이 이런 예에 속한다(자료 19.6을 보라). 죽은 사람의 영혼에게 전달하는 음식물이 통과할 수 있는 개구부가 포함된 무덤도 있었으며, (7장에서 언급한 대로) 많은 콜루멜라이(*columellae*)에는 음식과 음료를 영혼에게 전달하는 관이 설치되었다. 폼페이의 한 무덤에는 심지어 **트리클리니움**(*tricliium*) 또는 식사 공간까지 갖춰져 있었는데, 이는 무덤 안에 설치된 구조물로서 기념식을 위해 모인 사람들이 언제든 사용할 수 있었다(자료 19.7을 보라).

자료 19.7. 폼페이 무덤(HGW23) 안에 세워진 트리클리니움(*triclinium*) 혹은 식사 공간을 그린 그림. 고인을 기리는 기념 식사를 가능하게 하는 구조물이다. 이 장소는 현재 눈에 띄게 손상된 상태기 때문에, 이 그림을 통해 2백 년 전 19세기 초에 그려진 트리클리니움의 상태를 가늠할 수 있다("이미지 출처" 참조).

자료 19.8. 가이우스 베스토리우스 프리스쿠스의 무덤에서 발견된 보존 상태가 좋지 않은 두 개의 프레스코화. 왼쪽: 동료들 사이에서 뛰어나게 돋보였던 프리스쿠스의 시민 참여를 상기시키는 장면, 오른쪽: (한 노예가 시중을 들고 있는) 이 연회 장면은 프리스쿠스가 생전에 평소 즐기던 행위를 묘사한 것이거나 그의 사후에 무덤에 모인 가족들을 묘사한 것이다.

　　가이우스 베스토리우스 프리스쿠스의 무덤에 있는 몇 개의 프레스코화들은 사회적인 기념 행위가 지닌 많은 측면을 강조한다. 이 22세의 시민 공무원의 무덤은 그가 젊은 나이에 죽은 뒤 아마도 (화산이 폭발하기 3년 전인) 76년에 그의 어머니가 세운 것이다. 무덤을 방문한 가솔들은 다양한 목적을 지닌 아름다운 프레스코화에 둘러싸여 있었다. 어떤 그림들은 프리스쿠스의 대중적인 인지도를 묘사한다. 우리는 이미 그의 무덤(자료 13.2를 보라)에서 검투사 경기를 묘사한 프레스코화를 본 적이 있는데, 이는 프리스쿠스가 폼페이 사람들을 위해 이런 행사를 후원한 적이 있음을 시사한다. 그의 무덤 안에 있는 또 다른 프레스코화는 만족스러운 표정으로 그를 올려다보는 지

자료 19.9. 화려한 은으로 된 식기, 대접, 항아리를 묘사한 프레스코화로서, 가이우스 베스토리우스 프리스쿠스의 무덤에서 나왔다. 이 모든 기구는 누군가를 기념하는 식사에 사용되는 것이다.

역 정치인들 사이에서 연설을 하는 프리스쿠스의 모습을 묘사하고 있다 (자료 19.8, 왼쪽을 보라). 또 다른 프레스코화는 프리스쿠스 소유의 은으로 된 연회용 고급 식기를 묘사하고 있는데, 이는 그의 부유함과 동료들을 위해 주최한 연회에 제공된 값비싼 음식들을 보여준다(자료 19.9를 보라). 이 젊은이는 분명히 화려한 일생을 보냈다.

자료 19.10. 열려 있는 문을 묘사한 프레스코화. 가이우스 베스토리우스 프리스쿠스의 무덤에서 발견된 이 그림은 이 세상과 저승 사이를 오가는 그의 영의 능력을 상징하고 있는 것으로 보인다.

프리스쿠스를 기념하는 무덤의 일부는 그의 사후 세계와 관련이 있는 것으로 보인다. 특히 열려 있는 문을 그린 프레스코화(자료 19.10)를 보라. 그의 무덤 문 옆에 그려진 이 장식은 프리스쿠스의 영혼이 원할 때마다 무덤을 드나들 수 있는 문으로 보이며(또는 적어도 그런 움직임에 대한 상징적 표현일 것이다), 이는 영적 세계에서 무덤으로 들어갈 수 있는 프리스쿠스의 능력을 나타낸다. 살아 있는 집안 식구들이 물리적 출입구를 통해 무덤에 들어가 그와 함께 기념 행위를 했던 반면, 프레스코화에 그려진 출입구는 그의 영혼이 다른 종류의 "출입구"를 통해 식구들이 모인 곳으로 들어와 그들과 함께 있다는 것을 상기시켰다.

신과 함께하는 예수 숭배자들의 식사

도시에서 최초로 예수를 추종하던 사람들은 영적인 역동성에 의해 고무된 공동의 식사를 겸한 그들의 기념식에 대해 이와 매우 유사한 이해를 갖고 있었다. 우리는 예수 추종자들이 비기독교인의 식사 자리에 참여해야 하는지를 다룬 바울의 논의를 통해 이 점을 이미 확인했다. 바울은 식사 자리가 여러 종류의 초인적인 세력과 연관될 수밖에 없다고 생각했다. 그는 어떤 기념 식사 자리의 영적 역동성이 잘못되면 해로운 결과가 초래된다고 여겼다. 바울은 비정상적인 유형의 주의 만찬에 대해 논의하면서 "그러므로 너희 중에 약한 자와 병든 자가 많고 잠자는 자도 적지 아니하니"하고 말했다(고전 11:30). 바울은 그들의 공동체에서 주를 기념하는 행위를 통해 전능한 신의 능력이 전달되었다고 생각했다. 만약 그런 기념 행위가 "그가 오실 때까지" 그들의 주가 계속해서 상징하는 바와 어긋난다면 생명을 주는 능력을 공급받는 그 공동체는 심각한 상황에 처하게 될 것이다.

주님을 기념하는 행위 중 그분이 지닌 정체성의 핵심을 거스르게 만드는 것은 무엇일까? 이 사례에서는 공동체가 속한 세상의 가치 체계를 따르는 일이었다. 바울은 "너희 중에 분쟁이 있다"(고전 11:18)고 말하면서 이 문제를 일반적인 용어로 규정했다. 이런 분열이 실제로 어떤 모습이었는지는 다음과 같은 한 문장으로 나타난다. "이는 먹을 때에 각각 자기의 만찬을 먼저 갖다 먹으므로 어떤 사람은 시장하고 어떤 사람은 취함이라"(11:21). 고린도의 예수 집단에서는 사회적 지위에 따라 분열이 형성된 것으로 보인다. 신분이 높은 사람들은 좋은 식사와 음료를 먹을 수 있는 혜택을 누린 반면, 사회적 지위가 낮은 사람들은 그런 혜택을 받지 못했다. 주최자는 관례적으로 동료 곧 비슷한 수준의 사회적 지위를 갖고 있는 다른 사람들에게 충분한 식사를 제공했다. 바울은 고린도의 예수 추종자들이 그렇게 행동하기를 기대했던 것으로 보인다. 하지만 다른 이들이 굶주리는 동안 일부는 먼저 식사를 시작했다. 아마도 굶주렸던 사람들은 비교적 가난한 장인들이었을 가능성이 높다. 그들은 작업장에서 하루를 꼬박 보낸 후 늦은 오후 시간에 기념 식사에 합류했으나, 그땐 이미 일찍 도착할 수 있는 호사를 누리던 사람들이 공동체가 마련한 음식을 대부분 먹어치운 상황이었다.

물론 바울은 고린도인들이 처한 상황을 실제보다 더 심각하게 재구성했을지도 모른다. 그럼에도 불구하고 바울이 부각시킨 "분열"은 건강한 사회적 지위를 누린 사람들과 "아무것도 없는" 사람들 사이의 사회경제적 차이와 관련이 있었다(고전 11:22). 그런 잘못된 행동은 의도하지 않은 것일 수도 있고, 그저 단순히 모두에게 익숙한 행동 방식을 그대로 따른 결과일 수도 있다. 하지만 고린도인들이 다른 사람들을 위해 자신을 내어 준 그리스도의 이야기를 숙고하지도 않은 채 물려받은 관행을 생각 없이 답습하는 모습을 보고 바울은 매우 낙심했다. 그 이야기는 바울의 가르침에서 큰 비중을 차지한다(11:23-26). 만약 그들이 바울의 가르침을 자신들의 관행에 제대로 반영했다면, 고린도인들은 새로운 패턴의 공동체 행위에 의존할 수 있었을 것이다. 그러나 바울은 그들이 물려받은 관행이 일부 예수 숭배자들에게 "굴욕감"을 주었다고 규정한다(11:22). 그 결과 그들의 모임은 "유익보다는 해로움"이 되었다(11:17).

그들이 모시는 신과 함께 식사한다는 것은 놀랄 만큼 흥미진진한 일이었지만, 그 신의 인내심을 시험할 때 숭배자들에겐 불이익이 주어졌을 것이다. 그러나 그런 상황에서도 바울은 그의 주님께서 신도들이 그분에게서 떨어져 나가도록 허락하셨다고는 상상하지 않았다. 심지어 죽음과 질병이 그들 가운데 생겼을 때도 그것 자체는 자신들을 거부하는 것이라기보다는 징계의 한 형태로 생각되었다. 따라서 바울은 "우리가 판단을 받는 것은 주께 징계를 받는 것이니 이는 우리로 세상과 함께 정죄함을 받지 않게 하려 하심이라"고 말했다(고전 11:32).

바울이 주의 만찬을 영적 능력을 수반하는 영적 식사로 인식한 것은 1세기 세계에서 너무나도 당연한 사고방식이다. 비록 우리가 살고 있는 세계와는 거리가 멀지만, 바울의 비전은 여전히 도전장을 내밀고 있다. 바울이 이보다 더 분명하게 주의 만찬을 사회적 지위 평가에 대한 급진적 개혁으로 본 곳은 그 어디에도 없다. 바울에게 사회적 명망이 높은 사람들은 사회적으로 덜 가치 있게 여겨지는 사람들보다 더 중요하지 않았다. 바울이 볼 때 주님의 만찬에 극도로 차별화된 사회 계층 체계를 도입하는 것은 초기 예수 추종자들이 선포한 신의 변화시키는 능력과 완전히 어긋난 일이었다. 그들이 모시는 주의 만찬이란 사회적 지위에 관해 그들이 물려받은 행동 양식이 그들의 전능하신 신의 가치 체계와 대립된다는 사실을 "그가 오실 때까지" 증언해야 하는 것이었다.

더 멀리 내다보면서

결론

더 언급될 수 있는 것들이 있다. 앞 장에서 각각 연구한 내용은 입문 성격을 넘어, 베수비오 마을의 관련 자료들을 ① 고대의 다른 물질적 유물, ② 그리스-로마 문헌에 나타난 관련 주제에 대한 고대의 토론, ③ 초기 기독교 작가들이 쓴 다양한 본문과 연관시켜 논의를 전개할 수도 있었을 것이다. 또한 추가 조사를 통해 연관된 다른 주제를 탐색하고 복잡성을 고려할 수 있었을 것이다. 이렇게 범위를 확대함으로써 미묘한 차이와 깊이를 더 살릴 수도 있지만, 그러다 보면 앞서 제시한 입문용 개요의 성격이 저해될 수도 있다. 그렇기 때문에 더 많은 것을 말할 수 있지만 적어도 이 책의 목적을 위해서는 충분한 내용을 언급했다고 본다.

앞에서 우리는 초기 예수 운동에 나타난 사도적 목소리를 들었다. 그 목소리는 그들의 신학적 세계관이 지닌 혁신적인 창조성을 강조하는 관점을 명확하게 표현했다. 그들의 담론에는 그리스-로마 세계에 일반적으로 정착된 관점 및 관행에 반하는 특정한 이념적 약속들이 내재되어 있었다. 이와 더불어 우리는 초기 기독교 담론과 실천적 행위의 일부 형태가 어떻게 1세기 정황과 일반적으로 일치했는지를 살펴보았다. 그리고 사도들의 새로운 세계관이 1세기 세계에서 어떻게 구체화되어야 하는지를 놓고 때때로 서로 다른 견해를 지녔다는 사실을 확인했다.

더 말할 수 있는 내용 중 일부는 베수비오 마을과 초기 예수 운동 사이의 접촉면을 넘어선다. 예를 들어 폼페이에 거주했던 유대인들이 있지만 우리는 그 맥락에 처한 그들에 대해 아는 바가 거의 없기 때문에 이 책에는 그들에 관한 이야기가 거의 없다. 물론 최초의 예수 추종자들이 부활한 주를 숭배하는 것을 해석하면서 종종 유대 전통과 숭배 행위들에 의지했지만 그런 측면들은 우리가 살펴본 접촉면에 나타나 있지 않기 때문에, 이 책에서는 초기 기독교 문헌에 반영되어 있는 만큼의 내용이 다뤄지지 않았다. (특히 담론을 뒷받침하는 서사적 구성에 있어서 분명한 차이뿐만 아니라) 초기 기독교 메시지와 스토아 철학자들의 견해를 비교할 수 있는 부분이 있긴 하지만 스토아 철학이 베수비오 마을의 유물에 뚜렷한 영향과 흔적을 남기지 않았기 때문에 이 책에서는 스토아 철학과 초기 기독교를 비교하지 않았다.

게다가 가난한 사람들은 로마 세계 어디에나 있었고, 신약성경은 로마 세계에서 끊임없는 빈곤을 지속시킨 사회 구조와 가난한 사람을 다루는 많은 자원을 제공한다. 불행하게도 베수비오 유적은 어디서나 볼 수 있는 빈곤층에 관한 확실한 자료를 거의 보여주지 않는다. 우리는 궁핍한 사람들이 폼페이우스의 광장을 채우고 공공 건물과 신전 밖에 모여드는 모습을 상상할 필요가 있다. 누군가 그들의 곤궁한 상황에 도움을 줄 것이라는 희망을 가지고 말이다. 그들은 밤이 되면 거리나 마을 구석, 마을의 담 너머 또는 시골 들판의 불편한 잠자리에 누웠을 것이다. 그들은 이 책에서 안내자 역할을 해온 사람들의 이웃으로서 틀림없이 매우 많은 수를 차지하고 있었겠지만, 우리는 그들에 대해 거의 알지 못한다. 이곳 베수비오 도시들은 엄청나게 뜨거운 화쇄류가 분출되면서 파괴되었고, 그 결과 당시 산재해 있던 빈곤층의 취약한 세계로 들어갈 수 있는 구체적인 지점을 거의 제공하지 못하고 있다.

우리는 폼페이 인구에서 빈곤층이 차지하는 비중을 계산해내고 싶을 지도 모른다. 만약 폼페이의 빈곤층이 전체 인구의 5퍼센트에 이르고(일반적인 도시 빈곤층 비율은 그보다 높게 추정된다) 폼페이의 인구가 대략 12,000명쯤 된다고 가정하면, 폼페이에는 어느 시점에든지 대략 600명의 매우 빈곤한 사람들이 살고(혹은 죽어가고) 있었을 것이다. 심지어 그 숫자를 두 배로 늘려도 합리적인 기대치가 될 수 있다. 인구 통계에 대한 어떤 분석을 참고해도 빈곤층은 우리가 그간 살펴본 에우마키아, 마미아, 마르쿠스 노니우스 발부스, 마르쿠스 홀코니우스 루푸스, 그나이우스 알레이우스 니기디우스 마이우스, 가이우스 무나티우스 파우스투스, 마르쿠스 아리우스 디오메데스, 나이볼레이아 티케, 푸블리우스 베소니우스 필레로스 같은 저명 인사들보다 수적으로 훨씬 더 많았을 것이다. 공적 영역 내에서 의미 있는 삶을 살 수 있을 만큼의 자원을 갖고 있었던 이 사람들과는 대조적으로, 간절히 필요한 기초 자원이 부족해서 위태로운 지경에 처한 수백 명의 사람들이 있었다. 형편이 좋은 사람들이 자신들을 위한 무덤, 동상, 기념비를 짓고 있는 동안, 이들은 다른 누군가가 베풀어주는 너그러운 자선 행위에 의존하고 있었다.

우리는 폼페이의 한 그라피티를 통해 극빈자들에게 관대하지 않은 자신을 자랑스럽게 여긴 사람(나는 그 사람이 남성이라고 가정할 것이다)이 적어도 한 명은 있었음을 안다. 여기 그가 쓴 그라피티에서 발췌한 짧은 글귀가 있다. "나는 궁핍한 사람(파우페로스[*pauperos*])을 혐오한다"(*CIL*

자료 결론. 1. 이 프레스코화는 다양하게 해석되지만, 아마도 개와 함께 있는 사람이 배고픈 여행자에게 음료를 건네는 장면을 묘사한 것으로 보인다(6.9.6, MANN 9106).

4.9839b, 또한 10장에서 지적한 바와 같이 *CIL* 4.9932a의 궁핍한 자를 보라). 그라피티 전체가 보여주듯이 이 글을 쓴 사람은 궁핍한 사람을 단순히 공짜로 주는 것을 원하는 "바보"라고 생각했다. 요한계시록의 저자인 요한이 삶의 모든 영역을 잇는 연관성을 보았다면, 이 그라피티의 저자는 스펙트럼의 한쪽 끝에 서서 많은 사람들이 그 세계의 사회 시스템과 경제 구조의 부산물인 빈곤의 상황에 처할 수밖에 없었다는 점을 보지 못했다. 물론 게으른 바보들에게 무료로 무언가를 나눠주는 것은 신약성경의 가르침이 아니다. 예를 들어 바울은 일부 예수 추종자들이 다른 예수 추종자들이 베푸는 호의와 자원을 이용하고 있다는 점에 주목하면서 이런 행동을 중단해야 한다고 지시했다(살후 3:6-13을 보라; 딤전 5:3-16; 딛 1:12; 마 25:26과 비교하라). 바울은 한편으로 무감각한 게으름과 피할 수 없는 궁핍함을 구별한

반면(아래를 참조하라), 이 폼페이 그라피티의 저자는 모든 궁핍한 사람들을 싸잡아 게으른 바보로 묘사했기 때문에 이 둘의 차이를 의식하지 못한 것으로 보인다. 그라피티의 저자는 고대 사회 구조의 많은 부분에 깊이 뿌리내리고 있던 경제 시스템을 전혀 인식하지 못하고 있다. 이런 시스템은 사람들이 그 스펙트럼의 어디에 속하게 될지를 미리 결정하며 그 스펙트럼의 한쪽 끝에는 소수가 상대적인 안정성을, 다른 한쪽 끝에는 다수가 위험한 불안정성을 안고 살게 된다. 따라서 이 그라피티는 (가난한 사람들이 "그것[그들의 음식]의 값을 치러야 한다"는 비난에서 입증되듯이) 당시 저자가 자신의 경험과 사회 구조를 서로 연결시키지 못했음을 보여주며 그 결과 무지에서 진부함이, 잘난 척에서 무신경함이 드러나는 그라피티가 생겨났다.

그 그라피티에 표현된 태도는 신약성경이 보여주는 예수의 모습과는 매우 다르다. 예수는 "너희 가난한 자는 복이 있나니 하나님의 나라가 너희 것임이요"(눅 6:20)라고 말한 것으로 기억된다. 이와 반대로 그는 부자에게는 "너희 소유를 팔아 구제하여라"고 명령했다(눅 12:33). 또 다른 경우에 그는 엘리트 관리에게 "네게 있는 것을 다 팔아 가난한 자들에게 나눠 주라. 그리하면 하늘에서 네게 보화가 있으리라"(눅 18:22)고 권면했다. (1세기 유대 지방 사람들 사이에서 널리 알려진 문헌인) 집회서에는 "가난한 자"가 "부자들에게 혐오스러운 자"(13:20)로 나타나지만, 예수 전승에 등장하는 부자들은 종종 "이상하게 감동"되어 가난한 사람들에 대한 책임을 인식하게 된다. 예를 들어 한 부유한 사람이 자기 재산의 절반을 가난한 사람들에게 주고 나머지 재산은 그가 사취한 자들에게 배상하겠다고 약속했을 때, 예수는 "오늘 구원이 이 집에 이르렀다"고 선언했다(눅 19:8-9). 예수는 상당한 불편과 위험을 무릅쓰고 자신의 재산을 사용해서 어려움에 허덕이는 낯선 이를 돌본 사마리아인에 대한 이야기를 했다(눅 10:29-37). 그가 어리석은 부자에 대해 남긴 또 다른 이야기(우리가 살펴본 폼페이의 그라피티 작가처럼 가난한 자들을 바보라고 생각하는 것과는 다른)에 등장하는 부자는 자신의 소유물을 (어려운 자들과 나누지 않고, 눅 12:13-21에서 암시하는 것처럼) 저장해 둔 일로 인해 어리석다는 판단을 받는다. 부자와 가난한 사람을 대조하는 다른 이야기에 나오는 부자는 결국 주변의 어려운 사람들을 돌보지 않은 결과로 지옥에서 고통을 당한다(눅 16:19-31). 그리고 예수는 같은 이야기를 통해 "모세와 예언자"가 쓴 성경은 가난한 사람들의 요구가 간과되지 않는 맥락에서 적절하게 해석되어야 한다고 제안했다(눅 16:29). 바로 이 예수는 다음과 같은 말로 자신의 사역을 요약했다. "주의 성령이 내게 임하셨으니 이는 가난한 자에게 복음을 전하게 하시려고 내게 기름을 부으시고…"(눅 4:18; 마 11:2-6 그리고 눅 7:18-23과 비교하라).

신약성경의 본문과 그 외의 다른 문헌들은 예수 추종자들이 종종 취약 계층의 이야기에 대해 이런 개방성을 유지하려고 했던 것을 반복적으로 보여준다(10, 11, 14장에서 이 점을 입증하기 위해 노력했으며, 여기서 더 다룰 수 없는 내용이 여전히 더 많이 남아 있다). 이처럼 예수의 초기 추종자들은 자신들을 위해 "가난하게 되신" 이와 동일한 태도를 취하고 있었다(고후 8:9). 뿐만 아니라 그들은 신생 예수 운동의 첫 번째 공회의(아마도 48년에 개최되었을 것으로 보인다)의 결정을 수용하고 있었는데, 그 회의에서는 "가난한 사람들을 기억하라"는 권고가 모든 형태의 고유한 기독교 정체성 안에서 예수 숭배자들의 실천적 행위를 특징짓는 것으로 합의되었다(갈 2:10 참조).

그러므로 예수를 따르는 사람들은 우리가 방금 살펴본 폼페이의 그라피티 작가가 드러낸 소극적인 편견을 알아차렸어야 했다. 폼페이 내부의 다른 사람들은 예수의 정서와 훨씬 더 일치하는 견해를 가지고 있었다. 예를 들어 율리아 펠릭스의 컨트리 클럽에 있는 프레스코스화는 폼페이 광장에서 쉽게 볼 수 있는 평범한 삶의 장면들을 묘사한다. 그 그림 중 하나는 한 여성이 이 광장에서 빈곤한 거지를 위해 재정적 도움을 주는 모습을 보여준다(자료 결론. 2를 보라). 이런 행동은 오직 이 여자의 딸이나 노예만 볼 수 있는 행동

자료 결론. 2. "중산층" 여성과 그녀의 딸 또는 노예로부터 도움을 받는 빈곤한 남자를 묘사한 폼페이의 프레스코화 (MANN 9059, 출처: 2.4에 위치한 율리아 펠릭스의 컨트리 클럽, "이미지 출처" 참조). 이 프레스코화는 현재 보존 상태가 좋지 않다.

이기 때문에 (우리가 예상했던 것과는 다르게) 사실상 지위 상승을 추구하려는 의도와는 무관해 보인다. 오히려 이 프레스코화는 보기 드문 경우이긴 하나 도움이 필요한 사람에게 베푸는 단순한 인도주의적 관심을 묘사한 것일 수도 있다(어쩌면 이 여자는 딸에게 너그러운 삶을 사는 방법을 가르치고 있었을지도 모른다.) 이런 태도는 인근의 다른 그라피티에 나타난 빈곤층에 대한 혐오적인 표현과는 전혀 다른 것이다.

그 프레스코화에 나타난 가난한 거지에 대한 묘사를 참고하면 고대 사회의 궁핍함을 엿볼 수 있다. 비록 베수비오 도시의 물질적인 유적을 통해서는 1세기 가난한 사람들의 사례를 좀처럼 확인하기 어렵지만, 신약성경은 당시 세계가 우리 눈앞에서 살아 움직이는 것처럼 생동감 있게 이야기를 전달한다. 프레스코화를 그린 화가가 폼페이의 광장에서 가난한 사람들에게 자선을 베풀고 있는 한 여인을 묘사한 것과 거의 비슷한 시점에 예수의 초기 추종자 중 일부는 비슷한 자선을 행하기 위해 함께 행동하고

있었다(예를 들면 행 4:34-35; 20:35; 엡 4:28; 딤전 6:18; 딛 3:14; 요일 3:17). 일부 가난한 사람들은 관계적 혁신이 일어나고 있던 생기 넘치는 예수 집단에서 그들의 생활에 필요한 새로운 재원을 찾고 있었다. 이런 관계적 혁신은 그들이 주로 부르는 자에게 순종하며 살기로 작정한 날부터 어떻게 살아야 하는지를 찾아나가는 가운데 실험적인 형태로 종종 등장했다.

만약 우리가 예수 숭배자들에게 인간의 의미를 찾는 데 기여한 바를 간단히 요약해달라고 요청한다면, 그들은 아마 다음과 같은 말을 했을 것이다. "당신의 신들을 다시 생각하며, 당신의 신분과 지위를 다시 검토하고, 당신과 고통당하는 사람들과의 관계를 다시 소생시키라." 이 세 가지 서로 연결된 신념은 로마 세계의 이념에 새로운 자원을 주입하는 데 도움을 주었으며, 때때로 예수 추종자들이 공동체 관계 안에서 새롭고도 담대한 모험적인 시도를 할 수 있도록 해주었다. 아마도 이런 신념들은 21세기의 인간의 삶, 의미, 번영의 건강한 형태에 관한 이야기에서도 제 역할을 할 수 있을 것이다.

부록

생각해볼 문제들

이 책의 4-19장에 제시된 문제들을 더 깊이 연구할 수 있도록 각 장마다 3개씩 총 48가지의 "생각해볼 문제들"을 여기에 모아두었다. 이 질문들은 각 장에서 깊이 다룰 수 없었던 다른 초기 기독교 문헌들에 대한 독자들의 관심을 끌어내기 위한 것으로서, 개인적인 이해나 그룹 토론에 도움을 줄 만한 것들이다.

4장: 신들과 신전들

1. 베드로전서 2;12, 20, 3:9-11, 15-17, 4:19을 읽고 깊이 생각해보자. 1세기의 예수 추종자들이 비기독교 사회 안에서 처신하는 방법에 대해 이 본문은 어떤 조언을 주는가?

2. 우리는 바울이 고린도전서(3:16-17; 6:19도 보라)와 고린도후서(6:16)에서 그리스도인 공동체를 가리켜 "하나님의 성전"이라고 말하는 것을

살펴보았다. 고린도전서 3:16-17을 다시 읽으면서 "너희"라는 단어가 항상 복수형이며 "성전"이라는 단어는 항상 단수형임을 주목하라. 거기에 중요성이 있는가?

3. (행 17장에서) 바울은 아테네의 철학자과 이야기하면서 자신이 "알지 못하는 신에게"라고 새겨진 제단을 보았다고 언급했다(17:23). 왜 고대 도시에는 그런 제단이 있었을까? 그것은 같은 도시의 신전 안에 있는 다른 제단들과 관련하여 어떤 방식으로 운영되었을까? 바울이 "온 도시가 우상으로 가득 차 있는 것을 보고 괴로워했다"고 하는데(17:16), 당시 아테네 사람들은 그들이 보유한 신들의 조각상(우상들)을 가리켜 "금이나 은이나 돌에다 사람의 기술과 고안으로 새긴 것들"(17:29)이라고 말한 그의 생각에 동의했을까? 아니면 그것을 바울의 수사학적인 과장법으로 여겼을까? 바울의 어떤 세계관이 그로 하여금 "알지 못하던 시대에는 하나님이 간과하셨거니와 이제는 어디든지 사람에게 다 명하사 회개하라 하셨"다고 선포하도록 만들었을까(17:30)?

5장: 제사와 죄

1. 바울은 그가 기록한 편지에서 제물 언어의 프리즘을 통해 다양한 방식으로 그의 담론을 여과한다.

- 그는 빌립보서 2:17에서 자신을 제물로 묘사한다. "만일 너희 믿음의 제물과 섬김 위에 내가 나를 전제로 드릴지라도 나는 기뻐하고 너희 무리와 함께 기뻐하리니."

- 때로는 빌립보서 4:18처럼 그가 세운 공동체가 그의 사역을 돕기 위해 재정적으로 지원한 것을 제물로 묘사한다. "이는 받으실 만한 향기로운 제물이요 하나님을 기쁘시게 한 것이라."
- 때때로 로마서 15:16처럼 복음으로 개종시킨 이방인 예수 추종자들을 제물이라고 묘사한다(5장에서 언급됨).

왜 바울은 도시에 거주하는 예수 추종자들에게 보내는 편지에서 이렇게 다양한 방법으로 제물의 이미지를 제시하고 있을까?

2. 요한복음에 따르면 세례 요한은 예수를 보았을 때 다음과 같이 말한다. "보라, 세상 죄를 지고 가는 하나님의 어린 양이로다"(1:29). 예수가 "하나님의 어린 양"이라는 상징적 표현은 어떤 이유로 예루살렘 너머의 도심지에서 이루어지는 제사 행위보다 예루살렘에 기반을 둔 유대 지방 사람들의 제사 제도와 더 관련이 있을까? 세례 요한의 선언에 대해 에피쿠로스주의자들은 어떻게 생각할까?

3. 기도는 그리스-로마의 신들에게 드리는 제사에서 중요한 부분으로서, 제물을 더 만족스럽고 효과적으로 만들었다. 로마 세계의 사람들은 신약성경의 일부 본문을 친숙하게 느꼈을지도 모른다. 예를 들어 야고보서의 다음 본문을 생각해보자.

믿음의 기도는 병든 자를 구원하리니 주께서 그를 일으키시리라. 혹시 죄를 범하였을지라도 사하심을 받으리라. 그러므로 너희 죄를 서로 고백하며 병이 낫기를 위하여 서로 기도하라. 의인의 간구는 역사하는 힘이 큼이니라

(5:15-16).

이와 관련된 로마서 15:30, 에베소서 6:18, 빌립보서 4:6, 베드로전서 3:12도 생각해보라.

6장: 평화와 안전

1. 6장에서 언급된 것처럼, 누가복음은 "내가 세상에 화평을 주려고 온 줄로 아느냐? 내가 너희에게 이르노니 아니라. 도리어 분쟁하게 하려 함이로라"는 예수의 말을 기록한다(12:51). 마태는 다음과 같이 기록하고 있다. "내가 세상에 화평을 주러 온 줄로 생각하지 말라. 화평이 아니요 검을 주러 왔노라"(10:34). 로마가 전파한 제국주의 통치 비전과 관련하여 1세기 도심지에서 이런 진술이 과연 어떻게 들렸을지, 올바른 시각과 예리한 통찰력을 갖고 생각해보자. 부활의 능력에 대한 이야기와 연관될 때 그런 진술들이 어떤 반응을 불러일으켰을까?

2. 요한복음은 예수가 다음과 같이 말했다고 기록한다.

> 평안을 너희에게 끼치노니 곧 나의 평안을 너희에게 주노라. 내가 너희에게 주는 것은 세상이 주는 것과 같지 아니하니라.···이것을 너희에게 이르는 것은 너희로 내 안에서 평안을 누리게 하려 함이라. 세상에서는 너희가 환난을 당하나 담대하라. 내가 세상을 이기었노라(14:27; 16:33).

예수가 추종자들에게 남긴 평화와 그의 추종자들이 "이 세상에서" 기다리고 있는 시련 사이에는 어떤 관계가 있을까? 이와 관련하여 베드로전서 4:12-19도 읽어보라.

3. 에베소서 2:14-18에 따르면,
   평화에 장애가 되는 것은 무엇인가?
   평화 속에서 하나가 된다는 것은 무엇인가?
   평화의 진정한 목적은 무엇인가?

7장: 게니우스와 황제

1. 바울은 빌립보서 1:27에서 "너희가 한마음으로 서서 한 뜻으로 복음의 신앙을 위하여 협력"한다는 소식을 듣게 될 것이라고 기록한다. 7장에 요약된 개념과 관련하여 "한 영으로"가 무슨 뜻인지를 설명해보자. 일부 성경 번역에서는 "한 영으로"(in one spirit)라는 단어를 번역할 때 대문자 S를 사용한다. 그 해석에서 말하는 공동체의 영(또는 공동체의 "한 마음")이라는 개념이 성령과 어떻게 관련되는가? 이와 관련하여 고린도전서 12:13과 에베소서 4:4도 고려해야 한다.

2. 고린도전서 5:3-5을 읽어보라. 여기서 바울은 죄를 범하여 공동체 사이에서 혼란을 야기한 남자를 고린도에 있는 신도들이 어떻게 징계해야 할지를 설명하고 있다. 7장에 요약된 개념들이 바울이 묘사한 바울 자신의 영과 문제가 되고 있는 그 남자의 영을 분명히 설명할 수 있을까? 또한 골로새서 2:5에 나타난 바울 자신의 영에 대한 묘사를 보라.

3. 요한복음 19:15에서 우리는 예수의 운명을 놓고 유대인의 대제사장들과 예루살렘의 로마 총독이 나눈 대화를 읽었다. "그들이 소리 지르되 '없이 하소서! 없이 하소서! 그를 십자가에 못 박게 하소서.' 빌라도가 이르되 '내가 너희 왕을 십자가에 못 박으랴?' 대제사장들이 대답하되 '가이사 외에는' 우리에게 왕이 없나이다 하니." 19:16에서 이 이야기는 어떻게 계속되는가? 그 구절에 기록된 빌라도의 행동은 그가 대제사장들로부터 정치적 충성 맹세를 이끌어내기 위해 그 상황을 조작했을 수도 있다는 것을 암시하는가?

8장: 신비와 지식

1. 바울은 "하나님의 신비"가 무엇이라고 생각하고 있는가, 그리고 그것은 어떤 방식으로 드러나는가? 고린도전서 2:1-16에 나타난 그의 주장을 찾아보라. 여기서 그는 "우리가 그리스도의 마음을 가졌느니라"는 주장으로 끝을 맺는다. 이 모든 내용이 바울이 13:2에서 다음과 같이 말한 것과 어떻게 연관될 수 있는지 생각해보라. "내가…모든 비밀과 모든 지식을 알고 또 산을 옮길 만한 모든 믿음이 있을지라도 사랑이 없으면 내가 아무 것도 아니요."

2. 당신이 1세기 도심지의 거주민이라고 상상해보라. 만일 당신이 바쿠스 의식이 어떤 것인지 잘 알고 있다면 요한복음 2:1-11에서 예수가 물을 포도주로 바꾼 이야기를 어떻게 이해하고 받아들이겠는가? 그 이야기를 모두 읽고 대조점과 공통점에 대해 설명하라. 그다음 에베소서 5:18-20도 이와 같은 방식으로 설명해보라.

3. 베드로전서 4:3-5을 읽어보라. 저자가 "이방인들이 즐겨 하는 일"을 설명할 때 나열하는 항목 중 바쿠스 기념 의식과 겹치는 항목은 몇 가지인가? "종말 신학"(end-time theology)은 예수 추종자들에게 기대되는 생활 양식에 관한 베드로의 가르침을 어떻게 뒷받침하고 있는가? 동일한 질문을 로마서 13:11-14에도 적용해보라.

9장: 죽음과 삶

1. 당신이 1세기 도시의 거주민이라고 상상해보라. 만약 당신이 신비의 신을 숭배하고 있다면 다음 구절을 어떻게 들을 것인가? "하나님이 자기의 독생자를 세상에 보내심은 그로 말미암아 우리를 살리려 하심이라"(요일 4:9). (우리가 5장에서 논의한 것처럼) 에피쿠로스주의자들은 이런 주장에 대해 어떻게 반응하겠는가?

2. 이시스가 오시리스가 살해되었을 때 상실감과 슬픔을 겪었기 때문에, 이시스 숭배자들은 그녀가 자기들의 슬픔과 고통을 이해할 수 있다고 여겼다. 이런 배경에서 히브리서 4:14-16을 읽고 이 구절이 이집트 신들과 관련하여 논쟁의 여지가 있을 가능성을 고려해보라.

3. 당신이 1세기의 예수 숭배자가 되어 요한복음 11:1-53의 나사로 이야기를 이시스 숭배자에게 설명한다고 생각하고 해석해보라. 그것은 어떤 면에서 이시스에 대한 당신의 이해와 일치하는가? 그리고 어떤 점에서 다른가?

10장: 명성과 인격

1. 고린도전서 1:10-17에서 바울은 고린도의 예수 추종자들 사이에 존재하는 다툼과 분열의 문제를 제기한다. 그는 1:18-2:16에서 그리스도 안에 있는 신적 지혜에 초점을 맞춘 신학적 렌즈를 통해 그런 사회적 문제를 바라본다. 1:18-2:16에 나타난 바울의 정교한 신학적 분석과 야고보서 3:14-18에 있는 "지독한 시기심과 이기적인 야망"에 대한 간단한 조언을 비교해보라. 두 본문에는 사회적 명성에 대한 그들의 담론에서 어떤 공통점이 있는가? 그들은 예수 추종자들의 공동체 안에서 인격의 어떤 측면을 장려하려고 하는가?

2. 고린도전서 1:19-21 및 2:6-8을 읽어보라. 바울은 이 본문을 통해 단순히 이성을 사용하는 일에 도전한 것은 아닐 것이다(그는 다른 곳에서는 예수 추종자들이 이성을 잘 이용하기를 원한다). 오히려 그의 언급은 특정한 사고방식, 즉 특정한 종류의 "지혜"에 부합되게 이성을 사용하는 데 반대하는 것으로 보인다. 그런 사고방식은 이 시대의 통치자들과 그들을 지원하는 조직을 지지하며 그것이 지닌 기만적인 힘 속으로 빠져들도록 다른 사람들을 유혹한다. 이 시대의 통치자들은 권력을 유지하기 위해 어떤 "지혜"를 영속시키는가? 하나님의 지혜와 사회적으로 권력을 지닌 사람의 지혜는 어떻게 다른가?

3. 디모데전서의 저자는 다스리는 장로들을 존경할 자로 여겨야 한다고 생각했다(5:17). 5:19-22에 따르면 지도자가 자신의 품위를 떨어뜨리는 행동을 할 경우 어떤 절차를 따라야 하는가?

11장: 돈과 영향력

1. 만약 시민 후원자들이 지역 사회에 "선물"을 주는 모습으로 인식되었다면, 궁극적인 신적 "선물"과 관련된 "좋은 소식"은 그리스-로마 세계의 도심지에 사는 사람들에게 어떻게 들렸을까?

2. 마가복음 12:41-44에 나오는 가난한 과부의 이야기를 읽어보라. 이 이야기에 등장하는 힘 있는 인물들과 대조를 이루는 그 여자에 관한 "미시 내러티브"를 가지고 예수는 무엇을 하는가? 그리고 그것이 "무기와 한 남자" 대신 "축융업자와 부엉이"를 높이 칭송하는 폼페이의 그라피티와 어떻게 연관될 수 있을까?

3. 고린도전서 16:1-4에서 바울은 예수 추종자들을 향해 (그가 롬 15:26에서 칭하는 것처럼) "예루살렘에 사는 성도들 가운데 가난한 사람들"을 위해 헌금을 보아달라고 격려한다. 고린도전서 16:2이 대상으로 삼는 독자가 누구인지 주목하라. 과연 바울은 로마 세계에서 스데바나 같이 "중위 그룹"에 속하는 비교적 부유한 사람들에게 이 계획에 대한 주도권을 부여하고 있는 것인가? 아니면 바울은 다른 사회 경제적 지위를 가진 이들에게 경제적 지원을 위한 계획의 책임을 부여하는가? 이 계획에서 누구의 돈이 가장 중요하며 그 이유는 무엇인가?

12장: 읽고 쓰는 능력과 사회적 지위

1. 요한복음 7:14-15을 읽고 사회적 지위에 대한 경쟁의 관점에서 이 본문의 중요성을 생각해보라. "배움"은 그 경쟁에서 어떤 작용을 하는가?

2. (아마도 3세기 초반에 요한복음에 추가된 것으로 보이는) 요한복음 8:7-8을 읽어보라. 이 본문의 독자들은 예수가 무엇을 썼을지 자주 생각한다. 예수가 손가락으로 뭘 했다고 상상해야 하는가?

3. 사도행전 22:3-5에 기록된 바울의 초기 삶에 관한 누가의 묘사를 읽어보라. 그 본문을 통해 바울이 자신의 언어 능력과 받은 교육을 소개하는 과정에서 어떤 뉘앙스가 포착되는가?

13장: 싸움과 법정

1. 갈라디아서 5:26과 야고보서 4:1-2을 읽으라. 바울과 야고보는 어떤 경쟁이나 다툼이 특정한 도덕적 품성에서 나온다는 데 동의한다. 그 도덕적 품성은 무엇이며, 왜 그런 종류의 품성이 적대적인 결과를 야기할 수 있는가?

2. "또 '네 이웃을 사랑하고 네 원수를 미워하라' 하였다는 것을 너희가 들었으나 나는 너희에게 이르노니 너희 원수를 사랑하며 너희를 박해하는 자를 위하여 기도하라. 이같이 한즉 하늘에 계신 너희 아버지의 아들이 되리니…"(마 5:43-45). 이 명령은 산상수훈의 일부로서, 여기서 예수

는 비슷한 취지의 다른 말을 남긴다(5:38-42). 신학자들은 이런 급진적인 말들을 다양한 방법으로 해석해왔다. 예수님의 급진적인 선언이 갖는 유익한 힘에 관해 당신은 어떻게 생각하는가? 다른 해석이 지닌 장점을 평가하기 위해 어떤 수순을 밟을 수 있는가?

3. 누가복음 21:12-19에서 예수는 "왕들과 총독들"의 비호를 받는 고발 제도가 잘못되었다고 묘사한다. 그 본문이 어떻게 사회를 보는 대중의 시각과 시민 범죄자들에 대한 기소를 묘사하고 있는지 생각해보라. 이 것이 히브리서 13:3을 조명하는 데 어떤 도움을 주는가?

14장: 사업과 성공

1. 히브리서의 저자는 다음의 두 부류를 대조한다. ① "돈에 대한 사랑"을 표현하는 사람들. ② 가지고 있는 것에 만족하며 "주는 나를 돕는 이시니 내가 부서워하지 아니하겠노라"고 말하는 사람들(13:5-6).
   히브리서 저자가 보기에, 이 두 가지 유형의 삶 가운데 어느 것이 더 안전한가? "만족"을 지닌 사람이 "다른 사람이 내게 어찌하리요?"라고 말한다면 그것은 무슨 뜻인가? 이것은 누가복음 12:32-34에 나오는 예수의 말과 어떻게 비교되는가? 또는 빌립보서 4:10-13에 나타난 바울의 말과 어떻게 비교되는가?

2. "돈에 대한 사랑으로부터 당신의 삶을 자유롭게 하라"는 초기 기독교의 권고에 비추어 볼 때(히 13:5; 딤전 6:6-10을 보라), 초기 예수 숭배자들은 사도행전 4:32-5:11에 나오는 아나니아와 삽비라에 대한 이야기를

듣고 어떤 생각을 했을까? 이 모든 것이 만족과 무슨 상관이 있는가?

3. 사도행전 16:16-24의 이야기(가령 돈벌이에 이용된 사람의 정체, 사업가들과 사도들의 반응)가 14장에 제시된 문제와 어떻게 비교될 수 있는지를 생각해보라.

15장: 가정과 노예

1. ① 마태복음 18:23-27에 등장하는 굽실거리는 가정 관리인 노예와 ② 18:28-31에 묘사된 상황을 비교하라. 두 번째 시나리오는 누군가 약간의 힘을 움켜잡게 되었을 때 어떤 일이 일어나는지에 관해 무엇을 시사하는가? 당신은 18:32-35에 설명된 이야기의 결말을 어떻게 이해하는가?

2. ① 마태복음 24:45-47에 묘사된 비교적 건강한 상황에 있는 가정 관리인 노예와 나머지 가정 노예들(또한 눅 12:42-44), ② 마태복음 24:48-51(또한 눅 12:45-48)에 묘사된 건강하지 못한 상황을 대조하라. 두 번째 시나리오는 누군가 약간의 힘을 얻었을 때 어떤 일이 일어나는지에 관해 무엇을 시사하는가? 이것은 "정당하고 공정한" 것에 대한 초기 그리스도인들의 태도에 대해 무엇을 시사하는가?

3. 로마 세계의 노예들은 "노예도 자유인도 없다"는 메시지에 특별한 매력을 느꼈을 것이다. 그 메시지를 들었을 때 그들은 어떤 기대를 품게 되었을까? 그리고 디모데전서 6:1-2이 이런 기대를 어떻게 충족시켰

을까?

16장: 가족과 유대 관계

1. 로마 세계에 살던 도시 거주민 대부분은 유대나 갈릴리에서 온 바리새
   인을 만날 일이 별로 없었다. 가족의 의무와 관련하여 마가복음 7:9-13
   이나 마태복음 15:1-6에 묘사된 바리새인의 이야기를 읽은 사람들은
   바리새인들을 어떻게 생각했을까?

2. 기독교 사도들이 펼친 담론의 이상적인 가치가 로마 세계의 현실과 만
   날 때마다 가치관이 충돌하곤 했다. 히브리서 13:4은 결혼에 관한 내용
   및 그리스-로마 세계의 다른 신들과 관련하여 기독교 복음에 나타난
   신에 관한 내용이라는 측면에서 그 시나리오에 어떤 영향을 미치는가?
   데살로니가전서 4:1-8에 관해서도 같은 점을 생각해보자.

3. 디도서 2:3-5은 "하나님의 말씀이 비방을 받지 않도록" "나이 많은 여
   자"들을 향해 그들의 행동을 "경건"하게 하라고 지시한다. 여성을 위
   한 경건한 행동은 구체적으로 남편과 아이들을 사랑하고, 절제하며, 정
   숙하고, 가정을 잘 관리하는 사람이 되며, 친절하고, 남편에게 복종하는
   것이다. 만일 루크레티우스 프론토가 그런 기록을 남겼다면 그 목록은
   어떻게 달라졌을까? 디도서 2:6-8은 "젊은 남자들"을 향해 모든 일에
   "스스로 자제하라"고 지시한다. 여기에는 선행을 하고, 진실하며, 진지
   하고, 신뢰할 수 있는 말을 하는 것들이 포함된다. 루크레티우스 프론토
   가 그것을 썼다면 이 목록은 어떻게 달라졌을까?

17장: 신앙과 실용주의

1. 요한1서의 저자는 영원한 삶과 죄에 대한 다섯 장의 글을 "너희 자신을 지켜 우상에게서 멀리하라"(5:21)는 단 하나의 간략한 가르침으로 끝맺는다. 이방인의 가정에서 노예로 일하는 예수 추종자들은 어떤 면에서 그 가르침의 현실성에 대해 더 알기 원했을까? 혹은 이방인 가장과 결혼한 후 예수 추종자가 된 여성의 경우는 어떠한가?

2. 몇몇 초기 기독교 문헌을 보면 개종은 온 집안에서 일어난다. 예를 들어 고린도전서 1:16(스데바나와 그의 가정), 사도행전 16:11-15(루디아와 그녀의 가정), 사도행전 16:25-34(간수와 그의 가정), 사도행전 18:8(그리스보와 그의 가정)을 읽어보라. 이런 개종 모델은 1세기에 어떤 이점과 단점을 갖고 있었을까? 그리고 바울이 노예 오네시모의 영적인 "아버지가 되었기" 때문에 그가 "내 아들"이 되었다고 밝힌 빌레몬서 10절의 의미를 생각해보라. 이는 오네시모가 예수 추종자였던 주인 빌레몬의 집에 살 때 예수 숭배를 받아들이지 않았음을 시사하는 것일까?

3. 고린도전서 14:34-36은 "여자가 교회에서 말하는 것은 부끄러운 것"이니 "여자는 교회에서 잠잠하라"고 말한다. 많은 학자들은 이 구절을 후대에 필사자들이 삽입한 부분이라고 간주하고 있는데, 그럴 만한 이유가 있다. 그 이유를 여기서 살펴볼 수는 없지만, 잠깐 관련된 이야기를 하자면 일부 고대 문헌에는 14:34-36에 그 구절들이 나타나는 반면 다른 고대 문헌에서는 14:40 이후에 그 구절들이 등장한다. 이런 종류의 위치 변동은 어떤 필사자가 사본 여백에 첨언한 글이 후대의 어떤

필사자에 의해 원문에 삽입되었다가 다시 다른 후대의 필사자에 의해 다른 위치로 옮겨졌음을 보여주는 신호다.

고린도전서 14:34-36을 다른 두 본문과 비교하면서 이 까다로운 문제에 대해 생각해보라.

① 고린도전서 11:1-16에서 바울은 그리스도인 공동체 내에서 여성들이 정기적으로 소리를 내어 예언한다고 추정하고 있다.
② (아마 바울 이후 한두 세대가 지난 다음 작성된) 디모데전서 2:11-15에 나타난 저자의 논의는 여성들이 어떻게 침묵하고, 출산으로 그들의 구원을 표현해야 하는지에 관한 것이다.

만약 고린도전서와 디모데전서가 수십 년의 간극을 두고 다른 작가에 의해 작성된 기록이라면, 고린도전서 14:34-36은 누구의 목소리와 더 일치할까?

18장: 영적 세력과 보호

1. 당신이 마가복음을 읽는 1세기의 독자라고 상상해보라. 마가복음 3:13-19(귀신을 내쫓는 능력을 받은 제자들의 소명) 뒤에는 곧바로 3:20-27(예수의 초인적인 능력)이 나오는데, 이에 입각하여 마가복음 3:13-19의 중요성을 해석하라. 이 서술 순서가 초기 기독교 운동의 사도적 인물들이 보인 기적적인 능력을 해석하기 위한 렌즈로서 어떤 준거의 틀이 되는가?

2. 사도행전 19:19을 보면, 에베소 사람들은 초기 기독교 운동의 강력한 메시지를 듣고 다음과 같은 행동을 한다. "마술을 행하던 많은 사람이 그 책을 모아 가지고 와서 모든 사람 앞에서 불사르니 그 책 값을 계산한즉 은 오만이나 되더라." 이 본문은 로마 세계에서 마술 행위가 지닌 중요성에 대해 무엇을 시사하고 있는가? "주의 말씀이 힘이 있어 흥왕하여 세력을 얻으니라"(19:20)는 구절이 ① 사람들이 영적 세계에 대해 느끼는 불안과, ② 그들이 예수 숭배를 받아들이면서 도움이 될 것으로 기대했던 능력에 관해 우리에게 말하고 있는 것은 무엇인가?

3. 바울과 마술사가 만난 사도행전 13:4-12의 이야기를 읽어보라. 8:9-13에 등장하는 빌립과 시몬의 만남에 관한 이야기도 읽어보라. 이 이야기들이 마술사들이 악의적 목적을 위해 불러낼 수 있는 영들로 가득한 정신세계를 갖고 있는 사람들에게 미친 영향을 생각해보라. 고대 독자들은 초기 기독교 지도자들의 능력에 관한 이야기들을 어떻게 이해하고 받아들였을까?

19장: 연회와 죽은 자

1. 사도행전 10장은 경건하고 "하나님을 경외"했던 이방인 고넬료를 독자들에게 소개한다. "그가…백성을 많이 구제하고 하나님께 항상 기도하더니"(10:2). 고넬료는 환상을 보고 천사로부터 "네 기도와 구제가 하나님 앞에 상달되어 기억하신 바가 되었"다(10:4)는 말을 듣는다. "기억하신 바"(그리스어로 *mnēmosynon*)라는 단어는 신약성경에 단 한 번 더 등장하는데, 이 두 곳에 나타난 단어의 용례를 비교/대조하라. 마가복음과

마태복음은 "[예수의] 장례를 준비하기 위해" 그분의 머리에 값비싼 향유를 부은 여인을 언급하면서 "'온 천하에 어디서든지 복음이 전파되는 곳에는 이 여자가 행한 일도 말하여 그를 기억하리라'[*mnēmosynon*] 하시니라"고 기록하고 있다(막 14:3-9; 마 26:6-13).

2. 일부 고린도의 예수 추종자들은 분명히 "죽은 사람들을 위하여 세례를 받기" 시작했다(고전 15:29). 이 관습이 무엇인지 정확히 알기는 어렵지만, 아마도 세례를 통해 그리스도와 연합하지 않고 이미 죽은 다른 가족 구성원들을 위해 대신 세례를 받았을 가능성이 높다. (이는 바울이 고린도전서 7:12-14에서 언급한 것처럼 가족 내에서 거룩함이 "확산된다"는 그의 견해와 일치할 수도 있다.) 산 자와 죽은 자의 상호 연합에 대한 고대의 관점은 "죽은 자를 대신하여 받는 고린도 신도들의 세례"를 이해하는 데 어떤 도움이 될까?

3. 다음과 같은 세 가지 식사를 생각하라.

① 예수가 죽기 전 마지막으로 한 저녁 식사(눅 22:14-38, 여기서는 22:15-16): "때가 이르매 예수께서 사도들과 함께 앉으사 이르시되 '내가 고난을 받기 전에 너희와 함께 이 유월절 먹기를 원하고 원하였노라. 내가 너희에게 이르노니 이 유월절이 하나님의 나라에서 이루기까지 다시 먹지 아니하리라' 하시고."

② 엠마오로 가는 길에 두 제자와 함께한 부활 후의 식사(눅 24:13-35, 여기서는 24:30-31, 35, 귀신은 물리적인 형태의 음식을 섭취하지 않고 오직 "영적인" 영양분을 섭취한다는 점을 명심해야 한다): "그들과 함께 음식

잡수실 때에 떡을 가지사 축사하시고 떼어 그들에게 주시니 그들의 눈이 밝아져 그인 줄 알아 보더니 예수는 그들에게 보이지 아니하시는지라.…두 사람도 길에서 된 일과 예수께서 떡을 떼심으로 자기들에게 알려지신 것을 말하더라."

③ 승천한 주가 추종자들에게 약속한 식사(계 3:20): "내가 문 밖에 서서 두드리노니 누구든지 내 음성을 듣고 문을 열면 내가 그에게로 들어가 그와 더불어 먹고 그는 나와 더불어 먹으리라."

이 세 가지 식사가 사후의 기념 모임에 대한 로마 세계 사람들의 기대와 어떻게 일치하거나 벗어나는지 생각해보라.

약어 목록

AE	*Année épigraphique*, various volumes
alt.	altered
CErc	Cronache Ercolaɴesi
CIL	*Corpus Inscriptionum Latinarum*, various volumes
DADC	D'Ambrosio, A., and S. De Caro. *Un impegno per Pompei: Fotopiano e documentazione della Necropoli di Porta Nocera*. Milan: Touring Club Italiano, 1983.
EE	*Ephemeris Epigraphica*, various volumes
HG	Herculaneum Gate
ILLRP	*Inscriptiones Latinae Liberae Rei Publicae*, various volumes
LCL	Loeb Classical Library, various volumes
MANN	Museo Archeologico Nazionale di Napoli (National Archaeology Museum of Naples) inventory number
OGIS	*Orientis graeci inscriptiones selectae*. 2 volumes, ed. W. Dittenberger. Leipzig: Apud S. Hirzel, 1903–5.
OS	West Side
NG	Nucerian Gate
PGM	*Papyri Graecae Magicae: Die griechischen Zauberpapyri*. 2 volumes, ed. K. Preisendanz et al. Stuttgart: Teubner, 1973–74.
RICIS	Bricault, Laurent. *Recueil des inscriptions concernant les cultes isiaques*. 2 volumes. Paris: Diffusion de Boccard, 2005.
Tab.	plate
VAR	Arangio-Ruiz, V. "Tavolette ercolanesi (il processo di Giusta)." *Bullettino dell'istituto di diritto romano*, 3rd series 1 (1959): 223–45.

용어 해설

게니우스: 남성의 생명력. 그의 육체적 존재를 초월하는 것으로 여겨진다. 또한 특정 공간(예를 들어 이웃과 식민지)이 지닌 생명력과 관련해서도 사용된다. "**유노**"도 참조하라.

그랜드 팔레스트라: 팔레스트라는 운동, 군사 훈련, 검투사 훈련을 위해 사용되는 공개된 안뜰이다. 폼페이 원형 극장 근처에는 고고학자들이 "그랜드 팔레스트라"라고 부르는 지형물이 있으며, 그곳은 위에서 말한 기능을 비롯해 종종 현대 공원과 비슷한 여러 기능을 제공했다.

데나리우스(복수형은 **데나리이**): 일반적인 노동자가 온종일 일해서 받는 일평균 임금과 비슷한 가치를 지닌 로마의 동전(마 20:1-16)이다. 4세스테르티우스에 해당하는 가치를 지녔다. "세스테르티우스"를 참조하라.

동맹시 전쟁: 기원전 91-89년에 일어난 로마 군대와 이탈리아 도시 연합군 간의 잔인한 전쟁으로, 전쟁 결과 폼페이는 기원전 80년에 로마의 식민지가 되었다.

두오비리(단수형은 **두오비르, 두움비리**라는 복수형으로 표기하기도 함): 3년 6개월 임기의 선출직 고위급 행정관(또는 "두 남자"). 도시 시의회 회의를 주재하고 시의회의 법령이 이행되도록 감독하는 책임을 맡았다.

디아나(그리스 신화의 아르테미스): 아폴로의 여동생으로서 사냥의 신이다.

디핀티: 정치 후보를 지지하는 공적 발표와 광고로서 건물의 외벽에 그려져 있다.

라라리움(복수형은 **라라리아**): 특정 수호 영에게 제물을 바치기 위한 신당 혹은 신당들. "**라르**"도 참조하라.

라르(복수형은 **라레스**): 어떤 장소를 지키며 수호자 역할을 하는 영으로서, 가족이 거주하는 집의 수호 영이나 이웃의 수호 영이 그 예에 속한다.

레알리아: 고고학자들에 의해 발굴되어 고대 세계의 삶의 모습을 보여주는 고고학적 유물.

마르스(그리스 신화의 아레스): 전쟁의 신.

마켈룸: 생선이나 고기를 판매하던 시장.

메르쿠리우스(그리스 신화의 헤르메스): 상업과 금전적 이윤의 신.

미네르바(그리스 신화의 아테나): 올림포스의 지혜의 신(특히 전략 전술 전쟁을 지배하는 신). 카피톨리누스 언덕의 세 신 중 하나다.

바실리카: 법적 분쟁이 진행되는 법원 건물. 인접 통로에서 종종 상업이 성행되었다.

바쿠스(그리스 신화의 디오니소스): 포도주, 유쾌함, "신비"의 신.

베누스(그리스 신화의 아프로디테): (수많은 기능을 수행하는) 사랑과 성적 매력의 신이며 폼페이의 수호신 역할을 한다.

빌라: 도심지 성벽 너머에 있는 유별나게 큰 규모의 개인 주택이다. 일부는 농산물을 수확하는 용도로 만들어진 노동 저택이었고, 다른 빌라는 주로 **오티움**을 추구하는 데 쓰였으며, 이 둘을 조합한 형태도 있었다. 교외에 있는 빌라는 도심지 성벽에 더 가까이 위치해 있었고 도시 성벽 안에 있는 로마의 큰 주택과 유사한 형태다.

세스테르티우스: 1데나리우스의 1/4에 해당되는 가치를 지닌 로마 동전.

스펙타쿨라: 주로 검투사 경기를 뜻하는 라틴어.

시스트룸: 이시스 신도들이 이집트의 신을 숭배하면서 흔드는 악기.

신들의 분노(*ira deorum*): "신들의 분노"는 절박한 위협으로서 신전의 경내에서 신들에게 제물을 드림으로써 피할 수 있는 것으로 여겨졌다.

아우구스탈레스(단수형은 **아우구스탈리스**): 황제의 사제가 되는 영예를 갖게 된 사람들 그룹에 붙여진 이름이다. 대개 자유를 얻은 후 상당한 액수의 돈을 벌게 된 전직 노예들로 구성되어 있다.

아이스클라피우스(그리스 신화의 아스클레피오스): 아버지는 아폴로 신이고 어머니는 코로니스라는 인간 여성 사이에서 태어난 그리스 신화의 치유의 신이다.

아트리움: 열려 있는 중앙의 안뜰로서 다기능으로 사용된다. 상당수의 부유한 로마의 저택에서 발견되는 구조다.

아폴로: 제우스/유피테르의 아들인 그리스-로마의 신.

에로테스: 베누스와 마르스의 자손인 사랑과 성욕의 신 에로스의 작은 쿠피도들과 변형된 형태들.

영지주의: 창조 질서와 그 신을 폄하하는 렌즈를 통해 삶을 해석하고, 구원이 영혼 안

에 있는 비밀스러운 지식("그노시스")의 형태로 주어지며 이로써 그 영혼이 "천상의" 또는 영적 영역의 참된 기원을 초월할 수 있게 한다고 보는 경향을 가리킨다.

오티움: 생산적인 여가와 균형 잡힌 개인적 성장을 뜻하는 라틴어.

원형경기장: 타원형의 대형 야외 건물로 극장/경기장으로서 검투사 경기와 야수들의 싸움과 같은 "구경거리"를 관람하기 위한 경기장.

유노: 여성의 생명력으로서 그녀의 물리적 존재를 초월한다고 여겨졌다. "**게니우스**" 도 참조하라.

유노(그리스 신화의 헤라): 카피톨리누스 언덕의 세 신(로마의 카피톨리누스 언덕에서 숭배를 받은 세 신 곧 유피테르, 유노, 미네르바) 중 하나인 유피테르와 결혼한 여성 신.

유피테르(그리스 신화의 제우스): 올림포스의 주신으로, 카피톨리누스 언덕의 세 신 중 하나다.

이시스: 이집트의 유명한 신. 그녀의 신비에 입교한 숭배자들에게 현재와 사후에 누릴 수 있는 좋은 삶에 대한 기대감을 준다.

인술라(문자적으로 섬이라는 뜻, 복수형은 **인술라이**): 주거지, 상업 시설, 작업장, 공공 건물 등으로 구성된 도시의 블록(이 단어는 때로 아파트로 구성된 여러 층으로 된 건물을 지칭하는데, 이 책에서는 그 의미로 사용되지 않는다).

조영관: 선출직 시 공무원으로 일반 대중들 사이에서는 중요한 직책이지만 하급 행정 관에 불과하다. 공공 건물, 도로 관리 및 보수와 같이 도시 기반 시설을 감독하는 일을 맡았다.

조합: 마음에 맞는 목적을 위해 서로 돕고자 함께 모인 그룹.

종말론적: 시간의 정점에 관계되는, 역사의 궁극적인 끝 또는 목표("목적", 종말).

주랑: 로마 주택 내부 정원을 둘러싸고 있는 기둥이 배치된 현관.

축융업: 모직 의류를 세척하고 관리하는 사업.

카피톨리누스의 세 신: 로마 카피톨리누스 언덕에서 숭배된 세 신. 유피테르는 올림포스의 주신이었고, 그의 아내인 유노는 결혼의 신이었으며, 미네르바는 지혜의 신이었다.

컬트: 특정 개인이나 신에 대한 숭배의 한 형태로서 흔히 독특한 예배 관행 및 관심사

와 연관된 특정 집단의 정체성을 강화시킨다.

케레스(그리스 신화의 데메테르): 생명을 만들어 내는 생산성과 농업의 신이다(데메테르와 그녀의 딸 페르세포네 주변에서 신비 의식이 일어났다). 그녀의 분노는 가뭄과 기근을 불러오는 것으로 여겨졌다.

콜루멜라(복수형은 **콜루멜라이**): 인간의 머리와 몸통 모양을 따서 만든 단순한 기본 비석.

키벨레: 아나톨리아의 여성 신으로 마그나 마테르(혹은 "위대한 어머니")로 알려져 있으며, 그 사제들(**갈리**[Galli])은 대개 거세되었다.

키케로: 기원전 1세기부터 큰 영향력을 발휘한 로마의 웅변가이자 정치인.

타블리눔: 원래 이 방은 주인의 사무실 역할을 하는 공간이다. 이상적으로는 집 앞의 아트리움과 집 뒤편의 주랑 사이에 위치하며, 집을 들여다보는 행인들에게 주인의 중요성을 드러낸다. 점차 다른 기능으로 사용되면서 집안의 구조에서 차지하는 중요성이 약화되었을 수도 있다.

토가: 로마 시민인 성인 남성을 구별해주는 모직 옷.

트리클리니움: 3개의 긴 의자를 U자 모양으로 조립한 식당으로서 (보통 하나의 긴 의자에 세 사람씩 앉고) 식사하는 사람들이 왼쪽에 기댈 수 있게 하는 구조다. 의자 사이의 중앙 부분은 와인과 음식을 위한 공간이며, 사람들은 오른손을 이용하여 먹고 마신다.

파스키누스: 생명을 부여하는 보호의 영으로서 흔히 남근으로 상징된다.

파테르파밀리아: 남자 가장으로서 집안의 모든 사람에게 (이론상으로) 행사할 수 있는 권위적인 힘을 갖고 있었다.

팍스 데오룸: "신과 더불어 누리는 평화"는 신전 경내에서 신들에게 제물을 드림으로써 사람들에게 혜택을 주었다.

팍스 로마나: 로마가 제국 전체에 가져왔다고 알려진 "평화".

페나테스: 가족을 보호하는 신(**라레스**와는 달리 이동이 가능하다).

포룸: 로마 도심지의 중심 거점으로서 (시민, 상업, 법률, 종교와 같은) 다양한 기능을 위해 사용되는 여러 건물과 인접한 개방된 공공장소.

포르투나: 행운의 로마 여신.

프레스코화: 벽의 회반죽이 마르기 전에 그림을 그려서 회반죽 속에 물감이 스며들어 벽과 하나가 된 형태의 그림.

해방 노예: 노예였다가 자유인이 된 사람들은 (30세 이전에 해방된) "유니우스 라틴"을 위한 초기의 유사 시민권과 나머지 사람들을 위한 완전한 시민권이라는 두 가지 형태 중 하나를 가지고 있었다. 자유를 얻은 후에도 여전히 이전의 주인들에 대한 의무가 있었고, 노예로 태어난 남자는 도시의 치안 판사와 같은 공직을 맡을 수 없었다. 자유인이 된 여성들은 시민이 될 수 있었지만 모든 여성들처럼 투표할 수는 없었다.

황제 숭배: (로마 제국의 서민들 사이에서 성장한) 황제(또는 황제의 **게니우스**)와 황실 가문을 위한 숭배.

더 읽어볼 자료

이 책에서 논의된 폼페이 주민들의 삶의 측면을 더 깊이 살펴보고 싶은 독자들은 아래에 열거된 "폼페이에 관한 연구" 목록 첫 단락에 제시된 소개서 중 하나를 참고하면 좋을 것이다. 서론적인 성격의 자료이기 때문에 그런 측면들이 고려될 수 있는 큰 맥락들을 분명하게 표현하고 있다. 이 책의 각 장에서 언급된 이슈와 관련된 구체적인 연구는 아래의 장별 더 읽어볼 자료에서 찾아보면 된다. 나는 이 책의 주요 장에 언급된 주제에 관해 가능한 한 모든 자료를 나열하려고 노력하지는 않았다. 이 항목들은 그저 이 책 이외의 관련 출판물을 탐구하는 데 도움이 되는 출발점일 뿐이다. 영어 이외의 언어로 작성된 많은 연구 자료 또한 큰 도움이 될 것이다. (여기에 제시되어 있다고 해서 내가 반드시 그 내용에 동의한다는 뜻은 아니다.)

폼페이에 관한 연구

폼페이에 관한 가장 탁월한 개요는 Joanne Berry, *The Complete Pompeii* (London: Thames & Hudson, 2007)다. 다른 최근 저서는 다음을 보라. Mary Beard, *Pompeii: The Life of a Roman Town* (London: Profile Books, 2008; also published as *The Fires of Vesuvius: Pompeii Lost and Found* [Cambridge, MA: Harvard University Press, 2010]로도 출간되었다); Roger Ling, *Pompeii: History, Life and Afterlife* (Stroud, UK: History Press, 2009); Paul Roberts, *Life and Death in Pompeii and Herculaneum* (London: British Museum Press, 2013). 또한 Steven

L. Tuck, *Pompeii: Daily Life in an Ancient Roman City*, The Great Courses, 2010에 제시된 탁월한 DVD 강의 시리즈를 참조하라.

Alex Butterworth and Ray Laurence, *Pompeii: The Living City*(London: Weidenfeld & Nicolson, 2005)는 이 마을의 최후 25년을 탁월하게 재구성해냈다.

Andrew Wallace-Hadrill, *Herculaneum Past and Future*(London: Francis Lincoln, 2011)는 헤르쿨라네움에 대한 가장 좋은 개요를 제시한다.

보다 더 학문적인 폼페이 연구는 다음을 보라. L. Richardson Jr., *Pompeii: An Architectural History* (London: Johns Hopkins University Press, 1988); Andrew Wallace-Hadrill, *Houses and Society in Pompeii and Herculaneum* (Princeton: Princeton University Press, 1994); John J. Dobbins and Pedar W. Foss, eds., *The World of Pompeii* (London: Routledge, 2007).

폼페이의 경제적인 측면은 다음을 보라. Miko Flohr and Andrew Wilson, eds., *The Economy of Pompeii*(Oxford: Oxford University Press, 2017)는 Willem M. Jongman, *The Economy and Society of Pompeii*(Amsterdam: Gieben, 1988)가 제기한 문제에 대해 일부 중요한 평가를 제공한다. 또한 Eric Poehler, Miko Flohr, and Kevin Cole, eds., *Pompeii: Art, Industry, and Infrastructure*(Oxford: Oxbow Books, 2011)도 참조하라.

(사회 생활의 많은 부분이 그것에 기반을 두고 있는) 폼페이의 도로 체계에 관한 흥미로운 연구는 다음을 보라. Jeremy Hartnett, *The Roman Street: Urban Life and Society in Pompeii, Herculaneum, and Rome* (Oxford: Oxford University Press, 2017); Eric E. Poehler, *The Traffic Systems of Pompeii* (Oxford: Oxford University Press, 2017). 후자는 Ray Laurence, *Roman Pompeii: Space and Society*(London: Routledge, 1994)의 초기 연구를 발전시켰다. 또한 폼페

이의 주요 동서 도로를 사진으로 재구성한 Jennifer F. Stephens and Arthur E. Stephens, *Pompeii, A Different Perspective: Via dell'Abbondanza*(Atlanta: Lockwood, 2017)도 참조하라. 특히 Harriet I. Flower, *The Dancing Lares and the Serpent in the Garden: Religion at the Roman Street Corner*(Princeton: Princeton University Press, 2017)는 이 도로들의 "종교적 의미"를 다루고 있다.

초기 기독교 이해에 대한 폼페이의 적실성에 관한 일반 연구

폼페이의 예수 숭배의 존재에 관해서는 신생 증거를 바탕으로 새로운 사례를 제시하는 Bruce W. Longenecker, *The Crosses of Pompeii: Jesus-Devotion in a Vesuvian Town*(Minneapolis: Fortress, 2016)을 보라.

폼페이에 관한 연구이자 초기 기독교 이해를 위한 자료를 제공하는 Bruce W. Longenecker, ed., *Early Christianity in Pompeian Light: Texts, People, Situations*(Minneapolis: Fortress, 2016)를 보라. 이 책은 여러 학자들이 쓴 학술 논문들을 모은 것이다.

폼페이의 실물 자료를 바탕으로 로마인들을 연구한 자료는 Peter Oakes, *Reading Romans in Pompeii: Paul's Letter at Ground Level*(Minneapolis: Fortress, 2009)을 보라.

로마 세계의 초기 기독교에 관한 일반 연구

이 책에서 다룬 일부 쟁점에 대한 개요는 Paul Duff, *Jesus Followers in the Roman World*(Grand Rapids: Eerdmans, 2017)를 보라.

그리스-로마 세계의 도시 정황에서 초기 기독교에 관한 다른 연구들은 특히 다음을 보라. Wayne A. Meeks, *The First Urban Christians: The Social World of the Apostle Paul* (1983; repr., New Haven: Yale University Press, 2003); Todd D. Still and David G. Horrell, eds., *After the First Urban Christians: The Social-Scientific Study of Pauline Christianity* (New York: T&T Clark International, 2009); Luke Timothy Johnson, *Among the Gentiles: Greco-Roman Religion and Christianity* (New Haven: Yale University Press, 2009); Moyer Hubbard, *Christianity in the Greco-Roman World: A Narrative Introduction* (Grand Rapids: Baker Academic, 2010); N. T. Wright, *Paul and the Faithfulness of God* (Minneapolis: Fortress, 2013[『바울과 하나님의 신실하심』, CH 북스 역간]), 197-347, 1271-407; M. David Litwa, *Iesus Deus: The Early Christian Depiction of Jesus as a Mediterranean God* (Minneapolis: Fortress, 2014); James R. Harrison and L. L. Welborn, eds., *The First Urban Churches 1: Methodological Foundations* (Atlanta: SBL Press, 2015); James R. Harrison and L. L. Welborn, eds., *The First Urban Churches 2: Roman Corinth* (Atlanta: SBL Press, 2016); James R. Harrison and L. L. Welborn, eds., *The First Urban Churches 3: Ephesus* (Atlanta: SBL Press, 2018); C. Kavin Rowe, *One True Life: The Stoics and Early Christians as Rival Traditions* (New Haven: Yale University Press, 2016); J. Paul Sampley, ed., *Paul in the Greco-Roman World: A Handbook*, volumes 1 and 2, rev. ed. (New York: Bloomsbury T&T Clark, 2016); Steve Walton, Paul R. Trebilco, and David W. J. Gill, eds., *The Urban World and the First Christians* (Grand Rapids: Eerdmans, 2017); Robert Knapp, *The Dawn of Christianity: People and Gods in a Time of Magic and Miracles* (Cambridge, MA: Harvard University Press, 2017); Jan N. Bremmer, *Maidens, Magic and Martyrs in Early Christianity* (Tübingen: Mohr Siebeck, 2017);

Harry O. Maier, *New Testament Christianity in the Roman World* (Oxford: Oxford University Press, 2018).

콘스탄티누스 혁명 이전(주로 2-3세기) 시골에서 활동한 그리스도 인들에 관한 논의는 Thomas A. Robinson, *Who Were the First Christians? Dismantling the Urban Thesis*(Oxford: Oxford University Press, 2017)를 보라.

1장: 돌과 이야기에 담긴 인간의 의미

사람의 정체성이 지닌 핵심 측면으로서의 이야기에 관해서는 Jonathan Gotschall, *The Storytelling Animal: How Stories Make Us Human*(Boston: Houghton Mifflin Harcourt, 2012)을 보라.

베수비오의 그라피티와 비문의 표준적인 모음은 Alison E. Cooley and M. G. L. Cooley, *Pompeii and Herculaneum: A Sourcebook*(New York: Routledge, 2013)을 보라. 폼페이의 그라피티에 관한 최근 연구는 다음 문헌들을 포함한다. Kristina Milnor, *Graffiti and the Literary Landscape in Roman Pompeii* (Oxford: Oxford University Press, 2014); Peter Keegan, *Graffiti in Antiquity* (New York: Routledge, 2014); Rebecca Benefiel and Peter Keegan, eds., *Inscriptions in the Private Sphere in the GrecoRoman World* (Boston: Brill, 2016). 초기 연구에 관해서는 Helen H. Tanzer, *The Common People of Pompeii: A Study of the Graffiti*(Baltimore: Johns Hopkins Press, 1939)를 보라. 폼페이의 "사랑 비문"에 관해서는 Antonio Varone, *Erotica Pompeiana: Love Inscriptions on the Walls of Pompeii*, translated by Ria P. Berg(Rome: L'Erma di Bretschneider, 2001)를 보라.

2장: 뜨거운 열정

로마 세계의 일차적인 상품으로서의 지위에 대해서는 특히 Carlin Barton, *Roman Honor: Fire in the Bones*(Berkeley: University of California Press, 2001)를 보라.

로마 세계에서 해방 노예들과 자유인이 된 남성들의 역할의 복잡한 현상에 관해서는 Lauren Hackworth Petersen, *The Freedman in Roman Art and History*(Cambridge: Cambridge University Press, 2011); Henrik Mouritsen, *The Freedman in the Roman World*(Cambridge: Cambridge University Press, 2011)를 보라.

해방된 여성들이 지녔던 정체성의 복잡성에 대해서는 Matthew J. Perry, *Gender, Manumission, and the Roman Freedwoman*(Cambridge: Cambridge University Press, 2014)을 보라.

3장: 1세기 세계로 들어가다

일반적인 그리스-로마 도시생활에 관해서는 용감하게 "도시의 지리"를 구성하고자 시도한 J. W. Hanson, *An Urban Geography of the Roman World, 100 BC to AD 300*(Oxford: Archaeopress, 2016)를 보라.

그리스도인 인구의 증가에 관한 논의는 Keith Hopkins, "Christian Number and Its Implications," *Journal of Early Christian Studies* 6 (1998): 185-226을 보라. Hopkins의 연구는 *The Rise of Christianity: How the Obscure, Marginal Jesus Movement Became the Dominant Religious Force in the Western World in a Few Centuries*(San Francisco: HarperSanFrancisco,

1997[『기독교의 발흥』, 좋은 씨앗 역간])를 쓴 Rodney Stark의 제안과 잘 어울린다. Roderic L. Mullen, *The Expansion of Christianity: A Gazetteer of Its First Three Centuries*(Leiden: Brill, 2004)도 보라. 하지만 Thomas A. Robinson, *Who Were the First Christians? Dismantling the Urban Thesis* (Oxford: Oxford University Press, 2017)에 수록된 연구들에서 제안된 숫자들에 대한 중요한 제한도 주목하라.

"유대 지방 사람"이란 용어에 관해서는 특히 Steve Mason, "Jews, Judaeans, Judaizing, Judaism: Problems of Categorization in Ancient History," *Journal for the Study of Judaism* 38 (2007): 457-512을 보라.

폼페이의 예술과 건축에 관한 논의는 다음 문헌들을 보라. Amedeo Maiuri, *Roman Painting* (New York: Skira, 1953); Paul Zanker, *Pompeii: Public and Private Life*, translated by Deborah Lucas Schneider (Cambridge, MA: Harvard University Press, 1998); Antonella Magagnini and Araldo de Luca, *The Art of Pompeii* (Vercelli, Italy: White Star, 2010). 초기 기독교의 이해에 대한 베수비오 예술의 중요성에 내한 (낙관적이지만) 광범위한 분석은 다음 문헌들을 보라. David L. Balch, *Contested Ethnicities and Images: Studies in Acts and Art* (Tübingen: Mohr Siebeck, 2015); David L. Balch and Annette Weissenrieder, eds., *Contested Spaces: Houses and Temples in Roman Antiquity and the New Testament* (Tübingen: Mohr Siebeck, 2012).

4장: 신들과 신전들

로마 세계의 "종교"에 관해서는 Mary Beard, John North, and Simon Price, *Religions of Rome*, volume 1, *A History*(Cambridge: Cambridge University Press,

1998)와 그 책의 짝인 Mary Beard, John North, and Simon Price, *Religions of Rome*, volume 2, *A Sourcebook*(Cambridge: Cambridge University Press, 1998)을 보라. 다음 문헌들도 보라. Denis Feeney, *Literature and Religion at Rome: Cultures, Contexts, and Beliefs* (Cambridge: Cambridge University Press, 1998); Valerie M. Warrior, *Roman Religion: A Sourcebook*(Newburyport, MA: Focus, 2002)과 그 책의 짝인 Valerie M. Warrior, *Roman Religion* (Cambridge: Cambridge University Press, 2006); John Scheid, *An Introduction to Roman Religion* (Bloomington: Indiana University Press, 2003); James B. Rives, *Religion in the Roman Empire* (Hoboken, NJ: WileyBlackwell, 2006); Jörge Rüpke, *Religions of Rome* (Cambridge: Polity Press, 2007); Rüpke, *From Jupiter to Christ: On the History of Religion in the Roman Imperial Period* (Oxford: Oxford University Press, 2014); Rüpke, *On Roman Religion: Lived Religion and the Individual in Ancient Rome* (Ithaca, NY: Cornell University Press, 2016); Rüpke, *Pantheon: A New History of Roman Religion* (Princeton: Princeton University Press, 2018).

그리스-로마 다신론 내의 유일신론적 갈래에 관해서는 다음 문헌들을 보라. Polymnia Athanassiadi and Michael Frede, eds., *Pagan Monotheism in Late Antiquity* (Oxford: Clarendon, 1999); Stephen Mitchell and Peter van Nuffelen, eds., *One God: Pagan Monotheism in the Roman Empire* (Cambridge: Cambridge University Press, 2010).

공공 제의적 정황에서 봉사하는 여자들의 역할에 관해서는 Meghan diLuzio, *A Place at the Altar: Priestesses in Republican Rome*(Princeton: Princeton University Press, 2016)을 보라.

초기 기독교와 관련된 종교적 정황에 관해서는 다음 문헌들을 보

라. HansJosef Klauck, *The Religious Context of Early Christianity: A Guide to Graeco-Roman Religions* (Edinburgh: T&T Clark, 2000); James B. Rives, "GraecoRoman Religion in the Roman Empire," *Currents in Biblical Research* 8 (2010): 240-99.

다신론적 정황에서의 예수 숭배에 관해서는 Luke Timothy Johnson, *Religious Experience in Earliest Christianity*(Minneapolis: Fortress, 1998)를 보라.

요한복음의 성전 이미지에 관해서는 다음 문헌들을 보라. Mary L. Coloe, *God Dwells with Us: Temple Symbolism in the Fourth Gospel* (Collegeville, MN: Liturgical Press, 2001); Alan R. Kerr, *The Temple of Jesus' Body: The Temple Theme in the Gospel of John* (New York: Bloomsbury T&T Clark, 2002).

5장: 제사와 죄

고대 헬레니즘 세계의 죄 개념에 관해서는 Andrej Petrovic and Ivana Petrovic, *Inner Purity and Pollution in Greek Religion*, volume 1, *Early Greek Religion*(Oxford: Oxford University Press, 2016)을 보라.

1세기의 철학적 윤리와 "대중적 도덕성" 간의 중첩에 관해서는 Teresa Morgan, *Popular Morality in the Early Roman Empire*(Cambridge: Cambridge University Press, 2007)를 보라.

그리스-로마 세계의 제사에 관해서는 F. S. Naiden, *Smoke Signals for the Gods: Ancient Greek Sacrifice from the Archaic through Roman Periods*(Oxford: Oxford University Press, 2015)를 보라.

초기 기독교의 두 본문에 나타난 제사 은유 사용에 관해서는 Jane

Lancaster Patterson, *Keeping the Feast: Metaphors of Sacrifice in 1 Corinthians and Philippians*(Atlanta: SBL Press, 2015)를 보라.

고린도전서 5장에 등장하는 사람이 그의 아버지가 살아 있는 동안 아버지의 두 번째 아내와 성관계를 가졌을 가능성에 관해서는 Joshua M. Reno, "γυνὴ τοῦ πατρός: Analytic Kin Circumlocution and the Case for Corinthian Adultery," *Journal of Biblical Literature* 135 (2016): 827-47을 보라.

유대교와 초기 기독교의 제사에 관해서는 Henrietta L. Wiley and Christian A. Eberhart, eds., *Sacrifice, Cult, and Atonement in Early Judaism and Christianity: Constituents and Critique*(Atlanta: SBL Press, 2017)을 보라.

6장: 평화와 안전

전쟁은 평화를 수립하기 위한 필수적인 수단이라는 로마의 관점은 Hannah Cornwell, *Pax and the Politics of Peace: Republic to Principate*(Oxford: Oxford University Press, 2017)를 보라.

로마 제국의 선전 방식에 관해서는 다음 문헌을 보라. Clifford Ando, *Imperial Ideology and Provincial Loyalty in the Roman Empire* (Berkeley: University of California Press, 2013); Bruce W. Longenecker, "Peace, Prosperity, and Propaganda: Advertisement and Reality in the Early Roman Empire," in *An Introduction to Empire in the New Testament*, ed. Adam Winn, 15-45 (Atlanta: SBL Press, 2016). 이 책은 초기 기독교의 본문들을, 로마 제국의 이념과 관련하여 해석한다.

"나는 세탁소와 부엉이를 노래한다"라는 정치 그라피티의 해석에 관해서는 Peter Keegan, *Graffiti in Antiquity*(New York: Routledge, 2014), 153을 보라. "나는 성교했다"라는 노골적인 정치 그라피티의 해석에 관해서는 Kristina Milnor, *Graffiti and the Literary Landscape in Roman Pompeii*(Oxford: Oxford University Press, 2014), 122-23을 보라.

초기 기독교와 로마 제국의 이념에 관해서는 7장의 더 읽어볼 자료를 보라.

7장: 게니우스와 황제

"그 장소의 정신/영"으로서의 **라레스**와 프레스코화의 뱀(그리고 다른 중요한 이슈들)에 관해서는 특히 Harriet I. Flower, *The Dancing Lares and the Serpent in the Garden: Religion at the Roman Street Corner*(Princeton: Princeton University Press, 2017)를 보라.

로마 황제 숭배에 관해서는 다음 문헌들을 보라. Ittai Gradel, *Emperor Worship and Roman Religion* (Oxford: Oxford University Press, 2002); Duncan Fishwick, *The Imperial Cult in the Latin West* (Boston: Brill, 2004); Gwynaeth McIntyre, *A Family of Gods: The Worship of the Imperial Family in the Latin West* (Ann Arbor: University of Michigan Press, 2016).

"식민지의 **게니우스**"에 바쳐진 마미아의 신전에 관해서는 Duncan Fishwick, "The Inscription of Mamia Again: The Cult of the *Genius Augusti* and the Temple of the Imperial Cult on the Forum of Pompeii," *Epigraphica* 57 (1995): 17-38을 보라.

로마 황제 숭배와 초기 기독교에 관해서는 Bruce W. Winter, *Divine Honours for the Caesars: The First Christians' Responses*(Grand Rapids:

Eerdmans, 2015)를 보라. 좀 더 일반적으로는 Jeffrey Brodd and Jonathan L. Reed, eds., *Rome and Religion: A Cross-Disciplinary Dialogue on the Imperial Cult*(Atlanta: SBL Press, 2011)를 보라.

요한계시록에 나타난 로마에 대한 정치적 비판에 관해서는 다음 문헌들을 보라. Adela Yarbro Collins, *Crisis and Catharsis: The Power of the Apocalypse* (Philadelphia: Westminster, 1984); Richard Bauckham, *Climax of Prophecy: Studies on the Book of Revelation* (Edinburgh: T&T Clark, 1993[『요한계시록 신학: 예언의 절정』, 부흥과개혁사 역간]); Steven J. Friesen, *Imperial Cults and the Apocalypse of John: Reading Revelation in the Ruins* (Oxford: Oxford University Press, 2001).

요한복음의 정치적 측면에 관해서는 다음 문헌들을 보라. Warren Carter, *John and Empire: Initial Explorations* (London: T&T Clark, 2008); Tom Thatcher, *Greater Than Caesar: Christology and Empire in the Fourth Gospel* (Minneapolis: Fortress, 2009).

사도행전의 정치적 측면에 관해서는 다음 문헌들을 보라. C. Kavin Rowe, *World Upside Down: Reading Acts in the Graeco-Roman Age* (Oxford: Oxford University Press, 2009); Drew W. Billings, *Acts of the Apostles and the Rhetoric of Roman Imperialism* (Cambridge: Cambridge University Press, 2017).

바울 서신에 나타난 정치적 비평의 가능성에 관해서는 다음 문헌들을 보라. John M. G. Barclay, *Pauline Churches and Diaspora Jews* (Grand Rapids: Eerdmans, 2011), 341-86; N. T. Wright, *Paul and the Faithfulness of God* (Minneapolis: Fortress, 2013), 1271-319; Bruce W. Longenecker and Todd D. Still, *Thinking through Paul: A Survey of His Life, Letters, and Theology* (Grand Rapids: Zondervan, 2014), 334-46; Christoph Heilig, *Hidden*

Criticism? The Methodology and Plausibility of the Search for a Counter-Imperial Subtext in Paul (Minneapolis: Fortress, 2017).

저항 문학으로서의 히브리서에 관해서는 Jason A. Whitlark, *Resisting Empire: Rethinking the Purpose of the Letter to "the Hebrews"*(New York: Bloomsbury T&T Clark, 2014)를 보라.

요한계시록에 언급된 "교회의 사자들"에 대한 해석은 Jeremiah N. Bailey, "Spheres and Trajectories: The Angels of he Churches (Revelation 1-3) in Context," in *Early Christianity in Pompeian Light: Texts, People, Situations*, ed. Bruce W. Longenecker, 167-92(Minneapolis: Fortress, 2016)을 보라.

신학적 관점에서 본 물질 세계의 영적 측면에 관해서는 다음 문헌들을 보라. Walter Wink: *Naming the Powers: The Language of Power in the New Testament* (Minneapolis: Fortress, 1984); *Unmasking the Powers: The Invisible Forces That Determine Human Existence* (Minneapolis: Fortress, 1986); *Engaging the Powers: Discernment and Resistance in a World of Domination* (Minneapolis: Fortress, 1992).

8장: 신비와 지식

폼페이 신비의 저택에 관해서는 Elaine K. Gazda, ed., *The Villa of the Mysteries in Pompeii: Ancient Ritual, Modern Muse*(Ann Arbor: Kelsey Museum of Archaeology and the University of Michigan Museum of Art, 2000)를 보라.

고대 신비 종교에 대한 오래된 표준 연구는 Walter Burkert, *Ancient Mystery Cults*(Cambridge, MA: Harvard University Press, 1987)다. 비록 연구자는 신비 종교가 때때로 사후의 삶을 약속하는 것으로 보이는 정도를 과소

평가하지만 말이다. 최근의 논의는 다음 문헌들을 보라. Hugh Bowden, *Mystery Cults of the Ancient World* (Princeton: Princeton University Press, 2010); Jan N. Bremmer, *Initiation into the Mysteries of the Ancient World* (Boston: de Gruyter, 2014).

디오니소스/바쿠스에 관해서는 다음 문헌들을 보라. Renate Schlesier, ed., *A Different God? Dionysos and Ancient Polytheism* (Boston: de Gruyter, 2011); Alberto Bernabe, Miguel Herrero de Jauregui, Ana Isabel Jimenez San Cristobal, and Raquel Martin Hernandez, eds., *Redefining Dionysos* (Boston: de Gruyter, 2013).

유대교 및 바울 서신에 나타난 신적 비밀 계시에 관해서는 Markus Bockmuehl, *Revelation and Mystery in Ancient Judaism and Pauline Christianity*(Eugene, OR: Wipf & Stock, 2009)를 보라. 신적 비밀을 공유하기 위해 몰래 모인 유대 지방의 그룹에 관해서는 다음을 보라. Michael Stone, *Secret Groups in Ancient Judaism*(Oxford: Oxford University Press, 2018)을 보라. 신비 종교가 사도 바울에게 미친 영향에 관해서는 Alexander J. Wedderburn, *Baptism and Resurrection: Studies in Pauline Theology against Its Graeco-Roman Background*(Tübingen: Mohr Siebeck, 1987)를 보라.

그리스도인들(및 다른 이들)에게 미친 바쿠스 숭배의 잠재적 영향에 관해서는 Courtney Friesen, *Reading Dionysus: Euripides' Bacchae and the Cultural Contestations of Greeks, Jews, Romans, and Christians*(Tübingen: Mohr Siebeck, 2015)를 보라.

신적 비밀에 관해 1-2세기 기독교 변증학에서 언급된 "한때 감추어져 있었지만 이제 드러난" 모티프는 T. J. Lang, *Mystery and the Making of a Christian Historical Consciousness: From Paul to the Second Century*(Boston:

de Gruyter, 2015)를 보라.

고린도의 예수 추종 그룹(여성)과 관련된 발언과 예언에 대해서는 다음 문헌들을 보라. Antoinette Clark Wire, *The Corinthian Women Prophets: A Reconstruction through Paul's Rhetoric* (Minneapolis: Fortress, 1990); Anna C. Miller, *Corinthian Democracy: Democratic Discourse in 1 Corinthians* (Eugene, OR: Pickwick, 2015); Jill E. Marshall, *Women Praying and Prophesying in Corinth: Gender and Inspired Speech in First Corinthians* (Tübingen: Mohr Siebeck, 2017).

9장: 죽음과 삶

8장에 소개된 신비 종교에 관한 자료 외에, 고대 이시스 숭배에 관해서는 Jaime Alvar, *Romanising Oriental Gods: Myth, Salvation, and Ethics in the Cults of Cybele, Isis, and Mithras*, translated by Richard Gordon(Boston: Brill, 2008)을 보라. 폼페이의 이시스 숭배(그리고 62년에 지진이 발생한 후 이 마을의 "영적 정서"에 관한 다른 측면)에 대해서는 Bruce W. Longenecker, "The Empress, the Goddess, and the Earthquake: Atmospheric Conditions Pertaining to JesusDevotion in Pompeii," in *Early Christianity in Pompeian Light: Texts, People, Situations*, ed. Bruce W. Longenecker(Minneapolis: Fortress, 2016), 59-91을 보라.

초기 유대교의 부활에 관한 다양한 견해는 C. D. Elledge, *Resurrection of the Dead in Early Judaism: 200 BCE-CE 200*(Oxford: Oxford University Press, 2017)를 보라. 부활에 대한 바울의 묵시적 이해에 관해서는 J. C. Beker, *Paul the Apostle: The Triumph of God in Life and Thought*(Minneapolis:

Fortress, 1980), 135-81을 보라.

요한복음에 나타난 예수의 감정에 관해서는 Stephen Voorwinde, *Jesus' Emotions in the Fourth Gospel: Human or Divine?*(New York: T&T Clark International, 2005)을 보라.

예수 그리스도가 그의 추종자들에게 어떻게 영생을 가져다주는지에 대한 일련의 "철학적" 담론으로서의 요한복음에 관해서는 Troels Engberg-Pedersen, *John and Philosophy: A New Reading of the Fourth Gospel*(Oxford: Oxford University Press, 2017)을 보라.

10장: 명성과 인격

폼페이의 선거에 관해서는 다음 문헌들을 보라. James L. Franklin, *Pompeii: The Electoral Programmata: Campaigns and Politics, AD 71-79* (Rome: American Academy in Rome, 1980); Henrik Mouritsen, *Elections, Magistrates and Municipal Elite: Studies in Pompeian Epigraphy* (Rome: L'Erma Di Bretschneider, 1988).

높은 사회적 지위와 개인적 성품에 관해서는 Catalina Balmaceda, Virtus Romana: *Politics and Morality in the Roman Historians*(Chapel Hill: University of North Carolina Press, 2017)를 보라.

공공 영역에서의 여성에 관해서는 다음 문헌들을 보라. Emily Hemelrijk, *Women and the Roman City in the Latin West* (Leiden: Brill, 2013); Hemelrijk, *Hidden Lives, Public Personae: Women and Civic Life in the Roman West* (Oxford: Oxford University Press, 2015).

높은 사회적 지위의 구조와 관련된 고린도의 예수 추종자들에 관해서는 다음 문헌들을 보라. John K. Chow, *Patronage and Power: A Study of Social Networks in Corinth* (Sheffield: Sheffield Academic Press, 1992); Peter Oakes, "Urban Structure and Patronage: Christ Followers in Corinth," in *Understanding the Social World of the New Testament*, ed. Dietmar Neufeld and Richard E. DeMaris, 178-93 (New York: Routledge, 2010); Mark Finney, *Honour and Conflict in the Ancient World: 1 Corinthians in Its Greco-Roman Social Setting* (London: T&T Clark International, 2013).

다른 형태의 선물보다 재정적 선물을 우선시하는 데 맞서 보호하는 차원에서 바울이 논한 "그리스도의 몸" 신학에 관해서는 Bruce W. Longenecker, "Paul, Poverty, and the Powers: The Eschatological Body of Christ in the Present Evil Age," in *One God, One People, One Future: Essays in Honor of N. T. Wright*, ed. John Anthony Dunne and Eric Lewellen, 363-87(Minneapolis: Fortress, 2018)을 보라.

11장: 돈과 영향력

로마 시대의 돈에 관해서는 David Jones, *The Bankers of Puteoli: Finance, Trade and Industry in the Roman World*(Stroud, UK: Tempus, 2006)를 보라. 이 책은 베수비오 마을에서 멀지 않은 푸테올리에서 발견된 1백 건 이상의 1세기 사업 계약서에 담긴 중요성을 탐구한다. 다음 문헌들도 보라. David B. Hollander, *Money in the Late Roman Republic* (Leiden: Brill, 2007); Andrew Wilson and Alan K. Bowman, eds., *Trade, Commerce, and the State in the Roman World* (Oxford: Oxford University Press, 2018); Daniel Hoyer, *Money, Culture, and Well-Being in Rome's Economic Development*, 0-275 CE

(Leiden: Brill, 2018).

신흥 기독교의 그리스-로마 배경 이해에 있어서 주화와 그 중요성에 관해서는 David H. Wenkel, *Coins as Cultural Texts in the World of the New Testament*(New York: Bloomsbury T&T Clark, 2016)를 보라.

초기 기독교에서 명예가 차지한 중요성에 관해서는 다음 문헌들을 보라. Stephen C. Barton, "Money Matters: Economic Relations and the Transformation of Value in Early Christianity," in *Engaging Economics: New Testament Scenarios and Early Christian Reception*, ed. Bruce W. Longenecker and Kelly D. Liebengood, 37-59 (Grand Rapids: Eerdmans, 2009); Bruce W. Longenecker, "'Do Good to All' (Gal. 6.10): Assets, Capital and Benefaction in Early Christianity," in *Poverty in the Early Church and Today: A Conversation*, ed. Steve Walton and Hannah Swithinbank, 43-53 (London: Bloomsbury T&T Clark, 2019).

야고보서와 돈에 관해서는 Miriam Kamell, "The Economics of Humility: The Rich and the Humble in James," in Longenecker and Liebengood, *Engaging Economics*, 157-76을 보라.

12장: 읽고 쓰는 능력과 사회적 지위

파피루스의 저택에 관해서는 David Sider, *The Library of the Villa dei Papiri at Herculaneum*(Los Angeles: J. Paul Getty Museum, 2005)을 보라.

그리스-로마 세계의 교육에 관해서는 다음 문헌들을 보라. Judith Evans Grubbs and Tim Parkin, eds., *The Oxford Handbook on Children and Education in the Classical World* (Oxford: Oxford University Press, 2013);

그리고 이집트와 관련해서는, Raffaella Criboire, *Gymnastics of the Mind: Greek Education in Hellenistic and Roman Egypt*(Princeton: Princeton University Press, 2001), 폼페이의 교육 형태에 관해서는 Laurentino García y García, *Pupils, Teachers and Schools in Pompeii: Childhood, Youth and Culture in the Roman Era*(Rome: Bardi Editore, 2005)를 보라. 교육, 토론, 논쟁을 위한 고대 훈련에 관해서는 Eleanor Dickey, *Stories of Daily Life from the Roman World*(Cambridge: Cambridge University Press, 2017)를 보라.

로마 시대의 글쓰기에 관해서는 Hella Eckhardt, *Writing and Power in the Roman World: Literacies and Material Culture*(Cambridge: Cambridge University Press, 2018)를 보라.

예수의 읽고 쓰기 능력에 관해서는 Chris Keith, *Jesus against the Scribal Elite*(Grand Rapids: Baker Academic, 2014)를 보라.

그리스-로마 시대에 유대 지방의 읽고 쓰기 능력에 관해서는 Michael Owen Wise, *Language and Literacy in Roman Judaea: A Study of the Bar Kokhba Documents*(New Haven: Yale University Press, 2015)를 보라. Wise의 견해에 대한 유용한 교정은 Pieter W. van der Horst, review of Michael Owen Wise, *Language and Literacy in Roman Judaea: A Study of the Bar Kokhba Documents*, in *Review of Biblical Literature*, August 25, 2016, http://www.bookreviews.org를 보라.

초기 기독교에서의 집단적 읽기에 관해서는 다음 문헌들을 보라. Dan Nässelqvist, *Public Reading in Early Christianity: Lectors, Manuscripts, and Sound in the Oral Delivery of John 1-4* (Leiden: Brill, 2016); Brian J. Wright, *Communal Reading in the Time of Jesus: A Window into Early Christian Reading Practices* (Minneapolis: Fortress, 2017).

13장: 싸움과 법정

폼페이의 검투사에 관해서는 Luciana Jacobelli, *Gladiators at Pompeii*(Los Angeles: Getty, 2003)를 보라. "신들을 연기"하는 검투사들의 전투를 둘러싼 제의에 관해서는 Jacob A. Latham, *Performance, Memory, and Processions in Ancient Rome: The* Pompa Circensis *from the Late Republic to Late Antiquity*(New York: Cambridge University Press, 2016)를 보라.

로마의 전쟁에 관해서는 다음 문헌들을 보라. Adrian Goldsworthy, *The Complete Roman Army*, 2nd ed. (London: Thames & Hudson, 2011); Joanne Berry and Nigel Pollard, *The Complete Roman Legions* (London: Thames & Hudson, 2012); Simon Elliott, *Empire State: How the Roman Military Built an Empire* (Oxford: Oxbow Books, 2017).

로마 법정과 법률 제도에 관해서는 다음 문헌들을 보라. Peter Garnsey, *Social Status and Legal Privilege in the Roman Empire* (Oxford: Oxford University Press, 1970); Jill Harries, *Law and Empire in Late Antiquity*, rev. ed. (Cambridge: Cambridge University Press, 2001).

고린도의 예수 추종자들이 서로를 법정에 제소하는 문제에 관해 다양한 각도에서 연구가 진행되었다(몇몇 연구는 다른 연구에 비해 더 성공적이었다). 다음 문헌들을 보라. Bruce W. Winter, "Civil Litigation in Secular Corinth and the Church: The Forensic Background to 1 Corinthians 6:1-8," *New Testament Studies* 37 (1991): 559-72; J. D. M. Derrett, "Judgment and 1 Corinthians 6," *New Testament Studies* 37 (1991): 22-36; A. C. Mitchell, "Rich and Poor in the Courts of Corinth: Litigiousness and Status in 1 Corinthians 6:1-11," *New Testament Studies* 39 (1993):

562-86; Michael Peppard, "Brother against Brother: *Controversiae* about Inheritance Disputes and 1 Corinthians 6:1-11," *Journal of Biblical Literature* 133 (2014): 179-92.

바울과 영적 세력 사이의 전쟁에 관해서는 Lisa M. Bowens, *An Apostle in Battle: Paul and Spiritual Warfare in 2 Corinthians 12:1-10*(Tübingen: Mohr Siebeck, 2017)을 보라.

요한복음에 나타난 심판 모티프의 중요성에 관해서는 다음 문헌들을 보라. Andrew T. Lincoln, *Truth on Trial: The Lawsuit Motif in the Fourth Gospel* (Peabody, MA: Hendrickson, 2000); P. J. Bekken, *The Lawsuit Motif in John's Gospel from New Perspectives: Jesus Christ, Crucified Criminal and Emperor of the World* (Leiden: Brill, 2015). 이 주제에 대한 초기 연구는 A. E. Harvey, *Jesus on Trial*(London: SPCK, 1976)을 보라.

14장: 사업과 성공

폼페이의 직능 단체에 관해서는 Jinyu Liu, "Pompeii and Collegia: A New Appraisal of the Evidence," *Ancient History Bulletin* 22 (2008): 53-70을 보라. 그리스-로마 세계의 조합에 관해서는 Richard S. Ascough, Philip A. Harland, and John S. Kloppenborg, eds., *Associations in the Greco-Roman World: A Sourcebook*(Waco: Baylor University Press, 2012)을 보라.

유대교와 초기 기독교와 관련된 조합은 다음 문헌들을 보라. Philip A. Harland, *Dynamics of Identity in the World of the Early Christians* (New York: T&T Clark International, 2009); John S. Kloppenborg, *Christ's Associations: Connecting and Belonging in the Ancient City* (New Haven: Yale University Press,

2019).

조합, 황제 숭배, 경제적 연관성, 요한계시록에 관해서는 다음 문헌들을 보라. Philip A. Harland, *Associations, Synagogues, and Congregations: Claiming a Place in Ancient Mediterranean Society* (Minneapolis: Fortress, 2003); Steven J. Friesen, *Imperial Cults and the Apocalypse of John: Reading Revelation in the Ruins* (Oxford: Oxford University Press, 2001).

15장: 가정과 노예

그리스-로마의 노예 제도에 관해서는 Sandra R. Joshel and Lauren Hackworth Petersen, *The Material Life of Roman Slaves*(Cambridge: Cambridge University Press, 2015)를 보라. Sandra R. Joshel, *Slavery in the Roman World*(Cambridge: Cambridge University Press, 2010)도 보라. 남성과 여성의 노예 해방에 관해서는 2장의 자료에 나열된 Hackworth Petersen, Mouritsen, Perry의 글을 보라. (1세기의 신피타고라스주의 철학자인) Bryson이 제시한 노예 제도에 대한 진보적 견해는 Simon Swain, *Economy, Family, and Society from Rome to Islam: A Critical Edition, English Translation, and Study of Bryson's Management of the Estate*(Cambridge: Cambridge University Press, 2013)를 보라.

폼페이에서 행해진 매춘 행위에 관해서는 다음 문헌들을 보라. Thomas A. J. McGinn, *The Economy of Prostitution in the Roman World: A Study of Social History and the Brothel* (Ann Arbor: University of Michigan Press, 2004); Sarah Levin-Richardson, *The Brothel of Pompeii: Sex, Class, and Gender at the Margins of Roman Society* (Cambridge: Cambridge University Press,

2019). 그리스-로마 세계의 매춘에 관해서는 Anise K. Strong, *Prostitutes and Matrons in the Roman World*(New York: Cambridge University Press, 2016)를 보라.

로마 세계의 성에 관해서는 다음 문헌들을 보라. John R. Clarke, *Looking at Lovemaking: Constructions of Sexuality in Roman Art, 100 BC-AD 250* (Berkeley: University of California, 2001); John R. Clarke, *Roman Sex: 100 BC to AD 250* (New York: Harry N. Abrams, 2003); Rebecca Langlands, *Sexual Morality in Ancient Rome* (Cambridge: Cambridge University Press, 2009).

베수비오 마을의 "얼룩말 패턴"에 관해서는 L. Laken, "Zebra Patterns in Campanian WallPainting: A Matter of Function," *Bulletin Antieke Beschauing* 78 (2003): 167-89을 보라.

로마 배경의 초기 기독교에서 나타난 노예 문제에 관해서는 다음 문헌들을 보라. Jennifer A. Glancy, *Slavery in Early Christianity* (Minneapolis: Fortress, 2006); James Albert Harrill, *Slaves in the New Testament: Literary, Social and Moral Dimensions* (Minneapolis: Fortress, 2009); Katherine Ann Shaner, *Enslaved Leadership in Early Christianity* (Oxford: Oxford University Press, 2018). 또한 Ilaria L. E. Ramelli, *Social Justice and the Legitimacy of Slavery: The Role of Philosophical Asceticism from Ancient Judaism to Late Antiquity*(Oxford: Oxford University Press, 2016)의 좀 더 광범위한 연구도 보라.

골로새서에 나타난 노예 제도와 가정 교회에 관해서는 Margaret Y. MacDonald, "Slavery, Sexuality, and House Churches: A Reassessment of Colossians 3:18-4:1 in Light of New Research on the Roman Family," *New Testament Studies* 53 (2007): 94-113을 보라.

빌레몬서에 언급된 노예 문제에 관해서는 Bruce W. Longenecker, "Philemon," in James W. Thompson and Bruce W. Longenecker, *Philippians and Philemon*, 149-95(Grand Rapids: Baker Academic, 2016)을 보라.

로마 세계의 그리스도인들이 성에 대해 취한 태도에 관해서는 다음 문헌들을 보라. William Loader, *Making Sense of Sex: Attitudes towards Sexuality in Early Jewish and Christian Literature* (Grand Rapids: Eerdmans, 2013); Kyle Harper, *From Shame to Sin: The Christian Transformation of Sexual Morality in Late Antiquity* (Cambridge, MA: Harvard University Press, 2016); David Wheeler-Reed, *Regulating Sex in the Roman Empire: Ideology, the Bible, and the Early Christians* (New Haven: Yale University Press, 2017).

초기 기독교의 노예 이념과 관련하여 "얼룩말 패턴"의 적실성에 관해서는 Bruce W. Longenecker, "Slave and Free: Ideal Ideologies in Vesuvian Villas and in Galatians 3:28," in *A Temple Not Made with Hands: Essays in Honor of Naymond H. Keathley*, ed. Mikeal C. Parsons and Richard Walsh, 85-102(Eugene, OR: Wipf & Stock, 2018)을 보라.

16장: 가족과 유대 관계

로마 세계에서 가정의 정치적 구성이 어떻게 이루어졌는지에 관해서는 Susan M. Elliott, *Family Empires, Roman and Christian*(Salem, OR: Polebridge, 2018)을 보라.

로마 세계의 여성에 관해서는 Suzanne Dixon, *Reading Roman Women: Sources, Genres, and Real Life*(London: Duckworth, 2007)를 보라. 로마법과 관련된 여성과 가정 구조에 관해서는 Judith Evans Grubbs, *Women* and the Law in the Roman Empire: A Sourcebook on Marriage, Divorce, and Widowhood(London: Routledge, 2002)를 보라. 교육받은 엘리트 여성에 관해서는 Emily A. Hemelrijk, Matrona Docta: Educated Women in the Roman Elite from Cornelia to Julia Domna(London: Routledge, 1999)를 보라.

로마 세계의 남성성의 구성에 관해서는 Maud W. Gleason, Making Men: Sophists and Self-Presentation in Ancient Rome(Princeton: Princeton University Press, 1995)을 보라.

아우구스투스 시대의 가정에 관해서는 Beth Severy, Augustus and the Family at the Birth of the Roman Empire(London: Routledge, 2010)를 보라.

어린이와 초기 기독교에 관해서는 다음 문헌들을 보라. Margaret Y. MacDonald, The Power of Children: The Construction of Christian Families in the Greco-Roman World (Waco: Baylor University Press, 2014); Sharon Betsworth, Children in Early Christian Narratives (New York: Bloomsbury T&T Clark, 2016).

여성과 초기 기독교에 관해서는 다음 문헌들을 보라. Margaret Y. MacDonald, Early Christian Women and Pagan Opinion: The Power of the Hysterical Woman (Cambridge: Cambridge University Press, 1996); Bruce W. Winter, Roman Wives, Roman Widows: The Appearance of New Women and the Pauline Communities (Grand Rapids: Eerdmans, 2003); Carolyn Osiek and Margaret Y. MacDonald with Janet H. Tulloch, A Woman's Place: House Churches in Earliest Christianity (Minneapolis: Fortress, 2006); Lynn Cohick, Women in the World of the Earliest Christians: Illuminating Ancient Ways of Life (Grand Rapids: Baker Academic, 2009); Cynthia Long-Westfall, Paul and Gender: Reclaiming the Apostle's Vision for Men and Women in Christ (Grand

Rapids: Baker Academic, 2016); Carolyn Osiek, "Growing Up Female in the Pauline Churches: What Did She Do All Day?," in *Early Christianity in Pompeian Light: Texts, People, Situations*, ed. Bruce W. Longenecker, 3-22 (Minneapolis: Fortress, 2016); Lynn H. Cohick and Amy Brown Hughes, *Christian Women in the Patristic World: Their Influence, Authority, and Legacy in the Second through Fifth Centuries* (Grand Rapids: Baker Academic, 2017); Kaisa-Maria Pihlava, *Forgotten Women Leaders: The Authority of Women Hosts of Early Christian Gatherings in the First and Second Centuries C.E.* (Helsinki: Finnish Exegetical Society, 2017); Alicia D. Meyers, *Blessed among Women? Mothers and Motherhood in the New Testament* (Oxford: Oxford University Press, 2017).

가정과 초기 기독교에 관해서는 다음 문헌들을 보라. Stephen C. Barton, *Discipleship and Family Ties in Matthew and Mark* (Cambridge: Cambridge University Press, 1994); Carolyn Osiek and David L. Balch, *Families in the New Testament World: Households and House Churches* (Louisville: Westminster John Knox, 1997).

초기 기독교 시대에 로마의 남성성이 어떻게 재설정되었는지에 관해서는 다음 문헌들을 보라. Colleen M. Conway, *Behold the Man: Jesus and Greco-Roman Masculinity* (Oxford: Oxford University Press, 2008); Brittany E. Wilson, *Unmanly Men: Refigurations of Masculinity in Luke-Acts* (Oxford: Oxford University Press, 2015).

17장: 신앙과 실용주의

(1-3세기 자료에 드러나는) 초기 그리스도인들의 모임 장소에 관해서는 Edward Adams, *The Earliest Christian Meeting Places: Almost Exclusively Houses?*(New York: Bloomsbury T&T Clark, 2015)를 보라. 이 주제에 대해 놀라운 상상력을 동원한 Peter Oakes, "Nine Types of Church in Nine Types of Space in the Insula of the Menander," in *Early Christianity in Pompeian Light: Texts, People, Situations*, ed. Bruce W. Longenecker, 22-58(Minneapolis: Fortress, 2016)도 보라.

초기 기독교의 가르침과 제의의 정황으로서의 식사 후 심포지엄에 관해서는 Dennis E. Smith, *From Symposium to Eucharist: The Banquet in the Early Christian World*(Minneapolis: Fortress, 2003)를 보라. 예수 추종자들의 공동체적 정체성을 강화하기 위한 배경으로서의 식사에 관해서는 Hal Taussig, *In the Beginning Was the Meal: Social Experimentation and Early Christian Identity*(Minneapolis: Fortress, 2009)를 보라.

로마 및 기독교 정황에서의 "믿음"(그리고 그 동족어)에 관해서는 Teresa Morgan, *Roman Faith and Christian Faith:* Pistis *and* Fides *in the Early Roman Empire and Early Churches*(Cambridge: Cambridge University Press, 2015)를 보라. 그리고 Morgan의 연구를 다루는 *New Testament Studies* 64 (2018): 243-61의 저널 에세이도 보라.

믿는 파트너의 거룩함이 비그리스도인 가정 안에서 퍼져나간다는 바울의 신념에 관해서는 다음 문헌들을 보라. Caroline Johnson Hodge, "Married to an Unbeliever: Households, Hierarchies, and Holiness in 1 Corinthians 7:12-16," *Harvard Theological Review* 103 (2010): 1-25;

Stephen C. Barton, "Sanctification and Oneness in 1 Corinthians with Implications for the Case of 'Mixed Marriages' (1 Corinthians 7.12-16)," *New Testament Studies* 63 (2017): 38-55.

기독교의 헌신과 로마의 가치가 융합된 정체성을 조성하는 목회 서신에 관해서는 T. Christopher Hoklotubbe, *Civilized Piety: The Rhetoric of Pietas in the Pastoral Epistles and the Roman Empire*(Waco: Baylor University Press, 2017)를 보라.

18장: 영적 세력과 보호

고대 세계의 "마술" 사용과 악에 대한 보호에 관해서는 다음 문헌들을 보라. Andrew T. Wilburn, Materia Magica: *The Archaeology of Magic in Roman Egypt, Cyprus, and Spain* (Ann Arbor: University of Michigan Press, 2012); Justin Meggitt, "Did Magic Matter? The Saliency of Magic in the Early Roman Empire," *Journal of Ancient History* 1 (2013): 1-60; Eleni Pachoumi, *The Concepts of the Divine in the Greek Magical Papyri* (Tübingen: Mohr Siebeck, 2017; 이 책은 제목에 오해의 소지가 있는 "divine"[신적]이라는 단어 대신 "초인간적 힘"이나 이에 상응하는 용어로 대체하는 편이 유용할 수 있다).

유대 지방에 살던 사람들의 마술 사용에 관해서는 다음 문헌들을 보라. Gideon Bohak, *Ancient Jewish Magic: A History* (Cambridge: Cambridge University Press, 2008); Michael D. Swartz, *The Mechanics of Providence: The Workings of Ancient Jewish Magic and Mysticism* (Tübingen: Mohr Siebeck, 2018).

초인간적 능력의 세계에서의 초기 기독교 본문에 관해서는 다음 문헌들을 보라. Bruce W. Longenecker, "Until Christ Is Formed in You: Suprahuman Forces and Moral Character in Galatians," *Catholic Biblical Quarterly* 61 (1999): 92-108; Hans-Josef Klauck, *Magic and Paganism in Early Christianity: The World of the Acts of the Apostles* (Minneapolis: Fortress, 2003); Clinton E. Arnold, "'I Am Astonished That You Are So Quickly Turning Away!' (Galatians 1.6): Paul and Anatolian Folk Belief," *New Testament Studies* 51 (2005): 429-49; Arnold, *Ephesians, Power, and Magic: The Concept of Power in Ephesians in Light of Its Historical Setting* (Cambridge: Cambridge University Press, 2009); Natalie R. Webb, "Powers of Protection in Pompeii and Paul: The Apotropaic Function of the Cross in the Letter to the Galatians," in *Early Christianity in Pompeian Light: Texts, People, Situations*, ed. Bruce W. Longenecker, 93-122 (Minneapolis: Fortress, 2016); John H. Elliott, *Beware the Evil Eye*, volume 4, *The Evil Eye in the Bible and the Ancient World—Postbiblical Israel and Early Christianity through Late Antiquity* (Eugene, OR: Cascade, 2017).

초기 기독교와 그것의 로마 정황에서 나타난 기적 이야기에 관해서는 다음 문헌들을 보라. Wendy Cotter, *Miracles in Greco-Roman Antiquity: A Sourcebook for the Study of New Testament Miracle Stories* (New York: Routledge, 1999); Cotter, *The Christ of the Miracle Stories: Portrait through Encounter* (Grand Rapids: Baker Academic, 2010); Lee M. Jefferson, *Christ the Miracle Worker in Early Christian Art* (Minneapolis: Fortress, 2014).

마가복음이 사람들로 하여금 예수를 단순히 보호 능력을 지닌 신으로 이해하는 데서 벗어나게 하는 기능에 관해서는 Bruce W. Longenecker, "Mark's Gospel for the Second Church of the Late First Century," in *The*

Fullness of Time: Essays on Christology, Creation and Eschatology in Honor of Richard Bauckham, ed. Daniel M. Gurtner, Grant Macaskill, and Jonathan T. Pennington, 197-214(Grand Rapids: Eerdmans, 2017)을 보라.

19장: 연회와 죽은 자

로마 세계에서 드러나는 죽음의 다양한 측면에 관해서는 다음 문헌들을 보라. Valerie M. Hope, *Death in Ancient Rome: A Sourcebook* (New York: Routledge, 2007); Hope, *Roman Death: The Dying and the Dead in Ancient Rome* (New York: Continuum, 2009). (종종 "신비 종교"와 연결하여) 로마 세계의 사후의 삶을 다루는 책의 대부분은 상당히 두껍다. 예를 들어 다음 문헌들을 보라. Katharina Waldner, Richard Gordon, and Wolfgang Spickermann, eds., *Burial Rituals, Ideas of Afterlife, and the Individual in the Hellenistic World and the Roman Empire* (Stuttgart: Franz Steiner Verlag, 2016); Fritz Graf and Sarah Iles Johnston, *Ritual Texts for the Afterlife: Orpheus and the Bacchic Gold Tablets* (New York: Routledge, 2007). John Davies, *Death, Burial and Rebirth in the Religions of Antiquity* (New York: Routledge, 1999)는 (광범위한 내용을 다루지만) 좀 더 소화하기 쉬운 책이다.

폼페이의 묘지에서 기억을 기념하는 행위(특히 13장에서 다룬 베소니우스 필레로스)에 관해서는 Henri Duday and William Van Andringa, "Archaeology of Memory: About the Forms and the Time of Memory in a Necropolis of Pompeii," in *Ritual Matters: Material Remains and Ancient Religion*, ed. Claudia Moser and Jennifer Knust, 73-86(Ann Arbor: University of Michigan Press, 2017)을 보라.

초기 기독교의 죽음과 사후의 삶에 관해서는 다음 문헌들을 보라. Richard N. Longenecker, ed., *Life in the Face of Death: The Resurrection Message of the New Testament* (Grand Rapids: Eerdmans, 1998); Peter G. Bolt, *Jesus' Defeat of Death: Persuading Mark's Early Readers* (Cambridge: Cambridge University Press, 2003); Peter Brown, *The Ransom of the Soul: Afterlife and Wealth in Early Western Christianity* (Cambridge, MA: Harvard University Press, 2015); Stephen E. Potthoff, *The Afterlife in Early Christian Carthage: Near-Death Experiences, Ancestor Cult, and the Archaeology of Paradise* (New York: Routledge, 2016).

더 멀리 내다보면서: 결론

예수 추종자들이 살던 세계의 가난에 관해서는 Bruce W. Longenecker, *Remember the Poor: Paul, Poverty, and the Greco-Roman World*(Grand Rapids: Eerdmans, 2010)를 보라. 이와 다른 노선을 택한 어떤 선구자에 관해서는 Justin J. Meggitt, *Paul, Poverty and Survival*(Edinburgh: T&T Clark, 1998)을 보라. 이 주제는 이후 (다양한 결과와 더불어) 여러 방법으로 연구되었다. 예를 들어 다음 문헌들을 보라. David J. Armitage, *Theories of Poverty in the World of the New Testament* (Tübingen: Mohr Siebeck, 2016); Thomas R. Blanton and Raymond Pickett, eds., *Paul and Economics: A Handbook* (Minneapolis: Fortress, 2017); Thomas R. Blanton, *A Spiritual Economy: Gift Exchange in the Letters of Paul of Tarsus* (New Haven: Yale University Press, 2017).

초기 기독교의 가난과 부에 관해서는 다음 문헌들을 보라. Bruce W.

Longenecker and Kelly D. Liebengood, eds., *Engaging Economics: New Testament Scenarios and Early Christian Reception* (Grand Rapids: Eerdmans, 2009); Helen Rhee, *Loving the Poor, Saving the Rich: Wealth, Poverty, and Early Christian Formation* (Grand Rapids: Baker Academic, 2012); Peter Brown, *Through the Eye of a Needle: Wealth, the Fall of Rome, and the Making of Christianity in the West* (Princeton: Princeton University Press, 2012); Brown, *Treasure in Heaven: The Holy Poor in Early Christianity* (Charlottesville: University of Virginia Press, 2016).

"선한 사마리아인의 비유" 안에 내포된 경제적 관계에 관해서는 Bruce W. Longenecker, "The Story of the Samaritan and the InnKeeper (Luke 10:30-35): A Study in Character Rehabilitation," *Biblical Interpretation: A Journal of Contemporary Approaches* 17 (2009): 422-47을 보라.

감사와 일부 이미지 출처

편집 과정에서 여러 방면으로 도움을 준 동료들에게 감사를 전한다. (색인을 작성한) 그렉 반힐, 수잔 벤튼, 존 젠터, 데이비드 고, 로드니 킬고어, 새뮤얼 오트웰, (나에게 "돌과 이야기"[원제]라는 표현을 제시한) 스테파니 피크에게 감사한다. 나는 베일러 대학교와 리젠트 대학교의 학생들에게 감사한다. 그들과 함께한 그리스-로마 세계의 초기 기독교 강의를 통해 많은 것을 배웠다. 베이커 아카데믹의 멜리사 블록은 지금까지 함께 일해본 편집자 가운데 최고였으며, 제작 과정을 즐겁게 만들어준 그녀에게 무척 고맙다. 또한 이 책에서 다루는 문제에 대한 나의 열정에 대해 끈질긴 인내심을 보여준 피오나 본드, 칼럼 롱네커와 토린 롱네커에게 감사한다.

이 연구는 부분적으로 베일러 대학교의 연구 위원회 및 연구 부학장, 종교학과, W. W. 멜튼 종교학 석좌교수의 기금으로 지원을 받았다. 이 책에 실린 사진들은 달리 밝히지 않은 이상 저자가 직접 찍은 것이며, 폼페이, 헤르쿨라네움, 스타비아의 고고학적 유산을 총괄하는 문화유산 관광부의 허가를 받아 사용되었다. 이 책에 수록된 베수비오 마을의 실물 이미지를 복제하는 것은 폼페이, 헤르쿨라네움, 스타비아 고고학 유적지 특별보호청에 의해 금지된다. 이 책에 있는 다른 이미지는 아래 나열된 것들을 제외하고 모두 저자가 제작했다.

이 책에 나오는 성경 인용문 대부분은 NRSV 역본에서 발췌했지만, 때때로 이 책에서 논의하는 요점과 관련하여 그리스어 원문을 더 적절하게 표현하기 위해 번역을 일부 수정했다. 다른 역본을 사용할 경우에는 이를 표기했다(번역서에서는 달리 표기하지 않는 한 개역개정을 사용했음).

이 책에 실린 그리스-로마 문헌 인용문은 대개 로에브 고전 총서 (Loeb Classic Library)의 표준판에서 가져왔지만, 때로 요점을 더 잘 살리기 위해 번역을 약간 수정했다. 루크레티우스 인용문은 Ronald Melville 의 "사물의 본성에 관하여"(*On the Nature of Things*)(Oxford: Oxford University Press, 2009)에서 발췌했다. 무소니우스 루푸스 인용문은 Cynthia King and William Irvine, *Musonius Rufus: Lectures and Sayings*(Scotts Valley, CA: CreateSpace, 2011)에서 발췌했다. 6장의 *OGIS* 인용문은 Barbara Levick, *The Government of the Roman Empire: A Sourcebook*, 2nd ed.(New York: Routledge, 2000), 141에서 발췌했다.

베수비오 그라피티와 비문 번역은 필요시 약간 수정한 것 외에는 Alison E. Cooley and M. G. L. Cooley, *Pompeii and Herculaneum: A Sourcebook*(New York: Routledge, 2013)에서 발췌했다. 프로쿨루스를 선출한 폼페이인들을 "우는 양"(10장을 보라)으로 묘사한 그라피티의 번역은 Erich Lessing and Antonio Varone, *Pompeii*(Paris: Éditions Pierre Terrail, 1995), 184 에서 발췌했다.

저자가 촬영한 것이 아닌 그림/사진의 출처는 다음과 같다. 일부는 약간 변경이 가해지기도 했다.

서론 2. 이 사진은 Massimo Finizio가 찍은 것이다. 저작권이 소멸된 상태이며 다음에서 찾아볼 수 있다.

https://upload.wikimedia.org/wikipedia/commons/f/f 7/Vesuvius_ from_Naples_at_sun set.jpg.

1.10. *Il Vesuvio visto dagli scavi di Pompei*는 Giuseppe Laezza(1835-1905)

가 그렸다. 저작권이 소멸된 상태이며 다음에서 찾아볼 수 있다. Wikimedia Commons, http://imgfotki .yandex.ru/get/6738/96386024.2a0/0_fc e8d_ bf86e6a0_XXL.jpg.

3.2. *The First Discovery of the Temple of Isis at Pompeii*는 William Hamilton(1757-1804)이 그렸다. 저작권이 소멸된 상태이며 다음에서 찾아볼 수 있다. Wikimedia Commons, https://upload.wikimedia.org/ wikipedia/commons/5/5c/The_first_discov ery_of_the_Temple_of_Isis_at_ Pomp eii_Wellcome_L0050597.jpg.

3.6. 이 사진은 1865년에 Giorgio Sommer가 찍은 것이다. 저작권이 소멸된 상태이며 다음에서 찾아볼 수 있다. Wikimedia Commons, https://upload.wikimedia.org/wikipedia/com mons/c/cd/1865_Sommer_ Pompeij_ana goria.JPG.

9.8. 이 그림은 F. Piranesi, *Antiquites de la Grande-Grece: Tome 2* (Paris: Piranesi & Le Blanc, 1804), plate 69(저작권 소멸)에서 취했다.

12.1. 이 그림들은 P. Carcani, ed., *Delle antichità di Ercolano*, vol. 7 (Naples: Regia Stamperia, 1765), 245(저작권 소멸)에서 취했다.

12.3. 이 그림들은 P. Carcani, ed., *Delle antichità di Ercolano*, vol. 3 (Naples: Regia Stamperia, 1767), 213, 227(저작권 소멸)에서 취했다.

12.5. 이 그림은 O. A. Baiardi, ed., *Delle antichità di Ercolano*, vol. 2 (Naples: Regia Stamperia, 1760), 7(저작권 소멸)에서 취했다.

12.6. 이 그림은 P. Carcani, ed., *Delle antichità di Ercolano*, vol. 4 (Naples: Regia Stamperia, 1765), 305(저작권 소멸)에서 취했다.

13.3. 이 그림은 Francois Mazois, *Les Ruines de Pompei*, vol. 1 (Paris: Didot Frères, 1824), plate 30(저작권 소멸)에서 취했다.

14.9. 이 그림은 P. Carcani, ed., *Delle antichità di Ercolano*, vol. 5 (Naples: Regia Stamperia, 1757), 41(저작권 소멸)에서 취했다.

16.9. 이 그림은 P. Carcani, ed., *Delle antichità di Ercolano*, vol. 7 (Naples: Regia Stamperia, 1779), 237(저작권 소멸)에서 취했다.

17.3. 나는 포토샵을 사용하여 카피톨리누스의 신들과 가정의 **라레스**들의 콜라주를 황금 쿠피도 집의 신당에 겹쳐 놓았다.

19.7. 트리클리니움 무덤의 그림은 Francois Mazois, *Les Ruines de Pompei*, vol. 1 (Paris: Didot Frères, 1824), plate 20.3(저작권 소멸)에서 취했다.

결론 2. 이 그림은 P. Carcani, ed., *Delle antichità di Ercolano*, vol. 3 (Naples: Regia Stamperia, 1767), 227(저작권 소멸)에서 취했다.

로마 세계의 초기 기독교 이해

고고학이 말하는 초기 예수 숭배 이야기

Copyright © 새물결플러스 **2022**

1쇄 발행   2022년 12월 16일

지은이   브루스 W. 롱네커
옮긴이   홍수연
펴낸이   김요한
펴낸곳   새물결플러스

편 집   왕희광 정인철 노재현 정혜인 이형일 나유영 노동래
디자인   박인미 황진주
마케팅   박성민 이원혁
총 무   김명화 이성순
영 상   최정호 곽상원
아카데미   차상희

홈페이지   www.holywaveplus.com
이메일   hwpbooks@hwpbooks.com
출판등록   2008년 8월 21일 제2008-24호
주 소   (우) 04118 서울시 마포구 마포대로19길 33
전 화   02) 2652-3161
팩 스   02) 2652-3191

ISBN 979-11-6129-244-1 93230

책값은 뒤표지에 있습니다.